W0385086

# DE LA CHARRUE AU BISTOURI

Jean-Pierre Laugel

# De la charrue au bistouri

*Autobiographie*

Editions Persée

Du même auteur :

*Docteur aidez-moi*, 2007, Éditions Persée.



Pour tout contact :
Editions Persée — 67 cours Mirabeau — 13100 Aix-en-Provence
www.editions-persee.fr

À ma regrettée épouse Irma Elisabeth

# Préface

Le titre laisse présager une autobiographie mais *De la charrue au bistouri* est bien plus que cela : c'est un véritable roman, à connotation historique, que l'on dévore avec avidité !

Très vite, le lecteur plonge dans son propre passé.

Très vite, il s'identifie au narrateur dont la mémoire étonnante, sans doute étayée par des retours sur les lieux, restitue des impressions de jeunesse d'une justesse incroyable.

Très vite aussi, surgit une autre évidence : c'est son enfance qui a façonné l'homme, un lutteur dès sa naissance…

Sans fioritures, avec une simplicité désarmante et surtout un cœur « gros comme ça », le Docteur Laugel s'était pleinement engagé au service de son prochain ; que ce soit dans les vapeurs éthérées de son cabinet médical de Niederbronn-les-Bains ou dans les conditions météorologiques parfois extrêmes de lieux d'accidents il savait écouter, réconforter, soulager. C'est d'ailleurs lors de catastrophes où les sapeurs-pompiers sont en première ligne que le médecin – capitaine Laugel fit preuve d'un dévouement exemplaire. De nombreux sapeurs-pompiers volontaires ont emprunté le sillon qu'il a tracé grâce à ses qualités de meneur d'hommes, toujours soutenu en cela par Irma, son épouse regrettée, qui partageait avec lui et « ses garçons » la même passion : aider et servir.

Au terme d'une vie professionnelle bien remplie, Jean-Pierre Laugel s'est mis à manier la plume, ou plutôt son clavier d'ordinateur, avec autant de dextérité que ses aiguilles d'acupuncture : du doigté, de l'intuition, de la créativité

Avec ce 2nd livre, il continue de nous éblouir, se prenant visiblement au jeu de l'écriture, nouvel envol dans sa vie de retraité en même temps qu'ancrage dans ses racines profondes.

Après son premier essai *Docteur, aidez-moi*, le voilà qui nous transporte dans une fresque historique de la vie ordinaire du siècle dernier, la sienne. Fils d'instituteur, petit-fils de paysan et fier de ses origines, l'auteur jette un regard narquois et tendre à la fois sur la vie quotidienne d'un petit village paysan alsacien pendant et après la Seconde Guerre Mondiale. En filigrane, le souffle de la grande Histoire : l'on sent bien que l'annexion de fait de l'Alsace-Moselle au IIIe Reich a laissé des cicatrices indélébiles dans la population. La vie de nombreuses familles fut brisée ; pendant la période de reconstruction, plus d'un mariage ne put se concrétiser faute d'avoir le consentement familial. C'était aussi une période de soupçons et de méfiance consécutive au drame lancinant des Malgré-Nous – dont l'année 2010 marqua enfin la reconnaissance par les plus hautes autorités de l'État.

De ce passé historique parfois douloureux émergent les anecdotes savoureuses d'un vécu personnel. Dans une région forte de ses croyances et de ses traditions, la vie de famille était rythmée par les saisons dont chacune avait sa spécificité : Semaine – Sainte au printemps, fenaison et moisson en été, cueillettes, récoltes ou semailles en automne, ambiance de Noël en hiver… Et quel bonheur d'accompagner le petit garçon au messti ou de le voir tout excité lorsqu'on tuait le cochon ou distillait le schnapps ! Et que dire de cet instant magique où le grand-père, le père et le fils gravissent les sentiers d'une forêt hivernale pour y couper du bois et s'extasient de concert devant un paysage grandiose : « *Oh temps suspend ton vol !* ».

Le labeur et les contraintes de la vie paysanne s'agrémentaient de moments de convivialité extraordinaire, de ceux qui vous forgent un caractère ; c'est ainsi qu'au fil des pages nous voyons grandir le jeune Jean-Pierre, pour s'aguerrir et trouver sa place dans la société des « grands ». Fasciné par la Vie dans toutes ses composantes, il y mordait à belles dents, exactement comme dans cette tartine de pain paysan dégoulinante de fromage blanc qu'il partage généreusement avec son lecteur et qui nous fait tant saliver ! Maintes fois nous retrouvons notre « madeleine de Proust » qui, éveillée par une saveur, une odeur, un bruissement, donne un goût d'éternité aux souvenirs d'enfance.

Nous sommes évidemment à mille lieues des temps actuels où une certaine jeunesse abreuvée d'images virtuelles et de culture numérique veut tout et tout de suite, dans une société où règnent l'individualisme et le superficiel. Les travaux aux champs avant l'âge de 16 ans datent d'une époque où la pénibilité au travail n'avait guère le sens que lui attribuent les revendications corporatistes d'aujourd'hui. On savait trimer dur et si certaines tâches donnaient lieu, parfois, à quelques jérémiades on les avait oubliées au bout d'une nuit d'un sommeil réparateur !

Témoignage d'une époque, retour aux sources ou rite initiatique, *De la charrue au bistouri* est également une quête de spiritualité, si particulière dans une région concordataire. Il est vrai que la Providence, qui a veillé sur le bébé prématuré que fut Jean-Pierre Laugel n'a jamais manqué de lui indiquer le bon chemin, celui de son destin tout simplement.

*« L'homme, on a dit qu'il était fait de cellules et de sang. Mais en réalité il est comme un feuillage. Il faut que le vent passe pour que ça chante »* écrivait l'apôtre d'un idéal de vie naturelle et rustique que fut Jean Giono.

*De la charrue au bistouri* est un véritable hymne d'amour et de reconnaissance pour une enfance et un terroir.

MERCI Mr. Laugel !

*Septembre 2010*
Frédéric Reiss,
député-maire de Niederbronn-les-Bains

# Introduction

Un oiseau tombe du nid, à peine sorti de sa coquille protectrice et nourricière. Le tapis de mousse sur lequel il vient d'atterrir risque fort de devenir le lieu de tous les dangers. Ses parents affolés le surveillent, le couvent avec l'énergie du désespoir et se relaient pour la becquée dès le moindre piaillement. Sa mère s'égosille et crie sa détresse. Son père tourne, virevolte tout autour et tente farouchement, en de vigoureux coups d'ailes, d'en éloigner tout prédateur. Cette protection héroïque risque pourtant d'être bien dérisoire. Dans le ciel, plane un épervier aux serres vigoureuses. Il y inscrit des rondes inlassables et surveille de son regard perçant sa future proie. Mais, plus rapide et plus rusé, un renard chapardeur qui rôde par là en profite et ne fait qu'une bouchée de la pauvre créature sans défense.

De son côté, un prématuré a plus de chance. Pourtant né en plein conflit, durant la Deuxième Guerre mondiale, et privé de couveuse, il s'accroche courageusement à la vie. Son premier inspire-expire est hésitant et son souffle superficiel reste irrégulier. Ses parents et la Providence font tout afin qu'il puisse grandir, s'épanouir et rattraper son retard. Ils lui permettent non seulement de survivre, mais de vivre.

Ainsi, chacun à sa manière, entre vulnérable dans le monde des vivants.

Après ce début hésitant, il connaît au fil du temps deux autres handicaps. Tout d'abord apparaît, dès les premières paroles, un bégaiement important, gênant et pénible. Les mots sortent difficilement. Les phrases sont hachées. Un peu plus tard, une dysorthographie sévère rend sa scolarité laborieuse et douloureuse. Ainsi le triptyque est complet : prématuré, bègue et dysorthographique. Un enfant pareil peut-il avoir un avenir ?

Issu d'un milieu où les préoccupations intellectuelles et la quête du savoir ne sont guère le souci majeur, mais où le travail et les contingences matérielles sont pain quotidien, cet enfant trouvera-t-il la route du bonheur ?

Ainsi donc, pénalisé dès le départ, il lui faut surmonter ces handicaps et faire face à l'adversité. Le cocon familial et le hasard ou tout simplement la Providence l'aideront à mener sa barque sur l'océan de la vie. Il affronte le monde et ses exigences, tel un papillon à peine sorti de sa chrysalide « vite, vite, dans le délire d'exister, il agitait ses ailes… ». Sa sensibilité exacerbée l'incite à se fondre dans l'univers qui l'entoure et à vibrer à son rythme. Tantôt malheureux et opprimé, tantôt gai et insouciant, il recherche, plus qu'un autre, protection, tendresse et amour.

Pour ses parents, il demeure cette chose précieuse, ce trésor que l'on tient caché aux creux des mains, à l'image même de leur petit village oublié au fond d'un vallon dans son écrin de verdure. Village pareil à une oasis perdue dans un désert où nul contact avec le monde extérieur n'était possible à l'époque, où rien ne pourrait lui faire découvrir la richesse du vaste monde. En conséquence, ce jeune garçon se trouve immergé dans la nature avec laquelle il se sent en totale fusion. Elle lui procure des joies simples mais profondes. Parallèlement dans l'environnement dur, souvent rustre de la paysannerie, il apprend ce que sont le travail et le labeur au quotidien. Il comprend rapidement que rien n'est acquis d'avance et se voit souvent confronté à la misère de certains de ces paysans.

Ses parents placent les premiers repères, fixent les limites à ne pas franchir. L'école sera son chemin de croix car son maître est son propre père. Loin d'être un avantage comme certains peuvent le penser, cela devient un nouveau handicap. Pourtant l'amour que lui témoigne ce dernier est immense et n'a d'égal que son intransigeance, son désir de faire de ce fils un modèle ! À la même époque sa mère commence son instruction religieuse qui correspond plutôt à une nébuleuse, un mélange naïf de moralité, de notions confuses, abstraites de Dieu, et de tabous issus d'une tradition ancestrale voire moyenâgeuse. Il en garde un sens profond du sacré toute sa vie. C'est donc dans la nature, dans cette terre généreuse alimentée par la sueur de nos braves paysans et dans cette éducation religieuse, qu'il plonge profondément ses racines pour y puiser force, courage et inspiration.

Il avance discret sur le chemin de sa destinée et tisse le fil de sa vie, comme l'araignée sa toile, étape par étape. Certaines sont douloureuses et laborieuses mais le mènent au statut d'adulte conscient de ses responsabilités et de ses limites. Durant sa préadolescence son bégaiement indicible et sa dysorthographie sont de véritables boulets, autant d'obstacles paraissant infranchissables posés sur son chemin. Il ne peut les ôter, il lui faut les contourner, s'adapter et vivre avec.

Mais en même temps, ces difficultés lui permettent de se forger un solide caractère et d'affermir sa volonté. Dans ces conditions il affronte l'adolescence, ce passage obligé qui s'opère forcément à l'intérieur de chacun de nous. C'est une mutation incontournable, tant physiologique que psychologique, émancipation du corps et de l'intellect, sauf pour ceux qui restent enfants toute leur vie ! Cette période se caractérise essentiellement par un goût effréné de libertés, par un sentiment d'insouciance, souvent d'insoumission voire de révolte. La soif de découvrir, de bousculer l'ordre établi, en font une période où les parents ne sont plus forcément les exemples à suivre !

« L'adolescent blâme, s'indigne et méprise » comme le dit Hegel. Cet état d'instabilité, d'exaltation peut mener ce jeune jusqu'à la fugue ou à sa destruction et au suicide.

L'histoire de ce garçon que nous allons découvrir se veut avant tout un message d'espoir, un message d'amour pour tous ceux qui se sentent handicapés, bafoués dès leur « sortie » dans le monde. Elle permet aussi de comprendre ses choix primordiaux, essentiels qui le placeront sur une route difficile mais ô combien gratifiante professionnellement. En filigrane le vécu, les embûches, les efforts qu'il est obligé de consentir durant sa vie d'enfant, puis de jeune adulte, sont pour beaucoup dans son engagement envers les autres.

Et parallèlement, certains chapitres nous permettront aussi de revivre l'ambiance de la vie simple et laborieuse de nos campagnes d'antan, avant que le progrès ne vienne tout bouleverser. Ce monde rural, toujours difficile à faire bouger, enveloppé et plongé dans une certaine léthargie, enclin à un immobilisme latent, se meut lentement. La période d'après-guerre est marquée par une mutation irréversible du monde de la paysannerie. D'une agriculture archaïque, aux gestes ancestraux et aux habitudes séculaires, nous passons au stade des travaux mécanisés. Des idées novatrices, voire révolutionnaires, viennent bousculer la vie de nos villageois. Nous marchons, tantôt avec nostalgie, tantôt avec incrédulité et étonnement, sur les pas de nos ancêtres.

# LIVRE I
# LA GUERRE... ENTRÉE DANS LA VIE

## Naissance et retour de l'exode

Décembre 1943. Il fait froid. Un manteau neigeux immaculé recouvre la « ville des roses » et sa région. Les collines des environs scintillent de mille lumières sous les rayons d'un soleil généreux malgré sa course basse au nadir. Tout paraît assoupi aux alentours. Les rues de la ville sont désertes, il n'y a personne dans les magasins. Seuls les occupants, les verts de gris, les « boches » font du lèche-vitrines. Quelques rares sympathisants s'affichent et discutent avec ces intrus. Le joug de l'occupant se fait de plus en plus insupportable et une chape de plomb pèse sur la vie des gens au quotidien. C'est le quatrième Noël sacrifié que la guerre leur vole. Quand on sait l'importance que revêt cette fête sacrée, enfouie dans la mémoire collective, enracinée dans le cœur de chacun, il est facile d'imaginer l'amertume et la rancœur des gens. Cette année encore, les magasins restent vides. Les friandises sont absentes des étals, oubliées, reléguées au rang de souvenirs. Il en est de même pour les jouets, inexistants. La fête sera morose et terne. Seuls les croyants, accrochés à l'espérance de la venue du Messie libérateur, sauveur du monde, ressentent dans leur cœur la joie profonde et intense du message de Noël.

Tout comme Marie et Joseph, un autre couple est sur le chemin, non vers Bethléem, mais vers l'hôpital civil Sainte Catherine. La jeune maman a dix-neuf ans. Elle est enceinte au 7$^{e}$ mois en proie aux douleurs de l'enfantement. Elle a perdu les eaux deux heures plus tôt et ne comprend pas ce qui lui arrive. Pourtant, ce n'est pas encore le moment d'accoucher, mais tout y fait penser. L'angoisse la taraude, lui serre la gorge.

« Pourquoi vient-il si tôt ? Oh mon Dieu, vais-je le perdre ? »

Ce sont ces questions térébrantes qui s'agitent dans sa tête. Pâle, fatiguée, rongée par l'inquiétude, elle s'accroche de toutes ses forces au bras de son mari qui tente de la rassurer :

— Chérie, je suis là, rien de grave ne peut arriver. Allons trouver une sage-femme et nous serons fixés.

La réceptionniste, l'air revêche dans son uniforme allemand, les reçoit sèchement.

— Que voulez-vous ?

Le mari répond :

— J'ai l'impression que mon épouse va accoucher sous peu. Peut-on consulter une sage-femme ou un médecin ?

— Vous avez bien choisi le moment pour accoucher ! Cela ne m'étonne pas, avec le temps qui court. Suivez-moi.

Il faut longer un corridor encombré de brancards et de lits sur lesquels des soldats blessés gémissent, pendant que d'autres font des plaisanteries à la vue de cette jeune femme aux traits tirés par la fatigue. La guide, toujours silencieuse et distante, les fait entrer dans une pièce exiguë où seules une chaise et une table d'examen occupent l'espace.

Dix minutes d'attente. Une femme de forte corpulence, dans une tenue blanche immaculée, fait irruption dans la pièce, un large sourire aux lèvres.

— Alors, que vous arrive-t-il, ma petite dame ? Vous venez pour accoucher soi-disant ? Bien, allons voir ça. Déshabillez-vous un peu et allongez-vous sur cette table.

Tout aussi inquiet et ému, le futur papa prend la main de sa bien-aimée, lui susurre à l'oreille :

— N'aie pas peur, je suis là, je t'aime.

La sage-femme la questionne tout en palpant le ventre offert qui, somme toute, n'est pas énorme. La parturiente, des larmes plein les yeux, lui dit :

— Je suis au 7$^{e}$ mois de ma grossesse. Croyez-vous qu'il vivra ?

— Madame, vous le sentez bouger ! Donc il vit.

De l'énorme poche de sa blouse, elle sort un stéthoscope en bois, le pose et écoute.

— Je peux vous rassurer, les bruits du cœur de votre bébé sont tout à fait normaux, bien audibles et réguliers.

Elle enfile des gants et continue l'examen interne.

— Tiens, il semble être pressé celui-là. A-t-il envie de faire rapidement de grandes choses ? Il veut certainement être délivré, comme tant d'autres ! En disant cela, elle pose un regard pétillant, plein de malice et de sous-entendus sur le futur père.

— Chère Madame, je vous garde. C'est imminent, la tête est trop basse, pour qu'on puisse tenter de maintenir votre bébé. C'est votre premier ? Tout ira très vite, j'en suis certaine. Décontractez-vous, vous êtes trop crispée.

La future maman est transférée en salle d'accouchement tandis que le père en est quitte pour ronger son frein dans le couloir des pas perdus.

Vous venez de comprendre, cette jeune maman est ma mère accompagnée de mon père. Comme je le connais bien, étant son fils, je suis certain qu'il est en train de prier la Madone autant pour sa femme adorée que pour moi.

Je suis tellement impatient d'être pris dans ses bras que je grille la politesse à la sage-femme et, qu'en un temps record, je me présente dans ce nouvel univers. Quelle déception ! Je suis bien menu, tout couvert d'un épais duvet, mes cheveux sont longs et noirs, mes yeux restent obstinément fermés. Mais je ne peux m'empêcher de crier, de hurler ma joie de respirer et d'appartenir au monde des vivants. Nous sommes le 29 décembre 1943.

Bien plus tard, mon père me confiera son inquiétude à mon sujet :

— Tu étais tellement petit, tellement insignifiant avec tes 1 050 g, que tous, nous pensions te perdre. Vraiment, ta vie ne tenait qu'à un fil. Pour comble de malchance il n'y avait pas de couveuse disponible. Je me demandais ce que l'avenir te réserverait ?

En écrivant ces lignes, je ne peux m'empêcher de penser à Victor Hugo, quand il parlait de sa propre naissance.

« Un enfant sans couleur, sans regard et sans voix

Si débile qu'il fut, ainsi qu'une chimère,

Abandonné de tous, excepté de sa mère,
Et que son cou ployé comme un frêle roseau
Fit faire en même temps sa bière et son berceau.
Cet enfant que la vie effaçait de son livre,
Et qui n'avait pas même un lendemain à vivre.
C'est moi… »

C'est là que s'arrête la comparaison et ceci sans prétention aucune !

Cette petite créature, cette misère, une fois bien emmaillotée et calée au fond d'une grande boîte à chaussures, bien au chaud dans une niche de coton, s'endort paisiblement et sourit aux anges. Mon appétit est déjà féroce car cinq jours plus tard, malgré ma fragilité, maman peut me ramener à la maison. Cependant papa reste convaincu que la sage-femme m'a condamné. À quoi bon le garder hospitalisé s'il n'a aucune chance d'être tiré d'affaire ? Et peu à peu, la joie d'être père et mère cède la place à une immense incertitude : survivra-t-il ? Comment ferons-nous pour l'alimenter correctement ?

Au retour de l'hôpital mes parents logent chez ma tante et mon tonton qui ont bien voulu nous accueillir durant ces temps troublés. Nous sommes des réfugiés. Quelque temps plus tard, tout comme la sainte famille, nous voilà sur le chemin du retour de l'exil, installés plus ou moins confortablement dans une vieille Citroën déglinguée avançant au gazogène. Saverne n'aura été qu'une étape. Cette ville accueillante m'avait tendu ses bras, à moi le dernier arrivé, ce qu'elle n'avait pas fait pour les occupants qui ont été chassés, quelques mois plus tard, sous les coups de boutoirs des Alliés et de la 2e DB.

Une vieille maison d'école, inélégante, haute sur pied devient ma nouvelle demeure. Fortement disproportionnée et trop élancée pour une assise très étroite, elle ressemble plutôt à une grue. Malgré sa laideur, elle est mon berceau et Le Havre de notre cellule familiale. J'y rencontre un monsieur élégant, mon grand-père, un ancien du régiment de la garde impériale de l'Empereur Guillaume II qui arbore fièrement sa moustache à la hussarde. Ma grand-mère, une femme toute menue, déborde de tendresse, de gestes doux et affectueux, en me serrant dans ses bras d'amour. Tel est l'accueil de ce charmant petit village de paysans-ouvriers où mon père sera instituteur vingt et un ans durant. Je grandis. Je prends du poids. Le bébé prématuré se métamorphose en un garçon solide au caractère affirmé, au tempérament calme et doux.

Entre-temps, j'échappe miraculeusement à une mort certaine. C'est au début 45, lors de la contre-offensive allemande déclenchée par les divisions de panzers, après l'avancée rapide de notre armée soutenue par les Américains. Les troupes alliées s'étaient emparées de la rive est de la Moder quand elles sont à nouveau rejetées.

Ainsi, tout comme d'autres villages de la région, le nôtre, après avoir été libéré, est retombé sous le joug de l'occupant. Beaucoup de gens partent sur la route de l'exode pour fuir la zone des combats meurtriers. Mon père, natif de la région de Hochfelden, pense rejoindre tout logiquement son village natal et réintégrer son foyer familial où nous trouverons sécurité et réconfort. Nous voilà jetés sur la route, exposés aux attaques aériennes, aux tirs des panzers et de l'artillerie allemande. Tout ce qui roule, est bon à prendre. Grand-père met à notre disposition sa charrette à foin. Elle comporte un large plateau permettant de recevoir nos affaires, valises, matelas, le bois pour le gazogène et, enfin, la poussette dans laquelle ma maman me cale bien au chaud. C'est le moyen le plus pratique. La charrette tirée par un « tracteur » trafiqué, avance au gazogène. En fait, il s'agit d'une vieille voiture déshabillée de sa carrosserie dont le moteur est gonflé. Ainsi équipés, nous arrivons à la hauteur du village de Griesbach, quand un chasseur bombardier du type Stucka nous attaque. Peut-être le dernier survivant de la Luftwaffe ? En piqué vertigineux, le pilote lance la machine hurlante dans notre direction. Sa mitrailleuse crache du feu et arrose en enfilade la route. De tous les côtés, les réfugiés se précipitent dans les fossés pour se mettre à l'abri. Père tente bien de me sortir de mon berceau improvisé mais, le pilote ne lui laisse guère le temps. Celui-ci ne fait heureusement qu'un seul passage, se rendant certainement compte que nous ne sommes que des civils en fuite. Le bilan de ce mitraillage n'est pas trop dramatique, trois blessés légers par des éclats d'obus. Le moment de panique passé, les femmes crient, hurlent, ma mère est à la limite de perdre connaissance. Les hommes jurent, lèvent des poings vengeurs vers le pilote ennemi et se réinstallent sur les attelages. Mon père, plein d'angoisse, découvre avec stupeur et soulagement le résultat de cette attaque. La rafale de mitrailleuse a laissé des traces d'impacts en ligne sur le plateau de la charrette. La poussette, dans laquelle je me trouve, est « impactée » à quatre endroits, mais aucune des balles ne m'a touché. Le miracle. J'ai eu un ange gardien terriblement efficace et attentif. Merci la Providence.

Le reste du voyage se déroule sans incident majeur. Quinze jours plus tard nous réintégrons notre maison d'école.

La famille s'agrandit, quand Josiane, ma sœur, naît deux ans plus tard. Je n'ai naturellement pas souvenir de son intrusion. En revanche, la venue de Marie-Catherine, ma deuxième sœur, sept ans plus tard, me trouble énormément.

Maman, que je considère comme la plus belle femme du village, pour ne pas dire du monde, se met à avoir un ventre toujours plus gros, plus proéminent. Ce ventre qui me paraît tellement laid gonfle de plus en plus, si bien qu'un jour ma curiosité l'emporte. N'y tenant plus, je lui demande :

— Maman, pourquoi deviens-tu si grosse ? Tu n'es plus belle. Tu n'es plus ma jolie maman !

J'entends encore, comme un écho gravé dans ma mémoire, ces paroles hermétiques, incompréhensibles :

— Mon petit Pierre, c'est parce que la cigogne nous apportera bientôt un petit frère ou une petite sœur.

Je ne comprends rien à ce charabia et je demande :

— Mais maman, c'est la cigogne qui te fait grosse comme ça ? Tu n'es plus belle !

— Arrête de répéter que je ne suis pas belle. Tu comprendras plus tard quand tu seras plus grand.

Ces propos restent tout à fait énigmatiques. Je remarque que papa se montre de plus en plus attentionné envers maman :

« Chérie, ne te fatigue pas trop. Chérie, ne descends plus puiser l'eau, je la monterai. Chérie, repose-toi. Vous, Josiane et Pierre, soyez très attentifs, soyez sages, ne criez pas trop. Soulagez et aidez maman, comme vous pouvez ».

Enfin, cela fait deux dimanches de suite qu'elle ne va plus à la messe dominicale. Nous nous y rendons seuls, avec papa. Il est l'organiste et dirige la chorale. Je demande :

— Dis papa, pourquoi maman ne vient-elle plus ? Est-elle fâchée avec le bon Dieu ou est-ce parce qu'elle est trop grosse ?

— Tais-toi, elle est fatiguée. Prie pour elle.

Un matin, papa tout excité part chercher une dame. Il a l'air pressé et très inquiet. Il nous emmène et nous dépose chez grand-père qui habite dans la partie basse du village, en nous disant :

— Vous aurez une grande surprise quand je vous rechercherai.

Ma sœur Josiane me dit alors :

— Nigaud, tu ne comprends pas, maman aura son bébé aujourd'hui ?

— Ah bon !

Le soir venu, Grand-père nous ramène à la maison d'école. Il paraît rayonnant, il m'apparaît plus grand encore que d'habitude. Les personnes que nous croisons en cours de route, le saluent d'une façon inhabituelle, d'une manière cérémonielle et avec grande déférence. Il paraît fier. Je me rappelle d'une voisine :

— Alors, Eugène, la famille s'agrandit, félicitations. Embrassez le bébé et la maman de ma part.

— Merci Joséphine, je n'y manquerai pas.

Arrivés à la maison, ma sœur, beaucoup plus excitée que moi, monte, quatre à quatre, l'escalier conduisant à l'appartement. Elle fait un raffut du tonnerre. Un régiment de cavalerie n'eût pas fait autant de bruit. Elle se précipite dans la chambre où repose maman. La dame étrangère est toujours là et l'invective fermement :

— Doucement, pas de bruit, la petite sœur dort et votre maman est fatiguée.

Je ne suis pas pressé de découvrir la petite sœur, une fille de plus. Papa, occupé à la cuisine, me demande pourquoi je ne vais pas voir la nouvelle beauté. Mon père est rayonnant de bonheur et de fierté. Il n'arrive pas à cacher sa joie. Je lui réponds :

— Encore une, j'en ai déjà une, cela suffit.

Je ne comprends pas pourquoi cette étrangère se tient encore auprès de maman que je trouve très pâle, toute blanche, au fond du lit. Je cours vers ma mère. Mais la mégère m'ordonne de faire doucement et m'empêche de sauter sur le lit. Je veux pourtant faire un bisou à ma chère maman qui pleure doucement. Elle me demande d'embrasser la petite nouvelle sœur, en ajoutant : « regarde comme elle est belle ». Je réponds :

— Ah non, elle n'est pas belle. Elle a les yeux fermés, des cheveux affreux, ses doigts sont tellement petits, pourquoi ?

Immédiatement, ma sœur Josiane me traite de bêta :

— C'est normal, c'est un bébé. Maman, je veux la porter, la prendre dans mes bras ?

— Fais attention, assieds-toi sur le lit et prends-la dans tes bras, ainsi.

Josiane paraît toute heureuse et impatiente de s'occuper de sa nouvelle poupée. Moi, je quitte la chambre et rejoins Grand-père.

## Solidarité et temps de guerre

Dans ce village de deux cent dix habitants règne un esprit communautaire bon enfant. Lors des moments difficiles, quand les épreuves fondent sur eux, ces braves gens arrivent à dépasser leurs zizanies. Ils oublient les rivalités mesquines et font front à l'adversité.

C'est le cas lors de l'incendie d'une grange qui manque ravager la ferme en totalité. Tous, sans exception, mettent leurs bras et leur bonne volonté à la disposition des rares pompiers. Ils organisent une chaîne humaine et se passent, de main en main, les seaux d'eau pour ravitailler l'unique pompe manuelle disponible. Leur vitesse de réaction et leur sang-froid permettent de libérer les bêtes prisonnières de l'étable en flammes qui menace à tout moment de s'écrouler. Heureusement, il n'y a que des dégâts matériels et aucune victime n'est à déplorer. Avec le même enthousiasme, un mouvement de solidarité se met en place spontanément et chaque agriculteur apporte son aide au collègue malheureux. Les charrettes de betteraves défilent, les bottes de paille et de foin s'entassent devant la maison du sinistré et remplacent le fourrage parti en fumée. Les villageois sont solidaires et s'entraident quand il le faut, mais dès que les moments douloureux sont passés, ils reprennent leurs éternelles disputes. Ils sont ainsi nos braves paysans.

Mais, sans trop y croire au début, un malheur qu'ils n'osent regarder en face, les rattrape. Le pays s'installe dans la guerre et l'occupation apporte son lot de soucis, de misère et d'angoisse.

L'administration du village tombe brutalement sous le joug pesant de l'envahisseur. Il y a forcément un ou deux villageois germanophiles qui se sentent à l'aise et collaborent avec la puissance ennemie. Ils le font, non pas tant par conviction politique ou par adhésion aux idéaux nazis, mais plutôt par recherche de rigueur et l'ordre. La mentalité germanique répond à leur soif de discipline et de propreté. Une famille d'origine allemande habitant au village se sent naturellement en pays conquis. Son « chef » est nommé « Bürgermeister ». Quant à mon père, il est contraint avec d'autres de ses collègues, de suivre des cours d'adaptation et de reconversion à Bruchsal en Allemagne. Évincé de son école, il est remplacé par un instituteur allemand, le Schulmeister. Les autorités enseignantes du Reich essayent de les soumettre à la propagande nazie, de les éveiller à la « philosophie » en cours outre-Rhin. Ces instituteurs alsaciens considérés comme faisant partie intégrante de la grande nation reviennent enfin dans le giron originel.

De son côté, le nouveau maître prend en charge les jeunes du village et leur inculque, avec force et rigueur, la langue de Goethe. En conséquence, il est strictement interdit de parler ou d'écrire le français. Même les expressions dialectales empruntées au français sont bannies du vocabulaire. Les contrevenants risquent des ennuis s'ils sont dénoncés, surpris par un mouchard qui leur veut du mal.

L'ambiance en classe change radicalement. Les écoliers marchent à la trique. Le maître, un pur nazi importé directement du pays de Bade, se prénomme Fleisch. Les gens l'appellent Dackel. J'ignore si c'était son nom patronymique ou un surnom. Toujours est-il, que ce mot peut donner lieu à des traductions intéressantes pour désigner un nigaud, un idiot… On imagine les jeux de mots possibles, et les gens ne s'en privent pas !

Dès son arrivée en classe, il remplace le beau crucifix accroché au-dessus de la porte par un grand portrait du Führer. Un impressionnant buste d'Adolf Hitler trône sur une étagère fixée en haut de l'escalier menant à son appartement privé. Il témoigne une réelle vénération pour son führer ! Chaque fois qu'il passe devant, il fait le salut hitlérien et crie « Heil Hitler ». C'est d'ailleurs par ces mots qu'il débute les cours. Un tonitruant « Sieg Heil » obligatoirement répété par tous, debout, au garde-à-vous et le bras droit tendu, remplace les prières quotidiennes. Parallèlement, tout ce qui rappelle la France est banni, les cartes de géographie, les illustrations, les livres de la bibliothèque…

Dès lors, les établissements privés ou les écoles confessionnelles sont supprimés et l'école primaire transformée en « Volksschule », école du peuple, ou « Grundschule »… L'obligation scolaire touche les enfants de six à quatorze ans. Dès la rentrée, le 1er octobre 1940, tous les efforts se concentrent sur l'apprentissage de la « Muttersprache », la langue maternelle, que le Führer a décidé d'enseigner aux jeunes Alsaciens manu militari. L'ordonnance sur l'obligation scolaire d'application immédiate paraît le 11/06/1941.

Elle stipule : « L'Alsace est soumise à l'obligation scolaire générale. Elle garantit l'enseignement et l'éducation de la jeunesse dans l'esprit du national-socialisme. Tous les enfants d'origine allemande ou appartenant à la communauté du peuple germanique habitant en Alsace lui sont soumis. L'obligation scolaire est à remplir par la fréquentation d'une école allemande ». C'est clair et sans équivoque. En 1943 un autre décret stipule expressément que l'école doit transmettre les idées du national-socialisme.

Les leçons d'histoire sont tronquées et ne peuvent faire référence à notre histoire nationale française. Un Louis XIV, un Napoléon n'existent plus et ont totalement disparu des manuels. En revanche, l'époque qui va de Bismarck à nos jours remplit toutes les pages ! On y met en exergue la gloire et la grandeur guerrière allemande. Les soldats transformés en héros nationaux sont vénérés et, verser le sang pour la patrie, le « Vaterland », représente l'honneur suprême. Parallèlement, les auteurs développent très largement les idées de racisme et de xénophobie, en faisant l'éloge de la race aryenne, l'apologie des purs, des surhommes, par opposition à ces sous-hommes qui sont soumis aux premiers. Dès 42-43 les bibliothèques scolaires regorgent de livres cultivant la gloire du « grand Reich ». En géographie, la notion de l'extension territoriale germanique est triomphante « Deutschland über alles ». Les frontières historiques gommées deviennent élastiques et changent après chaque poussée expansionniste tant vers le nord que vers l'est ou le sud. Le rouleau compresseur de la Wehrmacht est en marche. De la « drôle de guerre » on passe de plain-pied à la « Blitzkrieg ».

Mais dès la rentrée scolaire 44 le vent semble avoir tourné. Les cours se réduisent comme peau de chagrin. Le maître et ses élèves courent la campagne pour chiner, récupérer la vieille ferraille et surtout cueillir des plantes médicinales, futures tisanes pour les vaillants soldats.

Mon ami André, de sept ans mon aîné, m'a raconté comment les élèves doivent cueillir la prêle. Avec sa sœur et deux copines, il part à travers champs à la recherche de cette plante aux vertus diurétiques, sédatives et hépatiques. Le soir arrivé, tout contents d'avoir fait une belle récolte, ils la rapportent à dos d'homme et la montent au grenier de l'école. Le maître étale le précieux butin pour le faire sécher et les félicite pour leur assiduité. Le lendemain, devant la classe réunie, ils sont cités en exemple. Certains copains le prennent très mal et les traitent de véritables collabos.

« Vous auriez mieux fait de ramener des orties à ces salauds ».

Mais tout s'arrange pour nos jeunes blâmés car trois semaines plus tard une commission passe pour collecter et vérifier le fruit de leurs récoltes. La catastrophe ! Ce n'est pas la bonne prêle. Intérieurement nos écoliers zélés jubilent et sont heureux d'avoir accompli un acte de résistance, grâce à leur ignorance ! Le maître se fait violemment sermonner. Un des membres de la commission le traite d'incapable, d'imbécile négligent et menace de l'envoyer sur le front russe, afin qu'il apprenne à reconnaître des plantes aussi simples que la prêle. Il semble que, par la suite, le maître a été limogé. A-t-il effectivement été envoyé sur le front russe ? Nous l'ignorons.

Mais à l'évidence, tout le monde craignait cette sanction, d'autant que le moindre prétexte, ne fût-ce qu'une futilité, vous faisait passer sous le couperet. Il suffisait qu'un supérieur ou un membre du parti vous ait pris en grippe pour que la punition tombe, abusive et le plus souvent irrévocable : vous étiez embarqué pour le Grand Est.

C'est l'époque de la terreur psychologique, la délation est constante et tout le monde se méfie de tout le monde. Des petits chefs pointent le bout du nez. Ils émergent du marécage des sympathisants du régime pour afficher une autorité paradoxalement insignifiante en tant que telle. Ce sont les mêmes qui embêtent le plus les honnêtes gens en créant un climat de peur et d'insécurité.

Pendant ce temps, en classe, les cours théoriques se diluent et se vident de plus en plus de leur contenu, alors que seule une discipline de fer est maintenue. Le maître paraît soucieux et, dès la moindre incartade, les élèves deviennent ses souffre-douleur. Les mesquineries et tracasseries sont courantes. Il s'informe insidieusement du genre et du contenu des conversations tenues par les parents, s'ils parlent le dialecte ou le français entre eux... Heureusement, les élèves font corps et se considèrent tous comme embarqués dans la même galère. En fin de compte, l'ambiance à l'école reflète celle qui règne au village. Les écoliers et les villageois font instinctivement bloc face aux intrus et à ceux qui les soutiennent. Ils ont tous appris à tout voir, à tout entendre et, surtout, à se taire !

Parallèlement à l'interdiction du français et même de l'alsacien, tous les documents administratifs sont et doivent être rédigés en allemand. Lors de la déclaration des naissances, les noms sont germanisés, d'où le nombre impressionnant de Gertrude, d'Irma ou d'autres Wilhelm... Les enfants sont contraints de s'inscrire à la « Hitlerjugend » (jeunesse hitlérienne), qui accorde une très grande importance au sport, et de participer aux manifestations et réunions prévues dans ce cadre. Il faut à l'Allemagne des jeunes gens volontaires, sains et vigoureux, bref de l'excellente chair à canon. Ils se regroupent, deux à trois fois par semaine, pour s'adonner à différentes activités : la destruction des doryphores, l'éternelle cueillette de baies ou de fleurs, ou encore le « Flugmodelbau », la construction de maquettes d'avions... Les plus téméraires s'initient au vol à voile et suivent des cours théoriques d'aéronautique. Certains adhérents, convaincus par cette prise en main énergique, se promènent alors en uniforme et portent fièrement leur poignard accroché au ceinturon. Ils apprennent à marcher au pas et surtout à obéir et à travailler. C'est l'instituteur qui les chaperonne, aidé en cela par le chef volontaire issu des rangs de la population locale, le « Hitlerjugendführer ».

Un autre brave paysan, sorti du rang, est nommé « Bauernführer ». À lui de conseiller les paysans et de surveiller les récoltes, d'en estimer la qualité et la quantité. Tous ces officiels sont des concitoyens attirés par l'uniforme et surtout par la nouvelle autorité qu'ils assument. Ils sortent ainsi d'un anonymat trop longtemps subi. Pour eux c'est une promotion !

D'après les dires, ils n'étaient pas méchants et n'embêtaient pas trop les habitants. Certes, il y a eu des petites querelles, des intimidations et des chamailleries de voisinage, mais cela n'allait pas plus loin. La preuve, c'est qu'aucun des habitants ne s'est retrouvé ni en prison, ni en camp de concentration. D'ailleurs, après la guerre, lors de la toute première élection municipale libre, ce même Bürgermeister a été élu adjoint au maire, c'est dire le degré de sympathie dont il jouissait auprès de la population.

Cependant, dans quelques villages voisins, des citoyens germanophobes sont dénoncés et déportés vers le camp de Schirmeck-Natzweiler. Certains n'en reviendront malheureusement jamais. Une parole malencontreuse, un geste déplacé relevé par un mouchard, un port vestimentaire prohibé tel le béret basque suffisent souvent à déclencher la foudre des dieux. La délation pourrit tout. La Gestapo intervient et trop souvent l'intéressé se retrouve alors en prison ou déporté vers un camp de rééducation ou de concentration.

Un jour, un brave paysan du nom de Fritz se retrouve en compagnie de quelques copains au bistrot du village. Une fois bien imprégné, il commence à parler politique, malgré les avertissements et les mises en garde de ses collègues qui tentent désespérément de le faire taire. Désinhibé par l'alcool, le fanfaron se met à chanter le verset satirique qui a cours à cette époque et date d'avant 1914 :

*« Vive la France, m… la Prusse, D'Schwoowe zuem Laendel h'nüss… »*, « les Allemands à la porte… ».

Après cinq minutes d'euphorie collective, les convives se rendent compte de leur inconscience et s'éclipsent, pendant que Fritz persiste dans sa logique de « résistant ». Un quart d'heure plus tard, la voiture de la Gestapo s'immobilise devant le débit de boisson, dans un crissement de pneus infernal. Le patron saisit Fritz au collet et l'évacue par la porte de derrière, tandis que la patronne s'occupe des agents de la Gestapo fort excités et prêts à tout. Notre ami Fritz a beaucoup de chance de pouvoir disparaître à temps et de se fondre dans la nuit noire. Il est recherché des semaines durant, sans jamais être repris. Ce n'est qu'après l'armistice qu'il réapparaît le jour de la fête patronale et paie une tournée générale pour remercier ceux qui l'ont occasionnellement protégé. Peut-être y avait-il un Judas, ce soir-là, au café, parmi ses amis ? Ainsi sont les hommes ! Fritz a été un des premiers réfractaires au régime nazi. Hésitant au départ, il cherche à asseoir sa conviction, et adopte une conduite suicidaire qui l'empêche de revenir au grand jour. Il resta caché un an et demi à la barbe des occupants.

Pour les paysans, la plus grande contrainte est de devoir remettre une partie de leurs récoltes au grand Reich. Cette obligation les exaspère au plus haut point et leur semble inadmissible. Ainsi, Georges, un paysan qui vit un peu en dehors du temps et loin de tout ce tumulte, doit se défaire d'un jeune bœuf bien docile et dressé pour les travaux des champs. Sous l'impulsion du « Bauernführer », les autorités lui confisquent la bête pour en faire don au Führer. Naturellement cela n'arrange pas notre ami qui leur offre en contrepartie une belle génisse. Le « Bürgermeister », par pure méchanceté ou peut-être par jalousie, ne le voit pas de cet œil et n'avalise pas l'échange. Georges, qui refuse toute concession, se fait embarquer un matin et emmener au bureau de la Gestapo. Ce n'est qu'après plusieurs heures de palabres et de menaces qu'il est relâché. Et, afin de prouver sa bonne foi, il offre aux autorités, dans un grand élan de solidarité et de générosité, le bœuf et la génisse devenus ainsi le prix de sa liberté. En revanche il est dans une colère noire, convaincu que les chemises brunes en profiteront pour faire ripaille sur son dos. Naturellement, à partir de ce moment, le « Bauernführer » devient son ennemi juré.

À vrai dire, les villageois subissent plutôt des mesquineries que de grandes purges ou autres exactions.

Papa me raconta que le jour de son mariage, la Gestapo avait perquisitionné chez eux. Il fallait vérifier de quoi était fait le repas de noce, si par hasard mes parents et leurs rares invités ne faisaient pas festin sur le dos du Reich avec des denrées qui lui revenaient de droit. Mal leur en prit.

Deux grandes marmites trônent ostensiblement sur la cuisinière. Les agents de la Gestapo, tout heureux de prendre en flagrant délit les jeunes mariés, se précipitent dans la cuisine et, un grand sourire aux lèvres, soulèvent les couvercles. Ils ont la désagréable surprise de les trouver remplies de sable. Les deux larbins, très vexés par leur mésaventure, accusent mon père de crime contre l'autorité et de manque de respect envers les agents de surveillance. Ils doivent, en effet, se sentir bien ridicules et penauds ! Mais leur intrusion n'a pas empêché tous les invités de se retrouver le lendemain pour faire la fête autour du cochon sacrifié au noir, deux jours auparavant.

La complicité de certains villageois est allée jusqu'à cacher et entretenir des réfractaires qui refusent, les uns de rejoindre le « Reicharbeitsdienst », RAD embrigadement paramilitaire obligatoire, les autres, qu'on appelle les « Malgré-Nous », d'être enrôlés de force dans la « Wehrmacht ». Ceci est considéré comme un signe de rébellion manifeste et de haute trahison. L'intéressé risque à coup sûr la peine de mort.

### *Mon père en Allemagne*

Mon père était en Allemagne avec ses collègues alsaciens de l'époque. Ils étaient ainsi une dizaine d'enseignants obligés à suivre un recyclage, l'« Umschulung ».

Lors des veillées, il aimait narrer cet épisode mi-comique, mi-tragique de sa vie. Naturellement, les versions évoluaient et changeaient fréquemment selon l'inspiration du moment.

Ils partent le dimanche soir et reviennent en groupe le vendredi soir. Papa loge chez l'habitant où il est reçu en grand seigneur. Il enseigne aux jeunes Allemands dont la plupart sont fort sympathiques et très peu endoctrinés, à l'exception de quelques éléments fanatisés qui essayent d'imposer leur loi et jouent au dictateur. Son directeur d'école reste d'une complaisante neutralité et, quand il le peut, soutient volontiers ces instituteurs très peu motivés. Père signale que le curé du bourg est son meilleur allié et en contrepartie pour le remercier, tient l'orgue durant les rares offices religieux encore tolérés. En revanche, ses collègues et lui-même doivent régulièrement assister aux réunions organisées par le parti. C'est une obligation impérative à respecter dans le cadre de leur rééducation.

Le jour de l'anniversaire du Führer né le 20 avril 1889, mon père est désigné pour lire devant les habitants du bourg, réunis à cette occasion, un passage du trop célèbre « Mein Kampf ». Dans un premier temps, il est tenté de refuser et de s'éclipser. Mais Monsieur le curé le prévient que quelques nazis fanatiques l'ont choisi comme lecteur afin de le mettre à l'épreuve. S'il refuse, ces derniers ont l'argument nécessaire pour lui chercher de sérieuses difficultés. Il est, soi-disant, sur la liste des « mous » et des peu convaincus. La main forcée, voilà mon père placé face à l'assemblée. Certains membres de l'assistance attendent avec curiosité quel mauvais coup cet instituteur français peut-il bien leur jouer ? Son directeur d'école lui indique les quelques pages à lire. Mon père se met à bégayer et fait semblant d'avoir d'énormes difficultés à lire la langue de Goethe. Il néglige les ponctuations, ainsi, les phrases se suivent et perdent entièrement leur sens. De plus, il prend l'accent du Midi. Le résultat ne se fait pas attendre, le comique de la situation devient irrésistible. Dans la salle, les gens partent dans des fous rires incontrôlables, se plient en deux, malgré le danger d'une telle manifestation. Le texte devient totalement incompréhensible et inintelligible. L'allemand prononcé avec l'accent méridional ! Nous pouvons imaginer le résultat, un vrai fiasco. Le directeur l'interrompt au bout de quelques lignes de lecture et le supplie de faire un effort. Naturellement le résultat est pire encore. À ce moment, ce dernier prend sa place et poursuit la lecture tout en lui faisant remarquer qu'il n'aura jamais plus besoin de lire en public. Il l'excuse pour cette fois-ci, mais, à l'avenir, il lui faut soigner son élocution par respect pour cette noble et belle langue qui a bercé tant d'auteurs mondialement connus. Encore une façon de faire de la résistance ! Intellectuelle celle-là. !

À partir de ce jour, mon père se sent très surveillé, autant par certains de ses collègues que par la Gestapo. À ma naissance, il « oublie » de rejoindre son poste. Un mois plus tard, son directeur lui fait parvenir un courrier dans lequel il lui intime l'ordre de réintégrer sa fonction. En cas de refus, il est dans l'obligation de signaler son absence aux autorités supérieures qui y verront un abandon de poste ou même une désertion. Devant cette menace non voilée, mon père fait un courrier en retour dans lequel il précise qu'il doit tout d'abord remplir sa fonction de père avant de se remettre à la disposition du corps enseignant. La réponse est rapide et sans concession. Le directeur lui donne vingt-quatre heures, après réception de la lettre, pour se présenter à son école, sinon le signalement sera immédiat, avec toutes les conséquences fâcheuses et dramatiques d'un tel acte de rébellion. Dans sa réponse, le directeur félicite également papa d'avoir rempli avec honneur son rôle de géniteur et de père, vu qu'il a eu un fils. Ce jeu du chat et de la souris dure deux mois. Il témoigne, soit d'une très grande naïveté, soit effectivement d'une complaisante complicité de la part de ce directeur. Quelque temps plus tard, mon père abandonne définitivement son poste et disparaît, en se cachant chez son frère resté dans leur maison familiale où la grange a été tout spécialement aménagée. Dès lors, il est officiellement porté disparu.

De son côté, ma mère, convoquée par la Gestapo, subit un interrogatoire musclé, deux heures durant. Elle raconte qu'un des agents ne cessait de la menacer d'un pistolet. Mais ce qui l'avait vexée le plus, c'est que la scène se déroula dans notre salle de classe, c'est-à-dire chez nous. Elle précise aux hommes de la Gestapo que son mari est parti, comme tous les dimanches soirs, par le train de 18 heures et qu'elle a appris que ce dernier a été bombardé. Depuis, elle est restée sans nouvelles. Il doit certainement se trouver parmi les victimes. Maman accompagne son récit d'un torrent de larmes et de plaintes, telle une veuve éplorée qui, de surcroît, a un bébé prématuré sur les bras. Qu'adviendra-t-il de ce pauvre enfant, orphelin de père ? Pourquoi, d'un seul coup, tant de malheurs ?

Elle contre-attaque et accuse de laxisme une administration incapable de lui donner des nouvelles de son mari. C'est inadmissible, inqualifiable, une négligence punissable et indigne d'un pays soi-disant organisé et rigoureux. Elle est relâchée, après avoir fait la promesse solennelle de prévenir les autorités dès qu'elle aura la moindre nouvelle de son époux. Alors, en raison de son état de grande fatigue et de la terrible incertitude liée au sort de son mari, le médecin de famille établit un certificat médical spécifiant que cette jeune mère a un besoin urgent de repos. Un changement d'air s'impose ainsi qu'un soutien familial appuyé. C'est alors que ma mère et moi rejoignons la belle famille pour nous placer sous sa protection.

### *La période la plus dangereuse*

La période la plus houleuse, la plus dangereuse, où les bombardements tant américains qu'allemands occasionnent les premiers gros dégâts et où la chasse aux réfractaires et aux déserteurs est la plus féroce, correspond à la fin de l'hiver, début 1945.

Après la contre-offensive des panzers allemands déclenchée fin 44, les forces alliées américaines et françaises se replient derrière la ligne de la Moder. Une chape de plomb écrase à nouveau le village. L'occupant se montre nettement plus cruel, est sur le qui-vive et se méfie de tous. La Gestapo surtout recherche avec zèle les réfractaires, les déserteurs ou autres ennemis potentiels du grand Reich.

À cette époque deux ou trois familles ainsi que Monsieur le curé Breitenstein sont harcelés suite à des dénonciations. Quelques villageois enrôlés de force dans la Wehrmacht traînent leurs guêtres à la maison et se montrent peu empressés pour rejoindre leurs camarades au front. Ils hésitent tous et se demandent comment faire pour déserter et où se cacher en attendant la fin du conflit. Ils sentent que le grand Reich vacille sur ses fondements. Mais le « Bürgermeister » veille au grain. Ainsi, il intime l'ordre à son voisin de repartir sur le champ et ce, avec enthousiasme, au front, afin d'accomplir son devoir sacré. Il pousse son zèle jusqu'à menacer la famille de déportation en Silésie ou autre région inhospitalière du nord de l'Allemagne.

Le sinistre et pénible cas de la famille K. illustre à lui seul les misères, les souffrances, les angoisses que la guerre inflige à nos infortunés Alsaciens sous l'occupation. À l'époque, les quatre frères sont enrôlés dans la Wehrmacht. Ainsi, devant les menaces non déguisées, Louis est parti rapidement sans jamais plus donner signe de vie. Est-il arrivé à destination et a-t-il encore combattu à côté de ses camarades du régiment ? Nul ne le sait. Il a été porté disparu. A-t-il été tué durant un combat ? A-t-il déserté et changé d'identité, de pays ou même de continent ? Nul ne le saura jamais.

Son frère Henry avec quelques-uns de ses camarades de combat est fait prisonnier à Tambov où il meurt de froid, de faim, de misère et surtout de typhus. Je ne parle pas des sévices physiques que ces pauvres hères ont subis de la part des geôliers et des autorités du camp. Il aura suivi le chemin de croix de beaucoup d'Alsaciens mêlés malgré eux à cette infamie.

Le troisième, Eugène, handicapé à la suite d'une grave blessure, une balle lui avait déchiré son poumon, une autre lui avait traversé la jambe, est resté à la ferme auprès de ses parents. Dès l'arrivée des troupes américaines, il est fait prisonnier et considéré comme un espion allemand. Allez donc expliquer à ces boys du Michigan ou du Texas la différence entre un Alsacien pure souche et un Allemand surpris dans un pays occupé ! Dès lors, le pauvre Eugène vit des moments bien angoissants et pathétiques. Il rentre tard d'une réunion, quand arrivé dans sa chambre, il remarque une présence étrangère. Il craque une allumette pour se donner un peu de lumière quand un américain costaud lui tombe dessus et lui braque son revolver dans la nuque. Il l'immobilise et lui crie « toi kaput ce soir ».

Visiblement éméché, ce soldat reste sourd à toute explication et le traîne dans la maison voisine, siège du P.C de la section. Il est soumis à une fouille minutieuse, et fort heureusement, les boys ne découvrent pas la balle de fusil qu'il porte toujours sur lui telle une relique, souvenir de sa blessure. De là, et toujours sous la menace de l'arme, Eugène est mené au PC installé au presbytère pour être transféré vers le bourg voisin dès le lendemain matin. Il profite d'une pause pipi pour se débarrasser de la balle compromettante. Rapidement les soldats le dirigent sur un camp de prisonniers à « l'intérieur » où il reste suspect d'espionnage pour le compte de la puissance ennemie. Heureusement, l'interprète français du camp, n'ignorant pas la situation particulière des Alsaciens et des Malgré-Nous intervient auprès des autorités. C'est ainsi qu'Eugène a la vie sauve. À partir de ce moment, il se sait définitivement hors de danger. Il suffit de patienter et d'attendre les jours meilleurs.

Enfin, le quatrième des frères, Frantz, refusant obstinément de porter l'uniforme allemand, s'évapore dans la nature et rejoint un maquis dans le sud du Jura. La maman de ces quatre garçons n'a pas supporté la peine et la douleur de cette terrible épreuve. Elle est décédée avant de connaître le sort de ses chers fils.

Cet exemple illustre fort bien le malheur de nombreux habitants de notre région. Sur les quatre enfants de cette même famille, deux sont morts sous l'uniforme allemand sans jamais avoir demandé de le porter. Le troisième, blessé sur le front russe encore sous le même uniforme et éclopé à vie, a failli être abattu par une balle américaine. Le quatrième enfin faillit mourir sous une balle française. Les quatre auront subi les affres de ce conflit mondial, chacun étant blessé ou tué par une balle tirée par les différents belligérants. Les vicissitudes de cette famille résument à elles seules le poids de cette barbarie. La terre entière semblait s'être concentrée et acharnée sur le même objectif, dans le même but, la détruire. Après un tel tableau, allez savoir où est la logique et jusqu'où peut aller la bêtise, la haine et l'incurie des hommes !

À la même époque, notre curé Breitenstein, lui aussi, subit les outrages de l'armée d'occupation. Ayant décidé de se soustraire au joug de l'occupant, il se cache, mais probablement dénoncé par une paroissienne, langue de vipère, la Gestapo le découvre. En attendant son jugement, il est gardé et enfermé à double tour au presbytère. Il subit régulièrement des sévices corporels, est passé à tabac selon la fantaisie de ses geôliers, comme en témoignent les nombreuses ecchymoses recouvrant son visage et les yeux au beurre noir remarqués par quelques villageois. De temps en temps, les passants peuvent l'entrapercevoir placé derrière la fenêtre au premier étage d'où il les salue par un amical et discret signe de la main. Un soir pourtant, il profite d'un moment d'inattention d'un des gardes pour s'évader. Il saute par-dessus le muret de sa propriété et se réfugie chez son voisin. Ce dernier le cache immédiatement derrière la porcherie sous un énorme tas de betteraves. La meute de soldats le cherche en vain, des heures durant. Le flair des chiens est doublement neutralisé, tout d'abord par le lisier et en second lieu par le purin que le paysan laisse couler à travers sa cour. Les menaces, les intimidations auprès des paroissiens, tous considérés comme suspects, ne permettent pas de découvrir le fugitif. Notre infortuné curé passe des heures pénibles à s'étouffer et à souffrir de claustrophobie. Son protecteur décide de le laisser sortir de temps en temps pour qu'il puisse respirer l'air frais car il se plaint d'une faiblesse pulmonaire. Mais comment faire ? Le danger d'être reconnu est trop grand. L'imagination humaine n'ayant pas de limite dès qu'il s'agit de sauver sa peau, notre cher curé se déguise alors en vieille femme. L'aïeule de la maison lui prête une de ses robes, un chapeau et autre tablier. Transformé de la sorte, il déambule dans la cour, laissant traîner sa longue robe jusque par terre, telle une vielle grand-mère courbée par le poids de l'âge. Il vit des moments d'angoisse et de frayeur tragique quand les Allemands explorent à l'aide de fourches le tas de betteraves, heureusement sans jamais le découvrir. Un soir, profitant de la pénombre, toujours sous le même déguisement et aidé par quelques courageux paroissiens, il quitte le village sans dommage et rejoint son lieu d'origine, Ritterbourg. Aux dires de certains, il était même question que les Allemands fusillent une personne tirée au hasard à titre d'exemple et de représailles. Heureusement l'armistice n'est pas loin et les troupes alliées font fortement pression sur l'occupant.

Un autre villageois vécut le même calvaire un an durant. Seule sa famille connaissait l'endroit où il avait creusé une caverne et où il s'était enterré en forêt. Certains membres de la famille, et à tour de rôle, pourvoyaient régulièrement à son ravitaillement.

L'ordre d'évacuation du village est donné début 45, les autorités craignent une vigoureuse empoignade. Heureusement, le général hiver a su calmer les ardeurs. Il a neigé comme rarement. La neige atteint jusqu'à un mètre de haut. Mon ami André m'explique, que dès fin janvier, mi-février, les tirs d'artillerie et des panzers ont repris de plus belle. Les Américains retraversent la Moder et attaquent de toutes parts. Ils sont arrivés jusque sur la hauteur du hameau d'Ingelhof. De là, ils bombardent notre église qui est touchée en plein par un obus au phosphore. Elle s'embrase instantanément au grand désespoir des paroissiens médusés. Ce tir est justifié par la présence d'un artilleur allemand installé dans le clocher dont la flèche domine largement les environs. Il est un excellent point d'observation. De là-haut, le soldat allemand peut orienter et estimer l'efficacité de leurs propres tirs et surtout enregistrer les mouvements ennemis. André m'explique : pendant que les troupes allemandes descendent la colline de notre village, le matériel chargé sur des luges réquisitionnées, les Américains les arrosent au mortier et au canon léger. Il y a quelques dégâts collatéraux inévitables, deux maisons touchées de plein fouet, trois hangars agricoles réduits en cendres, et quelques façades de maisons détruites. À un certain moment, des forces motorisées surgissent sur la route et le long des pentes descendant de Morsbronn, à la sortie sud du village. Les Américains déclenchent un feu roulant dans cette direction. Il est rapidement stoppé. Il s'agit d'une méprise. Leurs propres troupes ont réalisé une percée-éclair après un mouvement en tenaille et profitent d'un effondrement ennemi. Il y a quelques blessés et un mort dans leur propre rang. Les Allemands se replient en commettant quelques exactions auprès de la population, mais heureusement, les forces alliées ne leur laissent guère le temps d'assouvir leur vengeance. Notre village est enfin définitivement libéré.

Après cette période mouvementée et bien sinistre, l'armistice signé, la paix est rapidement revenue au sein de la localité qui n'a pas connu de période d'épuration et de « nettoyage » après la libération. Aucune de nos femmes n'a été tondue ! Il y a eu bien deux familles considérées comme indésirables. Elles ont dû déménager vers d'autres horizons car les autorités leur ont signifié l'interdiction de séjour dans la commune. La sérénité retrouvée, les villageois s'activent à reconstruire et à réparer les dégâts dans un esprit entreprenant et volontariste. Il y a certes, quelques frictions avec ceux qui se sont crus lésés lors des dédommagements gouvernementaux octroyés. Mais enfin, rien de bien grave, chacun ayant été content d'être délivré et d'avoir survécu à cette misère. Ils attendent aussi le retour de quelques enfants du pays, faits prisonniers quelque part sur un front lointain.

### *Mon parrain Charles*

De notre côté, nous attendons avec impatience et angoisse le retour de mon parrain, Charles, tailleur de métier et accordéoniste amateur. Certains sont convaincus qu'il est tombé sur le front russe. D'autres pensent qu'il est prisonnier, croupit et dépérit dans un camp quelque part en Europe Centrale. Je glane certaines informations auxquelles je ne comprends d'ailleurs rien à travers les bribes de conversations des adultes. Je suis conscient que seule Grand-mère entretient l'espoir fou et insensé de le revoir vivant un jour. J'en suis très peiné. Sa douleur est vive et se lit sur son visage alors qu'elle tente de la cacher. Longtemps, même après la fin du conflit, elle en reste convaincue et ne cesse de prier pour son retour. Plus tard, j'ai dix ans à l'époque, je pose la question à mon père :

— Papa, dis-moi, pourquoi mon parrain Charles n'est-il pas revenu de la guerre comme les autres ?

Il me répond :

— Mon fils cette histoire a fait le malheur de la famille durant toutes ces années. L'incertitude cruelle qui entourait la disparition de Charles a été le crève-cœur de ta grand-mère. Afin que tu puisses comprendre la situation, il faut te rappeler que ton parrain avait refusé de se soumettre à la conscription. En aucun cas, il ne voulait entrer dans la Wehrmacht et refusait obstinément de porter l'uniforme allemand.

Le jour du conseil de révision c'est René, son frère cadet, qui se présente aux autorités afin d'en retarder l'échéance. Ce dernier prend la place de Charles en prétextant que la convocation était indéchiffrable, qu'elle avait été froissée et mouillée. René, deux ans plus jeune que lui, ne risquait guère d'être enrôlé car il n'avait pas l'âge requis. Les autorités l'ont immédiatement renvoyé. Elles précisent que son frère doit obligatoirement se présenter au bureau de recrutement dès le lendemain, sinon il s'expose à d'importantes sanctions. René leur fait savoir que son frère est en voyage et qu'il ne répondra de toute façon qu'à une convocation officielle.

Cette dernière arrive trois mois plus tard. Tout ce temps, Charles est en sursis. Il hésite. Il ne trouve pas de réponse à ses nombreuses interrogations. D'un côté, c'est le refus d'obtempérer, de l'autre, la crainte des représailles, souvent terribles, contre la famille en cas de désertion. À cette époque, il n'était pas rare que quelques familles alsaciennes soient déportées vers des régions allemandes inhospitalières. Le jour venu, et la mort dans l'âme Charles s'est donc présenté devant le conseil. Les autorités le traitent de forte tête et lui signifient qu'il payera en conséquence sa désobéissance considérée comme une rébellion flagrante. Il est immédiatement affecté dans un bataillon disciplinaire d'infanterie et envoyé dans la semaine sur le front russe. Il partage ce triste sort avec un copain d'un village voisin. Dès lors, la famille reste sans nouvelles. Ni ce copain, ni Charles ne peuvent adresser un courrier à leur famille, la censure et la poste des armées les en empêchent. Ce n'est que fin 44, par une lettre de ce même copain remise à ma mère par un soldat allemand de passage, que nous apprenons que Charles est de santé fragile et souffre cruellement, comme tant d'autres, de froid et de faim. L'hiver est terrible et les soldats n'ont guère d'équipement adéquat pour s'en protéger. Beaucoup meurent de faim, de maladie et surtout de froid.

Dans son courrier, cet ami insiste sur le fait que Charles a décidé de déserter dès la première occasion. Il a dans l'idée de rejoindre les lignes russes. Il précise, que pour sa part, il n'approuve pas ce projet et tente de l'en dissuader. Il ajoute : « C'est une très mauvaise idée et il est convaincu que les Russes vont lui faire la peau ». Lui-même refuse « d'avoir la gorge tranchée par un Cosaque ! »

Ce n'est que, longtemps après l'armistice, que ce même villageois nous apporte quelques précisions concernant la disparition de mon parrain.

Toutes les nuits, les hauts parleurs russes diffusaient des messages, non seulement en langue allemande mais aussi en français, donc bien dirigés et destinés aux Malgré-Nous. Ils les invitent à rejoindre leurs lignes. Ils n'ont de cesse de répéter que les déserteurs seront accueillis en héros, qu'une soupe et des couvertures bien chaudes les attendent et surtout, qu'ils seront rapatriés vers leur terre natale dans les meilleurs délais. Toujours d'après ce témoin oculaire, les nuits sont souvent animées et meurtrières à cause de ces tentatives de ralliement. La « Feldgendarmerie » veille et abat sans hésitation le soldat pris en flagrant délit de désertion. Ce dernier n'a ni droit à un procès équitable, ni à un jugement. Leurs méthodes sont des plus expéditives et des plus radicales, la mort.

Ainsi, durant une nuit plus noire que les autres, Charles, après avoir invité son ami à le suivre, le salue et rampe à travers un boyau repéré dans la journée pour se confondre et se perdre dans la nuit. Du côté allemand, son absence n'est pas remarquée et passe inaperçue durant un bon moment. Une demi-heure plus tard, une ou deux détonations venues du côté russe déchirent le silence glacial de la nuit. Elles sont suivies d'éclats de voix, d'une altercation furieuse entrecoupée de cris sauvages. Son ami semble avoir reconnu la voix de Charles, il paraît furieux et très en colère. Les échos et des bribes de discussions se poursuivent durant une bonne heure. Quand, subitement, il entend Charles crier en français, certainement pense-t-il à son copain :

« Je vais mourir, ne viens pas ». Ce sont ses dernières paroles.

Puis, un cri, une détonation, et voilà le lourd silence, le silence de mort qui retombe sur le champ de bataille.

Je me rappelle la façon dont mon père imaginait la fin tragique de son frère. C'était certainement suite à un de ses coups de colère, de vrais coups de sang, dont il était coutumier. Il était sujet à cette montée brutale de violence, elle ne durait qu'un très court instant, survenait dès qu'un obstacle ou que quelqu'un le contrariait ou se mettait à travers de son chemin. Le fait qu'il y ait eu des échos d'une altercation confirme à l'évidence qu'il avait réussi à rejoindre intact la zone russe. Là, il suffisait qu'un soldat de l'armée rouge ait voulu « hériter » ou le défaire de sa montre-bracelet et qui sait de sa chaînette fétiche, l'incident devenait inévitable. Charles ne l'accepterait jamais, d'où les cris et les éclats de voix. Voyant qu'il allait mourir il a tenu à prévenir son ami de ne pas tenter la même folie que lui.

*Les Malgré-Nous*

Beaucoup d'autres jeunes villageois ont dû se soumettre au service militaire obligatoire et ont été enrôlés d'office dans la Wehrmacht. Et ainsi, combien de fils de notre chère Alsace ont laissé leur jeune vie sur une terre étrangère, sous un uniforme qu'ils étaient contraints de porter et pour une idéologie qu'ils abhorraient ? Et il ne faut pas oublier les procès d'intention injustes qui seront faits plus tard à ces Français doublement victimes qu'ont été les « Malgré-Nous ». Le Procès de Bordeaux, en 1953, n'a certainement jamais réussi à effacer les rancœurs définitivement enracinées dans le cœur de certains Alsaciens et Mosellans. Au contraire. Mais laissons le temps faire son œuvre. Les tristes et douloureux souvenirs s'effaceront forcément un jour, ne fût-ce que dans le silence d'une tombe. En revanche, il est de notre devoir de ne jamais oublier la terrible Vérité.

Je ne peux terminer ce chapitre, même s'il ne s'inscrit pas dans la chronologie de mon récit, sans avoir une pensée particulière pour mon beau-père que je n'ai jamais connu et pour cause. Mon épouse ne m'en a parlé qu'une fois, car entre nous le sujet est resté tabou. Sa douleur est encore trop vive et la cicatrisation ne s'est toujours pas faite. En découvrant le livret militaire de son père, j'ai noté qu'il est incorporé et s'est présenté le 20/04/1932 au 3e Bataillon de Dragons Portés de Lunéville puis réformé définitif n° 2 dès le 24/05/1932. Il quitte cette ville le 25/05 après avoir été gratifié de 8,50 F de la part du chef de bataillon pour rejoindre en train son domicile. En 1939, comme beaucoup d'autres concitoyens, la famille est évacuée sur Peyrac-le-Château dans le canton d'Eymoutiers en Haute-Vienne. De retour dans sa ville natale mon beau-père est incorporé de force en novembre 1944. Sa fille, une blondinette de trois ans, pleure toutes les larmes de son corps quand elle voit son père monter dans un camion militaire pour ne plus jamais le revoir. Cette image reste à jamais gravée dans sa mémoire.

La maman, après de longues années d'espoir, de doute et d'angoisse, voit son cœur se déchirer et défaillir. Elle décède le 22 février 1953 sans jamais avoir revu son cher Guillaume, bien qu'elle ait gardé cet espoir jusqu'à son dernier souffle, convaincue qu'il ne pouvait les abandonner. Ce n'est que le 26 août 1953 que le tribunal déclare officiellement la mort de ce malheureux père de famille. Destin paradoxal que celui de cet homme réformé par le service de santé de l'armée française, et pourtant reconnu comme mort pour la France, à Berlin, sous l'uniforme allemand de la « Fliegerkommandantur » !

Sa pauvre enfant, d'abord orpheline de père à l'âge de trois ans, se retrouve ainsi orpheline de père et de mère dès l'âge de 12 ans. Seule au monde, elle affronte son destin avec courage et détermination. Cette malheureuse histoire témoigne de l'incohérence et de la cruauté du destin qui a frappé trop de nos concitoyens, victimes du fanatisme nazi.

Cette situation dramatique touchant beaucoup d'Alsaciens incorporés de force n'a pas été comprise, ou, peut-être ne voulait-on pas la comprendre à « l'intérieur », c'est-à-dire sur le reste du territoire national. Ceci d'autant plus que lors du massacre d'Oradour-sur-Glane, quelques rares Alsaciens ont dû assister, à leur corps défendant, à cette débauche de cruauté sanguinaire et bestiale.

« Ils n'avaient qu'à refuser ou déserter au lieu de participer à ce massacre » furent les commentaires de certains donneurs de leçons, probablement débordant de courage et de sentiments humanistes ! Peut-être étaient-ce ceux-là qui couraient le plus vite en 40 lors de la débâcle ?

Certains de ces Malgré-Nous, dont le cœur était profondément attaché à la France, ont certainement vécu un combat cornélien en leur âme et conscience. D'après les historiens, un seul Alsacien, un de trop, prit une part active lors de cette opération monstrueuse, tandis que la majorité des incorporés de force subissaient et exécutaient avec rancœur et dégoût les ordres des SS du régiment « Das Reich ».

## Les dégâts collatéraux

Immédiatement après le conflit, quand les armes se sont tues, les dangers inhérents à cette guerre ne sont pas tous écartés, loin de là. De tous côtés du ban communal, nos paysans découvrent fortuitement, qui une bombe, qui une mine ou une grenade n'ayant pas explosé. Ces armes traînent souvent derrière un buisson ou sont déterrées lors d'un labour. L'angoisse est assurée dès que le soc de la charrue heurte un objet métallique. Nous pouvons imaginer les dangers et les risques d'accidents auxquels sont exposés nos laboureurs, lorsque, ignorant le danger, ils manipulent ces munitions. D'une façon générale, elles sont entassées au bout du champ, et on le signale à la mairie qui diligente le service de déminage. Le danger est alors définitivement écarté, au moins jusqu'à une prochaine découverte !

C'est le cas de Richard, à l'époque un jeune homme de dix-sept ans, qui ramasse une grenade au phosphore. Ignorant comment manipuler un tel engin de mort, mais poussé par une mauvaise curiosité, il tente de la faire exploser.

Il la place au sommet de deux bottes de paille, y met le feu et court se mettre à l'abri derrière un repli de terre en attendant la déflagration. Mais rien ne se produit. La paille consumée, la grenade n'a toujours pas sauté. Il attend encore quelques instants, puis s'avance pour examiner la situation. Malheureusement, à ce moment précis la grenade explose. Le phosphore, les morceaux de métal meurtriers sont projetés aux alentours et notre infortuné Richard est criblé d'éclats et voit ses habits se consumer sous l'effet du phosphore. Grièvement blessé, il ne peut appeler au secours. Mais le bruit de la déflagration attire ses parents et des voisins qui le découvrent rapidement. Il gémit de douleur et respire avec d'énormes difficultés. Il agonise. Que faire ? Deux hommes le ramènent au domicile et l'allongent sur le lit. Il ne saigne que très peu, mais dès que les sauveteurs veulent lui ôter ses habits imprégnés de phosphore, ils lui arrachent des lambeaux de chair. Pendant ce temps, la maman alerte le médecin. Il lui conseille de le déshabiller précautionneusement, de l'envelopper dans un drap propre et de l'évacuer le plus rapidement possible vers l'hôpital. Pas de désinfectant, rien pour calmer les douleurs atroces qui le secouent, ni d'ambulance bien sûr ! C'est le branle-bas de combat au village.

Chacun y va de ses commentaires et de ses conseils. Pour l'un, il faut faire des emplâtres d'argile, pour l'autre des compresses de camomille et de fleurs de souci, pour d'autres encore des onguents de graisse de lapin, pour les plus spartiates des compresses de schnaps dilué. La maman du pauvre Richard fait rapidement bouillir un mélange de sauge et d'orties réputées pour leurs effets antalgiques et calmants sur les brûlures. Tous ces remèdes font partie de la pharmacopée paysanne transmise de générations en générations et dont l'origine se perd dans la nuit des temps. Une fois totalement déshabillé et couvert de cataplasmes divers, Richard est enroulé dans un drap propre puis recouvert de couvertures. Pendant ce temps, deux voisins préparent à la hâte la charrette hippomobile sur laquelle ils fixent un matelas, puis attellent en toute hâte deux chevaux qu'ils ont réquisitionnés. Grand-père propose sa jument qui a l'habitude d'être attelée en binôme avec celle du voisin. Le pauvre Richard gémit et hurle de douleur dès qu'on le touche. L'attelage part au triple galop pour rejoindre l'hôpital situé à une trentaine de kilomètres. Malheureusement il n'y a plus rien à faire, l'infortuné Richard décède deux jours plus tard après un véritable calvaire. Une victime supplémentaire à mettre sur le compte de la folie des hommes.

Tout aussi ignorant, mais plus chanceux que Richard, je me suis exposé à l'âge de dix ans au même danger. Après une virée dans les champs, je découvre un engin ressemblant à une assiette en fer-blanc de couleur verte et qui, curieusement, est fortement aimantée. Le moindre objet métallique s'y fixe. Je le ramène à la maison où mon copain François veut lui aussi profiter de cet aimant. Qu'à cela ne tienne. Nous le fixons dans l'étau à l'atelier de grand-père et commençons par le scinder en deux à l'aide d'une scie à métaux. La découpe avance difficilement, quand, attiré par le bruit, mon père ouvre la porte. Immédiatement, une expression d'horreur apparaît sur son visage.

— Sortez vite et couchez-vous.

François et moi sommes saisis par l'effroi qu'exprime son regard. Nous nous précipitons au-dehors pour nous allonger à côté de mon père, derrière un tas de bois. Après quelques instants d'attente, rien ne se produit. Incapable de comprendre cette situation ridicule, je pense que mon père est atteint d'une crise de folie. Après un moment, il se calme et paraît soulagé, mais nous fait de sévères remontrances en nous expliquant que nous sommes en train de manipuler une mine antichar, vestige de la dernière guerre. Le principe de fonctionnement de cet engin est simple. Une fois dégoupillé, on le pose par terre. Si un véhicule ou un char passe par-dessus, il s'y fixe instantanément et explose deux minutes plus tard.

Nous comprenons enfin l'immense chance que nous avons eue et à quoi nous avons échappé. À ce moment grand-père arrive à son tour à notre hauteur. Il est étonné de nous trouver dans cette position grotesque, cachés derrière le tas de bois. Je le vois blêmir, lorsque mon père le met au courant. Cependant, notre situation reste incertaine, pour ne pas dire « explosive ». Que faire ? Papa veut prévenir le service de déminage, il ne faut surtout rien entreprendre avant la venue sur place des spécialistes. Grand-père est d'un avis différent.

— Comprenez donc, si la mine n'a pas encore explosé, cela veut dire que son système de mise à feu est défectueux. Elle aurait dû sauter depuis bien longtemps. Il n'y a aucun danger à la manipuler et à la sortir de l'atelier.

Après quelques minutes de discussion il décide d'y aller et de la récupérer.

— Pour la suite nous allons attendre jusqu'à ce soir. Quand Joseph sera de retour, il verra ce qu'on peut faire avec cette mine.

Mon père partage cet avis. François et moi, nous sommes consignés à l'intérieur de la maison, tandis que Opa, après avoir refusé que papa l'accompagne, ôte cet objet de mort des serres de l'étau pour le déposer derrière le tas de bois.

— Vous les jeunes, vous quittez immédiatement la cour et je ne veux plus vous voir jusqu'à nouvel ordre.

Le soir même, Monsieur Joseph inspecte cet engin qui lui est familier. Comme il a derrière lui deux années de guerre, enrôlé dans la Wehrmacht, il a vite fait d'écarter définitivement tout danger et nous les jeunes pouvons récupérer l'aimant tant convoité. C'est ainsi que de nombreuses personnes ont été tuées ou mutilées à vie en manipulant dans leur ignorance des engins de guerre découverts par hasard. La Providence ou nos anges gardiens ont été nos meilleurs alliés à cette époque !

Quelques quinze ans plus tard, lors d'une promenade en forêt avec mon ami Paul, je découvre une caisse de munitions datant de la dernière guerre. Elle est cachée au fond d'une grotte creusée dans une paroi rocheuse. Ce sont des balles de mitrailleuse de 20 mm embarquée sur avion. Comment ont-elles atterri à cet endroit ? Nul ne le sait ! Bien entendu nous aurions dû les remettre aux autorités, mais la tentation de les conserver et de les utiliser était trop forte. Au lieu de cela nous décidons de récupérer la poudre noire en ôtant la pointe de la balle. Elle vient à point nommé car nous bricolons une fusée à l'aide de tuyaux d'aluminium de récupération. Des heures durant, nous laissons aller notre imagination, dessinons des croquis, découvrons et apprenons les lois de la physique pour réaliser notre rêve. Un projet plus ou moins utopiste : envoyer des fusées très, très haut et pourquoi pas sur la lune ! Nos lancers sont souvent très spectaculaires et impressionnants. Heureusement il n'y a jamais eu d'accident.

Je ne peux clore ce chapitre sans rappeler le dramatique accident survenu 19 mars 1981 à Bremmelbach une petite commune près de Cleebourg dans la région de Wissembourg. Accident en rapport direct aux méfaits de Deuxième Guerre mondiale. Lors de son travail en forêt, un bûcheron découvre un obus de mortier qui traînait au pied d'un arbre. Arme très meurtrière, qui lors de son explosion projette des centaines de shrapnells se transformant en autant de vecteurs de mort. Ce père de famille ramène cette munition chez lui avec l'intention de la remettre plus tard à un collectionneur professionnel de sa connaissance. Le hasard veut que ce dernier soit en congé. Le bûcheron enfouit l'obus sous un tas de bois pour le soustraire à la curiosité des enfants. Un soir pourtant, un groupe de huit gamins découvre l'engin. Poussés par une tragique curiosité, ils le manipulent avant qu'il n'explose. Les centaines de shrapnells déciment le groupe. Les dégâts sont terribles : cinq enfants de quatre à neuf ans sont mortellement atteints, le sixième décède rapidement suite à ses blessures. Deux autres ont la vie sauve, tout en étant criblés de bouts métalliques. Certains de ces éclats se sont logés dans leur boîte crânienne et n'ont pu être écartés chirurgicalement. De ce fait ces deux victimes restent sous la menace de complications ultérieures. Dans cet accident, le bûcheron perd un de ses enfants, le voisin, maire du village, les deux siens, un garçon et une fille. Ce drame a secoué et bouleversé toute la région et ne saurait être oublié. Imprudence certes, mais aussi coup du sort et triste fatalité. Le responsable du drame ne s'est jamais remis de cette hécatombe, il a été anéanti psychologiquement.

## La vie au village

Les derniers prisonniers rentrés, la vie reprend ses droits. Nous sommes tous soulagés d'avoir survécu au cataclysme. Notre famille est bien intégrée, mon père adulé dans son rôle d'instituteur et les villageois apprécient sa disponibilité tout en profitant, sans retenue, de sa bonté. Maman est jalousée par certaines de ses amies d'enfance, car en épousant le maître d'école, elle avait « tiré le gros lot ». Néanmoins, elle est respectée et s'investit dans la formation des jeunes filles, en leur dispensant des cours de couture, de tricot ou de crochet forts appréciés. Ma sœur et moi nous nous entendons bien malgré une nette différence de tempérament. Plus vive, plus expansive, plus autoritaire que moi elle s'affirme facilement devant ses camarades. De mon côté je m'entoure d'une bande jacassante et tumultueuse de copains.

Dans la période qui suit immédiatement la guerre, le monde paysan choque par un comportement rustre, tant au niveau du langage que dans sa manière d'être. Cependant, je ne suivrais pas Diderot, lorsqu'il parle du « paysan misérable de nos contrées, qui excède sa femme pour soulager son cheval, laisse périr son enfant sans secours, et appelle le médecin pour son bœuf ».

Seules, quelques familles avaient su préserver le savoir-vivre, la dignité et les manières courtoises de la période d'avant-guerre. Pas de place pour les gros mots, le langage se devait d'être poli et respectueux. À cette époque il y avait bien une culture paysanne dominée par le respect, une certaine retenue frisant souvent la naïveté, ainsi qu'une politesse qui interdisait les cris et les éclats de voix. Les vieux étaient respectés, vénérés, et personne n'aurait osé les tutoyer. La jeunesse passait à côté d'eux en soulevant la casquette en guise de salut. On pourrait presque parler de « culte » des anciens.

La guerre a déstabilisé le monde agricole. Pendant que le mari perdu au front est exposé à tous les dangers, son épouse s'occupe des bêtes et entretient la terre. Les enfants et les aïeux sont mis à contribution et la secondent du mieux possible. La valeureuse paysanne porte, seule, le chagrin de la séparation et l'angoisse générée par l'éloignement de son mari. Elle affronte avec courage les lourds travaux de la ferme, car il faut bien nourrir la famille. Pour certaines d'entre elles les soucis sont d'autant plus grands qu'une partie des dépendances est partie en fumée après l'impact d'un obus aveugle. Que peuvent-elles faire, seules et désemparées, devant ces dégâts, si ce n'est d'attendre le retour de leurs maris ? Et toujours dans le cœur, l'angoisse et l'incertitude : que devient mon cher Louis, est-il blessé, est-il exposé à tous les dangers ? A-t-il faim ou froid ? On imagine les moments douloureux et dramatiques de ces mères et épouses livrées ainsi à elles-mêmes.

Mais dès la fin du conflit, le village connaît le soulagement, une explosion de joie, une vraie renaissance. Parallèlement les mœurs se relâchent, la retenue fait place à une forme d'euphorie effrontée qui flirte avec la vulgarité, et chacun veut en « imposer » à l'autre sous prétexte d'émancipation verbale. Tout le monde se sent brutalement libéré. Je me rappelle quelques disputes émaillées d'insultes d'une incroyable hargne, et dont la vulgarité dépasse tout entendement. Après la chape de plomb, où le silence a été de rigueur, vient le moment de l'explosion de la parole. Les instincts naturels, trop longtemps bridés, éclatent au grand jour. Les rancœurs étouffées durant le conflit ou induites par l'occupation, entretiennent ce climat de violence et de suspicion. On reproche à son voisin d'avoir traversé le cataclysme sans trop de soucis, alors qu'on a soi-même subi de plein front les affres de la guerre… Et pourtant, chacun n'a-t-il pas, à un moment ou un autre, peiné dans la même galère et côtoyé la mort ?

D'autre part certains paysans, enrôlés dans l'une ou l'autre armée, ont été contraints de découvrir des régions et des façons de vivre nouvelles. Cette expérience, fût-elle douloureuse, leur a ouvert d'autres horizons : ils ont dépassé les limites de leur village, confronté leur manière de penser à d'autres mentalités… Bref une mutation des esprits commence à se mettre en place.

Ainsi Albert, de retour du Sud-ouest où il a été ébahi et conquis par la culture du maïs, est le premier à l'introduire et à le cultiver chez nous. De ce fait, il déroge aux règles séculaires qui gouvernent le monde agricole. Quant à Étienne revenu d'une longue campagne sur le front russe en Ukraine, trouve l'organisation du kolkhoze tout à fait pertinente. Il devient la risée de ses collègues villageois qui en rejettent l'idée même.

Et puis l'émergence des médias, tant parlés qu'écrits, leur permet une ouverture sur le monde encore plus grande et la sortie définitive d'un quotidien étroit. Ces changements des mentalités longtemps occultés se mettent en place lentement et de façon insidieuse. L'esprit critique se développe et la puissance de la parole s'impose de plus en plus. Cela se traduit par de longues discussions souvent véhémentes le dimanche après la messe, au bistrot du coin, autour du classique amer-bière accompagné d'un bretzel. Le paysan du temps ancien enregistre, analyse, forge son opinion, mais s'extériorise rarement. À la limite, il affiche un regard malin pour traduire son adhésion à l'idée avancée, alors que la nouvelle génération développe, juge, critique les nouveautés. On commence à discuter de la mise en place de la future coopérative, certains parlent de syndicalisme…

Grand-père m'a emmené un jour à la ville voisine au « Büredaa » journée du paysan, du canton qui les réunit. Le thème de l'exposé tourne autour de la collecte du lait, de la lutte contre le doryphore et de l'avantage des engrais chimiques. C'est là que j'ai entendu parler pour la première fois de ma vie du rendement à l'hectare.

Parallèlement, l'unique point d'accord, celui qui les unit tous, est la notion de travail. Le paysan reste un esclave de la terre, un serf, un travailleur forcené. Néanmoins j'ai l'impression que les anciens arrivaient à ménager de courtes pauses et prenaient le temps de respirer. Après le conflit, comme pour rattraper le temps perdu, le labeur devient frénétique, acharné. Est-ce l'appât du gain qui les pousse ? Ainsi, lors des récoltes, le vieux Louis âgé de 90 ans ne cesse de critiquer son gendre, sous prétexte qu'il n'avance pas assez rapidement dans la besogne. Par moments, ce vieillard devient invivable, ses exigences excessives. Il est vrai que leur emploi de temps est plus que chargé. À côté du travail des champs et des soins que sollicitent les bêtes, il faut songer à effacer les traces laissées par la guerre. Des choix s'imposent.

C'est aussi la période où l'habitat reste plus ou moins délaissé. Les dégâts occasionnés par le conflit ne sont toujours pas effacés, les stigmates persistent tant au niveau des maisons que des dépendances. La reconstruction n'a pas vraiment débuté. Certains toits défoncés par un obus ne sont que grossièrement recouverts. Le plan Marshal ne les concerne pas. On se démène comme on peut, certaines personnes vivent dans de véritables taudis. Cette situation perdura souvent longtemps. À titre d'exemple, une maison entièrement détruite lors d'un bombardement au printemps 1945 n'a été rendue à son propriétaire qu'en 1957 ! Les cours des fermes sont défoncées, la boue envahit les lieux et l'argent manque pour procéder aux réparations nécessaires. Il n'est pas rare que les poules viennent picorer sur la table de la cuisine. Les effets vestimentaires sont usés et tombent en lambeaux, de véritables haillons pour certains. Les gens parent au plus pressé. La rue principale est sale, mal entretenue, creusée d'une grande quantité d'ornières, l'asphalte ayant disparu après le passage des nombreux engins de guerre. C'est la période pouilleuse, le règne de la crasse.

Bref, partout se ressent la pauvreté, la misère tant physique que morale. Le paysan boira, longtemps encore, toujours issue du même tonneau, sa piquette aigre douce à base d'amertume, de sueur et de sacrifices. La reconstruction, la réorganisation d'une agriculture malmenée ou détruite, les nouveaux enjeux, ne leur laissent guère le temps de se cultiver intellectuellement ni même de songer à des loisirs. Plus rien d'autre ne compte que le travail.

Néanmoins la vie au village reprend et s'écoule tant bien que mal, mais sûrement pas comme un fleuve tranquille. Les saisons rythment nos activités. Les paysans travaillent jour et nuit et pourtant restent pauvres et sans le sou. La terre, relativement bonne, faite de limon, d'un mélange d'argile et de sable, exige beaucoup de sueur afin d'être fertilisée.

À cette époque il n'y a ni tracteurs, ni machines agricoles. Les méthodes de travail archaïques auxquelles la paysannerie tient encore, ne permettent que des rendements aléatoires et le plus souvent faibles. Aussi les paysans ne peuvent-ils guère investir dans la modernité.

Les mieux lotis sont ceux qui, à côté de la petite exploitation agricole, travaillent à l'usine. Ils sont les premiers à acquérir une voiture ou une moto dernier cri. Mais que de travail ne fournissent-ils pas ? La structure familiale comporte en général les grands-parents, les parents et trois ou quatre enfants. Les familles nombreuses avec plus de six rejetons ne sont pourtant pas rares. La contraception n'existe pas et les plaisirs intimes sont réservés à la procréation.

Le père ouvrier part à l'usine, vers cinq heures du matin, après avoir fait un tour à l'étable pour apporter les premières brassées de foin et débuter la traite. À sa suite la mère prend le relais. Elle s'occupe de la ferme tout en ayant à charge les travaux domestiques. Si le malheur veut qu'un des aïeux soit alité grabataire, le programme est bousculé, le travail décuplé et pourtant la journée n'a que vingt-quatre heures. Il faut ainsi terminer la traite du cheptel de quatre à six vaches, les fourrager, achever le nettoyage de l'étable, sortir le fumier et renouveler la litière. Le lait est amené à la laiterie, lieu de collecte pour tout le village. Pour la fermière, il s'agit de charger les bidons pesant chacun cinquante à soixante kilogrammes dans la charrette et de la tirer sur des kilomètres. Travail harassant et pénible qui, les jours de pluie ou en hiver sous la neige et dans le froid, se transforme en véritable chemin de croix. Pourtant c'est le seul moment de détente, de causeries ou d'échanges entre voisins et voisines. Les derniers cancans du village y sont systématiquement passés en revue. On en profite aussi pour se plaindre du temps. Pour les uns il est trop humide, pour d'autres il ne pleut pas assez. C'est selon le moment et les occupations de chacun. Cet intermède ne dure jamais très longtemps, l'emploi du temps est trop serré. De retour, la mère s'occupe de la toilette et du petit-déjeuner des enfants, avant de les préparer pour l'école. Puis elle attaque le ménage, un coup de serpillière à droite, un coup de chiffon à gauche, réfection des lits, aération des chambres… Les occupations ne manquent pas. Bien vite l'heure du repas arrive, et il faut éplucher les pommes de terre, préparer les légumes, mettre en route le rôti. La « meute » rassasiée, elle n'a guère de temps pour une sieste, la vaisselle l'attend. Un petit rapiéçage par-ci, un autre par-là et elle repart aux champs racler, biner, faucher et ramener le fourrage. Enfin arrive l'heure de retour du mari qui prend alors le relais. Il repasse pour la traite du soir et nettoie l'étable. Les derniers grains distribués à la basse-cour, les cochons rentrés, l'ultime poignée de foin apportée aux lapins, la fermeture du clapier assurée, la journée tire sur sa fin.

## Circuit du lait

Un des revenus les plus constants et les plus sûrs pour ces paysans reste le lait. Nous sommes loin des cheptels d'aujourd'hui qui comptent une cinquantaine de laitières pour une exploitation moyenne. Avec ses salles de traite aux allures de laboratoire, la ferme actuelle est devenue une véritable usine à lait où tout est mécanisé. À cette époque, le paysan s'occupe de quatre à six vaches qui servent autant pour le travail des champs que pour la production du lait. Dans le labeur quotidien, le travail autour du lait, de la traite à sa transformation prend un temps certain. Son circuit est immuable.

La traite a lieu à heures fixes, deux fois par jour ou tout à fait exceptionnellement une troisième fois pour certaines laitières hyperproductrices. Si pour une raison quelconque le paysan prend du retard, les vaches se rappellent à son bon souvenir en déclenchant un concert de beuglements. Les mamelles gorgées de lait commencent à être tendues et douloureuses, les veines mammaires, turgescentes sous la peau, semblent prêtes à éclater. Il est temps de les soulager rapidement. Matin et soir, Grand-père et Marraine consacrent ainsi une heure pour tirer le lait.

Grand-père, un seau d'eau tiède en main, passe en premier et à l'aide d'un chiffon lave soigneusement les pis. Puis il saisit un autre seau étincelant de propreté et s'avance vers la vache en lui donnant une tape amicale sur l'échine. Elle se met en place. C'est le signal. La traite peut commencer. Il rapproche un escabeau sur lequel il se met assis, coince le seau entre les cuisses et tire sur les pis. Les « tchi-tchi » réguliers et sonores du jet contre le seau en fer-blanc envahissent alors l'étable. Le lait gicle à flot continu et remplit rapidement le récipient d'un liquide blanc, tiède, spumeux au départ. La bête ne bronche pas. Seule sa queue continue à battre le flanc, la tête ou le dos de Grand-père. Il lâche un juron de désappointement, donne un coup de poing rageur dans l'abdomen de la bête rebelle et lui demande de se calmer. Agacé par cette flagellation, il lui arrive de se lever et de fixer, à l'aide d'un bout de ficelle, la queue baladeuse à la jambe postérieure de l'indisciplinée.

Un jour, je devais avoir cinq à six ans à l'époque, après avoir échappé à la surveillance de Grand-mère, je me suis aventuré à l'étable pendant la traite. Je me rappelle de mon étonnement, car j'ignorais totalement comment était fabriqué le lait.

Grand-père mécontent me renvoie vertement. En effet, avec une totale inconscience, je me promène entre les vaches, ignorant les dangers auxquels je m'expose. Pour me faire partir plus rapidement, Opa m'envoie une bonne giclée de lait en pleine figure. Je suis surpris, presque terrorisé. Ma langue que je passe et repasse sur mes lèvres n'apprécie pas le goût écœurant du liquide tiède. Grand-père rit et se moque gentiment, pendant que je fuis le déluge.

En général la traite avance vite. Une fois le seau rempli, on en déverse le contenu dans un bidon d'environ quarante litres. Le lait passe obligatoirement à travers une énorme passoire dans laquelle un morceau de tissu blanc bien propre sert de filtre.

J'ai pu constater une nette différence entre la technique d'Opa et celle de marraine. Cette dernière fixe sur son séant à l'aide d'un ceinturon, une tablette circulaire munie d'un pied central en guise de tabouret, ce système lui permet d'avoir les mains libres à tout instant. Seul son déplacement entre les bêtes est scabreux. Pendant qu'elle trait, elle applique son front ou le haut de la tête contre le flanc de la vache. Cette position lui permet de ressentir les moindres tressaillements de la bête et d'anticiper ses mouvements. En effet, il arrive de temps en temps que la vache soit excitée, pour avoir été piquée par un taon ou parce que sa voisine lui cherche noise. Elle se débat et donne des coups de sabots qui malencontreusement peuvent renverser le seau. C'est rare, mais cela arrive. Alors, tout comme Pierrette et son pot au lait, adieu, lait, beurre, fromage et bonjour la colère et les remontrances souvent injurieuses d'un grand-père désappointé.

Afin de calmer la bête, marraine la caresse, lui parle et par prudence ne remplit plus le seau à ras bord mais le vidange plus souvent. Les bêtes, plus ou moins nerveuses suivant les jours, paraissent nettement plus tendues quand un orage se prépare, ce qui rend les taons plus agressifs.

« Alors Hammel, tu sens l'orage, calme-toi » dit-elle.

La logique veut que celles qui ont travaillé péniblement durant la journée, aient un rendement laitier bien moindre. Je suis toujours surpris que marraine leur parle et maintienne un contact physique constant avec elles. Cela semble apaiser et détendre la bête. Marraine a une traite plus lente et nettement moins violente que celle, plus pressée, de Grand-père. Sa main donne l'impression d'effleurer les pis et le chant de son seau est régulier et doux. Le chien Waldi et Noirot le chat sont toujours présents, immobiles et sérieux, comme s'ils assistent à une cérémonie. Ils attendent chacun devant son écuelle, la giclée providentielle pour la laper avec gourmandise.

La traite terminée, Grand-père porte le lait à l'entrée du cellier où règne une fraîcheur relative, pour le stocker là jusqu'au lendemain. Dès sept heures du matin, marraine le livre au dépôt du village. Le laitier fait un prélèvement et en mesure la quantité de corps gras. Ces données sont consignées sur le carnet individuel de chaque producteur et sur le listing officiel auquel on ajoute la quantité totale de lait apportée. Les producteurs sont payés tous les quinze jours en fonction de leurs livraisons. Le ramassage et la collecte ont été instaurés dès 1940 par la coopérative laitière de la ville voisine.

Vient le jour où Marraine est sollicitée pour ce poste à la coopérative laitière. Devenue employée, elle touche un revenu supplémentaire et surtout obtient une meilleure couverture sociale, un fait non négligeable. Des années durant, ma tante s'occupa de ce travail, le préau de grand-père servant de lieu de ramassage.

Un camion passe quotidiennement et charge les bidons collationnés. En période de forte production, il passe même deux fois par jour. Le travail est pénible. Le chauffeur et le convoyeur saisissent les lourds bidons et, en un mouvement bien synchronisé les balancent sur la plate-forme du camion. Plus tard un camion-citerne le remplace, ce qui facilite nettement le travail mais supprime du même coup un poste de main-d'œuvre. Le chauffeur effectue seul la collecte, qui devient, comme nous le verrons plus tard, tout à fait aléatoire en hiver sur les routes enneigées.

À côté de cela, Grand-père a aussi quelques clients privés qui récupèrent deux à trois litres quotidiennement pour leurs familles. Nous venons régulièrement nous ravitailler nous aussi, jusqu'au jour où mon père décide de faire bénéficier de ce faible pécule, deux jeunes femmes orphelines qui exploitent péniblement un petit lopin de terre pour survivre.

Une certaine quantité de ce lait est conservée pour la consommation de la ferme. Il sert à la fabrication du beurre, du fromage et le surplus est distribué aux cochons. Pour l'écrémer, Grand-mère le laisse reposer dans un récipient en terre cuite dont la base est munie d'une petite ouverture fermée par un bouchon en liège. Au bout de quelques heures la crème forme une pellicule plus ou moins épaisse à la surface. Alors, on retire le bouchon et le lait écrémé s'écoule en un fin filet transparent vers le bas. La crème s'affaisse lentement en son centre et se plaque contre la paroi du récipient. Il suffit simplement de la recueillir à l'aide d'une cuillère. Dès que le liquide d'écoulement devient plus opaque, l'opération est immédiatement interrompue. La crème recueillie est conservée au frais dans un pot uniquement réservé à cet usage le « pot de Betschdorf ». Quand la quantité de crème recueillie atteint cinq litres environ, Grand-mère prépare la baratte et selon le programme de la journée entreprend la fabrication du beurre, travail souvent pénible prenant une à deux heures, voire davantage.

La baratte en bois a la forme d'un tonnelet de section ovale ; la base plus évasée que le haut lui confère l'aspect d'un cône tronqué. Elle est fermée par un couvercle bien jointif. En son centre est percé un trou à travers lequel glisse une tige plantée dans un disque circulaire en bois muni de plusieurs trous et ressemblant vaguement à un pilon. Après avoir versé la crème dans la baratte, la laitière manie vigoureusement le pilon dans un mouvement vertical de haut en bas. La crème est ainsi battue. Cette manipulation délicate demande une main experte, car un rythme trop précipité ou trop lent est inefficace. Trop rapide, le beurre ne prend pas, trop lent le travail n'avance pas. Au bon tempo, le miracle s'opère. De petits flocons de beurre apparaissent. Les rares fois où j'ai joué à la laitière, Grand-mère surveillait de près le travail : « pas si vite, nous ne faisons pas de course » me rappelle-t-elle sans cesse. L'opération se poursuit ainsi durant un temps indéterminé, imprévisible, fonction de la quantité de corps gras dilué dans la crème et de la température ambiante qu'il faut surveiller. C'est toujours Grand-mère qui décide du moment où il faut arrêter le processus. Elle retire le couvercle en même temps que le pilon et, à l'aide d'une louche, part à la pêche des particules de beurre qu'elle recueille dans une grande assiette. Elle ramasse, triture cette masse d'une belle couleur jaune, la serre entre ses mains, la secoue, la laisse retomber sur l'assiette, la reprend, la projette vigoureusement d'une main à l'autre avec le bruit d'une gifle. Grand-mère joue ainsi aux claquettes un bon moment. J'ai conservé en mémoire ce bruit particulier au rythme rapide et au timbre claquant. Toutes ces manipulations servent à extraire l'eau restante.

Pour finir, une grosse motte de beurre au goût subtil et d'une finesse incomparable est née. Je n'ai jamais plus eu l'occasion de goûter un tel délice. Plus il est pur, plus il est délicieux, et plus il se garde longtemps. Le réfrigérateur n'est pas encore arrivé chez nous et la conservation des produits laitiers pose problème. La motte est grossièrement découpée en tranches de quelques centimètres d'épaisseur pesant environ une livre. Ou alors, à l'aide d'un moule Grand-mère lui donne des formes diverses, un cube, un cœur… Si elle n'est pas trop pressée par le temps, elle épluche une pomme de terre, la coupe en son milieu puis, à l'aide de la pointe fine d'un couteau, cisèle des formes plus ou moins artistiques selon son inspiration du moment. Elle transforme la pomme de terre en un véritable tampon avec lequel elle décore le morceau de beurre frais. Apparaissent, tantôt un sapin de Noël, tantôt un gros œuf de Pâques et plus généralement des petits carrés ou des losanges bien réguliers. Je salive rien qu'à contempler son chef-d'œuvre. Le morceau de beurre ainsi façonné est mis sur une assiette qu'elle recouvre d'une deuxième, et le porte au cellier toujours bien frais. Le beurre destiné au marché hebdomadaire du bourg voisin est déposé sur un papier spécial dit « papier du beurre » qui en achèvera sa mise le matin de la vente. Je ne peux dire où grand-mère se procure cette fine feuille de papier transparent qu'elle manipule avec une délicate attention.

En général, maman se ravitaille chez sa mère, de ce fait nous ne manquons jamais de beurre. Mais de temps en temps, surtout en été, il devient rapidement rance. C'est alors à vous en dégoûter pour toujours. À l'époque maman se sert rarement de beurre pour la cuisson, elle a le réflexe du saindoux qui est moins cher. En revanche la pâtisserie se fait toujours au beurre. Ce n'est pas par ladrerie mais tout simplement pour limiter les dépenses.

Plus tard la baratte rend l'âme. Un modèle plus moderne la remplace. Elle est toujours en bois et de forme cylindrique. Un axe central muni de quatre pales plonge dans la crème et par un système de roues dentées est entraîné par une manivelle. Tourner cette dernière est plus facile que de descendre et de monter le batteur de l'ancienne baratte et naturellement je tourne toujours trop rapidement. La catastrophe, le beurre ne prend pas, il reste en émulsion, au grand regret de marraine. J'ai droit à de virulents reproches. Au pire, elle retarde d'autant le moment tant attendu pour aller rejoindre les copains.

Quelques années plus tard, avec le progrès, Grand-père fait l'acquisition d'une écrémeuse mécanique. Son avantage est de travailler le lait frais dès sa sortie des mamelles. Finis les délais d'attente pour recueillir la crème. C'est une réelle avancée car le beurre gagne encore en qualité. En effet, plus la crème est fraîche, plus le goût est fin et plus le beurre se conserve longtemps. La fermentation lactique qui se met en route très rapidement n'a pas le temps de dénaturer la qualité du lait écrémé. Pour cette raison, l'écrémage à la cuillère est à jamais abandonné. La traite achevée, la laitière verse son seau dans le large entonnoir chapotant l'écrémeuse dont la base est obstruée par un cône percé de trous d'où le lait s'écoule dans l'axe de l'appareil. Un mouvement de rotation rapide sépare alors, en raison de la force centrifuge, les matières grasses du reste. Le système est ingénieux car son inventeur joue sur la différence de densité. La crème sort par une ouverture pratiquée près de l'axe central tandis que le lait écrémé plus dense s'échappe par un tube placé à la périphérie sur la circonférence. Le système a deux autres avantages. Le lait est obligatoirement filtré de toutes impuretés et le rendement pour le beurre est augmenté de presque dix pour cent.

Le lait écrémé est versé dans un pot en céramique d'une contenance de deux à trois litres que Grand-mère place habituellement sur le rebord du buffet de la cuisine. En été, il caille au bout de vingt-quatre heures. On le sert le soir au dîner accompagné de pommes de terre rôties. C'est un délice d'autant plus apprécié qu'il donne une impression de fraîcheur en se répartissant à travers tout le corps. Maman nous le sert aussi, de temps en temps, sous forme de yaourt. Elle met le contenu de deux à trois cuillerées à soupe dans un bol, le sucre, y ajoute quelques gouttes de sirop de cerises ou de fraises, fait maison, pour le colorer. Un régal !

Une autre partie du lait est transformée en fromage blanc destiné lui aussi au repas du soir. Le lait caillé repose un ou deux jours. Il prend un aspect un peu grumeleux. Maman y ajoute alors un peu de crème fraîche pour le rendre onctueux à souhait. Le festin est prêt. Enfin la dernière partie du lait caillé est réservée au « *Fernerkaes* », le fromage. Maman la verse dans une grande passoire recouverte d'un morceau d'étoffe de lin bien propre qu'elle place sur l'évier pour attendre qu'il s'égoutte. Au bout d'un moment, elle prend le morceau de tissu et l'essore fortement. La pâte prend de la consistance. Elle la place sur une assiette, lui donne la forme d'un camembert de trois centimètres d'épaisseur, y ajoute du sel et un peu de poivre et laisse la pâte reposer. Rapidement le fromage prend un aspect grumeleux, peu appétissant, puis avec le temps devient plus moelleux : il mûrit. Il n'a pas toujours le temps de s'affiner, les « rapaces » l'ont avalé avant. Je ne l'aime pas trop.

En revanche, je vois toujours Grand-père et mon père à la fin des repas se préparer une spécialité maison. Mon père se sert du fond d'assaisonnement de la salade, l'allonge avec un peu de vinaigre, y ajoute une larme de bière, de la moutarde forte et du poivre. Il mélange le tout jusqu'à ce qu'il obtienne une vinaigrette couleur vert-de-gris. Il y trempe un carré de ce fromage qu'il avale sur un morceau de pain paysan. Sa mine réjouie laisse supposer qu'il apprécie. J'ai souvenir du jour où il m'a permis de goûter cette mixture. Dans ma bouche ce fut l'explosion, la guerre des saveurs, le feu. Pourtant le côté rafraîchissant du fromage calma immédiatement l'incendie et laissa dans la bouche un arrière-goût fort agréable, à telle enseigne qu'aujourd'hui je me prépare cette mixture pour déguster un morceau de Munster. Pour éteindre le feu, ajoutez une gorgée de Gewurztraminer. Le résultat est paradisiaque !

La route du lait touche à sa fin. Si le paysan élève un veau, le lait écrémé sert de complément alimentaire fort apprécié. Enfin comme à la campagne rien ne se perd ou n'est jeté, le petit-lait sert de base pour la bouillie des cochons tout comme l'eau de la vaisselle ainsi que les restes des repas.

## Les aïeux et structure familiale

En ce temps, la coutume exige que les grands-parents demeurent à la ferme et vivent sous le même toit que les enfants. Devoir sacré. Celui qui reprend l'exploitation les prend en charge et assure la quiétude de leurs vieux jours. Ils poursuivent leur vie et rien ne doit gêner le déroulement de leur existence.

La « stub » ou séjour et la chambre à coucher, le plus souvent avec une alcôve, sont inamovibles. Personne n'aurait jamais songé à y changer quoi que ce soit, ni même à déplacer un tableau ou un meuble. Ces deux pièces restent le saint des saints, le centre de la ferme. La stub est la pièce où tout le monde se réunit, le coin privilégié pour la vie de la famille. La chambre à coucher, formellement interdite à toute personne autre que les grands-parents, représente le sanctuaire vénéré et respecté de tous. Seule la fille aînée y accède pour le ménage. Pour nous les enfants, l'intrusion dans ce lieu est considérée comme un crime de lèse-majesté. Si nous ne respectons pas la consigne et qu'elle nous y surprend, Grand-mère nous punit sévèrement. C'est l'endroit où les enfants voient le jour et où Grand-père et Grand-mère reposeront durant quelques jours, avant leur mise en terre. La vie et la mort s'y donnent rendez-vous.

Aux jeunes de se débrouiller pour faire les transformations nécessaires, ailleurs dans la maison, afin de pouvoir se « nicher » à leur aise. Ils en profitent souvent pour introduire une petite dose de modernité. Les premières salles de bains avec baignoire ou douche remédient à l'inconfort moyenâgeux de nos anciennes fermes. L'habitat s'aère, s'ouvre vers l'extérieur. Finies les fenêtres à croisillons qui conservent la chaleur à l'intérieur mais qui empêchent le soleil d'entrer. Elles prennent enfin des dimensions plus conséquentes. On respire mieux. Le côté trop intimiste de l'habitat fait place au confort. Ce compromis entre passé et timide modernité permet de préserver la famille traditionnelle.

Néanmoins, beaucoup de jeunes fermiers ne trouvent pas de fille à épouser. En effet, il faut une sacrée dose de courage, voire d'inconscience, à ces candidates pour se lancer dans une telle aventure. Le travail qui les attend et surtout la présence des « vieux » ne peuvent que les faire hésiter. Le jeune couple doit non seulement s'occuper de sa propre famille et de l'exploitation, mais aussi du grand-père, de la grand-mère ou des deux. C'est un rendu pour un donné.

« On vous donne la maison, mais vous nous prenez en charge ».

Si le malheur frappe l'un des deux, qu'il reste alité, qu'il est grabataire voire hémiplégique, ce qui n'est pas exceptionnel, on peut imaginer le surcroît de travail qui attend la jeune femme. Il arrive donc fréquemment qu'un des enfants de la fratrie reste célibataire pour s'occuper des parents et reprenne à son seul compte l'exploitation. Certes, cela règle le problème de la succession et de la transmission du patrimoine, mais à quel prix pour celui qui se sacrifie ainsi.

C'est ma marraine Lucie, restée célibataire, qui s'occupe du Grand-père et de la ferme. Elle aurait facilement pu se construire une vie différente, plus douce, plus riche et surtout moins laborieuse. Non, ma chère « tata chocolat », comme l'appelleront plus tard mes enfants, est demeurée sur la propriété et continue sa mission jusqu'à ses vieux jours. Épuisée, flétrie par les longues et difficiles années de labeur, elle peut enfin s'accorder à son tour, un repos bien mérité.

Depuis, les mœurs ont bien changé. Aujourd'hui, les enfants souvent éparpillés aux quatre coins du territoire, trop occupés professionnellement, ne peuvent plus assumer cette tâche. Alors, les « anciens » se retrouvent à la maison de retraite, isolés, oubliés, loin de leur terre. Combien douloureuse doit être cette séparation vécue comme un arrachement. Le départ à la maison du troisième âge est, pour certains, l'unique « voyage » qui les aura éloignés de leurs terres. Mais comment faire autrement ?

Le placement de nos « vieux » est une exigence du monde moderne : c'est le prix à payer, la rançon du progrès. En filigrane nous pouvons nous interroger : « Qu'adviendra-t-il d'une communauté qui oublie ou abandonne les anciens, ses géniteurs et par là même ses origines ? » La dernière canicule avec ses nombreux décès illustre bien ce désintérêt. Encore qu'à la campagne, les conséquences aient été nettement moins dramatiques qu'en ville. Peut-être que le respect des personnes âgées, bien ancré dans les esprits, y demeure plus vivant. La reconnaissance du « vieux » est cette chose innée et naturelle non encore écornée par le tourbillon de la vie trépidante de nos grandes cités où tout est précipitation, bousculade, où personne ne connaît plus personne, où le voisin est un inconnu, un lambda quelconque.

J'ai souvenir de plusieurs jeunes femmes et notamment de Jeanne, mère de trois enfants, qui se consacrait à Joseph, le grand-père paternel hémiplégique, cloué au fond du lit, cinq longues années durant. C'était le vide, l'improvisation permanente : pas de matelas anti-escarre, pas de lit d'hôpital, pas d'aide ménagère, pas d'eau courante, ni de machine à laver. Bref la galère !

Trop rarement, elle peut bénéficier du soutien d'une infirmière qui ne vient que quand le médecin prescrit des injections. La pauvre Jeanne, en raison de l'incontinence du grand-père, croule sous une montagne de linge.

À l'époque, toutes les femmes utilisent une énorme lessiveuse placée sur le fourneau de la cuisine. Jeanne a le privilège de profiter d'un « *waschkessel* », un chaudron, installé dans la cour, qui, par ses dimensions et son foyer indépendant, facilite tant soit peu son travail. Elle s'échine moins que les autres quand, immergée dans un grand nuage de vapeur, elle soulève à l'aide d'une longue pince en bois les lourds draps gorgés d'eau. Puis elle embarque sur une charrette le linge entassé dans une énorme bassine en fer-blanc, pour le tremper, le battre, le brosser, l'essorer au bord du ruisseau longeant le village. Il n'y a pas de lavoir aménagé. La berge est simplement taillée en marchepied. Il arrive, de temps en temps en été, que le ruisseau transformé en oued soit totalement à sec et refuse obstinément de nous offrir son eau limpide. En hiver, il se fige parfois en un énorme bloc de glace qu'il faut casser afin de dégager un trou pour pouvoir y tremper le linge. Face à une telle difficulté nos braves lavandières, loin de se décourager, chargent leur linge sur la charrette à foin, y attellent une vache et se rendent de concert à la Sauer où les attend un lavoir digne de ce nom. Certes, elles parcourent une dizaine de kilomètres supplémentaires, mais cette expédition leur permet de passer un long moment entre elles, à caqueter et à partager la même peine. Elles prennent ainsi une journée entière à laver leur linge et rentrent, le soir, fourbues, épuisées et transies de froid. Très souvent les chiffons et les draps sont tellement gelés qu'elles n'arrivent guère à les séparer pour les suspendre et les faire sécher. Notre maman fait cette corvée une fois par semaine, si elle veut que nous portions des habits propres et frais. Quelle vie de travail et de sacrifice !

## Enfant de chœur

Quelques souvenirs merveilleux remontent à cette période de mon enfance. J'ai alors six ans. Monsieur le curé recrute les garçons arrivés à cet âge pour en faire ses enfants de chœur. Les premiers mois nous ressemblons plutôt à des éléments d'un décor de cinéma que le metteur en scène déplace à son gré. Mais notre satisfaction est grande de porter nos habits de cérémonie. Je dois préciser que ma mère a été obligée de retailler l'aube rouge et le surplis blanc, nettement trop grands pour moi. Je suis fier le dimanche matin de me trouver projeté à l'avant de la scène, sous le regard de tous les paroissiens. J'ai l'honneur de précéder le prêtre à l'entrée de l'église. J'ouvre la procession derrière le suisse et porte la Sainte Croix. Passer ainsi devant ma chère maman, remplit mon cœur de bonheur, malgré les regards moqueurs et les grimaces désobligeantes de ma sœur. Rapidement, Monsieur le curé me demande d'assumer entièrement le rôle d'enfant de chœur et de quitter celui de figurant. Pour ce faire, il faut que j'apprenne les répliques et les prières de la messe en latin. L'apprentissage est purement phonétique. Mon père et ma mère me font répéter cent fois, mille fois, le Confiteor et toutes les invocations. Le jour de l'examen, je me classe premier. Dès cet instant, ma conviction et ma motivation sont sans limite. J'occupe ainsi un poste important, à grande responsabilité les jours de fêtes, aux mariages, aux baptêmes et aux enterrements.

## L'enterrement

Quand un paroissien rejoint la maison de Dieu, le village tout entier est en deuil. La famille, au grand complet, veille et entoure l'agonisant jusqu'à la fin. Il est exceptionnel que le malade décède à l'hôpital, la famille demande son rapatriement afin de pouvoir l'accompagner du mieux possible durant ce moment plein d'angoisse et d'incertitude. Ce retour prématuré est-il un acte d'amour ou dépend-il de l'importance des frais qu'occasionne le décès à l'hôpital, la couverture sociale étant le plus souvent très insuffisante ?

Il n'est pas question alors de morgue, ni de mise en bière rapide. Le défunt est veillé le temps qu'il faut, chez lui, à sa demeure. Des réunions de prières sont organisées par la famille en deuil. Les bigotes, les veuves, les enfants sont sollicités en premier. Les paysans et les ouvriers prennent le relais après le travail des champs ou au retour de l'usine. Le mort est donc entouré 24 heures sur 24. Tout ce temps, la famille en deuil pourvoit les visiteurs en café, en tisane. Quelques morceaux de pâtisserie-maison sont servis, et, bien sûr, le schnaps coule à flot. Aussi, n'est-il pas rare de voir un poivrot ou un ami rentrer complètement ivre, après un long moment de prière. De son côté, le prêtre passe une fois par jour, se recueille devant la dépouille. Lors d'un de ses passages, il prépare la cérémonie avec la famille en lui proposant un choix de chants et de lectures. Souvent, le défunt a exprimé ses préférences pour tel ou tel cantique qui lui tenait particulièrement à cœur.

La mise en bière a lieu le matin même de l'enterrement. Le cercueil fermé, placé sur un catafalque à l'entrée de la demeure, est entouré par les personnes présentes continuant leurs prières. À l'heure de l'office, le curé et les servants se présentent au domicile où attendent déjà quelques paroissiens, les enfants de l'école et l'instituteur organiste entouré de la chorale. Les choristes présents sont des paysans qui ont momentanément abandonné les champs. Beaucoup d'entre eux considèrent que leur présence est un devoir sacré. Au moment du passage vers l'autre monde, il faut rendre ce dernier hommage au membre de leur communauté en l'accompagnant de leurs chants. Après les prières d'usage, le célébrant bénit le cercueil. Quatre acolytes, les « porteurs », le placent alors sur le corbillard, une simple voiturette cernée d'un crêpe noir. Puis l'ensemble du dispositif se met en route vers l'église, pendant que sonne le glas et que les fidèles récitent la litanie des saints. Le garde suisse, en uniforme tout chamarré et arborant fièrement ses médailles, ouvre le cortège funèbre, suivi de trois enfants de chœur. Celui du milieu porte très haut une magnifique croix artistiquement ciselée. Puis viennent les enfants, la chorale, et enfin le prêtre flanqué de quatre servants dont l'un porte une croix en bois recouverte d'un large crêpe noir. Celle-ci sera placée plus tard sur la tombe. À droite et à gauche du cercueil, des enfants portent les couronnes mortuaires et les arrangements floraux. Suit la famille du défunt, d'abord les proches puis les invités et, enfin viennent les autres paroissiens, d'abord les femmes, puis les hommes. On ne mélange pas les sexes.

Le village s'étire en longueur, épousant la pente ardue de la colline. L'église et le cimetière sont situés dans la partie haute. Cela peut poser problème, en hiver notamment, quand la route est verglacée. Gamins, nous guettons avec beaucoup de malice et d'espoir, un dérapage pas toujours contrôlé de l'un ou de l'autre, voire du corbillard. C'est l'incident que nous attendons sournoisement pour nous offrir quelques bons fous rires mal contenus, et tant pis pour la ou les victimes ! Que l'on parte du haut ou du bas, le cortège passe devant un bistrot. Tout le monde sait que certains paroissiens ne peuvent s'empêcher d'y faire une petite pause. Nous nous retournons discrètement pour voir un ou deux hommes quitter en douce le cortège. Pour eux, la messe est dite. Curieusement, après l'office, ils se retrouvent en bonne place près de la tombe.

La messe des morts a une tonalité particulière. Les chants sont prenants et expriment la douleur, la nostalgie du départ. Le « de Profondis » et le « Dies Irae… » resteront gravés à jamais dans ma mémoire. En guise d'introduction de l'homélie, le prêtre rend hommage au défunt et retrace en quelques mots son parcours terrestre. Lorsque la famille pleure le sien, cela me fend le cœur et les larmes inondent mes yeux. La bénédiction du cercueil et la procession vers le lieu de sépulture sont un autre moment fort. Tout le monde se retrouve au cimetière où la chorale interprète un dernier champ d'adieu, avant que les participants ne se dispersent et retournent à leurs occupations. Je me rappelle tout spécialement de « Ade, schlummere sanft… », chant polyphonique à quatre voix d'un compositeur allemand. La chorale l'interprète a capella avec beaucoup de mélancolie. Il faisait chavirer les cœurs et pleurer les âmes. Tout en traduisant la douleur de la séparation, il induit un immense sentiment d'espoir pour des retrouvailles futures dans un monde meilleur. J'en ai la chair de poule et j'en frémis. J'admire particulièrement mon grand-père dont la voix grimpe, sans forcer, avec son timbre d'une pureté exceptionnelle, au sommet le plus haut, ainsi que Louis et Joseph qui, à l'inverse, descendent leur basse au plus profond. Personne ne pouvait rester insensible.

Cette cérémonie témoigne de l'esprit communautaire de la paroisse et traduit la cohésion des villageois, même si ce n'est qu'apparence pour certains. Les amis, les camarades de la classe du défunt se retrouvent systématiquement dans l'un ou l'autre des bistrots ou avec la famille en deuil. Les fossoyeurs, des hommes du village désignés à tour de rôle pour creuser la tombe et pour officier lors de la cérémonie funéraire, sont rémunérés et participent à la collation après l'office. Plus le défunt est aimé et apprécié, plus son départ est arrosé. Nous les gamins, nous faisons le guet, pour voir lequel des anciens est le plus affecté ! Et nous le plaignons amèrement.

Quand, plus tard, Grand-père se retrouva totalement paralysé et aphasique après son troisième accident vasculaire cérébral, nous n'avons pas dérogé à la coutume. Il reposa de longues journées dans la « stub », entouré de ses trois filles, des gendres et des petits-enfants.

Nous nous relayons au pied du lit et guettons le moindre changement. Le médecin passe tous les deux jours, lui prend rapidement sa tension artérielle et encaisse le prix de la visite que marraine tient prêt sur une petite assiette placée au coin du vaisselier. Il ne cesse de répéter : « Il faut attendre le troisième jour, puis le neuvième, après on verra… ». Par ailleurs, il parle peu et ne répond que par monosyllabes aux questions que papa ou marraine lui posent. Une sœur religieuse, infirmière, d'un village voisin vient aider, bénévolement tous les deux jours, à sa toilette. Le mourant sur son lit d'agonie occupe le devant de la scène. Tous les regards et toutes les attentions sont tournés vers lui. Grand-père a une respiration stertoreuse, irrégulière accompagnée de longues pauses qui a chaque fois font monter d'un cran notre angoisse. Il n'ouvre plus les yeux, incapable d'effectuer le moindre mouvement. Des larmes intarissables coulent sur ses joues et rendent le tableau plus tragique encore. Pour certains, elles traduisent la liquéfaction du cerveau ! Son esprit semble avoir fui l'enveloppe de chair. Mais parfois, nous ressentons encore comme une présence, certes à peine perceptible, quand les nombreuses sollicitations et stimulations provoquent une petite réaction. Il semble notamment réagir au son de la voix de mon père. Nous l'entourons de toute notre affection, chacun y va de son geste d'amour ou de tendresse. L'un ramasse une larme et lui caresse la joue, l'autre lui essuie le front couvert de sueur froide ou tout simplement serre sa main dans la sienne. La bougie allumée près du lit, symbole de la lumière du Ressuscité, confère à ce tableau une dimension mystique et spirituelle d'une noblesse insoupçonnée. La flamme vacillante nous rappelle le côté éphémère, fragile et transitoire de notre existence sur terre. Les jeux d'ombres et de lumières, les hésitations entre la tristesse et l'espérance créent une ambiance particulière, empreinte d'une grande sérénité. Je suis convaincu que mon grand-père a déjà atteint les vastes prairies du repos éternel où toute peine disparaît.

À l'annonce de son départ définitif, c'est un défilé incessant de voisins, de connaissances proches ou lointaines qui viennent se recueillir un court instant ou au contraire s'installent pour deux ou trois heures. Chacun asperge la dépouille d'eau bénite, celle que par tradition nous avons toujours à portée de main depuis la nuit pascale. Les ferventes prières, la lecture de passages bibliques alternent avec de longs moments de conversations et de papotages. Chacun vient ajouter une qualité que lui seul a remarquée chez l'aïeul en chemin pour le Paradis. Marraine de son côté s'active à préparer du café et des sucreries. Pour les hommes, la bouteille de schnaps ne déserte jamais la table autour de laquelle la famille s'est si souvent réunie pour de longues veillées. Certains se demandent où ils trouveront maintenant la délicieuse goutte dont grand-père avait le secret : « Tout s'en va, c'est bien triste. Nous ne boirons jamais plus un poiré d'une telle subtilité... ». Ce qui en clair signifie tout simplement : « verse-moi encore un petit verre ».

Grand-père repose sur son lit dans son habit du dimanche. Le col et les manches de sa chemise blanche préférée ont été consciencieusement amidonnés, et le nœud papillon soigneusement mis en place. Aussi ai-je gardé une très belle image de notre vénéré Opa.

On dirait qu'il dort. Paré comme s'il partait pour une fête, il a une allure fière et altière. Le rosaire noué autour de son poignet droit, les doigts entrecroisés agrippés sur une petite croix en bois sont autant de symboles de sa foi en la résurrection le jour du jugement dernier.

Le jour de son enterrement un froid sibérien sévit dans notre région. Les fossoyeurs ont toutes les peines du monde à creuser la tombe. Ils sont à la limite de se servir de dynamite, le sol étant si profondément gelé. Le cortège funèbre grelotte et nous sommes tous transis de froid. Le corbillard a toutes les peines du monde à gravir la colline tant la route est verglacée. La messe prend un éclat particulier, la ferveur est palpable et la chorale y met tout son cœur, sa virtuosité est inégalée. Nous sommes tous terriblement émus par la solennité de cet instant. Au cimetière, les choristes interprètent un cantique qui paraît quelconque, tant je regrette de ne pas entendre le fameux chant d'adieu où Opa, de son vivant, excellait par son interprétation. La fin de la cérémonie est pour ainsi dire tronquée. La famille en deuil, tout comme les nombreux participants présents se dispersent précipitamment en raison du froid glacial. Nous nous retrouvons rapidement dans l'un des bistrots, pour nous réchauffer autour du poêle.

J'ai souvenir que son fidèle ami, le chien Waldi, rejoignait quotidiennement la tombe de son maître et ne s'en laissait guère chasser malgré la rigueur extrême du temps. Il est d'ailleurs mort rapidement, probablement de froid et de faim, car il refusait toute alimentation. J'en étais triste et bouleversé.

## Prime enfance

Après une prime enfance, délicate, hésitante, durant laquelle je suis le souci permanent de maman, les stigmates de ma prématurité s'effacent peu à peu. Je me développe physiquement d'une façon harmonieuse, plus vite même que ne l'espèrent mes parents. Je ne suis jamais malade et grandis rapidement « comme si je voulais rattraper le temps perdu » d'après les dires de mon père. Dès l'âge de quatre à cinq ans, je partage mes journées entre mes parents, ma sœur et mes grands-parents habitant la partie basse du village.

J'ai souvenir d'avoir admiré et vénéré Grand-père, Opa, comme nous l'appelions affectueusement.

Il est fier de son petit-fils, malgré mes débuts difficiles. Il a alors cinq petits-enfants mais je suis l'unique garçon et par conséquent son préféré, car j'incarne certainement ses espoirs. Son ego est flatté d'avoir un « *Stammhalter* » (celui qui pérennise le patronyme). Je représente pour lui une future force vive, un travailleur en puissance et une main-d'œuvre bon marché. Dès ma tendre enfance, je remarque combien il est content et heureux quand je m'attelle à la tâche. Même si mes gestes sont gauches, comme le sont le plus souvent ceux des enfants, il n'en a cure. Pour lui, ce qui compte, c'est le « vouloir », la volonté de faire et le courage d'entreprendre. Trimant du matin au soir, il ne peut concevoir un refus devant l'effort, une absence de volonté ou d'ardeur au travail. Il me témoigne sa satisfaction dès que je porte le moindre intérêt à un geste ou à une tâche, fût-elle banale :

*« esch gut so min kleiner, het kein Angscht vor der Arweit... »*

(c'est bien ainsi mon garçon, toi, tu n'as pas peur du travail) me dit-il souvent. Ses paroles encourageantes, ses petits éloges me transportent.

Et quand plus tard adolescent, je faisais une bêtise, et j'en faisais souvent, il était le premier à me pardonner sauf s'il s'agissait d'un problème concernant les bêtes ou les travaux fermiers.

J'ai souvenir d'une violente remontrance le jour où il me demanda d'atteler les vaches : j'ai par étourderie inversé les rênes. Les bêtes répondent mal aux ordres donnés, tournent à gauche au lieu d'aller à droite, s'arrêtent, repartent... Il comprend vite ce qui se passe. Fou de colère, il me menace du fouet. Pour la première fois mon père intervint et prit ma défense. Il lui fit remarquer qu'il préférait que je sache écrire et lire correctement plutôt que de savoir m'occuper des bêtes. Vexé, grand-père me bouda un certain temps.

Ma grand-mère Oma ainsi que Maman ont à l'inverse plutôt tendance à me protéger, me couver et me choyer. Je regrette de n'avoir que de vagues réminiscences concernant ma grand-mère. Elle est décédée trop tôt, à l'âge de 57 ans d'un diabète, avant de pouvoir cultiver le jardin de mes souvenirs. La seule image que je garde d'elle est celle d'une femme courageuse, infatigable à la tâche, intelligente et pragmatique. C'est souvent elle qui prend les initiatives et gère la répartition des travaux fermiers. Une infinie douceur, une immense tendresse rayonnent de sa personne et pourtant sa vie n'était pas toujours parsemée de fleurs. Elle est un océan d'amour.

Toutes les conditions semblent être réunies pour que je puisse avoir une enfance heureuse. Pourtant je me sens souvent très malheureux en raison de mon bégaiement rebelle qui commence à me handicaper sérieusement à l'âge de huit ou neuf ans. Je crains de côtoyer le monde des adultes, j'ai honte d'être leur risée. Ainsi naît une profonde timidité entretenue par un doute permanent et une constante insatisfaction. Et, à mesure que je grandis, je développe, malgré moi, un complexe d'infériorité qui ne cesse de prendre de l'ampleur, auquel est venu s'ajouter un sentiment de culpabilité.

En effet, cette tare est devenue un souci permanent pour mes parents, comme si l'angoisse qu'ils ont connue au cours des premières semaines de mon existence n'avait pas été suffisante.

Je me replie donc sur moi-même, je me fabrique une carapace pour me protéger du monde extérieur et vivre dans une bulle. À partir de cette époque je ressens une impression de vide indéfinissable, un mal-être profond. Loin d'être insouciant et épanoui comme les copains de mon âge, je vis en retrait, triste et soucieux. Mes parents me traitent de doux rêveur et m'accusent d'être dans les nuages. Or je ne le suis point. Personne ne peut comprendre mon état. D'ailleurs on ne se pose pas de questions à ce sujet. Papa et maman sont trop occupés par les contingences matérielles pour se soucier réellement de l'état psychologique du tout jeune garçon que je suis. Il faudrait pleurnicher ou se plaindre de maux variés, voire imaginaires, si je veux attirer leur attention et susciter une écoute. Cela m'est impossible. Je ne peux parler de mes sentiments. De toute façon je connais d'avance les réponses de mon père :

« Fils sois moins timide, affirme-toi davantage et travaille… ».

De temps en temps quand le chagrin est trop fort, qu'il déborde en un torrent de larmes, je me réfugie dans le giron de ma mère. Elle m'abreuve certes de paroles consolatrices, de gestes d'amour, mais finit toujours par me dire :

« Pierre pourquoi nous fais-tu tant souffrir ? Dès ta naissance tu as été notre souci, nous avions tant peur pour toi, tu étais si fragile… ».

Or je n'ai aucune envie de faire souffrir qui que ce soit, moi qui suis si sensible aux peines des autres. Je ne peux passer à côté de quelqu'un de malheureux sans me retourner, lui tendre la main et emporter une part de son malheur que je fais mien. Les paroles de ma mère me remplissent alors d'un tel sentiment d'impuissance que je me réfugie dans ma chambre pour pleurer en cachette. Il ne faut surtout pas que ma sœur me voit pleurer. Elle au moins déborde de dynamisme et sait s'affirmer.

Mais enfin on est comme la nature a bien voulu nous modeler.

« On ne naît pas brute ou méchant, on le devient. On ne naît pas sage, on apprend à le devenir ».

On naît tendre et doux, fort ou faible, idiot ou intelligent. À chacun sa personnalité, à chacun ses dons, que le Créateur dispense à sa guise. C'est lui l'arbitre, et lui seul. Je n'ai guère le droit de me montrer ingrat. Je sais plus ou moins consciemment que c'est bien lui qui m'a sorti du mauvais pas de ma naissance tumultueuse dont on m'a tant parlé. Si aujourd'hui, grâce aux couveuses, à la technicité et aux connaissances de nos médecins, les 1 050 g d'un bébé ne posent plus de problème, à l'époque cela tient bien du miracle. À vrai dire, la dyslexie et le bégaiement ne sont finalement qu'un léger handicap par rapport aux problèmes de la prématurité.

Cependant, mon défaut d'élocution s'est transformé en un véritable boulet, j'en souffre beaucoup, mais je ne m'extériorise jamais, sauf avec mes sœurs. J'ai alors avec elles des relations tendues de dominant à dominé, chaque parti voulant prendre le dessus sur l'autre. S'en suivent d'innombrables disputes. Dans ces moments maman se met à crier, à s'énerver, à gesticuler, mais n'arrive guère à calmer les esprits. Elle profère de nombreuses menaces sans jamais les mettre à exécution. Il suffit de lui faire un large sourire ou de lui témoigner un brin de tendresse, et elle passe l'éponge. Papa, quant à lui, sévit plus facilement. Ce sont des mots très durs ou même des claques. Il crie moins que maman, mais plus son attitude est calme voire froide, plus il nous punit sévèrement.

Pourtant, une grande bonté habite cet homme patient et doté d'un sens redoutable de l'équité. Sa vie durant, j'en suis profondément convaincu, il a toujours essayé d'être juste. Mais quand la situation lui échappait et qu'il ne comprenait pas le pourquoi de nos disputes et de nos chamailleries, il tranchait le dilemme à sa façon en ayant recours au jugement de Salomon : nous avions droit à la punition, mais le garçon était facilement mieux servi que ses sœurs !

Aussi n'ai-je pas manqué de me faire parfois justice moi-même. Je m'isolais de plus en plus ou bien me réfugiais chez grand-père pour partager son travail.

# Livre II
# Le printemps

Dans mon existence de petit campagnard, rien n'est plus merveilleux que ce moment où la nature se réveille de son long sommeil hivernal. Le printemps arrive, timide, hésitant. Les dernières gelées nocturnes alternent avec la douceur des premières caresses du soleil qui réchauffent mon cœur autant que la terre encore endormie. Dans le potager quelques pousses de rhubarbe pointent et déchirent le sol toujours dur et détrempé. La ciboulette fière et hautaine se montre vigoureuse. Dans le coin où grand-mère cultive ses fleurs, les crocus, les jacinthes, les jonquilles, les tulipes se font concurrence. C'est à qui fleurit en premier ! La palme revient toujours au forsythia dont les rameaux se couvrent de légères clochettes à quatre pétales d'un jaune lumineux, éclatant au soleil. Le mimosa de Paris reste dans notre région un des premiers signes du printemps.

Un peu plus loin, dans notre verger, les bourgeons de nos arbres fruitiers s'affermissent, grossissent, pendant que les premières touches d'un vert délicat habillent rameaux et autres pousses. Les fleurs du cerisier sont les premières à se réveiller, promesses de récoltes abondantes pour l'immense plaisir des grands et des petits. Mais gare au retour du gel ! Les prés, de leur côté, endossent leur robe vert tendre et se transforment en océan de verdure. Des myriades de fleurs colorent la campagne environnante. Les perce-neige ont rapidement disparu. Mais les primevères, les pâquerettes, les violettes sauvages au parfum délicat et envoûtant prennent déjà leur place.

Le coucou que nous avons oublié durant les longs mois d'hiver est de retour et nous appelle au loin. Mais impossible de l'apercevoir ! Les oiseaux, grands et petits, virevoltent inlassablement dans le ciel déjà clément. Leurs joyeuses cacophonies, leurs trilles ininterrompus me réveillent souvent aux premières lueurs du jour, dès quatre ou cinq heures du matin. Pareil à une symphonie où les instruments à vent dialoguent avec les cordes, chacun essaie de dominer l'autre, le merle répond aux gazouillis des mésanges et aux piaillements des moineaux, parfois même le gringottement d'une Philomèle marque une syncope dans cette joyeuse ambiance.

J'aime ce moment privilégié quand la nuit disparaît et que le jour n'est pas encore levé. La fenêtre de ma chambre grande ouverte, allongé sous mes draps, je savoure ce concert improvisé. C'est comme s'il m'est destiné. Je laisse le chant de la vie m'envahir, me pénétrer. Je crois entendre :

« Va la cueillir, va la goûter, va, confonds-toi avec ce monde enchanteur, paisible, merveilleux. »

Je ne peux oublier ces moments délicieux où je me trouve en harmonie, tant avec le monde extérieur qu'avec moi-même. Le hibou et la chouette sont les seuls qui m'effrayent avec leurs hululements lugubres qui déchirent le silence de la nuit. J'ai peur quand leur vol lourd passe devant ma fenêtre.

## Les premiers travaux de l'année

À cette période de l'année, le village commence à s'animer dès les premières heures du jour. Les paysans sortent de leur torpeur et de la léthargie hivernale. Les travaux des champs reprennent leurs cours. On profite des dernières gelées, d'un sol encore dur, pour épandre le fumier accumulé durant l'hiver.

Il est de bon ton d'estimer la fortune du paysan selon la taille de son tas de fumier. Plus il y a de bêtes, plus le fumier est haut et plus riche en est l'heureux propriétaire.

Dans mes souvenirs, je revois souvent Grand-père en train de charger le fumier entassé devant l'étable au cours des longs mois d'hiver. C'est un de ses premiers travaux après la trêve hivernale et comme le signal du réveil de la nature. Opa met en place la charrette dont il a rehaussé les côtés par une ou deux planches supplémentaires pour en augmenter le contenu. Les coups de fourche se suivent à un rythme régulier et soutenu. La première couche encore prise dans la glace de la gelée nocturne se charge facilement sous forme de grosses mottes. Plus le tas diminue plus le monticule se met à fumer et plus Grand-père transpire. Afin de reprendre son souffle, il s'octroie de temps en temps un court instant de repos et plante la fourche dans le fumier. Il reste alors immobile, le regard perdu au loin, le menton appuyé sur ses deux mains croisées qui tiennent le manche de son outil. Puis, après avoir craché dans ses mains rugueuses et calleuses, il reprend le dur labeur. Quand enfin la voiture est suffisamment chargée il en fait le tour avec un battoir et tasse son chargement en une parfaite pyramide. Il nettoie systématiquement les roues, écarte les bavures et enlève les restes de fumier. Jamais, en cours de route, il ne perd le moindre brin. Il faut respecter autrui et surtout ne pas les importuner par des traînées nauséabondes tellement fréquentes après le passage de certains autres paysans.

Grand-père a le culte de la propreté et du travail bien fait. Je ne l'ai jamais connu crasseux et maculé, même quand il faisait des travaux salissants.

L'image du paysan pouilleux, crotté de la tête aux pieds, ne correspond pas à sa personne, contrairement à d'autres villageois de cette époque, il soigne son apparence tout comme celle de ses bêtes. Avant de les harnacher et de les atteler, il toilette pour ainsi dire ses vaches. Aucune ne sort dans la rue sans un rapide coup de brosse.

Le chargement terminé, il fait faire demi-tour à l'équipage, l'arrête devant la porte d'entrée de la maison, là où, près du porche, un crochet attend sa veste et son tablier de travail. Il change aussi de sabots. Souvent, il en profite pour avaler en vitesse un morceau de pain tartiné de crème fraîche, avant de partir au champ épandre le fumier. Une planche mise en travers, sur le devant de la charrette, lui sert de banquette et un sac de jute plié en deux de coussin. Un tablier propre noué autour de la taille, son éternelle casquette vissée sur la tête, un cigarillo planté au coin des lèvres, il donne le signal du départ, le fouet dans la main droite, les rênes dans l'autre. Après un claquement sec de la lanière de cuir, il pousse un ho-ho puissant. Les vaches répondent par un coup de rein fougueux et la voiture s'ébranle. Chaque fois que je le vois ainsi, je me pose la même question : « comment fait-il pour avoir si fière allure assis sur sa charretée de fumier ? ».

Il n'est pas moins digne que le cocher qui mène un carrosse ou le char à bancs d'un maître bourgeois. La tête haute, il traverse le village, en saluant les gens au passage. Pour l'un c'est : « Salut Joseph, tu vas bien ? ».

Pour tel autre le salut est plus respectueux et il soulève sa casquette. Mais il y a aussi ceux qu'il fait mine de ne pas remarquer.

Une fois arrivé au champ, il a deux façons de procéder. Soit il décharge sans monter sur la voiture en faisant tomber le fumier au sol à l'aide d'une houe à quatre dents. La voiture avançant et s'arrêtant par étapes, il obtient des petits tas à intervalles réguliers. Soit il grimpe sur la charrette et, à l'aide de la fourche, il l'épand immédiatement en cercle tout autour. Cela dépend essentiellement de l'état du sol et des semis qu'il envisage de faire. Les bêtes dociles avancent ou s'arrêtent, obéissant à ses commandements. Malheur à celle qui ne répond pas instantanément à ses injonctions, une pluie de jurons et d'insultes s'abat aussitôt sur elle, les uns plus fleuris que les autres. Je ne peux imaginer où il a appris pareilles litanies. C'est sa façon à lui de se libérer du stress. À la longue, cela ne choque même plus, tout le monde considérant que cette manie fait partie du personnage. Seule grand-mère en est malheureuse et très aigrie, car elle ne supporte pas ces blasphèmes, bien qu'on les mette le plus souvent sur le compte du langage fleuri de la campagne. Peut-être faut-il accorder des circonstances atténuantes à grand-père à cause de la pénibilité de son travail. Bien sûr, ce n'est qu'une explication parmi d'autres, et nullement une justification ! Sur le chemin du retour il siffle ou pousse la chansonnette dont l'écho se perd au loin. Il rallume son cigarillo éteint depuis le début du déchargement. De retour à la ferme, il détache les bêtes qui, selon leur envie, rentrent spontanément à l'étable ou font un tour à l'abreuvoir. S'il le faut, il commence un nouveau chargement, pour refaire le même chemin quelques heures plus tard. Ce travail l'occupe trois à quatre jours d'affilée.

Le soleil ayant bien réchauffé la terre, la neige et le gel ne sont plus qu'un lointain souvenir. Le paysan a de plus en plus de fourmis dans les jambes, son impatience grandit, il a fini de s'ébrouer. La terre est bien reposée et prête à recommencer son cycle. Les grosses mottes générées par les profonds labours d'automne commencent à s'effriter, ramollir, sécher sous l'effet des premières brises printanières.

C'est le moment des semis du printemps. Les champs labourés en automne, sont déchirés, lacérés par les dents acérées de la herse. La terre, réduite en poussière, est prête à recevoir les semis, du blé d'été, des betteraves, des pommes de terre, du maïs qui n'est encore guère répandu à cette époque. Je peux apprécier le geste auguste du semeur. Il avance d'un pas régulier, tout en jetant au vent, dans un mouvement ample et lent, les graines de blé. Il parcourt les énormes étendues plates et souples tel un tapis sous ses pieds. Une fois les graines semées, il repasse lentement avec un lourd rouleau tracté par deux vaches ou par le cheval et tasse cette terre riche qu'il espère féconde. Les oiseaux, les pigeons par dizaine viennent profiter de la manne offerte. Les cris, les gazouillis s'entremêlent aux roucoulements. C'est une véritable cacophonie, un vrai champ de bataille des guerriers volants.

Pour la plantation du maïs, le travail est encore plus épuisant. Une fois la terre égalée, la surface plane comme celle d'un lac, le semeur s'avance plié en deux, le nez presque au sol. De sa main droite il fait le trou à l'aide du plantoir en bois, de l'autre il y dépose la graine. Après quelques heures de ce travail éprouvant il n'est guère étonnant de le voir se redresser, se masser les lombes et se plaindre de courbatures et de dorsalgies. Fourbu, envahi de contractures tout au long de son échine meurtrie, qu'il est.

Pour la mise en terre des pommes de terre, le travail avance plus vite. Avec la charrue, le laboureur trace un sillon rectiligne, peu profond. Les enfants et la femme suivent en y déposant à chaque pas un tubercule. Un retour en sens inverse avec la charrue et voilà la pomme de terre ensevelie prête à germer et à se multiplier.

Les plants de betteraves sont préparés dans un coin du potager. Les graines sont semées dès le mois de mars. Grand-père lors de la récolte précédente ramasse les fleurs, les fait sécher pour en recueillir les graines. Elles ressemblent à celles des capucines mais sont de couleur terre ou bien plus rarement, il se les procure au dépôt agricole. Les jeunes pousses du jardin, écloses dès début mai, sont arrachées puis trempées dans des seaux et repiquées après les Saints de Glace. Après avoir bien aéré la terre déchiquetée au passage de la herse, Grand-père tire une longue ficelle le long de laquelle à l'aide d'un plantoir il fait des trous espacés d'un pas dans lesquels il enfouit la jeune pousse. D'un coup de main expert, il obstrue l'ouverture et la recouvre d'une poignée de terre. Les maigres feuilles donnent l'impression d'une plante flétrie et assoiffée. Mais il suffit de quelques jours d'une pluie fine et continue pour les voir revivre et s'épanouir. Si le sol est assoiffé, la terre craquelée par la sécheresse, Grand-père remplit la citerne à purin d'eau de la fontaine et la ramène au champ. Nous la distribuons à l'aide d'arrosoirs, chaque pied recevant sa gorgée. Les feuilles prennent de la force et se redressent vigoureuses prêtes à se développer. Jusqu'au moment de l'arrachage, il faut repasser à plusieurs reprises dans le champ pour biner, sarcler et l'entretenir surtout après des pluies battantes qui transforment la dernière couche de terre en une épaisse croûte. Encore un travail pénible et non rémunéré, mais qui apporte, plus tard en automne, un complément alimentaire fort apprécié par nos bêtes.

## Mon Grand-Père

Grand-père était un homme fier, plein d'amour-propre. Je ne crois pas qu'il ait été orgueilleux. Pour lui, le paraître, la démarche, le maintien, bref le respect de sa propre personne était une chose primordiale et d'une importance capitale. Il ne supportait pas les tenues débraillées ni même une mauvaise coupe de cheveux. Il avait une aversion marquée pour les chaussures sales et non cirées. Il se montrait draconien vis-à-vis de Grand-mère quand la chemise blanche du dimanche présentait le plus léger faux pli ou que le col ou les manchettes n'étaient pas assez amidonnés. On sentait en lui que ce respect de la personne était inné, l'école de la garde impériale avait dû laisser des traces indélébiles. Il n'acceptait guère qu'un jeune militaire du village passe à ses côtés les mains en poche ou dans une tenue dépravée. Il ne pouvait pas ne pas faire de remarques. On sentait son amour viscéral pour l'uniforme mais à condition que le bonhomme qui le porte en soit digne.

D'un autre côté, c'était un homme qui avait le cœur sur la main. Quand on le sollicitait pour un service quelconque ce n'était jamais de refus. Ne pas rendre service, ni tendre la main à un nécessiteux était chose impensable même si cela devait, malheureusement trop souvent, se faire à ses dépens. Ainsi entretenait-il et labourait-il régulièrement les quelques petites parcelles de terre de la Greth, veuve d'un mineur. Il lui semait les céréales, exécutait les gros travaux pénibles et lui permettait de battre le blé à la ferme :

« Il faut bien qu'elle vive et qu'elle se nourrisse… » !

D'un caractère entier, trempé, rude au travail, il a traversé son existence sans jamais se plaindre ni de son labeur ni de sa pauvreté, car ce type de paysan ne faisait guère fortune. Sa richesse était sa terre qu'il pouvait labourer, travailler à loisir, son plaisir était d'être en harmonie et en symbiose totale avec la nature. Grand-père était un homme heureux à sa façon !

## Le renouveau spirituel

### *Semaine Sainte*

Le printemps correspond aussi au renouveau spirituel. Avec le mercredi des Cendres commence le Carême, quarante jours de jeûne et de recueillement qui aboutissent à la Semaine Sainte. Cette longue période arrive à son apogée le jour de Pâques, avec la résurrection de Notre Seigneur. Les traditions religieuses, bien vivantes encore au sein de mon village, exigeaient que je consacre une grande partie de mon temps à mon rôle d'enfant de chœur.

La Semaine Sainte est une étape particulière dans notre vie de chrétien. C'est un temps de réflexion, de retour aux sources et de méditation. Durant cette semaine, les symboles s'accumulent, se conjuguent au fil des cérémonies.

*Le dimanche des Rameaux*

Le dimanche des Rameaux, nous essayons, à notre façon, de rappeler l'entrée triomphale du Seigneur à Jérusalem où une foule en liesse l'accueille en brandissant des branches de palmiers et des rameaux d'oliviers.

Plus humblement, dans notre village nous nous contentons de rameaux de buis, d'ifs ou de thuyas. Les jeunes confectionnent d'énormes bouquets où se mêlent indifféremment toutes ces essences mais avec une nette dominance du houx sauvage. La veille, le samedi après-midi, nous parcourons, sécateur à la main et protégés par d'épais gants, la forêt des environs à la recherche de ce précieux trophée. Une fois le bouquet confectionné, nous le fixons au sommet d'une longue perche qui frise parfois la démesure. Il arrive même, comme à notre copain Jean, de devoir la raccourcir pour qu'elle rentre dans l'édifice nous servant de lieu de culte. Les paroissiens se moquent gentiment de lui, en lui demandant s'il veut ôter les toiles d'araignées du plafond.

Au village natal de mon père, les paroissiens ajoutent à ce bouquet quatre à cinq petites croix confectionnées avec des rameaux de buis tressés. Au sommet de chaque croix ils plantent une des dernières pommes qu'ils ont réussi à conserver durant les mois d'hiver. Elles sont dégustées, à la fin du repas de ce dimanche particulier, avec gourmandise et vénération, car elles représentent le dernier dessert permis jusqu'à Pâques. Quand je demandais à mon père pourquoi une pomme ? Sa réponse était pour le moins ambiguë. C'est à l'évidence le seul fruit qui peut se conserver tout un hiver jusqu'au printemps. L'autre explication se veut plus philosophico-religieuse. Elle renvoie à la pomme qu'Ève tendit à Adam, rappel du péché originel et de l'exclusion du jardin d'Éden après la chute.

Ainsi armés de nos rameaux ou de nos glorieuses perches, nous rejoignons l'assemblée réunie sur le parvis. Monsieur le curé procède à leur bénédiction. Nous entamons alors une courte procession autour de l'église, précédés par un servant portant la sainte Croix ornée de rameaux. La chorale chante avec tout son cœur le « Hosanna ». La cérémonie se poursuit avec l'ouverture symbolique de la porte de la Cité Sainte de Jérusalem. Avec le pied de la croix le célébrant donne trois coups contre les lourds battants du portail de l'église. Le sacristain resté à l'intérieur les entrouvre après le troisième. Le cortège s'avance alors jusqu'au maître-autel afin de poursuivre le cours normal de l'office. L'après-midi à 14 heures nous chantons les Vêpres solennelles et pour clore la journée, le Chemin de Croix nous réunit une dernière fois à 18 heures.

J'apprécie fort ce moment d'adoration. Monsieur le curé entouré de deux servants fait le tour de l'église en s'arrêtant devant chacune des quatorze stations de la passion du Christ. C'est une suite de tableaux représentant le Christ qui, de son arrestation au Mont des Oliviers jusqu'au Calvaire au sommet du Golgotha, avance sur le chemin du martyr. Toutes ces images du Fils de Dieu écrasé par le poids de la croix me rendent malheureux. J'imagine sa souffrance et j'en pleure systématiquement. Je fais des comparaisons bien naïves avec mes douleurs souvent vives, ressenties lors de mes nombreuses chutes ou écorchures. D'autre part, je m'identifie systématiquement à Simon de Cyrène requis pour aider le Seigneur à porter sa croix. En face du tableau de la crucifixion, mon émotion est à son comble ! La guerre et l'incendie qui suivit le bombardement de notre église, avaient détérioré deux des tableaux. Plus tard, après la reconstruction, ils furent remplacés par de simples croix en fer forgé. Dommage.

Après la messe nous emportons les rameaux et les bouquets de houx à la maison, où ils trouvent une place définie depuis de nombreuses générations. Chez les grands parents, le rameau orne le crucifix accroché à la « stub ». Il se transforme rapidement en nature morte en attendant d'être remplacé l'année suivante. Grand-mère accroche le bouquet de houx à l'entrée de son alcôve. Dans le village de mon père, dès le retour de la messe, il est planté dans un coin du jardin, d'où l'utilité de la perche. Pour les enfants, c'est le totem qu'ils vont récupérer aux premières heures de l'aurore du dimanche de Pâques. C'est à qui se réveille en premier et le ramène à la maison. Il a droit à son œuf de Pâques. Certains jeunes, dans l'attente de cette récompense ultime, passent alors une nuit bien agitée. Ils ont du mal à trouver le sommeil, obsédés par l'idée que le frère ou la sœur pourrait être plus rapide. Dans notre famille, une branche de ces rameaux bénis trouve sa place sur le crucifix de chaque chambre. De son côté, mon père en fixe quelques-unes sur la croix suspendue au-dessus de la porte d'entrée de la salle de classe.

Tous ces symboles sont autant de signes extérieurs prouvant que la maison est placée sous la protection de Dieu. Nos braves paysans les respectent avec ferveur. Grand-mère a toujours à portée de main une fiole remplie d'eau bénite. Au retour de l'office du dimanche des rameaux, Grand-père y trempe une branche de buis, s'en va à l'étable et en asperge les bêtes, avant de la fixer sur un mur. Il met, à son tour, l'étable sous la garde du Tout-Puissant.

Les grands-parents font appel au même un rituel lors d'un orage plus violent que les autres. Quand la nature se déchaîne et que le ciel semble sur le point de déclencher l'apocalypse, l'angoisse monte chez Grand-père qui craint pour sa ferme. Il prend alors un brin du bouquet de rameaux et le brûle dans le fourneau, en même temps que la famille se réunit pour prier le chapelet. Une manière comme une autre d'éloigner le danger.

De nos jours, cette pratique est totalement oubliée, elle s'est perdue comme tant d'autres. Le paratonnerre remplace la protection divine. Seule est maintenue la bénédiction d'une nouvelle construction. Dès l'achèvement des travaux, le charpentier fixe sur le faîte ou sur la cheminée un petit sapin garni de rubans multicolores. C'est le moment pour l'heureux propriétaire de proposer un repas aux différents corps de métiers et de faire appel à monsieur le curé qui vient avec plaisir bénir la nouvelle demeure et partager un café schnaps et un morceau de kugelhof.

*Le Jeudi Saint*

La liturgie du jeudi saint célèbre le dernier repas que Jésus prit avec ses disciples, la Sainte-Cène. Elle correspond à l'instauration de l'Eucharistie. Mathieu, Marc et Luc dans leurs évangiles en situent précisément le moment, le premier jour des Azymes, « le pain sans levain », c'est-à-dire l'avant-veille du Sabbat. Le Seigneur envoya deux disciples en ville « chez un tel » sans préciser davantage, pour qu'il mette à leur disposition une salle, le Cénacle, dans laquelle ils pourraient se réunir et dresser la table du Seder, ce repas rituel. Le Maître tenait à partager et à fêter la Pâque juive en compagnie de ses amis. Le livre des Jubilés le situe « au quatorzième jour du premier mois… ».

De nos jours, les juifs la fêtent toujours avec autant de ferveur. L'abbé Robert Fery dans son livre « Les Jours de Fêtes » précise : « aujourd'hui ce repas du Seder est sans conteste le plus chaleureux, le plus évocateur, le plus riche en suggestions de tous les rites qui se pratiquent dans les familles juives… Il suit un rituel précis, la haggadah, les participants au repas commémorent la fin de l'esclavage en Égypte ».

Jean, de son côté, décrit plutôt le déroulement de cette soirée. Le soir venu, le Maître est à table avec les douze, il dépose ses habits et se ceint d'un linge puis lave les pieds de chacun de ses disciples. Jean Chrysostome qualifie ce rite du « Mandatum » ou lavement des pieds comme « le sacrement des pauvres ». Ce geste fait parti de la coutume juive de l'époque. Les Juifs faisaient des ablutions avant de passer à table. C'est l'esclave qui est sollicité pour l'aider dans la pratique. Le Christ le fait sien, il s'abaisse au rang d'esclave. À ce moment précis, les apôtres sont loin de comprendre et de saisir la symbolique de cette soirée où le Maître, après le lavement des pieds, partage avec eux le pain et le vin. Il précise la fonction sacerdotale du prêtre devenant de ce fait serviteur de Dieu.

Dans notre paroisse, en ce soir, la mise de l'autel est plus recherchée. Les fleurs à profusion, tous les candélabres avec leurs nombreuses bougies illuminent la table. L'ensemble confère au lieu sacré, son air festif.

La célébration du jeudi saint introduit le même signe fort d'humilité. Dans la chronologie de la messe, le lavement des pieds se situe après l'homélie où, le curé s'abaisse au rang d'un esclave, refait ce geste auprès de ses fidèles représentés pour l'occasion par les enfants de chœur. Il se met ainsi, en toute modestie, au service des humbles et de ses paroissiens. Je me sens toujours très gêné et mal à l'aise quand le célébrant, agenouillé devant moi, m'essuie les pieds.

La liturgie se poursuit et met l'accent sur le partage du pain et le vin, représentant le sang et le corps du Christ. « Ceci est mon Corps, ceci est mon Sang. Vous ferez cela en mémoire de moi… ». Me référant toujours au livre de Robert Fery, à ce moment précis « le Christ change la portée du repas traditionnel juif commémorant le geste libérateur de l'Ancienne Alliance en une Nouvelle Alliance scellée en son Sang, car il offre le salut à tous les hommes par sa Mort et sa Résurrection ». Le pape Benoît XVI précise « et ainsi, *la berakha*, la prière de bénédiction et d'action de grâce d'Israël est devenue notre célébration eucharistique ».

La dépose du Saint Sacrement au reposoir, placé sur un autel latéral ou à la sacristie d'où il en ressortira solennellement la nuit pascale, clôture l'office de ce soir. Le tabernacle reste ouvert et vide, tandis que les cloches sont muettes tout ce temps. Par ce fait, l'Église nous signifie, depuis la fin du Gloria, que la vie publique, la période de l'annonce de la parole est achevée. Débute alors la dernière étape, celle de sa passion, durant laquelle le Fils de Dieu est traité en brigand, où il est humilié, subit le martyr de la flagellation et du chemin de croix qui le mène au châtiment suprême, la mort sur la croix. Nous rentrons dans un long moment de silence jusqu'à l'apothéose de la Résurrection, le jour de Pâques. Certains des nombreux fidèles prolongeaient alors la soirée par un long moment d'adoration, de prière et de méditation.

Pour accentuer cette notion du silence, les anciens nous expliquaient que les cloches s'envolent pour un long voyage jusqu'à Rome où elles sont bénies et purifiées. Dès leur retour, le carillon sonnera plus clair, le timbre en sera plus pur et plus vigoureux. Cela m'intriguait beaucoup, ne sachant ni ne comprenant comment elles pouvaient partir pour ce long périple. L'entrée en action des crécelles annonçant l'angélus compense l'absence des cloches.

*Le Vendredi Saint*

Le Vendredi Saint, dès 7 heures du matin, une harde bruyante de gamins parcourt la rue du village portant leurs crécelles en bandoulière. De toutes les tailles, de toutes les formes, elles font partie de l'héritage que l'aïeul lègue à sa progéniture. Certaines sont très sophistiquées, d'autres se réduisent à un simple rouleau ou moulinet en bois. La partie cylindrique tourne autour d'un axe qu'il faut manier avec force et vigueur. Elle supporte plusieurs aspérités contre lesquelles vient frotter une planchette en bois. Ce frottement génère un bruit caractéristique sec, crépitant, aigu. L'origine de la crécelle se perd dans la nuit des temps. Les lépreux s'en servaient autrefois pour annoncer leur arrivée. Dans l'Ombre de la Croix J. Tharaud y fait référence : « Et dans la synagogue quand le Hazën psalmodie la Chronique d'Esther, tous agitent des crécelles ». Lorsque Claude Mauriac parle de la semaine sainte dans « le Temple immobile » il évoque cet instrument désuet.

« Les enfants du village remplaçant les cloches absentes annoncent l'heure avec les crécelles. Vieille tradition, émouvante. Absurde survivance (car l'horloge de l'église sonne à son habitude) mais si douce. » !

Nous faisons un maximum de bruit. Quelle joie, quelle impression exquise, quand une fois dans l'année, nous pouvons faire du bruit sans nous attirer la foudre des parents. Au contraire, c'est à celui qui en fait le plus. De temps en temps, nous ponctuons notre passage en déclamant des phrases grossièrement rimées, inventées par on ne sait qui, mais toujours bien vivantes dans la mémoire paysanne. Ce sont des comptines en alsacien, difficiles à traduire si on veut garder leur saveur.

Celle du matin disait :

« Voila l'Angélus, le jour commence à pointer pour tous, riches ou pauvres qu'ils soient tristes en ce saint jour ».

Celle de midi :

« Bonnes gens nous voulons, nous voulons vous annoncer que la clochette a sonné les douze coups de midi ».

Le Vendredi Saint, jour de la Crucifixion, de la mort du Christ, les paroissiens se réunissent à quinze heures autour du prêtre pour une longue et riche cérémonie.

La première partie de l'office est réservée à la parole, à la puissance du Verbe. Deux choristes dialoguent avec le célébrant et psalmodient en latin le St Évangile. C'est alors mon Grand-père, le ténor, qui répond à Louis, le baryton. Trois cantiques interprétés par la chorale et dont le thème principal fait référence à cet instant solennel, interrompent le saint récit afin de permettre à l'assemblée d'exprimer sa foi. Je suis admiratif à l'écoute des chants a cappella et des nombreuses prières en latin. De nos jours, l'assemblée se contente d'une simple lecture en français.

Après cette dernière, nous adorons la Sainte Croix durant un long moment. Recouverte d'un voile, un morceau d'étoffe de couleur violette sous lequel le corps du Christ disparaît, elle est placée, tel un phare, au pied de l'autel. Après avoir rejoint le fond de l'église, le prêtre et les servants avancent par la nef centrale dans un silence religieux. À trois reprises ils s'allongent face contre terre en signe de soumission et d'adoration. Une fois arrivés à la hauteur de la croix ils se placent en demi-cercle et font face à l'assemblée.

Le curé entonne le « Ecce lignum crucis… »

« Voici le bois de la croix » et commence à la dévoiler. Il répète la même prière à trois reprises tout en montant à chaque fois d'un ton. L'assemblée répond « Venite adoramus te » « Venez adorons ». C'est un moment d'une grande ferveur. Puis les paroissiens défilent et chacun à son tour dépose un baiser sur les pieds du Christ en croix. Il est regrettable que ce cérémoniel, si riche, si solennel ait été simplifié et raccourci, le baiser supprimé par crainte de la transmission du VIH. Luxe de précautions tout à fait inutile sachant que la contamination est impossible de cette manière.

Cette adoration se termine par le chant des Impropères ou « Reproche de Dieu à son peuple ». « Agios o théos, agios ischyros, agios athanatos, éleison imas », « Dieu saint, Dieu fort, Dieu saint et immortel, ayez pitié de nous » « Sanctus Deus, sanctus fortis, sanctus immortalis, miserere nobis ». La chorale chante les invocations en grec et l'assemblée répond en latin. La mélodie est d'une pureté extraordinaire.

Tous les ans, j'attends avec impatience et grande ferveur ces appels à Dieu qui me bouleversent et provoquent une exaltation quasi mystique.

Est-ce en raison de la mélodie, si belle dans sa sobriété ou de la magie des mots grecs et latins qui m'ouvrent un monde mystérieux ? Dommage qu'on ne les chante plus. À force de raccourcir, d'élaguer, de simplifier, ne risque-t-on pas d'ôter la ferveur et la profondeur de tels moments ?

Au village, la coutume veut que ce jour-là, aucun paysan n'aille travailler aux champs. Il ne faut pas « déranger » le repos du Seigneur. Il est interdit de gratter la terre.

À ce sujet, une employée travaillant à la verrerie de Saint-Louis, petit village limitrophe lorrain, m'a expliqué que si le patron avait une grosse commande impérieuse à honorer, il se voyait dans l'obligation de faire travailler les ouvriers. Mais à quinze heures précises, il ordonna que toutes les machines soient arrêtées et les travaux interrompus, pour cinq minutes de recueillement. Chacun dans son propre silence, en son for intérieur, se remémorait l'événement sacré qui changea la face du monde, avant de retourner à sa tâche. En Alsace, province soumise au Concordat, ce jour reste férié.

Aujourd'hui, ces mœurs sont dépassées, et nombreux sont les agriculteurs qui du haut de leur tracteur vont labourer, herser en vue des semis du printemps. Seront-ils plus riches à la fin de l'année ?

*Le Samedi Saint.*

Le Samedi Saint notre excitation est à son comble. Notre crécelle entre les mains, nous retraversons une fois de plus le village. Cette fois-ci, nous frappons à toutes les portes pour récolter quelques centimes, une barre de chocolat par-ci, des friandises par-là, mais surtout l'œuf de Pâques traditionnel, coloré ou non. En général c'est un œuf dur mais il arrive qu'une vieille paysanne se trompe et nous donne un œuf frais. Le résultat est immédiat, désastreux. La poche de la veste se transforme en une bouillie infecte, adieu bonbon et chocolat et bonjour la réprimande dès le retour à la maison. Honte à celui à qui cela arrive.

Ce samedi est une journée d'attente. Durant l'après-midi, quelques-uns de mes copains m'accompagnent à la recherche de bois mort dans la forêt toute proche. Selon le nombre de volontaires, nous partons à deux ou trois charrettes. Armés d'une hache ou d'une scie, nous parcourons la forêt sur des kilomètres, à la recherche de branches mortes tombées à terre. La chance nous sourit parfois, quand nous tombons sur les restes d'une coupe que les bûcherons ont réalisée au cours de l'hiver. Quoi qu'il en soit, nous trimons comme des bêtes, surtout quand ces charrettes bien lourdes et remplies à ras s'enfoncent jusqu'aux moyeux dans la terre détrempée. Nous les traînons jusqu'au parvis de l'église où nous dressons avec passion et enthousiasme le bûcher que nous espérons plus fourni que celui de l'année précédente. Il peut être énorme. À vingt heures, les derniers coups de crécelle annoncent l'heure de la veillée pascale. Cérémonie unique, grandiose qui dure facilement deux heures, voire davantage. On fête la résurrection du Christ.

La symbolique d'une telle nuit de prière et d'adoration est formidablement riche. C'est le mariage de l'eau et du feu, l'union de l'alpha et de l'oméga, le contraste entre les ténèbres et la lumière, l'explosion de joie après la douleur et la tristesse profonde. C'est enfin l'hymne à la victoire de la vie sur la mort.

Dès dix-neuf heures, je dois être à pied d'œuvre et allumer le feu. Mais auparavant j'ai aussi à confectionner le nid pour le lapin de Pâques. Dans le jardin nous préparons des coins pour le piéger. Un petit tapis de mousse forme l'entrée d'un abri monté à l'aide de branchages divers et recouvert de rameaux de buis ou autres verdures. C'est une agréable distraction, un moment délicieux où nous laissons libre cours à notre imagination. Un unique souhait nous habite à ce moment-là : pourvu que le lapin trouve notre nid et y dépose l'œuf tant désiré. Un peu plus tard, la coutume voulut que nous soyons gâtés davantage avec l'arrivée des lapins en chocolat. Quel bonheur exquis que de recevoir de telles gâteries et de pouvoir en manger à volonté ! Cela devenait du délire.

Mais revenons à notre feu. À 20 heures il atteint toute sa magnificence au point qu'on ne peut plus s'en approcher. Une brise légère ne cesse de l'attiser. La cérémonie peut commencer. Le prêtre procède d'abord à la bénédiction du brasier. Ensuite l'aîné des servants lui tend le nouveau cierge pascal sur lequel est incrustée une croix, au-dessus de son montant la lettre grecque Λ, en dessous l'Ω, entre les bras, les quatre chiffres du millésime de l'année en cours. Le prêtre prie :

« Le Christ hier et aujourd'hui, commencement et fin... ».

Il se saisit alors de clous en cire sur le plateau que lui présente un servant, les passe légèrement au-dessus du foyer pour les ramollir et les insère à leur place pré-marquée sur le cierge, tout en y adjoignant un grain d'encens. Ce symbole rappelle aux croyants les cinq plaies du Christ en Croix. Après quoi les paroissiens, une bougie à la main, pénètrent à l'intérieur de l'église plongée dans le noir total. La chorale suit et interprète un cantique glorifiant la lumière divine. Le célébrant ferme la marche en soulevant haut le nouveau cierge pascal. Cette entrée triomphale est marquée par trois arrêts, lors desquels le prêtre entonne « Lumen Christi ». Au passage, les servants allument les cierges des fidèles. La lumière court ainsi de proche en proche et de banc en banc, envahit tout l'espace, éclate sous mille feux. Tous ces cierges scintillants et fumants donnent un tableau grandiose, impressionnant. Un moment sublime. Une fois arrivé à la hauteur de l'autel, le curé dépose le cierge sur son candélabre au centre du chœur.

Commence alors la longue séquence de lectures de textes sacrés et de psaumes. La clarté magique des bougies inonde tout autant les lieux que nos cœurs. Puis, le célébrant entonne le merveilleux « Exsultet... », « Qu'exultent les divins mystères... ». De nombreux passages glorifient cette nuit bénie entre toutes « O vere beata nox... », « Oh nuit vraiment bienheureuse... ». La chorale entonne « O nox beatissima... » « oh nuit bienheureuse... » glorifiant cette nuit incomparable de la résurrection. Cela met fin à l'hommage rendu à la lumière et au feu.

La symbolique de cette nuit est d'une richesse infinie. Les premiers chrétiens fixèrent la fête de Pâques aux premières heures du dimanche, le troisième jour après la mort du Christ. Elle représentait le « lever du soleil » mettant fin à une longue nuit.

D'après la conception antique le soleil passait sous le disque de la terre, traversait le monde inférieur, l'Hadès, et au matin remontait à l'Orient. Pour les Pères de l'ancien temps, le Seigneur après avoir ainsi traversé les limbes, remontait le matin de Pâques comme un soleil radieux. Pour les premiers chrétiens le Ressuscité était le Soleil, la Lumière du Monde… C'est pourquoi dans les temps anciens, l'office de Pâques prenait toute la nuit sous forme de leçons pour arriver à son apogée à l'aurore. Dans certaines églises orthodoxes la cérémonie débute non pas à vingt heures mais en pleine nuit ou aux premières heures du jour. Actuellement Rome ne retient plus que cinq leçons afin de ne pas lasser les fidèles.

Fait suite la lecture de plusieurs textes bibliques retraçant l'histoire du peuple de Dieu depuis la création jusqu'à l'arrivée définitive dans la Terre Promise. Le récit du passage de la Mer Rouge par les Hébreux introduit la liturgie de l'Eau. Mais avant nous chantons la première partie de la litanie des Saints. Une soprano et un baryton égrènent les noms et l'assemblée leur répond.

Une cuve remplie d'une eau la plus pure possible trouve sa place à droite de l'autel. Pour la bénir, Monsieur le curé en fait le tour à grand renfort de coups d'encensoir. Puis de sa main, partage les eaux en forme de croix « pour signifier par les quatre branches de cette croix que le flot de grâces du Précieux Sang coule aux quatre vents du nouveau paradis ». Il refait le même geste une seconde fois en la jetant aux quatre points cardinaux, image de la grâce coulant des quatre fleuves du paradis : Pishon, Gihôn, Tigre, l'Euphrate. Puis il souffle sur l'eau pour symboliser la grâce sanctifiante du Saint-Esprit. Le célébrant poursuit en y plongeant à trois reprises le bas du cierge pascal. Lors de la troisième immersion, il le maintient et souffle trois fois pour signifier que les néophytes naissent vraiment « de l'Eau et du Saint-Esprit ». Il achève de consacrer l'eau baptismale en y mettant les saintes huiles. D'abord il verse l'huile des catéchumènes puis le saint Chrême en traçant un signe de croix. C'est l'alliance de l'Eau et de la Lumière. Ainsi cette eau se transforme en eau sacrée et servira à toutes les bénédictions l'année durant et notamment aux baptêmes. Elle remplit les fonds baptismaux.

Le prêtre dépose alors les ornements violets pour prendre l'étole et la chape blanches, signe d'une nouvelle séquence, celle de la rénovation des Vœux de Baptême : « Renoncez-vous à Satan… » puis la chorale poursuit la deuxième partie de la litanie des saints. Après avoir rempli le bénitier avec cette nouvelle eau revivifiée, j'avance à côté du prêtre en maintenant le bord de sa chasuble. Nous traversons l'assemblée qu'il asperge généreusement, pendant que la chorale chante le « Vidi aquam ». De retour à l'autel, la communauté entière entame un « Gloria in excelsis... » tonitruant et vibrant, où se mêle le carillon de toutes les clochettes disponibles. Les cloches sonnent à toute volée et l'organiste n'hésite pas à utiliser les pleins jeux de son instrument. Toutes les lumières disponibles sont allumées, nos cœurs chavirent éblouis par tant de clarté. C'est l'explosion de joie, l'apothéose de la gloire du Ressuscité. Avant la lecture de l'évangile, le curé entonne à trois reprises le magnifique Alléluia pascal, chaque fois un ton plus haut. L'assemblée le reprend en chœur. À partir de cet instant, l'office se poursuit d'une façon habituelle, pour se terminer par un joyeux cantique à quatre voix partagé par tous les fidèles. C'est le point d'orgue final « Christus ist auferstanden... » « Le Christ est ressuscité... ».

De retour à la maison, nous nous précipitons sur les œufs de Pâques que maman a colorés. Elle nous autorise à « attaquer » l'agneau pascal qu'elle a confectionné durant l'après-midi. Encore elle ! La pâte à biscuit très légère, saupoudrée de sucre-glace, fond dans la bouche. C'est excellent, un régal. Le lapin en chocolat, les bonbons seront pour le lendemain.

Enfant, quand je posais la question aux anciens : « pourquoi ce feu la nuit pascale ? », la réponse était équivoque et ne faisait pas l'unanimité. Elle était rarement la traduction du symbole de la lumière dans la nuit, mais plus étonnant, j'apprenais que le bûcher était là pour faire expier aux « Juifs » le crime d'avoir crucifié le Christ. Ma conviction était claire : on y jetait les Juifs !

C'est donc, avec une certaine appréhension mêlée de crainte que j'attends, après Pâques, le passage de notre brocanteur et ferrailleur, Robert. Il est Juif et passe tous les mois au village pour ramasser, tant les peaux de lapin, les morceaux de ferraille, que tout objet devenu inutile. Il remplit le rôle de vide-grenier.

Je suis toujours heureux de le retrouver vivant et en bonne santé quelques semaines plus tard. Il aurait donc réussi à se cacher et à échapper à la sentence de mort ayant plané sur lui durant la semaine sainte... Les vieux paysans sont alors, à son égard, excessivement moqueurs et lui font des remarques très désobligeantes du style :

« C'est Belzébuth qui t'a permis d'échapper au feu ? »

ou alors

« Robert, tu l'as échappé belle cette année, tâche de nous payer mieux, sinon nous ne te louperons pas l'année prochaine ! ».

Il ne répond jamais, mais affiche un grand sourire malin et moqueur qui en dit long. Je l'aime bien mon Robert, il monnaie mes douilles ou les fils de cuivre et mes rares peaux de lapin, mes premiers revenus, en quelque sorte, le début de la fortune !

Beaucoup plus tard, j'ai compris le symbole de cette nuit magique. Ces propos ineptes, blessants et grossiers, que j'avais si souvent entendus, m'ont fait réfléchir. Il y a là le germe d'un racisme latent, à mettre sur le compte de la bêtise et des idées entretenues, depuis des générations, à propos de la culpabilité du peuple juif responsable de la mort du Messie. L'Église catholique n'aurait-elle pas elle-même encouragé de telles inepties ?

*Le dimanche de Pâques*

Le réveil du dimanche de Pâques est très matinal. Je suis souvent le premier à fouiller le jardin à la recherche des sucreries. Comme par miracle, le lapin de Pâques a trouvé nos nids respectifs et y a déposé un œuf dur artistiquement coloré, une poignée de petits bonbons de différentes couleurs, des œufs miniatures remplis d'une liqueur, un nectar ! Il en a dispersé aussi un peu partout à travers le jardin, sous les fleurs, les arbustes, le long des allées... Le lapin de Pâques peut se montrer malicieux et farceur, en imaginant des cachettes extravagantes. Plus tard, un trésor plus sublime encore nous y attend. Il aiguise notre convoitise, chacun voulant le dénicher en premier : Un énorme œuf en chocolat. Quel régal que ces premiers morceaux de chocolat noir craquant sous les dents et fondant délicieusement dans la bouche. Les bras chargés de sucreries, nous rentrons heureux, comblés par tant d'attention. Le plus rapide a quelques sucreries en plus et cache habilement ses trésors qui serviront plus tard de monnaie d'échange lors du marchandage entre frères et sœurs. Cela n'a guère d'importance, de toute façon le butin est partagé à parts égales. Quelle tendre naïveté. Le lapin de Pâques qui pond des œufs !

### *Le lutin et le grégorien*

La période durant laquelle j'étais enfant de chœur a laissé des traces bien enracinées dans mon cœur sensible de jeune garçon.

Le latin est alors de rigueur. Nous sommes certes incapables de faire la traduction mot à mot des prières si souvent récitées ou chantées. Mais leur sens profond se grave dans la mémoire, ce qui, loin d'ôter de la spiritualité aux cérémonies, en augmente la ferveur et imprègne nos esprits.

Les chants grégoriens, par leur simplicité naturelle, dénués de tout artifice, creusent dans mon cœur des marques durables. Les mélodies avec les mélismes plus ou moins longs, les paroles de certains motets sont d'une grande sobriété et d'une réelle beauté. Tous ces joyaux qui illuminent nos offices sont aujourd'hui, malheureusement pour beaucoup d'entre eux, oubliés. Dommage !

Sans fard ni artifice, la vraie beauté s'apprécie toujours dans la simplicité et dans l'harmonie naturelle des choses. Le temps n'aura point d'impact sur ces chefs-d'œuvre. La statue grecque taillée dans son marbre gardera toujours le même éclat, la même marque de ciseau, la même pureté de ligne qu'elle eut à l'époque de sa création. Il en va de même pour nos antiques chants religieux ciselés dans les notes de l'époque. Adapter la liturgie universelle aux différentes langues maternelles du Chrétien revient à la dénaturer et à l'amputer de beaucoup de ses chefs-d'œuvre.

Quand les phrases latines se succèdent tout au long des offices, elles font naître en nous un sentiment de sérénité et une ferveur extraordinaire. C'est le miracle de la communication, la force du verbe qui opère. À lui seul, le génie intime du chant est capable d'élever nos âmes et de les transcender. La compréhension du texte ne représente pas une barrière, nous en connaissons le sens large et nous pouvons toujours nous référer à une traduction plus ou moins fidèle. Certains de nos cantiques modernes me donnent l'impression de pousser la chansonnette. Qu'avons-nous fait de la puissance spirituelle du message originel ?

Que l'on fasse des soirées de prières ayant comme fond musical des « Negro Spiritual », des cantiques russes ou arméniens, je le conçois volontiers. Mais pour les jours de fêtes tels Noël, Pâques ou Pentecôte qui sont les moments-phares, les piliers de notre foi, on devrait se référer à la richesse traditionnelle des chants que nous livre la liturgie au lieu de leur substituer des cantiques fussent-ils « modernes ». Je ressens cela comme un abandon.

La participation de l'assemblée aux chants n'est pas forcément liée au fait que les cantiques se déclinent dans la langue maternelle. En revanche, je suis convaincu que la qualité des paroles et de l'accompagnement musical sont autant d'éléments déterminants pour éveiller la ferveur des fidèles. Un « Puer natus es » de l'introït de la messe de Noël, un « Hosanna filio David » une antienne du dimanche des Rameaux ou un « Ressurexit » du jour de Pâques réveillent en nous un sentiment de partage, de communion de prière, de fusion totale entre les membres de l'assemblée. Ils créent un lien subtil pour l'épanouissement de la foi et le jaillissement de la spiritualité. Où sera la vraie beauté pure, transcendante qui seule élève l'âme à des degrés inestimables et insoupçonnés ? Mon plus grand souhait serait que l'Église catholique introduise à nouveau, au moins pour les jours de fête, un peu plus de latin. Le latin, le grec ou l'hébreu restent les langues fondamentales de la foi chrétienne et seront à jamais les témoins incontournables et historiques d'une église en marche, fidèle à ses origines.

Retrouvons donc, quand cela est possible, les fondements, les originaux et remettons-nous au plain-chant comme l'a défini le pape Grégoire I$^{er}$ au VI$^{e}$ siècle. C'est à ce moment seulement que l'on peut avec Raymond Abellio se poser la question : « Me rendais-je à la messe pour obéir au rite ou écouter les chants ? »

Que dire des messes symphoniques d'un Mozart, d'un Beethoven et bien d'autres ? Elles sont autant de chefs-d'œuvre musicaux qui permettent de passer des moments grandioses bercés par des voix sublimes et des thèmes magnifiques. Elles nous émeuvent, elles nous secouent, elles nous arrachent même quelques larmes, elles nous transportent. Certes elles nous procurent un sentiment de sérénité, de plaisir pur, nous entraînent dans un élan de spiritualité, mais ne sont guère adaptées au simple office religieux dominical de nos paroisses.

D'autres fêtes religieuses marquent les différentes étapes tout au long de l'année.

*Les Rogations*

Les trois jours avant l'Ascension, lundi, mardi, mercredi, Monsieur le curé nous réunit dès sept heures du matin pour les Rogations. J'aime participer à ces jours de prières. Une fois que tout le monde est présent sur le parvis de l'église la procession se mettait en place.

D'abord les enfants de l'école suivis des jeunes gens, puis les femmes. Le prêtre placé à la hauteur de la chorale s'entoure de quatre enfants de chœur dont l'un balance énergiquement l'encensoir, l'autre porte la navette, le troisième le bénitier, le quatrième a la mission de maintenir le pan du lourd manteau lors des bénédictions. Quant à moi, je porte la Sainte-Croix en tête de la procession. À ma gauche et à ma droite deux autres jeunes, les plus costauds de la dernière année de primaire portent chacun une oriflamme, l'une à l'effigie de Saint Wendelin, l'autre à celle du Cœur Sacré de Jésus. Nous avançons ainsi sur deux files le long de la route et nous engageons sur le chemin qui fait le tour des champs. Chaque jour nous partons dans une direction différente. Nous récitons la litanie des Saints interrompue de temps en temps par un cantique souvent à l'honneur de la Sainte Vierge. La procession marque de temps en temps un arrêt afin que le prêtre puisse bénir les champs alentours. L'assistance, toujours nombreuse, forme une véritable communauté de prière et participe avec grande ferveur à ce moment particulier. Nous demandons à Dieu de conserver les biens de la terre, de nous octroyer une bonne récolte et surtout de nous protéger contre les fléaux, tels sécheresse ou grêle tant redoutée au moment des récoltes. D'éloigner de nous les épizooties nombreuses en ce temps, la peste porcine, la tuberculose bovine, la terrible fièvre aphteuse et la myxomatose qui fait tant de ravage chez les lapins. Je me souviens de l'invasion des hannetons dans les années 51-52. Durant ces deux étés les larves sont si envahissantes que de nombreuses prairies sont complètement dénudées. Plus une seule pousse d'herbe ne subsiste, et le foin, n'en parlons même pas ! L'angoisse des éleveurs est palpable. Ils se demandent avec quoi ils pourront nourrir leurs animaux durant le long hiver. Certains éleveurs sont contraints de vendre une ou deux vaches par manque de fourrage.

J'aime bien cette cérémonie qui nous fait découvrir, dans la fraîcheur du petit jour, une campagne foisonnante, des prairies aux hautes herbes bigarrées d'une multitude de fleurs, de lourds épis de blé encore verts et quelques pommiers tardifs toujours en fleurs. La rosée fait miroiter cette généreuse nature sous les pâles rayons d'un soleil qui émerge peu à peu à l'horizon bleuté au loin, derrière les collines.

Quand le vent se met de la partie, mes deux acolytes ont souvent fort à faire pour ne pas décoller ou se voir déportés, poussés dans toutes les directions. Leurs oriflammes prennent l'allure de voiles gonflées au vent. Ils ressemblent alors à des barques ballottées dans tous les sens. Entre nous, c'est souvent source de plaisanteries douteuses, qui se terminent par de gros éclats de rires incontrôlables. De retour à l'église, Monsieur le curé nous gronde plus ou moins sévèrement. Mais, si le maître d'école, de son œil inquisiteur, remarque notre inconduite, une gifle vigoureuse ou une sévère punition nous attend. Il faut conjuguer à tous les temps, à tous les modes :

« Je ne ris pas pendant un office religieux ».

Devoir long et fastidieux, d'autant plus que le maître exige une présentation impeccable, sinon tout est à recommencer. Il n'y a pas mieux pour devenir des champions en conjugaison.

En revanche, pour les écoliers, le parcours n'est jamais assez long et nous avançons toujours plus loin dans les champs. Nous marcherions des heures durant, ce sont autant de minutes grappillées sur les cours. De retour à l'église, nous célébrons la messe chantée. À notre grande satisfaction, Monsieur le curé déborde souvent largement les huit heures, l'instant fatidique du début de la classe.

Heureux Saint Mamert à qui nous devons cette célébration qu'il instaura en 470 quand il était évêque à Vienne en Dauphiné. Le concile d'Orléans en 511 « décréta que les Rogations seraient observées dans toute la Gaule franque ».

*La Trinité*

La fête de La Trinité, marquée par un rituel gentiment naïf, celui du sel, tombe le dimanche suivant la Pentecôte. Chaque famille prépare une coupe remplie de gros sel dans lequel est piquée une fleur de pensée. Entre les paroissiens, une saine émulation, voire une certaine rivalité veut que chacun ait l'objet le plus précieux et la fleur la plus belle. Ma marraine emprunte une tasse de son service à moka en porcelaine et maman nous confie une coupe en cristal, la seule que nous possédons à l'époque, tout en nous prodiguant moult recommandations. Le gros sel ne pose pas de problème. Il n'en est pas de même pour la fleur. Ma grand-mère cultive dans son jardin un carré de terre réservé aux tulipes, asters, pétunias et biens d'autres… et naturellement aux pensées. Elle est passionnée par l'hybridation et réalise des croisements, avec un souci constant d'améliorer la variété.

Je dois dire qu'elle a la main vraiment verte et que c'est avec fierté qu'elle nous offre la fleur la plus grande et la plus riche en couleurs.

Quelle est l'origine de ce rite et de cette coutume ? Faut-il la rechercher dans la nuit des temps ? Et pourquoi la fleur de pensée et pas une autre ? Est-ce à cause de son nom latin : Viola Tricolor ? Les trois couleurs pouvant alors symboliser La Trinité ?

Au début de l'office dominical, les paroissiens déposent leurs coupes sur une table placée à côté de l'autel où le prêtre viendra les bénir durant l'offertoire. À la fin de la messe, dans une bousculade bon enfant, nous récupérons notre trésor. Dans chaque foyer le sel consacré a sa place spécifique, la même depuis des générations.

La fleur une fois fanée, Grand-père verse le sel dans une petite boite en fer-blanc gardée précieusement dans le buffet de la « stub ». Mes parents le rangent dans le dressoir de la salle à manger et n'en font pas grand usage. En revanche, les grands-parents le distribuent aux bêtes malades ou s'en servent pour eux-mêmes quand ils sont souffrants. Grand-père en donne ainsi quelques pincées à « Blanck », une de ses vaches qui présente une impressionnante gastro-entérite.

Il vaut mieux la confier à la divine providence, ça coûte moins cher que la visite d'un vétérinaire. De toute façon, il n'aurait jamais pu payer les soins, la caisse familiale étant toujours vide.

*La Fête-dieu*

Une autre fête prenait un relief et une résonance particulière dans la vie religieuse de notre village : la fête du très Saint Sacrement ou la Fête-dieu.

Elle tombe régulièrement sur le jeudi après La Trinité. Sa célébration, introduite par deux jours de grande ferveur, est repoussée au dimanche suivant afin de lui conférer une solennité plus grande encore. Ainsi, chaque soir à vingt heures, du vendredi au dimanche, de nombreux paroissiens participent au Salut. Nous unissons nos prières et vénérons le très Saint Sacrement exposé dans son précieux ostensoir placé tel un phare sur le maître-autel. Deux candélabres brûlant de tous leurs feux éclairent cet instant d'adoration, de méditation et de profond recueillement. Le prêtre, entouré de quatre à six enfants de chœur placés sur les marches de l'autel, s'agenouille sur le prie-Dieu et dirige le chapelet. Les volutes d'encens envahissent toute l'église de leur parfum insistant. Après plusieurs Ave le célébrant entonne le Pange lingua qui se termine par le Tantum ergo. La beauté de cet hymne me transcende littéralement, tout comme le Salve Régina qui clôture en général la cérémonie.

Le vendredi soir, cette réunion de prière prend un aspect fort différent et représente, pour nous les enfants, le couronnement, l'apothéose de plusieurs jours d'un travail excitant.

Au cours des jours précédents, dans chaque famille, les mères secondées par leurs filles avaient tressé des petites couronnes de fleurs. De leurs doigts de fées, les plus habiles enroulent et entortillent les longues tiges de marguerites. Les autres, dont la dextérité est moins évidente, se servent d'un fil de fer en guise de support qu'elles habillent de mousse ou de jeunes et fines pousses de lierre. Puis, à l'aide d'une aiguille, elles piquent et font passer un fil de laine à travers la corolle blanche et jaune des marguerites pour le nouer sur la matrice. De fleur en fleur, une composition florale prend forme et voit le jour, certaines sont de véritables chefs-d'œuvre. Ainsi chaque artiste, selon son inspiration du moment, son agilité, ses couleurs préférées, mélange à l'infini les nombreuses variétés de fleurs présentes à profusion dans les jardins et les prairies. Comme point de départ, j'ai souvenir que maman se servait souvent, d'une corolle de souci ou Calendula, d'un jaune ocre prononcé, qu'elle accompagnait de pâquerettes blanches, de quelques violettes bien odorantes et de Camomilles au cœur jaune entouré de ses pétales blancs.

Le vendredi soir donc, durant l'office du Salut, après avoir récité cinq dizaines d'Ave, le prêtre monte à l'autel, se place devant l'ostensoir avec à ses côtés deux enfants de chœur. À son signal, les fillettes s'avancent en file indienne. Chacune tient dans ses mains, tel un bijou, sa précieuse couronne. Après une génuflexion, elle la tend au premier servant qui la passe au prêtre, lequel la presse contre l'ostensoir avant de la remettre au second enfant de chœur. Pendant ce temps, la fille fait le tour de l'autel par l'arrière et reprend sa couronne avant de rejoindre son banc. Les plus timides s'avancent avec prudence et gêne, les plus hardies s'y précipitent. Néanmoins tout ce mouvement se fait dans le plus grand recueillement. Après ce défilé le prêtre poursuit le déroulement normal du Salut.

Les familles sans enfants ou certaines personnes âgées confient leur couronne à une petite voisine flattée et honorée de pouvoir rendre ce service. Une fois de retour à la maison, la couronne ainsi consacrée trouve sa place habituelle, invariable depuis des générations. Chez nous Maman l'accroche à côté du crucifix de la cuisine. Chez Grand-père, elle rejoint le clou près de la pendule murale de la « stub ». Une seconde couronne vient systématiquement protéger l'étable où elle tient compagnie à la branche de rameau déjà fanée depuis le dimanche du même nom. Ensemble, elles doivent conjurer le mauvais sort, protéger les bêtes et écarter les mauvais esprits. Lors d'un vêlage long et difficile, quand la pauvre bête donne des signes de faiblesse ou plus rarement de défaillance, Grand-père sollicite qu'on lui ramène du sel béni. Du creux de sa main, il le présente à la vache qui le lèche avec satisfaction et gourmandise. Quand tout va mal, qu'il y a panique à bord, la délivrance ne se faisant pas, il lui arrive de poser la couronne de fleurs fanées sur la tête de la vache tout en lui caressant le museau d'une main attentive et prévoyante. Ce répit accordé à la bête lui permet alors de reprendre le travail et de terminer la mise-bas avec succès. Parallèlement, si la bête a beaucoup « transpiré », qu'elle est épuisée, Opa lui frotte vigoureusement le dos et les flancs avec l'alcool d'une première distillation, le « *Vorlauf* ». Ces petits gestes, ces coutumes qui risquent aujourd'hui de paraître naïfs, inutiles et même ridicules traduisent une confiance exagérée en des croyances séculaires. Cela fait partie du folklore de cette époque. Après tout, la foi ne déplace-t-elle pas des montagnes ?

La Fête-dieu est un de ces dimanches où les paroissiens rivalisent d'ingéniosité et d'imagination.

Dès le samedi matin deux ou trois volontaires partent avec leur attelage dans la forêt proche pour couper et ramener de jeunes hêtres, charmes ou autres noisetiers. Ils viennent habiller et décorer porches et portails à l'entrée des fermes. Chacun tient à avoir la façade la plus belle, la plus richement décorée. De nombreux drapeaux, des fanions de toutes les couleurs se marient avec d'énormes bouquets de fleurs. Sur le rebord des fenêtres certains paysans exposent au grand jour la statue de la Vierge ou du Cœur Sacré de Jésus faisant partie d'un vieux patrimoine familial. L'ensemble du village prend alors un aspect champêtre fort sympathique.

Nous, les jeunes, en ces moments privilégiés, débordons d'enthousiasme et de bonne volonté. Nous nous affairons à planter les décors, grimpons sur les échelles pour accrocher les guirlandes, bref, nous sommes sollicités de toutes parts. Dès le samedi après-midi, nous partons, telle une volée de moineaux, nous éparpiller dans les prés à cueillir des fleurs. Nous coupons les corolles, les tiges n'ont pas d'utilité. Nous rapportons des corbeilles pleines de coquelicots, de marguerites, de primevères, de roses sauvages, de fleurs d'églantiers, de violettes, de pâquerettes que nous déposons tout au long du parcours. Elles servent de réserve pour la procession du lendemain. Chaussé de grosses bottes, celles de mon père ou plus rarement, si le temps le permettait, je marche carrément pieds nus dans la vase du ruisseau. Je m'y enfonce souvent jusqu'aux genoux et coupe à la faucille les grandes feuilles d'iris sauvages peuplant généreusement nos coins humides. J'en ramène facilement deux à trois charrettes pleines. Après avoir donné un sérieux coup de balai à la chaussée nous y déposons en forme de V ces feuilles d'iris que nous alternons, tout au long du parcours, avec quelques roseaux. À la hauteur du premier étage des habitations nous tendons des ficelles auxquelles nous fixons fanions ou guirlandes. Il y en a ainsi tous les vingt mètres. Les maisons chamarrées de couleurs vives sont comme illuminées. Le village prend un air de fête. Trois autels répartis à travers la commune serviront le lendemain de reposoir pour le Saint Sacrement. Ces constructions en bois, dont les éléments structurels de bases sont soigneusement entretenus, resservent d'année en année. Les différents quartiers de notre communauté rivalisent d'ingéniosité et de fantaisie. Ainsi, l'imagination aidant, peut-on, de temps en temps, tomber dans la démesure. Tout juste, si ces braves gens ne déplacent pas la forêt entière. Les décors créés sont souvent naïfs, mais réalisés avec tant d'amour et de foi, qu'ils ne peuvent laisser indifférent.

Le dimanche matin, nous apportons fébrilement la touche finale pour rectifier tel ou tel détail.

La messe débute à dix heures. Les paroissiens sont tous présents. La fanfare composée de clairons, de cors de chasse, d'une ou deux trompettes attend le début de la cérémonie. Chacun a travaillé ses partitions des semaines durant afin d'être prêt pour ce jour sacré. Les quelques pompiers en tenue de feu ont briqué avec soin leur casque argenté qui scintille sous les rayons du soleil. La procession se met en place dans un ordre immuable. Le suisse, dans sa tenue d'apparat, arbore fièrement ses nombreuses distinctions accrochées à son buste et ouvre la marche d'un air martial. Dans sa main gauche sa hallebarde maintenue dignement sur l'épaule, la crosse de chef de cérémonie dans l'autre et sur sa tête son tricorne, il avance, altier et solennel. Trois enfants de chœur, en aube rouge et surplis blanc tout en dentelles, lui emboîtent le pas. Celui du milieu, moi en l'occurrence, porte la sainte Croix. Les filles suivent, tout de blanc vêtues, une couronne de fleurs tressées en diadème dans les cheveux. Certaines portent une corbeille dans laquelle repose sur un lit de pétales de fleurs un agneau en peluche blanche. Il symbolise l'Agneau Pascal. D'autres jeunes filles portent, accrochée à un ruban, une corbeille en osier débordant de pétales de fleurs. Certains garçons, très fiers dans leur culotte courte, arborent une petite oriflamme représentant l'Enfant Jésus en compagnie de son père, le charpentier de Nazareth. Vient ensuite la fanfare précédée du porte-drapeau. L'emblème dédié à Saint Wendelin, patron de notre village, flotte au vent. Les musiciens avancent alignés en rangs par quatre, impeccables dans leur tenue éclatante de propreté. Ils ont belle allure avec leur pantalon blanc, leur chemise bleu foncé, le foulard jaune noué autour du cou et le béret bleu marine enfoncé sur le haut du crâne. Suit la chorale en rang serré. Quatre pompiers costauds portent le dais sous lequel avance le prêtre soulevant le Saint Sacrement. J'ignore comment une commune aussi pauvre a pu acquérir ce magnifique symbole royal. Il est fait d'un tissu richement brodé de fils d'or et surmonté aux quatre coins par un bouquet lumineux de plumes d'autruche immaculées. Mon père se tient à la hauteur de monsieur le curé dont il reçoit les ordres pour les cantiques et les prières programmés. Un des enfants de chœur précède le dais et balance vigoureusement l'encensoir car il faut le maximum d'effluves pour embaumer l'atmosphère et emporter nos prières haut dans le ciel. À sa droite, un autre fait carillonner, tous les quelques pas, sa clochette à six bras. Il signifie ainsi aux jeunes filles de remplacer celles dont la corbeille de fleurs se vide. Elles marchent par deux, à reculons, tout en jetant les pétales aux pieds du prêtre pour qu'à chaque pas, il ne marche que sur ce qu'il y a de plus précieux, de plus beau, un tapis de fleurs. Marque de respect face au très Saint Sacrement. Les autres paroissiens suivent, d'abord les hommes puis les femmes fermant la marche. A la limite des deux groupes un jeune homme porte l'oriflamme de Sacré-cœur de Jésus. Le cortège ainsi structuré avance avec recueillement et dans une atmosphère de grande piété marquée par un surprenant silence. Les morceaux interprétés par la fanfare alternent avec les cantiques entonnés par la chorale. Arrivé devant le premier autel, le prêtre monte les quelques marches et dépose l'ostensoir. Il en fait le tour en l'enveloppant généreusement d'encens, poursuit par une prière, tandis que la chorale interprète un motet ou un cantique. L'assemblée récite un Ave ou un Pater puis la procession reprend son cours. Après avoir fait le tour du village, nous nous retrouvons tous à l'église pour clore la cérémonie. Quelques piliers de bistrot, toujours les mêmes, se sont évaporés en cours de route. Cela fait partie du folklore.

Toute cette mise en scène, souvent très naïve, marque forcément l'esprit des jeunes, même s'ils sont loin de comprendre toute la symbolique de cette fête. Je suis convaincu qu'aujourd'hui certains adultes éprouvent de la nostalgie et regrettent ces moments innocents marqués par beaucoup de tendresse et d'amour.

## Les superstitions

À côté de cet élan religieux dont le monde paysan est resté longtemps encore imprégné, une foi vivante et profonde conditionnait les comportements et la philosophie de ces gens. Le respect des choses sacrées était manifeste.

En même temps, certains entretenaient et s'accrochaient à de vieilles conceptions, à d'anciennes croyances moyenâgeuses dans lesquelles les sorcières, les esprits maléfiques trouvaient un terrain favorable à leur épanouissement. Si quelques-uns ne croyaient pas en Dieu ni à l'enseignement de notre cher curé, ils se fiaient davantage aux puissances et aux forces occultes émanant de la mère nature qu'ils côtoyaient au quotidien. Pour d'autres, dès qu'un phénomène, même naturel, ne trouvait pas d'explication rationnelle et sortait de leur logique, ils y voyaient une intervention divine. Ceci était d'autant plus vrai si le phénomène ou la solution à leur problème avait été à leur avantage. C'était le doigt de DIEU.

Si au contraire, la même situation engendrait un malheur cela ne pouvait provenir que de forces pernicieuses, voire maléfiques. C'était l'action de Belzebuth, du démon. Ainsi donc, diverses superstitions restèrent profondément ancrées dans l'esprit de nos braves paysans.

Encore enfant, je suis souvent surpris par quelques propos insolites colportés à travers le village. Ils parlent de sorcelleries, de mauvais sorts et d'autres diableries. Je les relève sans trop les comprendre.

Ainsi notre voisine, Caroline, est-elle considérée comme une vieille sorcière. Non pas tant qu'elle ait un caractère exécrable, mais certaines personnes sont convaincues qu'elle possède de réels pouvoirs maléfiques et qu'elle pratique des actes de sorcellerie. Elle représente « le mauvais œil ». Selon ses envies, elle est capable de jeter un mauvais sort. Les enfants sont priés de l'éviter et de fuir tout contact avec elle. À son approche, les parents nous incitent à faire un grand détour et nous interdisent toute caresse de sa part. Nous nous soustrayons à son regard en nous cachant. Personnellement, je l'aime bien, cette grand-mère ridée, fripée, aux mains impatientes et tremblantes. Elle me gâte fréquemment avec un ou deux bonbons quand je lui rends un menu service. En ce qui la concerne, les gens racontent les histoires les plus folles où se mêlent superstitions et chimères. Certains y croient dur comme fer, d'autres en rient avec dédain en haussant des épaules. Une telle histoire, redondante, nourrit régulièrement les conversations.

Un brave paysan propriétaire de deux chevaux de trait, des Percherons, avait l'habitude de bêtes tranquilles, obéissantes et dociles au labeur. Vint une période où, au contraire, elles se montrèrent très rebelles, effarouchées et se mirent à ruer dès la moindre contrariété. La nuit, les chevaux ne trouvèrent plus le repos et tapèrent contre le bois des box. Le propriétaire inquiet fit un tour à l'écurie et essaya de les calmer, mais en vain. Quand il aperçut un chat inconnu se terrant sous une botte de paille, il le pourchassa. Pour lui, la relation de cause à effet parut évidente. Le même scénario se reproduisit du côté de l'étable où les vaches paraissaient elles aussi inquiètes et effrayées. Le lendemain, au moment de sortir les chevaux de l'écurie, il eut la surprise de constater que l'une des bêtes avait la queue nouée en chignon et que la crinière de l'autre était bouclée et tressée en natte, au lieu de tomber sur les côtés comme d'habitude. Bouche bée, surpris et incrédule, il ne comprit pas cet état de fait.

— J'hallucine, je deviens fou, je n'ai pourtant rien bu hier soir, ne cesse-t-il de répéter.

Il donna un coup de brosse aux bêtes et oublia l'incident pour la journée.

Le soir tard, il entendit une fois de plus les chevaux inquiets taper dans les box et hennir d'une façon angoissée. De leur côté, les vaches meuglèrent et tirèrent fortement sur la chaîne de la longe. Elles déclenchèrent un raffut monstre où s'entremêlaient des gémissements, des beuglements de terreur et le cliquetis métallique des chaînes. Les bêtes étaient paniquées et totalement affolées. Il était grand temps pour le paysan d'intervenir. Il saisit sa lanterne et se rendit sur les lieux.

Une fois de plus, il se retrouva nez à nez avec le chat qui loin de se montrer craintif, était agressif et sortait ses griffes. Le propriétaire, à l'aide d'une fourche lui asséna un grand coup sur le crâne avant que l'intrus ne disparût dans la nuit. Stupeur, les chevaux portèrent des nattes et la traite des vaches fut à nouveau faite. Notre paysan incrédule, complètement abasourdi devant cette situation, s'interrogea naturellement sur ces phénomènes. Ne pouvant les expliquer d'une façon rationnelle, une profonde angoisse le prit à la gorge et son état frisa la folie. Il passa une nuit sans sommeil et redescendit à plusieurs reprises à l'écurie. Il ne remarqua plus rien de particulier et constata avec satisfaction que les bêtes avaient retrouvé une totale sérénité. Il conclut qu'elles avaient été affolées par le chat et maintenant qu'il s'était évaporé dans la nuit noire, le calme régnerait à nouveau. Mais comment expliquer les nattes et le fait qu'une main invisible avait trait les vaches ?

Il resta dubitatif, sans explication, médusé.

Ce n'est que le lendemain, quand il vit la fameuse Caroline, la vieille sorcière, se promener affublée d'un énorme pansement sur le haut du crâne qu'il fit le rapprochement. Pour lui la réponse devint claire, évidente. C'est elle qui, sous l'aspect d'un chat, vient la nuit importuner les bêtes afin de lui nuire. Au village chacun y va de ses commentaires. La rumeur gonfle et les interprétations se multiplient pour devenir des certitudes et des vérités premières. Certains, tel mon grand-père en rit sous cape, d'autres y attachent beaucoup d'importance et y croient réellement.

Soixante ans plus tard, l'incident reste ancré dans la mémoire de quelques villageois, notamment de la fille de la ferme qui me rapporta le scénario dans ses moindres détails.

Ce qui me surprend, c'est qu'elle paraît ressentir la même angoisse qu'au premier jour. Je ne comprends pas le peu de discernement de cette ancienne camarade de l'école primaire. De nombreuses histoires du même style avaient fleuri dans l'imaginaire des gens et étaient entretenues par une longue mémoire et une invraisemblable crédulité.

Dans ces propos, la trame de fond consiste en un amalgame de sacré et de diabolique. Ils reposent sur un fait réel, non expliqué, de la vie courante qui sert de matrice. La rumeur brode tout autour et la gonfle, la transforme selon l'imagination de chacun tout en étant à la recherche du surnaturel. Les idées issues de l'imaginaire s'ajoutent aux fantasmes. Alors, certains font appel au « merveilleux », à l'irréel, voire au sacré et prennent à témoin les saints ou même Dieu. À l'opposé, d'autres parlent d'actions sataniques et font appellent aux puissances démoniaques.

À l'époque, j'étais très intrigué par les histoires que je glanais de-ci de-là à travers les conversations des uns et des autres. Aujourd'hui, je reste perplexe devant le fait que ces villageois pouvaient, et, pour beaucoup d'entre eux peuvent encore croire à la sorcellerie et au mauvais œil qui hantent la campagne.

Les conséquences directes de ces croyances étaient diverses et inattendues. Les animaux nocturnes en faisaient les frais, certains paysans vouaient une haine féroce aux chauves-souris, hiboux ou autres chouettes. Tous ces gens, pourtant très proches de la nature, vivant en totale symbiose avec le monde animal, faisaient preuve d'un acharnement implacable à l'encontre de ces derniers. Les oiseaux de proie nocturnes étaient à la base de beaucoup de ces idées folles et nourrissaient leurs craintes. Le courroux des villageois était sans limite et surtout sans fondement. Ils les percevaient comme les exécuteurs ailés, les compagnons assidus des esprits qui sortaient et devenaient actifs la nuit après l'angélus du soir. Ils accomplissaient et participaient à leurs forfaits et à leurs mauvais coups. Ainsi tout logiquement, ils partaient en guerre contre ces créations noctambules. Leur vengeance à l'encontre du hibou ou de la chauve-souris était cruelle comme en témoignaient les nombreux cadavres cloués sur le fronton ou la porte des granges. Curieusement, ils les fixaient en croix, les ailes déployées sur toute leur longueur. Quand un jour j'ai demandé à Grand-père pourquoi il avait sacrifié le beau « grand-duc » accroché à sa grange, il me fit une réponse surprenante :

— Au moins ne viendra-t-il plus me réveiller la nuit, non seulement avec ses cris, mais encore par l'annonce de mauvais augures.

Tout interloqué, je lui ai répondu :

— Mais Grand-père, cet oiseau est très utile, il mange les souris, mulots et autres rongeurs qui nous embêtent tant. Tout au contraire il faudrait le protéger et non pas le tuer.

— C'est ce que l'on vous apprend en classe ? Je te rappelle néanmoins que c'est lui qui annonce notre mort et porte le malheur sur les bêtes. Je ne dis pas qu'il est la mort, mais il l'annonce, cela me fait frémir.

On s'en était tenu là.

En classe, mon père nous enseigne qu'il était idiot et fort nuisible de tuer ces animaux nocturnes. Ils ont une utilité certaine dans l'équilibre du monde animal, le bon Dieu les a créés pour notre bien. Aussi devons-nous insister auprès de nos parents d'arrêter ces pratiques moyenâgeuses. Dès lors, quelques carcasses ont subrepticement été enlevées des granges et définitivement écartées. Ce n'était pas pour autant que le cri de la chouette mêlé aux hurlements lugubres d'un chien pleurant la nuit, deux signes irréfutables annonciateurs de la mort, auront été effacés de la mémoire. Un rassemblement de corbeaux ou de corneilles tournant en croassant autour d'une ferme reste le signe prémonitoire d'un futur drame. L'angoisse du fermier monte d'un cran, c'était l'annonce que quelqu'un de proche ou qu'une bête va disparaître.

À la même époque une jeune fille de dix-sept ans a été portée disparue. Claire était partie à la ville pour ses études d'infirmière.

Un dimanche soir, elle n'a pas réintégré son école. Les parents et la communauté villageoise tout entière sont fort inquiets. Au début de la semaine suivante, sa maman, en compagnie de deux autres lavandières, trempa le linge au lavoir, quand subitement une nuée de corneilles vint tourner autour d'elles et plus tard plana durant des heures au-dessus de la maison de la disparue. Dès cet instant, à la vue de ce vol sinistre, cette pauvre maman est convaincue qu'elle ne reverra jamais plus sa petite Claire. Quelques heures plus tard la gendarmerie vint lui annoncer la découverte du corps de la malheureuse sur une berge du Rhin. Nous sommes tous traumatisés par cette mort et surtout par la façon dont elle a été annoncée par les corneilles. Ce drame restera gravé dans certains esprits qui aujourd'hui encore en ont peur. Ces oiseaux continuent à engendrer de la crainte, voire de la haine.

Il serait fastidieux et sans intérêt d'allonger la liste de ces événements et propos naïfs alimentant les conversations des villageois, néanmoins je ne peux m'empêcher de parler des cigognes et des histoires qu'elles ont générées.

Enfants, nous sommes tous imprégnés de l'idée que ce sont elles qui, dans leur long bec, apportent les bébés. Dans d'autres régions la sage-femme les récupère au fond d'un immense puits, dans d'autres encore, elle les tire d'un gros tronc d'arbre creux de la forêt voisine et pourquoi pas d'un chou ! Douce et tendre naïveté. Quand en 1956 nos parents nous annoncent la future venue d'un frère ou d'une sœur, nous sommes ravis. C'est par la disparition du morceau de sucre déposé par eux sur le rebord de la fenêtre et emporté par les cigognes qu'ils nous apprennent l'heureux événement en marche. La famille va s'agrandir c'est certain. L'annonce de cette nouvelle venue traverse le village à la vitesse d'un éclair. La joie d'une future naissance est partagée par tous, preuve de l'esprit communautaire qui nous unit. Dès ce moment maman se voit entourée de toutes les attentions.

L'état de grossesse est diversement ressenti.

Pour certains, c'est une grâce divine, un don du ciel, pour d'autres, la grossesse ne représente qu'un état privilégié, tout en étant normal dans la vie d'une femme. Mais tous sont prêts à y aller de leurs conseils. On puise largement dans les réminiscences d'une riche mémoire où se mêlent, pêle-mêle, des précautions logiques inhérentes à cet état, des superstitions archaïques transmises depuis des générations et beaucoup d'autres idées bien naïves.

J'ai eu la chance de pouvoir m'entretenir avec une ancienne sage-femme, je devrais plutôt dire accoucheuse, car elle officiait sans formation médicale ni diplôme, ainsi qu'avec deux ou trois grands-mères qui me révélèrent certaines très vieilles coutumes et croyances entourant la femme enceinte. Certains conseils dictés par le bon sens restent valables de nos jours, mais beaucoup d'autres, très éloignés de données paramédicales et scientifiques n'ont heureusement pas résisté à l'usure du temps.

Ainsi, durant les trois premiers mois de grossesse, la femme doit obligatoirement éviter les travaux pénibles et ne jamais soulever des poids trop lourds. Elle est invitée à marcher au lieu de s'asseoir sur une charrette empruntant un chemin franchement chaotique. Toutes ces précautions sont prises afin de lui éviter une fausse-couche. À l'opposé, lors des derniers mois de la grossesse, elle doit participer aux travaux physiquement astreignants, soulever autant qu'elle peut de lourdes charges afin de tonifier la paroi abdominale et favoriser ainsi la descente et la délivrance du fœtus. Certaines de ces paysannes travaillent jusqu'au dernier jour, jusqu'au dernier moment, juste avant l'accouchement. Pour elles, la grossesse reste un état normal et reflète le sort de la femme dans son rôle d'enfanter et de soutenir son mari. Combien ce monde pouvait-il être éloigné de celui d'aujourd'hui dans lequel les femmes enceintes demandent, à juste titre d'ailleurs, un arrêt de travail dès la moindre fatigue ressentie ?

Les entretiens de consultations avec des femmes ayant vécu ces périodes dépassées m'apprirent qu'il n'était pas rare que l'une ou l'autre ait perdu ses eaux en plein effort dans les champs, lors de la fenaison ou de la moisson par exemple. Certaines poursuivaient péniblement leur tâche jusqu'au bout, de peur d'être houspillées par un mari courroucé, l'accouchement venant toujours au plus mauvais moment.

Durant toute la grossesse, les femmes plus âgées ou souvent la tante célibataire prodiguent alors moult conseils à la future maman. La litanie des recommandations « il ne faut pas ci… ou pas ça… », se conjugue à l'infini, allant des plus cocasses aux plus stupides, des plus sensées aux plus fantaisistes.

Par exemple, elle doit éviter de regarder un être difforme, de ne surtout pas toucher ou approcher un animal crevé, cela pourrait choquer l'enfant qu'elle porte en son sein, le déranger dans son esprit et en faire un débile.

Je pense que la débilité était essentiellement à rechercher dans l'état d'imprégnation alcoolique souvent chronique du géniteur, sinon du couple, au moment de la conception.

Mon esprit reste imprégné par l'image de ces paysans, qui le soir tombé, s'écroulent de fatigue, s'expriment avec une extrême lenteur, le verbe pâteux et leurs gestes devenant lourds et gauches. Pour la plupart ils ont atteint le taux de « remplissage » maximal avec leur piquette. Ils ne sont jamais ivres à se rouler par terre mais naviguent entre deux eaux. Malheureusement pour beaucoup, ces états seconds sans être quotidiens sont trop fréquents et occasionnent d'importants dégâts tant psychologiques que physiques.

À ce moment, ils se reposaient entièrement sur leur épouse qui « arrondissait les angles », continuait à trimer sans ronchonner et supportait stoïquement les nombreuses vexations ou agressions comportementales et verbales. J'en ai malheureusement connu de ces pauvres victimes, enceintes ou pas, qui marchaient à la trique quand le mari était imprégné. Et pourtant, d'après l'ancienne sagesse, il était indispensable que la femme enceinte évite les chocs émotionnels. Les grands accès de peur, la frayeur ou les crises de colère pouvaient interrompre la gestation. La conséquence immédiate était la mort du fœtus et un avortement spontané et, comme conséquence plus lointaine, la naissance d'un enfant mort-né.

Sans aller jusqu'à cet extrême, la peur panique pouvait entraîner chez le futur bébé une « marque de naissance ou tâche lie de vin » plus médicalement, un angiome. On prévoit même l'endroit où il apparaît. Ainsi cette femme enceinte du quatrième mois raconte qu'elle a subi une terrible frayeur lors d'une attaque par un gros chien. Dans un mouvement réflexe et pour se protéger, elle croisa ses bras sur sa poitrine de sorte que de la main droite elle agrippa vivement le haut de son épaule gauche. Comme par hasard son bébé développa une telle marque sur cette même épaule, au même endroit.

Les énervements, les disputes sont formellement bannis car ils perturbent le développement harmonieux de l'esprit et de l'âme du futur bébé. Le religieux se mêle forcément à ces croyances. Ainsi, les jurons, les fausses promesses, les blasphèmes et les parjures de la mère sont-ils pressentis comme la cause de naissance d'un monstre, un violent, une graine d'assassin. Plus romantique, mais en même temps diabolique, cette autre idée. Interdiction absolue est faite à la femme enceinte de quitter le foyer familial après l'angélus du soir, tout comme le fait d'observer ou d'admirer la pleine lune, dans ces cas, elle concevrait un enfant somnambule et insomniaque dont les nuits seraient peuplées de rêves et de cauchemars. Personne n'ignore que la nuit est réservée aux manœuvres et aux mauvaises intentions des revenants, des esprits du mal, des sorciers et sorcières. Ces différents acteurs maléfiques conjuguent leurs actions en vue d'accaparer l'esprit et l'âme du bébé à naître si la mère a l'imprudence ou la nécessité absolue de quitter le foyer. Pour s'en prémunir, elle s'asperge d'eau bénite toujours à portée de main. Un petit récipient en verre accroché au pied de la croix à la « stub » en est toujours rempli. Pour parfaire sa protection, elle multiplie les signes de croix et porte une lanterne puissante bien lumineuse, car la lumière est la seule arme efficace pour faire fuir les revenants.

Une autre idée bien curieuse circule auprès des femmes du village. Elle n'a pas le droit, ni d'enjamber le timon d'une charrette, ni de passer sous le fil du sèche-linge. De même, dans le lit conjugal, sa place est d'être collée contre le mur, le mari n'a pas le droit de l'enjamber ! Si elle contrevient à cette précaution, elle expose, au moment de la délivrance, son bébé à mourir de strangulation par son cordon. Pour se désaltérer la future maman ne doit jamais boire d'une tasse ou d'un verre ébréché, cela peut entraîner la formation d'un bec-de-lièvre ou d'une gueule-de-loup chez son enfant.

Sainte Agathe, patronne des fileuses et protectrice des femmes enceintes, est invoquée tout autant en cas de problème de stérilité que pour favoriser la montée laiteuse ou pour lutter contre les douleurs utérines. Ces dernières sont soulagées par des applications de chanvre bouilli. Une autre recette très curieuse fait appel au forgeron. Rien que ça ! En effet pour le maintien d'une grossesse, s'il y a menace d'avortement spontané, la patiente doit boire de l'eau ayant servi aux forges, manger des graines d'orties mélangées à une peau de couleuvre séchée réduite en poudre et additionnée de mie de pain, le tout allongé d'un jaune d'œuf frais ! Cette coutume spartiate trouverait ses racines dans la région du Palatinat, de la Sarre et le nord de la Moselle. Malgré la protection de la sainte Agathe, la femme enceinte n'a ni le droit de filer, ni de toucher au rouet. Cela peut tuer le fœtus !

À ce propos je m'interroge d'où a pu germer cette idée de mort du fœtus en rapport avec le travail ou la simple présence du rouet. L'effort physique pour le faire tourner, n'en était certainement pas la raison. Ferait-elle suite à une blessure occasionnée avec la quenouille ? Je ne le crois pas. Je pense au contraire qu'il faut rechercher l'origine de cette idée ou croyance dans la mythologie. En effet, elle nous renvoie aux Parques, ces divinités romaines, encore nommées Moires chez les Grecs, qui n'avaient pas de résidence fixe et étaient considérées comme des divinités des Enfers. Elles étaient les gouvernantes, les maîtresses de la vie des hommes dès l'instant de leur naissance. Elles distribuaient tout autant le bonheur que le malheur, elles filaient la trame de vie de chaque humain. Elles étaient trois :

Clotho : la fileuse présidait à la naissance, tenait la quenouille qui déroule le fil de la vie.

Lachesis : tournait le fuseau, elle était celle qui dispensait le Sort, qui dirigeait, impulsait la destinée de chacun.

Atropos : coupait le fil, elle était l'inflexible, celle qui sans pitié tranchait le fil de la vie.

Pour résumer leurs actions il suffit de rappeler les vers qu'elles chantaient :

« À toi, ô enfant nouveau-né, nous faisons don de vivre jusqu'à ce que le bois se consume en cendres. » Espérons que notre bûche ou celle du nouveau-né ne brûlera pas trop vite !

Une autre chose curieuse et bien difficile à comprendre dans ce monde où la foi est profondément ancrée.

Si une interruption volontaire de grossesse est réalisée avant la cinquième semaine, elle n'est pas considérée comme péché. Le fœtus n'était-il pas considéré comme le futur enfant ou pire ? Était-il simplement le fruit du péché, donc sans valeur ?

Je ne dirais pas que « les faiseuses d'anges » étaient nombreuses, mais elles existaient. Les irrigations vaginales à l'eau savonneuse ou vinaigrée ou d'autres caustiques, parachevées par l'intervention d'aiguilles à tricoter étaient des pratiques courantes. Des catastrophes psychologiques et gynécologiques et où le pronostic vital était souvent engagé. Certaines plantes telles, les feuilles de lauriers, de rue, de saule blanc et le jus d'hysope étaient considérés comme abortives. À l'inverse, les graines de lierre et la semence de saule pouvaient éviter la grossesse et servaient de moyens contraceptifs. Il suffisait d'en absorber régulièrement. Étaient-elles efficaces ?

Dans ce chapitre, une autre coutume bien cruelle m'a été rapportée par une de mes patientes natives d'Alsace bossue et de la Moselle limitrophe. Pour en faire la risée du village et pour la pointer du doigt, certains bien-pensants plaçaient un bonhomme de paille dans le jardin ou devant la maison de la fille célibataire enceinte. De cette façon, elle aura au moins l'image d'un père, fut-elle grotesque. Toujours dans le même esprit, si une veuve avait le malheur de « tomber » enceinte, les jeunes gens organisaient un « charivari », un concert de cymbales sous la fenêtre de la pécheresse.

Après toutes ces précautions, la grossesse arrivait à son terme. L'accouchement se faisait à domicile sous la responsabilité d'une sage-femme. Elle était souvent choisie par le curé, avait la renommée d'une bonne croyante d'une cinquantaine d'années au caractère bien trempé. Si en plus, elle possédait quelques connaissances ou avait des notions sur les plantes médicinales, elle était plébiscitée. Désignée par le curé, elle devait le remplacer à l'occasion pour les baptêmes in extremis quand le pronostic vital du bébé était engagé. Ce qui malheureusement était monnaie courante à cette époque. Le médecin était rarement sollicité, venait souvent trop tard et ne pouvait que constater la catastrophe.

L'accouchement était lui aussi soumis à des règles et obéissait à certaines coutumes.

Dès le début des douleurs annonçant l'imminence de l'événement, la femme fait un brin de toilette, se coiffe, refait son lit pendant que le mari puise la quantité d'eau dont elle aura besoin. Il est interdit à l'intéressée de se rendre à la fontaine car l'eau attire les sorcières. Dans quelques familles la coutume veut que la parturiente mette sous son oreiller quelques branches du bouquet consacré à la sainte Vierge le 15 août, jour de l'Assomption.

La sage-femme évite que la naissance se fasse à minuit, c'est l'heure bannie. Le bébé vient soit avant, soit après, car le fait de naître à minuit handicaperait et poursuivrait le bébé durant toute son existence. Minuit est l'heure de l'activité maximale des forces des ténèbres.

Dès sa venue, le bébé est présenté à la maman afin qu'elle puisse constater son intégrité physique, découvrir le sexe et lui déposer un signe de croix sur le front et la poitrine. Après la toilette, la sage-femme l'emmaillote et fixe une médaille sacrée sur la bande de flanelle qui le maintient. Il arrive à défaut de médaille, que la maman lui accroche son alliance considérée comme objet sacré. Il faut bien préserver la progéniture des mauvais esprits.

La maman reste obligatoirement allongée, les jambes bandées à titre prophylactique contre la phlébite, neuf jours durant. Là encore la cigogne intervient. Il est courant de dire que la parturiente a les jambes bandées car la cigogne, au moment d'apporter le bébé, lui aurait donné un coup de bec malheureux au niveau des mollets.

Après la naissance de notre petit frère, notre mère n'est restée allongée que durant quatre jours, une exception à la règle. La sage-femme, une diplômée, lui permit de courtes levées sous sa stricte surveillance. Elle lui fit faire quelques pas autour du lit dès le troisième ou quatrième jour, les esprits évoluaient.

Une autre curiosité de l'ancienne coutume voulait qu'il était interdit que ce soit une jeune fille non mariée qui aille requérir l'accoucheuse, sinon elle s'exposerait à un malheur le jour de son propre mariage !

Durant la période du post-partum, la maman est soutenue par sa propre mère ou sa belle-mère et très souvent par une tante célibataire. Elle doit obligatoirement se reposer dans une chambre au calme, à l'ambiance sereine où tout énervement intempestif est écarté de peur « que le lait ne lui monte à la tête » et lui occasionne des dégâts irréversibles. Il est tout à fait naturel que la maman allaite durant un an environ. Les premières gouttes de lait, le colostrum, sont systématiquement jetées au feu de peur qu'il ne soit contaminé par une force maléfique. Les premiers jours, les visites sont réservées aux seules connaissances très proches de la famille. Plus tard, cette restriction est levée, mais toute personne étrangère à la maison doit se signer après avoir trempé ses doigts dans le bénitier accroché au pied du crucifix placé contre le mur à l'entrée de la « stub ». Le bébé et la maman ne doivent pas se reposer seuls dans la chambre de peur que des mauvais esprits ne les agressent. Le va-et-vient continu empêche l'intervention cruelle du « *Druckmännel* », le petit bonhomme qui étouffe pour tuer… Certainement une façon imagée de décrire la complication majeure qu'est le croup à l'époque où sévissait la diphtérie. Maman a ainsi perdu une de ses sœurs, Alice, à l'âge de dix ans étouffée par cette calamité.

Ainsi beaucoup d'autres anciennes coutumes resteront vivantes et seront plus ou moins respectées.

Par exemple, la parturiente ne pouvait emprunter des habits de quelqu'un d'autre et faisait obligatoirement son linge personnel à part. Encore plus curieux, elle ne pouvait ni se rendre au puits, ni à l'étable ou à la grange, ni dans les champs de peur que l'eau du puits ne se trouble, que les bêtes tombent malades et que les récoltes soient détruites.

Après sa naissance, le nouveau-né repose auprès de sa maman tandis que son père met la dernière main à la confection du berceau. Le duvet d'oie ou de canard soigneusement sélectionné remplit l'oreiller et le matelas. Une branche de rue pourtant malodorante est déposée près du bébé, elle doit lui éviter les convulsions.

C'est à la sage-femme d'enseigner la technique d'emmaillotage à la jeune maman. On est loin de la technique du « langeage » au carré, tout au contraire.

Selon l'ancienne mode, les bras et les jambes du bébé étaient enroulés dans un lange que maintenait fermement une longue bande de flanelle elle-même fixée par une cordelette, de cette façon seule la tête restait mobile. Un bonnet venait la couvrir. La médaille sacrée ne devait manquer en aucun cas.

C'est à cette occasion que j'ai entendu parler pour la première fois de « l'Agnus Dei ». Il s'agit d'une amulette confectionnée dans un tissu précieux artistiquement travaillé ou au minimum en dentelle dans laquelle est cachée une relique de saint ou plus simplement un morceau de bois ou autre objet précieux récupéré dans un lieu de pèlerinage. Plus tard, on se contente d'un reste de cire fondue provenant du cierge pascal dans laquelle était gravée une croix. La symbolique de ce talisman est de placer l'enfant sous la protection de la Sainte Vierge qui éloigne tout mauvais esprit.

La maman est toujours considérée comme « impure ». Elle le sera jusqu'à l'instant où elle passera devant le curé afin d'être purifiée, ceci environ cinq à six semaines plus tard. Dès ce moment elle a à nouveau le droit de puiser de l'eau, de se rendre à l'étable ou à la grange et dans les champs sans dommage pour les récoltes.

À ce sujet, j'ai été abasourdi par les propos que me tenait une de mes malades. Nous discutions au sujet de l'étiquette « d'impure » dont on affublait la femme qui venait d'accoucher.

— Chère Louise, je connais votre foi religieuse. Alors dites-moi comment avez-vous vécu ce moment durant lequel vous étiez considérée comme pécheresse et que l'on vous traitait d'impure ou, je ne sais de quoi d'autre, suite à la naissance du petit Damien ?

— Docteur, tout à fait normalement. C'était ainsi. Ma mère me l'avait expliqué de cette façon et je ne me suis pas posé d'autre question.

— Moi, je ne comprends pas pourquoi une femme ayant donné la vie puisse être considérée comme impure ? Mettre au monde un enfant est donc la plus belle chose qui puisse vous arriver. Ne croyez-vous pas ?

Une gêne s'empara de ma patiente, elle rougit et se tut un court moment avant de poursuivre :

— Docteur, ce n'est pas l'accouchement qui rend impur mais le moment de concevoir le bébé qui est considéré comme une faute. Joseph et moi avions donc commis un péché à ce moment.

J'ai failli hurler devant tant d'ineptie tout en me disant :

« Encore heureux que ce soit avec Joseph et non pas avec le facteur… »

Ces propos me renvoyaient à ceux tenus par ma propre mère.

Quelques semaines après la naissance de mon frère, après la messe dominicale, elle attendit que tous les paroissiens aient quitté l'église puis se dirigea vers la statue de la Sainte Vierge placée à gauche de la nef. Le prêtre vint la rejoindre. Agenouillés sur un prie-Dieu, ils prièrent un Ave et un Pater puis Monsieur le curé l'aspergea d'eau bénite, lui imposa les mains tout en psalmodiant une antienne en latin. Ils échangèrent quelques paroles, ma mère lui remit une enveloppe signifiant ainsi la fin de l'entretien.

Quand plus tard, j'ai demandé à maman quelle était la signification de cette cérémonie, elle m'expliqua que c'était pour être purifiée. Et par là même, ayant retrouvé grâce auprès du Seigneur, elle plaça son nouveau-né sous la protection de la Sainte Vierge. J'avais à l'époque 14 ans. Je m'étais forgé une opinion personnelle concernant les problèmes de foi, du péché, bref de la religion en général. Je ne comprenais pas le sens de cette cérémonie particulière et intime. Je m'en suis ouvert à ma mère qui paraissait très surprise, voire choquée par mes questions. Elle m'expliqua qu'après un accouchement, la femme était considérée comme pécheresse, qu'elle devait être purifiée, d'où sa démarche. J'étais indigné, abasourdi, révolté par ces propos. Je comprenais de moins en moins.

— Mais maman comment pouvais-tu te sentir impure après la naissance de mon frère ?

Voulant couper court à toute discussion ou ne sachant que répondre, elle me dit simplement :

— Mon enfant tu comprendras plus tard, tu es trop jeune.

J'étais amer car je ne pouvais admettre l'idée que ma mère soit ou ait pu être impure après un accouchement. Où est le péché ? Depuis quand, donner la vie serait un crime ? Durant quelques semaines mon esprit fut préoccupé par cette idée de péché d'impureté. Je considérais cela comme une aberration totale. Heureusement, cette démarche a été totalement supprimée.

Le baptême du nouveau-né se faisait rapidement, souvent dès le lendemain de sa naissance. Plus tard il est repoussé jusqu'au dimanche suivant. La précipitation du début s'explique par le nombre impressionnant de décès en période périnatale. De ce fait, la mère n'avait guère le plaisir d'assister à ce sacrement et se faisait représenter par parrain et marraine.

À l'époque, cette fonction est non seulement honorifique, mais engage les deux, dans un rôle primordial. Ils veilleront d'une façon particulière sur le rejeton, interviendront dans son éducation religieuse et pourront se substituer aux parents en cas de manquement, d'absence ou de disparition de ces derniers. Les parents les choisissent évidemment parmi les plus fortunés d'autant que la personne que l'on sollicite ne peut décliner la demande.

Le « *Heidekind* », l'enfant païen, devient enfant de Dieu dès son baptême, dès qu'il a son nom bien à lui. En ce temps un cérémonial immuable est rigoureusement respecté. Le baptême se déroule souvent après les vêpres, le dimanche après-midi. Le parrain et la marraine arborent un petit bouquet de fleurs blanches artificielles au revers du veston ou de la robe et se rendent de concert auprès de la famille en fête où ils sont fébrilement attendus.

Une mini-procession se met en place. À sa tête, le suisse dans sa tenue rutilante ouvre la marche, suivent parrain et marraine bras-dessus, bras-dessous, vient ensuite la sage-femme qui tient dans ses bras le bébé tout de blanc vêtu et enroulé dans le voile de la mariée. Un petit bouquet de fleurs blanches cernées d'un ruban bleu pour un garçon, rose pour une fille permet de différencier son sexe. Le père rayonnant de bonheur suit, entouré des autres enfants et des invités dont une jeune fille porte la lourde corbeille remplie de « *Zuckererbsen* », des dragées. Le joyeux cortège avance ainsi sur le chemin de l'église tandis que le carillon de la grande cloche pour un garçon ou de la petite pour une fille, annonce l'heureux événement à tout le village. Dans le cas où le trajet est trop long, le groupe s'entasse sur un char à banc tiré par un cheval qui porte fier sur le haut de sa tête un grand bouquet de fleurs aux rubans distinctifs. Monsieur le curé, entouré des servants, attend le bébé sur le parvis de l'église. Après quelques paroles de bienvenues ils se dirigent vers les fonts baptismaux. Pour le choix du nom, on emprunte celui du père ou de la mère, du parrain ou de la marraine. Pour le spécifier on y ajoute un deuxième prénom ou tout simplement déforme-t-on l'original, à savoir Jean devenant Hans ou Hannes ou Jean-Pierre… Après la cérémonie le curé, le suisse et les enfants de chœur se font gâter par quelques boîtes de bonbons ou de dragées. À la sortie de l'église le petit carillon, le « *Heidegloekel* », la clochette des païens, annonce la fin de la cérémonie. Les enfants grands et petits s'agglutinent sur le parvis et attendent avec impatience la pluie ou le déluge, c'est selon, de dragées. Il s'en suit une sympathique cohue. Tandis que les jeunes gens déclenchent un feu roulant de « *boltze* » si le baptisé est un gars. Après le « halte au feu », la joyeuse bande de lurons arrose gaiement ses exploits à l'auberge du village aux frais du parrain et de la marraine. Sur le trajet du retour, quelques adultes tendant leurs mains sont largement récompensés, tandis que les enfants, comme une volée de moineaux affamés, suivent le cortège jusqu'au domicile. Après un certain temps d'attente impatiente, on leur jette à travers la fenêtre les dernières dragées.

L'enfant est immédiatement remis à la maman et le bouquet qu'il porte sur sa poitrine, considéré comme sacré, viendra protéger et égayer la tête du lit à baldaquin durant six semaines. La sage-femme à son tour voit ses efforts récompensés par le parrain et la marraine. Entre-temps, la famille a préparé les gâteaux et notamment la fameuse « couronne » et le kugelhof, le café est servi, le schnaps et le vin de la cuvée des grands jours coulent à flot. Les hommes, chacun un verre de mirabelle ou de quetsche à la main, entourent le baptisé. Il faut l'introniser ou au minimum l'initier « *inweihe* » en approchant un verre de ce breuvage sacré à ses lèvres. La gaie compagnie imagine déjà le geste du futur gaillard vidant, coup sec, son verre de schnaps qui l'attend dès ce moment. L'ambiance festive, les gros éclats de rire succèdent aux commentaires nombreux et gais, selon que l'alcool aura délié les langues et échauffé le sang.

Bien triste en revanche est le baptême d'un enfant naturel sans père. C'est la sage-femme qui le ramène en catimini après l'angélus sur les fonts baptismaux où l'attendent le prêtre, le sacristain faisant fonction de parrain et de témoin. Ni sonnerie de cloche, ni dragées, tout se passe le plus vite et le plus discrètement possible. Quelle désolation.

Après ces exemples qui nous permirent de revivre les différents us et coutumes entourant la future maman et son bébé, force est de constater le mélange de religieux, de superstitions mais peu de notions médicales. L'absence de données scientifiques est compensée par un incroyable mélange d'idées intuitives, de gestes transmis depuis la nuit des temps où le surnaturel côtoie le religieux, la magie et la sorcellerie.

Sans vouloir faire l'apologie de la sorcellerie, la question qui m'interpelle, reste celle du lien existant entre ces pratiques païennes, diaboliques pour certaines d'entre elles et la religion.

De nombreux philosophes, psychiatres, théologiens, historiens, sociologues et ethnographes ont débattu et continuent à débattre à ce sujet. Pour certains la Magie dérive de la Religion, théorie de Loisy et Allier ou de Durkheim et Huverlin, d'autres comme Mauss et Hubert parlent d'une souche, d'une matrice commune, dont elles seraient nées. Ils les unissaient sous le terme de « pré-religion ». En essayant de définir la Magie ou la Sorcellerie, force est de constater que l'on parle d'un seul et même concept ou thème, même si étymologiquement la Magie désigne l'art des Mages qui cultivent l'astrologie et autres théories ésotériques, tandis que la Sorcellerie dérive de « sourcier » celui qui puise dans la terre, ou du mot « sort », maléfice lancé par un « jeteur de sorts ».

Je ne peux passer sous silence la définition germanique du mot sorcière, la « Hexe ». Elle permet de comprendre sa représentation iconographique. « Hexe » est issu du vieil allemand « hagazussa » c'est-à-dire « Zaunreiterin », femme qui monte un balai. Ainsi retrouvons-nous l'image traditionnelle de la vieille femme chevauchant un « Besen » le balai, traversant le ciel, la nuit.

Le lien commun entre la Magie et la Sorcellerie suppose la croyance en une force surnaturelle immanente à la nature. Sans rentrer dans d'autres détails, la magie peut être divisée en magie cérémonielle ou naturelle, en magie préventive ou active et plus classiquement en magie noire, goétique, qui se pratique de la main gauche, et dont le principe est d'attirer des maux sur autrui, contrairement à la magie blanche qui se pratique de la main droite et qui réside dans le pouvoir de protéger autrui.

Quant à la définition de la Religion je me contenterai de celle de Monis Jastrow qui est certes liminaire, la religion est :

« la croyance naturelle à un ou à des pouvoirs qui nous dépassent et à l'égard desquels nous nous sentons dépendants ».

Il la décompose donc en trois éléments : la reconnaissance d'un pouvoir qui ne dépend absolument pas de nous, un sentiment de dépendance à l'égard de ce pouvoir et enfin, une entrée en relation avec ce dernier.

Grandmaison ajoute :

« la religion se présente comme des formes spontanées et supérieures des activités humaines essentielles, comme une vie... ».

En bref « la Religion est la conversation de l'homme individuel et social avec son Dieu ». En s'appuyant sur la doctrine panthéiste selon laquelle Dieu est l'unité du monde, Spinoza précise « Dieu est immanent du monde ».

Pour conclure, je dirais la différence essentielle entre Magie et Religion est que la Magie agit à l'aide de forces immanentes à la nature tandis que la Religion suppose la transcendance du Sacré. À l'immanence du Mana répond la transcendance du Sacré qui est toujours supérieur aux êtres qui s'y soumettent et en attendent grâce et salut. Ernest Casierer résume : « Il semble que l'un des postulats de l'anthropologie moderne est qu'il y a une continuité complète entre la magie et la religion ».

Il n'est donc pas innocent de faire un parallèle, je n'ose dire un rapprochement, entre la sorcellerie et la religion. Nos braves paysans semblaient passer de l'une à l'autre sans se poser trop de question et mélangeaient aisément le sacré et le diabolique. Si l'intervention de la « sorcière » était maléfique, que le sort jeté était calamiteux, ils la bannissaient sans vergogne. En revanche, compte tenu du fait qu'elle possédait souvent des dons de guérisseuse ou de rebouteuse, qu'elle pouvait par un tour de passe-passe éliminer certains maux, ils s'y précipitaient tout aussi rapidement pour se faire soigner. À la limite pourrait-on les suspecter, tel un Faust, de vendre leur âme au diable pour conquérir ses atouts.

Quoi qu'il en soit, c'était ainsi que je les aimais, pragmatiques, efficaces, entiers, quand plus tard je devais m'occuper d'eux. Leur question n'était pas de savoir comment j'allais les soulager de leur lumbago, mais bien d'exécuter un ordre : « Enlevez-moi ce lumbago, j'ai du foin à rentrer ». Si j'arrivais à les satisfaire, j'étais le champion. Au cas contraire, même les plus ardentes paroles, le verbe le plus convaincant, les nombreux « médicum » ne trouvaient guère d'écho. J'étais un nul, un incapable. En science appliquée cela s'appelle la loi du tout ou rien ! Pour eux rien ne comptait davantage que de pouvoir travailler, s'occuper des champs et de la ferme. La maladie, l'incapacité de travailler était leur hantise car leur survie en dépendait. Sans labeur, pas de pain, pas de revenu et bonjour les jours noirs pleins d'angoisses et de soucis, avec à la clé, la famine et le malheur. La vie pouvait être dure et ingrate pour ces infatigables paysans.

Après avoir quitté ce village, ses sorcelleries et ses grimoires, mon esprit occupé sous d'autres horizons, j'avais entièrement occulté ces souvenirs. Ce n'est que récemment en repensant à ces moments que j'ai interrogé quelques anciens au sujet de ces pratiques. Je me suis heurté, dans un premier temps, à un mur de silence. À l'évidence, personne n'était prêt à me mettre dans la confidence, à s'ouvrir et à me parler de ces croyances.

J'ai néanmoins appris que, ces soi-disant sorcières possédaient un livre qui traitait de ces sujets. À ma grande surprise c'était « le Septième livre de Moïse ». Je connaissais les « Cinq livres de Moise » encore appelés Pentateuque en grec et dénommé Torah par les Juifs, c'est-à-dire : la Loi. J'ignorais totalement son existence et ne pouvais imaginer son contenu. Personne n'a pu me le décrire et pour cause, son propriétaire le cachait aux yeux des profanes. Seule une personne choisie parmi ses descendants pouvait être initiée. La transmission ne devait être interrompue, sinon le livre et surtout son possesseur perdrait tout pouvoir, ne trouverait plus de repos et mourait d'une façon atroce.

Ainsi Barbe, une de ces vieilles sorcières avait-elle eu une fin atroce. Quand après une longue et douloureuse agonie elle s'était enfin éteinte, son corps avait immédiatement pris la couleur noire du charbon. D'après les témoins présents, du jamais vu. On n'osait probablement pas dire noire comme le diable ! Cette fin tragique était la conséquence de la rupture du contrat avec les forces démoniaques. La brave Barbe avait, dans un moment de folie ou d'extrême lucidité, allez savoir, jeté au feu son livre talismanique. La rupture de la transmission avec ses descendants était ainsi définitivement consumée.

J'ai donc voulu en savoir davantage concernant ce livre. Personne n'a su m'en faire une description, ni de sa présentation et ni encore moins de son contenu. J'ai néanmoins appris qu'il contenait une suite de prières, que sa structure était une série d'incantations et faisait appel à Jéhovah, aux anges et archanges. Son propriétaire était un homme heureux, riche, reconnu pour son intelligence et son pouvoir supérieur. Ce livre contenait une série de sceaux détachables dont chacun représentait une demande particulière. Il suffisait de personnaliser la formule en apposant le nom du destinataire, celui à qui l'on voulait jeter un bon ou un mauvais sort et l'action se réaliserait.

Mais il y avait un préalable important. Il fallait obligatoirement que cette missive ait été en contact avec un objet sacré. Or qu'elle était cette chose la plus sacrée ? Si ce n'était un autel. Toujours d'après les commentaires recueillis, le jeteur de sort allait subrepticement glisser ou cacher l'objet du délit ou le message sous les nappes de l'autel paroissial. C'était à cet instant que je me rappelais, en tant qu'enfant de chœur, combien de fois notre curé, dans un geste instinctif avant de débuter la messe, tapotait sur la table de l'autel comme s'il recherchait un tel pli. J'ai donc posé la question à un prêtre de mes connaissances. Il me précisa qu'il n'avait jamais envisagé un tel geste, qu'il ignorait totalement cette pratique. Après réflexion, il me précisa qu'effectivement à l'époque, où lui-même était servant, il nota le même rituel de la part de son vieux curé. Coïncidence ou relation de cause à effet ?

À ma grande surprise, une de mes patientes me parla d'un autre livre traitant des mêmes sujets. Il s'agit du « Geistlischeschild » ce qui peut se traduire par : le bouclier spirituel. Contrairement au septième livre de Moïse qui représentait le mauvais sort, ce dernier permet d'offrir ou de solliciter les réussites, de souhaiter des grâces favorables et bénéfiques. Ces deux livres étaient comme l'opposition de la Magie Noire à la Magie Blanche.

Aujourd'hui, j'ai la profonde conviction que dans quelques recoins bien cachés de certaines fermes, un tel document existe encore et dort sous une épaisse couche de poussière. Faut-il l'extirper ou est-il préférable de le laisser sous l'emprise de ces forces occultes ?

# Livre III
# L'été

Le balancier de l'horloge universelle déroule son va-et-vient constant et avec lui, les saisons défilent à un rythme imperturbable. Leur métamorphose, leur constante mutation, témoins de l'éternelle recréation de la nature et le mouvement perpétuel animant toute chose et chacun d'entre nous, s'affichent à travers la beauté toujours nouvelle des paysages. Pour découvrir ces évolutions subtiles, il suffit d'ouvrir grand les yeux et d'observer. Chacun de nous peut, un jour ou l'autre, au-delà de ses tracas et soucis quotidiens, être touché au fond de lui-même par l'émotion lorsque sa sensibilité s'éveille et le met en harmonie avec les merveilles de la création.

Certains citadins, entassés dans leurs immenses tours, pris dans un tourbillon effréné, s'agitent, se bousculent à travers les rues animées et ne se rendent pas toujours compte de la subtilité de ces changements. Seuls des privilégiés, tels nos chers paysans baignant dans l'ambiance calme et sereine de la campagne, peuvent ressentir dans leur cœur les prémices de toutes ces délicates variations.

Les bruits, les rumeurs, l'ambiance sonore qui monte de notre village changent au gré des saisons. Parallèlement des senteurs souvent fugaces et délicates signalent les mutations en cours. La luminosité se fait plus intense à mesure que le soleil grimpe au zénith.

Ainsi se déroule, immuable, le grand théâtre de la vie dans lequel nous sommes tous acteurs, qu'on le veuille ou non. À chaque acte correspondent son rythme et sa propre tonalité.

En été, une grande frénésie s'empare de nos paysans, dont certains, les plus vaillants, s'attellent à la tâche dès cinq heures du matin. On profite au maximum de ces longues journées. Quant aux nuits, elles se réduisent souvent en peau de chagrin. Le labeur est à son apogée et l'emploi du temps de nos villageois bousculé. C'est aussi la période de l'année la plus bruyante et la plus riche en senteurs diverses.

Le printemps arrive à son terme. Une myriade de petites fleurs envahit le tapis vert tendre voluptueusement étalé à travers les prés. La campagne n'est plus que frémissements de lumière et de couleurs. La brise fleure l'herbe nouvelle et le parfum insistant des violettes auquel se mêle un riche bouquet de senteurs diverses et subtiles. Les fleurs s'étalent en îlots colorés à souhait, comme autant de récifs de coraux émergeant à la surface vert pâle d'un océan. Sous notre cerisier, les primevères et les boutons d'or marient le jaune de leurs pétales au blanc des bouquets de marguerites. Un peu plus loin, dans le grand pré de Grand-père, trèfle, myosotis et bleuets exhibent discrètement toute une gamme de bleus, pendant que les coquelicots fiers du rouge éclatant de leurs corolles semblent à la parade. La magie de la création œuvre sans arrêt. La métamorphose continue et la campagne se transforme de jour en jour.

## La fenaison

L'herbe haute engloutit ces mosaïques de couleurs gaies et fragiles pour les fondre en une masse végétale uniforme et profuse. La nature semble se presser. Durant les années grasses, quand le mois de mai est doux et pluvieux, le paysan assiste avec satisfaction à la folle poussée de l'herbe en espérant que le dicton populaire :

« Mai nass felt 'em Bür Schier unn Fass » (mai pluvieux remplit aux paysans grange et tonneaux) se vérifie.

Les graminées prennent le dessus. Les hautes tiges souples et grêles portent fièrement de minuscules fleurs d'une infinie variété. Fleurs insignifiantes, à peine visibles, souvent regroupées en épis, qui s'effacent quand la plante arrive à maturité. Elles n'éclatent plus au-devant du tableau, sauf si l'herbe haute plie son échine sous l'effet d'une brise légère et tiède. Alors elles resurgissent et teintent, par fines touches fondues, les immenses prairies. Le spectacle devient grandiose. Les étendues verdoyantes brillent de mille éclats et réfléchissent les rayons du soleil tel un miroir argenté. Un frémissement léger et voluptueux parcourt la surface toujours en mouvement. Les parfums subtils, les effluves capiteux envahissent l'atmosphère et m'enivrent quand je suis immergé dans cette abondance de verdure. Lorsque le feu du soleil placé au zénith brûle la campagne, une lourde chape de plomb écrase animaux et végétaux, la brise elle-même semble engourdie et figée, plus rien ne bouge. Le silence est assourdissant. Parvient alors aux oreilles attentives le doux murmure, le bruit léger de milliers d'abeilles ou de gros bourdons enivrés de senteurs, butinant et volant de fleur en fleur à en perdre la raison. Par moments, on croit être plongé au sein d'une ruche vrombissante ou d'un essaim. Ces travailleuses infatigables, les pattes lourdement chargées de pelotes jaunes de pollen, s'épuisent tant la récolte est abondante et variée. Elles visitent chaque fleur, se frottent à chaque étamine, puisent à l'aide de leur trompe le nectar des calices ouverts. Des papillons multicolores, légers comme un souffle, tournoient, batifolent en rondes infinies, déploient leurs ailes fragiles en des battements rapides saccadés et silencieux. La campagne tout entière se transforme en un océan de verdure qui annonce la fenaison.

À cette époque de l'année, fin mai ou première quinzaine de juin, il n'est pas rare d'entendre passer devant la maison d'école, les « hue hue » lancés par le paysan partant aux prés avec la faucheuse tractée par deux vaches ou plus rarement par un cheval. Cet attelage fait un bruit métallique caractéristique. Les roues déjantées chantent sur l'asphalte et le fouet claque au vent. Notre brave faucheur sonne le réveil dès cinq heures du matin. La fenaison bat son plein.

À l'opposé, au crépuscule, quand on traverse à pied le village, on entend monter de la cour de chaque ferme un curieux chant métallique répétitif. Les notes s'additionnent parfois d'une cour à l'autre, et font penser au bruit d'un cheval au galop. Les coups de marteau viennent aplanir et rectifier la lame de la faux.

Je vois toujours mon grand-père installé à califourchon, son séant posé sur un sac, au sommet d'un gros bloc de grès rouge d'où émerge, tel un ciseau au large bord épais et émoussé, une pointe en fer. De sa main gauche, il saisit la faux par le milieu du corps, la maintient fermement et dépose la tranche coupante sur cette enclumette. Avec un marteau, qui ne sert qu'à cet effet, il la frappe d'un geste sûr et précis. La lame devient tranchante comme un rasoir. S'il s'agit de couper l'herbe, le bord doit être effilé, sans la moindre aspérité, lisse et rectiligne. En revanche, comme nous le verrons plus loin, pour les céréales, l'affûtage est différent. De temps en temps, il s'arrête de taper et passe le pouce sur la lame ainsi façonnée pour en apprécier la qualité. On devine combien ce travail doit être méticuleux et précis. Il demande un savoir-faire certain, si le faucheur ne veut pas, plus tard, s'épuiser inutilement au travail.

L'herbe se fauche tôt le matin, dès les premières lueurs du jour, quand la rosée la rend facile à couper. Jusqu'avant la guerre, le fauchage se fait la plupart du temps à la main. Durant la période qui nous concerne, il se pratique encore si la parcelle est trop petite ou inaccessible avec la faucheuse ou si plus rarement, le paysan trop pauvre n'a pas l'argent nécessaire à cet investissement. Ceux-là partent plus tôt, vers quatre heures du matin, la faux sur le dos, dans leur main une deuxième de secours enveloppée dans un vieux sac. Le coffin, une corne de bœuf évidée remplie au trois-quarts d'eau, accroché à la ceinture, contient la pierre à aiguiser. Ils profitent autant de la rosée que de la fraîcheur matinale. Une fois arrivé au champ, pas de temps pour flâner, on s'attelle immédiatement à la tâche. En premier lieu, il faut délimiter les contours de la parcelle. Ce n'est pas toujours chose évidente, car une mer de verdure engloutit les bornes fixant la propriété. En règle générale, Grand-père en fait le tour et laisse derrière lui la trace de son passage dans l'humidité de la rosée. C'est alors qu'il se positionne, les jambes écartées, le buste légèrement penché en avant, sa main gauche agrippée à la poignée du manche et la droite serrée sur la poignée du milieu. Il promène sa faux de la droite vers la gauche, en rasant, apparemment sans effort, l'herbe qui tombe sur le côté. C'est net comme un coup de bistouri. Il avance ainsi à son rythme et semble faire corps avec sa prairie. La faux décline son air gai, joyeux et sifflant en pénétrant aisément dans le massif de verdure. À d'autres moments le chant de la faux devient plaintif, un « tche » long et soutenu tout en alignant les longues tiges. Le faucheur sait éviter les pièges, les taupinières ou autres inégalités du terrain ou telle grosse pierre ayant atterri là on ne sait comment, mais toujours cachée par le tapis vert. De temps en temps, il bloque brutalement son geste en découvrant un nid de faisans ou de perdreaux avec sa demi-douzaine d'œufs que la mère couve et refuse d'abandonner. Il lui arrive même de tomber sur une nichée qui piaille de faim. Il fait alors un détour et laisse une large touffe d'herbe intacte servant de refuge et de cachette à ces visiteurs bienvenus et respectés. Plus rarement, c'est une famille de lapereaux qui s'éparpillent dans un sauve-qui-peut général. Il avance rapidement allongeant le ruban de son premier andain. Arrivé au bout de la parcelle il fait demi-tour et revient sur ses pas pour élargir le passage et achever la percée. Elle est importante. Si le pré est perdu dans l'immensité de la prairie, alors même qu'il se sert de la faucheuse mécanique, il faut obligatoirement faire cette première tranchée pour ne pas empiéter sur le tenant. Il s'interdit de couper le moindre brin d'herbe qui ne lui appartient pas. Comme le bras de la faucheuse mécanique est monté sur le côté, il est nécessaire de faire cette trouée afin que bêtes et machine puissent passer sans faire de dégâts.

Si le temps presse, où s'il faut « tomber » à la main, expression bien de chez nous, une parcelle trop petite, tata et mon père s'invitent à la partie. Placés à une certaine distance l'un de l'autre, ils avancent lentement et en rythme. Le pied gauche qui piète, le pied droit qui traîne, ils allongent trois rubans parallèles aux parfums agréables. De temps en temps, ils s'arrêtent pour aiguiser. Le faucheur redresse la faux en la plaçant sur le manche. La pointe vient se coller sous le bras gauche qui la maintient. La main droite tient ferme la pierre à aiguiser trempée dans l'eau du coffin ou à défaut humidifiée par un peu de salive et la fait chanter dans un rythme précis, toujours le même. D'abord des coups brefs de chaque côté du tranchant, dessus et dessous, et le tranchant se rectifie. Puis des coups plus longs et enfin le dernier, plus ample et majestueux qui s'attarde en parcourant toute la longueur de la lame. L'opération est terminée. La faux se transforme à nouveau en rasoir, elle a retrouvé le fil. Le fauchage peut se poursuivre.

Je les regarde travailler et l'exercice me paraît bien facile. J'ai même l'impression que, immergé dans l'atmosphère calme et silencieuse du vallon, mon grand-père exécute ce travail en dormant, tellement ses mouvements sont réguliers et fluides, pareils à ceux d'un métronome.

Il suffit de promener la faux de droite à gauche pour que l'herbe s'étale par terre. En revanche quelle déception quand pour la première fois j'essaie de l'imiter. Au premier coup, la pointe de la faux se plante en terre, le deuxième, trop relevé, décapite les corolles des fleurs. Enfin, après plusieurs tentatives, je trouve la bonne hauteur. Mais voilà qu'aux coups suivants, l'andain devient trop large et mes flancs se révoltent et se bloquent violemment. Je m'épuise. Grand-père me dit :

« Pourquoi pas toute la largeur du pré tant que tu y es… ».

Les coups suivants deviennent plus mesurés, plus avares, et l'andain se fait maigrichon. Emporté par l'élan, je laisse des ourlets sur toute la longueur. Mes pires ennemis sont les taupinières que je n'arrive pas forcément à repérer. Dures, le bec de la faux s'y plante, la lame chevrote et vibre dans de longs trémolos. Encore heureux qu'elle ne se soit pas brisée. Molles et humides la faux les traverse mais le tranchant s'émousse et je suis obligé d'aiguiser. Néanmoins, à force de persévérance, j'acquiers rapidement le geste et le bon rythme tout en me fatigant beaucoup moins. Ce travail demande souplesse, légèreté et le faucheur doit faire corps avec sa faux et la prairie. Toute autre est le fauchage en terrain caillouteux ou envahi par des ronces sauvages ou à l'approche d'une bordure de haie. Je peux alors oublier les mouvements longs et majestueux, ce sont des coups de faux courts, saccadés, interrompus, parfois tout en ondulations. Travail, ô combien éreintant et harassant pour souvent peu de résultat.

À mesure que la rosée s'évapore sous l'effet des rayons de soleil, la tâche devient plus dure. La fatigue engourdit et tétanise les bras vigoureux du faucheur. Son bas du dos endolori se raidit involontairement et le fait gémir comme le gond mal graissé d'une porte. Les « hein » lâchés de temps à autre rythment maintenant chaque coup de faux, deviennent plus sonores et plus longs traduisant un épuisement de plus en plus visible. La sueur ruisselle sur les corps mouillés et pique violemment les yeux Il est temps d'arrêter. Grand-père s'interdit de rentrer dans la zone rouge de cette fatigue extrême où l'organisme puise dans ses réserves. À son signal tout le monde rejoint l'ombre bienfaisante du poirier planté au bout du champ voisin. Il s'assoit sur sa veste, ôte son chapeau de paille et étend ses longues jambes. Après quoi nous attaquons avec appétit le casse-croûte préparé par tata : du lard, des œufs durs, du fromage blanc, du pain et surtout une bouteille de piquette. Sans oublier les bouteilles d'eau sucrée maintenues au frais par une couche de chiffons trempés au préalable dans l'eau glacée de la fontaine. À ce moment, Grand-père reste avare de paroles, son regard se perd au loin et se promène à travers la campagne. À quoi pense-t-il ? Nul ne le saura jamais.

À son signal, au bout d'un quart d'heure à vingt minutes, tout le monde se relève et repart au charbon, au plus tard jusqu'à dix heures. À partir de cette heure, l'herbe devient trop sèche et le fauchage difficile. On s'épuise pour rien. D'une façon générale nous arrivons à terminer la parcelle pour que le lendemain nous puissions « attaquer » une prairie plus grande qui sera fauchée mécaniquement.

Dans l'après-midi, vers seize heures, nous retournons sur ce lopin de terre avide de sueur, le râteau double sur l'épaule. Grand-père se charge de disperser par de vigoureux coups de fourche ou tout simplement à la main, le premier andain, le plus épais, tandis que mon père, tata et moi fanons, côte à côte, les autres rubans déjà ramollis par le soleil ardent de la journée. Nous avançons rapidement avec des gestes précis et machinaux. La main gauche maintient fermement le manche du râteau, la droite imprime un mouvement ascendant de droite vers la gauche qui bascule et retourne les longs brins d'herbe. Je suis souvent la risée de Grand-père, quand, arrivé au bout de la ligne, il faut inverser le mouvement. On ne va plus de la droite vers la gauche mais de la gauche vers la droite. Les ambidextres sont nettement favorisés mais, moi, j'y arrive difficilement. De ces moments, je garde quelques souvenirs bien douloureux. En voulant être dans le rythme des autres faneurs, tout en étant moins adroit qu'eux, combien de coups de râteau, souvent violents, ne me suis-je pas donnés ? Mes chevilles sont fréquemment en sang, mais je ne me plains jamais. Pour contourner la difficulté j'avance à reculons. À l'évidence cette situation comique ne convient guère à un grand-père méticuleux à l'extrême et très à cheval sur le maintien. Les quolibets ne manquent pas, mais à la longue, il faut bien qu'il accepte la situation. L'essentiel est que le travail avance.

Au début des travaux, quand la peau n'est pas encore tannée par l'effort, les ampoules fleurissent dans la paume des mains. Et quelle sensation de brûlure quand elles éclatent ! Le soir maman joue fréquemment à l'infirmière, panse mes plaies et mes égratignures.

Le lendemain, après dix heures, nous reprenons le collier. Si le soleil est au rendez-vous et que la masse d'herbe n'est pas trop importante nous ne fanons qu'une seule fois. Néanmoins un second passage s'avère parfois indispensable avant qu'elle ne puisse être engrangée. Ce qui ralentit d'autant le rythme du travail et double la peine. Les conditions météorologiques sont notre souci et notre angoisse permanents. Durant la fenaison le paysan a la hantise de la pluie, un peu moins des orages, car une pluie torrentielle de courte durée n'occasionne pas trop de dégâts. À chaque fois qu'il pleut, il faut recommencer et retourner une nouvelle fois l'herbe afin d'éviter son pourrissement. À notre grand désespoir, la fenaison traîne alors plus longtemps que les deux semaines prévues initialement. Ils sont à plaindre ces braves gens dont le métier est souvent bien ingrat car complètement tributaire de la météo. Une longue période pluvieuse peut réduire à néant la récolte d'une année. Dans ce cas, comment fera-t-on pour nourrir les bêtes durant l'hiver ?

Quand nous sommes dans une période de grand beau temps, l'herbe commence à chanter, à bruire, sous les coups de râteau dès le lendemain de la coupe. Elle est presque bonne à être ramassée. À dix-sept heures, tata et moi repartons rassembler en longs andains le foin cette fois-ci bien sec et craquant.

Grand-père nous rejoint plus tard avec la voiture à plateau et ridelle pour le ramasser, le charger et le ramener à la grange. Les bêtes avancent à petits pas parallèlement à l'andain. Elles ont l'habitude de cette besogne et obéissent à la voix. Quand Opa pousse un long « Ho... », elles s'arrêtent, le temps pour lui d'entasser le foin sur le plateau à l'aide d'une fourche au manche long, souple et résistant. Le chargement se fait strate après strate. Marraine, debout sur la charrette réceptionne, répartit, tasse et aligne les brassées. Elle veille à ce qu'elles ne débordent pas trop du plateau et respectent scrupuleusement l'alignement. Au moindre débord, Grand-père jure et peste, fait des remarques souvent ironiques et méchantes. En effet une mise en place anarchique des fourchées est dangereuse pour la suite : le foin chargé risque de glisser et de se débander comme un jeu de cartes, de s'écrouler et de s'échapper vers l'extérieur. Un autre « Ho... » sec et court et les bêtes avancent de quelques pas. Elles stoppent instantanément au deuxième « Ho », très long celui-là. Ainsi de pas en pas, de coup de fourche en coup de fourche, Marraine prend de la hauteur et s'épuise à la tâche. Grand-père a l'impression que le manche de sa fourche s'allonge et l'oblige à des coups de rein de plus en plus violents. La fatigue le pénètre insidieusement. Opa ruisselle souvent de sueur sous le soleil brûlant. Un ou deux acolytes, moi en l'occurrence si je ne suis pas en classe, suivent et râtellent les quelques brins d'herbes échappés des dents de la fourche. Arrivé au bout du pré, avant de fixer le « *Wessbaum* », Grand-père fait le tour du chargement et à l'aide d'un râteau enlève systématiquement les brins débordant de l'ensemble. Il tient à ce que les bordures soient comme coupées au rasoir. C'est la signature d'un travail bien exécuté et la fierté du paysan. Après le chargement, son dernier coup d'œil se perd sur le pré, pour vérifier si par hasard lors du râtelage je n'ai pas oublié quelques brins. Opa est très exigeant et attentif à ce genre de détail.

Pour éviter que le foin ou, plus tard, les gerbes de céréales, ne se débandent lors du retour, le paysan se sert du « *Wesbaum* ». C'est un tronc de charme de vingt centimètres de diamètre à sa base, entaillé sur toute la circonférence, afin qu'une corde puisse s'y maintenir. Au niveau postérieur du plateau, un rondin fixé horizontalement, sert de treuil et tourne librement. Deux pointes en bois sont encastrées aux deux extrémités. À l'aide d'un nœud coulissant, la corde pliée en son milieu vient enserrer le tronc, les deux parties libres s'enroulent autour des pointes du treuil. À l'aide d'un morceau de bois taillé sur mesure en oblong Grand-père actionne et tourne le treuil. La corde se met sous tension. La traction sur la poutre peut être énorme, ce qui bloque et sécurise le chargement. De temps en temps, sur le chemin du retour, on arrête l'attelage afin de resserrer la corde. Beaucoup de chemins sont défoncés, creusés d'ornières et certains même penchent dangereusement d'un côté. Il nous arrive de préférer faire deux voyages au lieu de prendre le risque d'un versement. Certains tronçons sont dangereux et interdisent le passage d'une charrette trop hautement chargée. S'il doit emprunter une telle voie, Grand-père appelle mon père à la rescousse afin qu'ils puissent, à deux, étayer le chargement déséquilibré à l'aide de fourches. J'admire la force qu'ils déploient et ne comprends pas comment ils peuvent éviter la catastrophe. De véritables Hercule !

De retour à la grange, la corvée se poursuit. Le déchargement non mécanisé, comme il se pratique déjà dans d'autres fermes, se fait à la main, à la force des bras, dans la sueur et la poussière. Travail harassant, épuisant et même dangereux, les coups de fourche accidentels dans le bras ou le pied ne sont pas exceptionnels. En outre, il sollicite l'aide de nombreux bras. La voiture hautement chargée, rentrée à travers l'immense portail, avance jusqu'au milieu du passage. Les vaches une fois dételées sortent par l'arrière empruntant une ouverture nettement plus petite. Elles rejoignent à leur guise, soit l'abreuvoir pour se désaltérer, soit directement l'étable où chacune retrouve sa place habituelle. De temps en temps, dans la hâte de rejoindre leurs pénates, elles s'engagent de front à l'entrée de l'étable, se bousculent, meuglent de colère ou se donnent quelques coups de corne sans gravité. La préséance une fois rétablie le calme revient toujours rapidement, d'autant plus qu'une poignée de foin frais et juteux les attend dans leur râtelier.

Quant à nous, nous ne sommes pas encore au bout de nos peines. Grand-père reste sur la voiture. Avec la fourche, il monte le foin au premier étage, au-dessus de l'étable. Tata le reçoit et le pousse vers le fond, contre les murs et plus tard sous la pente du toit. Je l'aide dans cette répartition et le tasse le plus possible. Au départ la besogne avance facilement. Mais à la longue, le tas s'élève tel une pyramide et il faut monter de plus en plus haut. Arrive le moment où une tierce personne est requise pour l'amener, sous le faîte où je le réceptionne, l'étale et le piétine. Il ne faut surtout pas perdre de place. Les niches et autres espaces vides sont bannis par Grand-père qui surveille d'un œil attentif le bon déroulement des opérations. Là-haut, sous les tuiles chauffées à blanc par un soleil ardent, la chaleur est étouffante, une vraie fournaise. La poussière envahissante et pénible bouche tous les pores. Les narines noircissent et se ferment. Le gosier atrocement desséché rend la déglutition douloureuse et râpeuse. Mes éternuements en salves pétillantes et sonores déclenchent un rire moqueur chez Grand-père qui me demande narquois d'enrayer ma mitraillette. Le déchargement s'achève souvent après la tombée de la nuit, à la lueur d'une lampe accrochée dans un coin, enfouie dans la crasse et qui ne dispense qu'un faible halo de lumière. À ce moment, tout là-haut sous le toit, les ténèbres réveillent des images bizarres, les objets perdent leurs formes, les contours s'effacent. J'ai peur. Des dragons surgissent brutalement et battent de leur immense queue la pénombre inquiétante, tout juste s'ils ne crachent pas du feu. La panique est totale quand une ou deux chauves-souris passent au ras de ma tête et plongent dans la nuit noire pour chasser leurs proies. Mais quel plaisir, quand, les fourches rangées, je peux me laisser glisser du haut du tas de foin qui me sert de toboggan. Une descente vertigineuse et impressionnante qui n'en finit pas et me procure une grande joie. Satisfaits du travail, nous réintégrons la maison, souvent pour la première fois de la journée.

Le dîner concocté par Marraine dès le matin nous attend. Quelques tranches de lard, une impressionnante assiettée de fromage blanc piqué d'oignons, d'échalotes, de brins d'ail et saupoudré de ciboulette fraîche du jardin, le tout accompagné de pommes de terre en robe des champs. Mon père préfère rentrer à la maison pour dîner en compagnie de mes sœurs et de Maman. Moi, je suis ravi de partager la table avec mon cher Opa et ma marraine. En dînant Grand-père parle peu mais mange de bon appétit. De temps en temps, il lâche :

« Mon garçon on mange comme l'on travaille ».

Je le sens heureux et satisfait de sa journée. Il m'invite à grimper et à m'asseoir sur ses genoux, tandis qu'il vide son assiette. J'ai droit alors à quelques compliments pour les efforts que j'ai fournis. Il partage volontiers avec son petit-fils le dernier morceau de pain et de fromage. Ce sont des moments de grande complicité. Un dernier baiser pour Opa et Marraine, tout en leur souhaitant une bonne nuit de repos, je me sauve car, dès le lendemain matin, à la première heure, le labeur reprendra.

Pour les paysans-ouvriers la période est des plus épuisantes. À se demander comment ils arrivent à concilier le travail de la ferme et celui de l'atelier. Combien d'ouvriers, en revenant de l'usine, font d'abord un détour par les champs avant de rentrer à la maison. Au courant de l'après-midi, l'épouse et les enfants ont rassemblé en andains le foin pour que le père n'ait plus qu'à le charger sur la charrette. Les enfants sont obligés de donner un coup de main, l'un debout sur la voiture range et tasse les fourchées, l'autre suit avec le râteau et ramasse les quelques brins restants. Rien ne se perd.

Contrairement à d'autres régions, nos bêtes ne partent que rarement au pâturage. Les parcs bordés de pieux, entourés de fils de fer armé, sont l'exception. Pour Grand-père, délimiter ainsi les prés représente un travail inutile. Il faudrait confectionner les pieux, le plus souvent en acacias, les couper, les fendre, les tailler en pointe, brûler et carboniser leur pied afin de ralentir leur pourrissement et éviter une dégradation prématurée. Autre inconvénient majeur des parcs, ils gênent manifestement la progression en terrain libre, à travers champs. Les données du problème changent radicalement avec l'apparition, mais ceci beaucoup plus tard, des clôtures électriques qui se multiplient aussitôt à travers le ban communal. Il est facile de les faire, les défaire et les déplacer à volonté. Cela rend bien service à nos paysans. Donc dans notre village les vaches restent confinées dans la pénombre de l'étable durant toute l'année, sauf celles qui servent de bête de trait. Aussi faut-il les nourrir régulièrement en leur ramenant de l'herbe fraîche ou du foin selon la saison.

Ainsi, souvent tard le soir et avant de clore sa journée, le paysan ressort la charrette, pour un dernier effort. Il attelle une vache et rallie le champ de trèfle situé le plus près possible de la ferme. Grand-père en profite pour dresser et apprivoiser une jeune bête jamais encore attelée. Celle-ci quitte pour la première fois l'étable et affronte alors un monde inconnu. Elle le ressent à coup sûr comme une agression. C'est toujours un moment stressant pour Opa, car les réactions de la génisse sont imprévisibles. Si l'une est docile dès la première expérience, l'autre se montre farouche, rebelle et s'échappe dans toutes les directions. Grand-père arrive toujours, en faisant preuve d'un grand calme et de douceur, à canaliser le trop plein d'énergie de la jeune bête. Trois à quatre tentatives suffisent à mater les plus revêches. Arrivé au champ, Opa fauche à la main la quantité de fourrage jugée nécessaire et le charge sur la voiture. Ses coups de fourche souvent lents traduisent la fatigue accumulée durant la journée. Je participe fréquemment à cette tâche en râtelant la partie fauchée. Sur le chemin du retour, j'aime bien me blottir dans cette mer végétale douce et tendre à la peau. Je suis alors envahi par deux impressions opposées. Au premier contact la fraîcheur du trèfle devient un véritable bain de douceur aux senteurs inoubliables qui se transforme rapidement en une agréable tiédeur moite. Les deux sensations se côtoient à mon grand plaisir. Il m'arrive de mâchouiller un brin de cette plante fourragère et alors naît dans ma bouche un goût particulier, très parfumé, d'abord légèrement sucré, puis amer.

Entre-temps, si l'ensoleillement est suffisant, les premières cerises de mai arrivent à maturité. Grand-père fait une halte et arrête sciemment le chargement sous le cerisier afin que nous puissions nous régaler à volonté de ces perles rouges, délicieuses et craquantes. Elles ne sont jamais aussi bonnes ni aussi parfumées que lorsqu'on les croque immédiatement sur l'arbre. Leur fraîcheur et leur arôme sont alors inégalables. Ce cerisier est le premier et l'unique à travers le ban à offrir aussi précocement ses fruits. Aussi devient-il la convoitise de tous les chenapans du village qui, après le rosaire que nous récitons tous les soirs durant le mois de mai, viennent s'y gaver. Leur gourmandise est sans limite. Grand-père en rit, s'en amuse plutôt que de s'en offusquer. Il les traite tout au plus de « moineaux effrontés et de voleurs » ! En revanche, si des imbéciles maltraitent son arbre en cassant ou en arrachant des branches, il ne se contrôle plus. Ceux qu'il surprend dans leur vandalisme s'exposent aux pires représailles.

Donc, après notre « divertissement » frugal, nous ramenons notre chargement de verdure à la ferme. La voiture est immédiatement déchargée et le trèfle étalé sur l'aire de la grange car, en aucun cas, il ne doit rester entassé, ne fût-ce qu'une nuit, de peur qu'il ne fermente. Pour cette raison Grand-père le mélange fréquemment avec un peu de foin. Les bêtes en raffolent. Cependant il faut en limiter l'apport car cette plante a l'inconvénient de provoquer chez des vaches gloutonnes un important météorisme qui se termine souvent par une extraordinaire débâcle diarrhéique affaiblissant d'autant la bête. Dans le pire des cas, la vache peut être atteinte d'un tympanisme tel qu'il faille faire appel en urgence au vétérinaire si on veut la sauver ou au minimum la soulager. Cette situation est dramatique, la bête souffre affreusement, meugle de douleur et ne peut plus être maintenue à l'étable. Elle tire si fort sur la chaîne qu'elle s'en étrangle, tandis que son abdomen double de volume. Un jour notre « Noiraude » a été prise ainsi d'un tel tympanisme atroce. Elle était devenue comme folle. Grand-père l'amène dans la cour, à peine si elle passe encore par l'ouverture de la porte de l'étable, lui fait faire plusieurs tours sans qu'elle ne soit soulagée. Il fait appel à un paysan voisin qui a un diagnostic sûr et domine le geste salvateur à réaliser. Après avoir localisé le point de ponction, il enfonce, sans hésitation, un énorme trocart sur le côté gauche, à la hauteur de la colonne vertébrale dans la direction de la panse dilatée. Si l'objectif est atteint, immédiatement une odeur nauséabonde envahit la cour et on voit l'abdomen se dégonfler comme une baudruche. La bête est soulagée et sauvée. J'ai à l'époque huit ans, je suis très impressionné par le spectacle qu'offre notre Noiraude. Je ne pensais pas qu'elle puisse souffrir à ce point. Je me rappelle avoir imaginé qu'elle allait décoller comme une montgolfière, rien que ça. Et pire encore, je m'attendais, je n'ose le dire, j'espérais qu'elle éclaterait tel un ballon. Allez comprendre les fantasmes d'un enfant. Qui oserait encore affirmer que la vie à la ferme est un fleuve tranquille ?

## La moisson

Après la fenaison, pas de repos, pas de perte de temps, la moisson nous attend. Nous sommes mi-juillet. Le paysage change, au fur et à mesure de l'avancée des travaux. Les rares prairies à l'herbe haute encore debout jouxtent les champs de blé, d'avoine ou d'orge et réalisent une palette riche en couleurs. Le jaune ocre des épis mûris par un soleil souvent ardent tranche sur le fond vert des prairies ou celui jaunâtre et palissant des prés déjà fauchés. Les collines et vallons prennent des touches chatoyantes se fondant les unes dans les autres en mariant toutes les nuances de jaune, de vert et d'ocre. Quand une brise légère parcourt cette végétation luxuriante, qu'elle plie les tiges du froment arrivé à maturité, la campagne se transforme en une étendue ondoyante et mouvante. De longs mouvements parcourent les champs de céréales qui frémissent comme l'eau d'un fleuve paresseux s'écoulant lentement vers sa lointaine destinée. Je reste souvent rêveur et admiratif devant ce merveilleux spectacle. Une poésie pour les yeux. Tout particulièrement, le soir, quand l'astre du jour disparaît derrière les collines, les monts et les vaux s'illuminent et s'entourent d'une luminosité diaphane. L'ombre s'allonge comme à regret. Les pentes, sous les derniers rayons rougeoyants, s'embrasent et virent au mauve avant de s'évanouir dans la pénombre de la nuit.

À l'opposé, un autre moment privilégié, lorsque la chaleur est intense, une immense chape de plomb écrase les alentours. Les champs de céréales donnent alors l'impression de transpirer et d'évacuer la chaleur sous forme de colonnes ondulantes, à peines perceptibles, accrochées entre ciel et terre ; le temps paraît suspendu, l'air immobile, le silence lourd et pesant. C'est l'instant magique où d'un coup d'aile l'alouette s'élance vers le ciel bleu azur et, des heures durant, égaie par ses chants la quiétude d'un après-midi plein de torpeur. Par moments, elle semble accrochée au firmament et continue à grisoller à l'infini avant que les premiers coups de tonnerre d'un orage lointain ne viennent l'interrompre. À cet instant, hommes et animaux allongés à l'ombre se reposent et se délassent d'une demi-journée de labeur.

### *Préparation au fauchage*

C'est la période où je pars avec mon Grand-père vers cinq heures du matin pour dégager les bornes marquant les limites des champs. Lui porte haut sur son épaule sa faux, moi la fourche et le râteau. Arrivés au champ, il localise rapidement ces pierres en grès rouge qui, pour certaines d'entre elles semblent présenter des traces de sculptures, mais peut-être ne s'agit-il que des marques occasionnées par le bras de la faucheuse ? Les hautes tiges de blé les cachent à notre vue et nous devons les dégager pour que plus tard, dans la journée ou le lendemain, la faucheuse ne vienne y buter.

Je suis fier et heureux de partager ces moments de labeur avec mon Grand-père. Quand il me prend par la main et m'emmène ainsi sur des kilomètres, je me sens important, utile, bref un grand bonhomme. De temps en temps, il oublie que du haut de ses 1,86 m, l'allonge de son pas devient pour moi, la botte de sept lieux. J'arrive à peine à le suivre, même en courant.

— Alors déjà fatigué, mon garçon ?

— Et non, Grand-père, ça jamais.

Il me semble qu'il est fier de cet esprit volontaire, de battant, je dirais presque de guerrier. Pour lui, il paraît inconcevable que je me plaigne de fatigue ou de douleurs même si mes pauvres pieds sont en feu. Si exceptionnellement, je me permets de ronchonner, la remarque fuse invariable :

— En voilà des manières pour un futur garde impérial.

Je repars alors d'un bon pied, dans l'espoir de pouvoir, comme lui, décrocher des médailles.

### *Le seigle*

Tout juste après la guerre, Grand-père cultive encore du seigle. Il ne représente, en surface ensemencée, qu'une petite fraction par rapport aux autres céréales plus nobles. Il le sème de préférence dans la parcelle la plus pauvre au sol rocailleux, aride, la moins fertile. Le seigle ne sert plus à la fabrication du pain. D'ailleurs, aussi loin que je m'en rappelle, Grand-père exige toujours du pain blanc à table. Non qu'il méprise celui préparé à base de farine de seigle, car ce sentiment serait contraire à sa philosophie et à son respect sacré du pain, mais il affirme, à qui veut l'entendre, qu'il en a trop mangé durant les longues années de guerre et de disette en tant que soldat.

Il l'appelle d'ailleurs d'une façon ironique, le « *bumbernikel* » expression dont j'ignore tout à fait le sens et l'origine. Ce mot serait-il une réminiscence du vocabulaire militaire prussien ?

À ce sujet, mes recherches m'ont fait découvrir un livre, « Levain d'aujourd'hui pour pain de demain », écrit par Jean-Pierre Kirch, dans lequel l'auteur donne l'origine de cette expression. Je ne peux résister au plaisir de la soumettre à votre sagacité.

« Napoléon Bonaparte, au cours d'une de ses campagnes, traversait l'Allemagne du sud. Lors d'une de ses étapes, il ordonna une réquisition de pain dans la population. Il s'en fit présenter un échantillon et le goûta :

"Bon pour Nikel", dit-il.

Nikel étant le nom du cheval de l'empereur. Cela nous donne une idée de l'opinion du maître sur ce pain. Les oreilles allemandes auraient compris "boumbernickel", ce qui est parfaitement admissible, voire plausible [...] tout récemment en feuilletant le "Duden Deutsches Uniwersalwörterbuch" équivalent du Petit Robert, je suis tombé en arrêt devant le mot "Pumpernickel" : pain brun noir, sans croûte, au goût douceâtre et piquant, à base de seigle grossièrement moulu. Terme du langage familier en Allemagne du sud et en Autriche... ».

Anecdote fantaisiste ou véritable définition je ne saurais le dire !

En revanche, le seigle est un excellent aliment pour les animaux, mais son premier usage est la fabrication des liens pour maintenir les gerbes de la future moisson. Planté en premier, vers la fin septembre ou début de l'automne, il est moissonné en premier après avoir passé sans problème les rigueurs de l'hiver. Il supporte très bien les températures sibériennes extrêmes, coutumières dans notre région, contrairement au blé qui certaines années est brûlé par une longue et profonde gelée. Les coups de froids les plus dévastateurs sont ceux qui surviennent après un redoux passager et en absence de neige ou quand le vent d'est, tel un blizzard, souffle en violentes rafales dénudant et emportant au loin la neige protectrice des frêles et jeunes pousses de froment. Grand-père le récolte fin juin ou début juillet, période relativement creuse dans l'emploi du temps du paysan. En effet la fenaison tire à sa fin et la moisson n'est pas encore mûre.

La pente légère et les nombreuses pierres parsemant le champ rendent la récolte laborieuse. La faucheuse mécanique n'a guère d'utilité et le fauchage se fait donc à la main. La faux réservée à couper les céréales s'appelle le « fauchon » ou « faux armée », elle est affûtée différemment que pour la coupe de l'herbe, n'a plus le profil effilé d'un rasoir, sa lame est irrégulière et ondulée. En effet, elle ne coupe pas les tiges des céréales mais les « scie ». Du coup l'affûtage en est plus compliqué. Lors de la préparation de la lame, Grand-père alterne un coup lourd, un coup léger. L'enclumette chante différemment, le rythme qui se fait plus saccadé ressemble plus à celui d'une valse à trois temps. Sur le manche de la faux, là où est fixée la lame, le faucheur monte un cadre confectionné de lamelles d'osier ou de noisetier collées. Elles ont l'avantage d'être résistantes, souples à façonner et surtout légères pour les bras du paysan. Cet ajout épouse le profil de la faux. Une toile de jute tendue, souvent les restes d'un vieux sac de pommes de terre, complète le cadre. Son intérêt est de diriger, lors de la coupe, la chute des tiges de céréales, de les maintenir assemblées et, qu'en fin de mouvement, elles s'allongent sous forme d'andain. La coupe manuelle permet de fixer de visu la hauteur du chaume en fonction des aspérités rocailleuses du terrain. La faux passe là où la faucheuse mécanique tape dans les pierres. Pour effectuer ce travail fort harassant, il faut se mettre à plusieurs : le faucheur, le javeleur, le poseur de lien, le noueur et enfin le ramasseur. Cela en fait du monde ! Tous travaillent de concert, au même rythme et effectuent un travail à la chaîne !

*Fauchage et ramassage*

Grand-père est en général le faucheur, donc le chef d'orchestre, car tout dépend de lui. Il avance à pas lents et en un mouvement régulier de droite vers la gauche, aligne les andains bien droits et parallèles. Ma tante suit en marchant à reculons. Dans sa main droite, elle tient la faucille avec laquelle elle ramasse les tiges coupées pour en faire une javelle. De sa main gauche, elle les plaque contre sa poitrine, puis recommence le mouvement jusqu'à avoir la quantité suffisante pour faire une gerbe. En moyenne, elle compte deux à trois javelles par gerbe. Je marche à ses côtés et tous les trois à quatre mètres, dépose un lien pour qu'elle puisse y poser les brassées récoltées. Tata se plaint souvent de la pénibilité de la tâche, car les chardons incrustés entre les tiges nobles la piquent et déchirent la peau de ses bras nus. D'autres mauvaises herbes gênantes et urticantes transforment ses membres supérieurs en véritables braseros rouges et douloureux. De plus, l'herbe mélangée aux tiges est très mouillée par la rosée, ce qui fait que Marraine est souvent trempée jusqu'aux os quand la moisson s'effectue le matin. Dos exposé aux ardents rayons du soleil, elle avance à reculons, pliée en deux, le nez sur les genoux. La sueur ruisselle, lui pique les yeux et coule de tous les pores. Un travail d'esclave. Si elle veut maintenir le rythme imprimé par le faucheur, tout en reprenant son souffle le temps d'une petite pause, elle doit se précipiter, car Grand-père s'éloigne inexorablement. Mon père, le noueur, marche sur nos pas. En tirant et soulevant le lien, il resserre le petit tas de javelles qu'il maintient plaqué au sol de son genou et dans un mouvement précis et rapide réalise un nœud qui bloque le tout. Il est indispensable que le lien maintienne correctement la gerbe car les tiges de céréales ne doivent en aucun cas s'effilocher ou se débander. Père redresse la gerbe ainsi confectionnée, elle vient compléter la petite meule assemblée tous les quelques pas.

Construction immuable venue de la nuit des temps certainement inspirée par le légendaire bon sens paysan, elle permet le meilleur séchage possible des épis et de la paille. La façon de monter les moyettes obéit à des règles strictes. Pour le seigle, la première gerbe, bien équilibrée, est plaquée au sol à la verticale. Contre elle, quatre autres viennent s'adosser légèrement en oblique selon les points cardinaux. Quatre autres trouvent leurs places dans les espaces laissés vacants. Chaque moyette est donc composée de neuf gerbes ce qui rend l'ensemble relativement solide, l'assise au sol étant bien large et la prise au vent atténuée. Il faut déjà qu'il souffle en tempête pour les faire s'écrouler. Les interstices laissés entre les différentes gerbes permettent une excellente circulation de l'air propice au bon séchage. Si la pluie nous épargne et que le soleil est ardent, l'engrangement peut se faire au bout de deux jours. Dès que la récolte est ramenée à la ferme, nous débutons immédiatement le battage. Le temps presse. Il faut avancer dans la confection des liens, la vraie moisson s'annonce imminente.

Le seigle est l'unique céréale qui ne passe pas par la batteuse. Nous l'égrainons au fléau. Le paysan retourne au Moyen Âge et retrouve les gestes de ses ancêtres, des manants. Il agit ainsi pour ne pas abîmer les tiges des céréales. En effet, par l'action mécanique de la batteuse, les tiges seraient dilacérées, leur texture défaite et ne pourraient plus servir pour les futurs liens. Plus tard ces derniers sont remplacés par de solides ficelles prédécoupées, de même longueur avec à l'une des extrémités un morceau de bois autour duquel le noueur confectionne le nœud. Mais c'est un investissement financier lourd. Néanmoins ces ficelles ont l'avantage de pouvoir être réutilisées année après année. Plus tard encore, à l'ère des moissonneuses-batteuses tous ces problèmes seront définitivement réglés et feront partie du passé.

*Le battage*

Pour le battre il faut, là encore, être à plusieurs. Une personne seule ne peut venir à bout de ce travail long et fastidieux. La scène se déroule sur l'aire de la grange. En son centre, Grand-père dépose les gerbes, en deux rangées parallèles, épis contre épis. Puis il les délie, les étale en une couche uniforme. Aidé par mon père et par Marraine il débute en frappant les épis pour expulser les graines. En guise d'échauffement, ils laissent simplement tomber le fléau à la verticale, chacun y allant à son rythme. Le battoir vient écraser les épis et émet un bruit mat et sourd atténué par la paille. Les coups se suivent, irréguliers, saccadés puis rapidement le chant devient régulier et harmonieux, telle la cadence d'un cheval au galop. À ce moment, Grand-père en tant que chef d'orchestre donne le rythme et impose la cadence, il lâche un « hop là » et le travail sérieux peut commencer. Le battage se poursuit jusqu'à ce que les dernières graines soient récupérées et la paille assouplie.

Gamin, j'ai toujours fort admiré ce travail tout en rythme et en puissance. Il en émane une force virile, violente et j'imagine l'arme terrible que peut avoir été un fléau à l'époque de nos preux chevaliers. Je reste impressionné par la dextérité des acteurs et le ballet des battoirs dansant en l'air selon une chorégraphie précise, emprunte d'une grande virtuosité. Je suis ébahi par ce spectacle.

La valse de ces cylindres en bois à trois mètres du sol devient un spectacle merveilleux. Le fléau monte à la verticale puis les bras tendus des batteurs lui font exécuter un demi-tour rapide avant de le rabattre sur la paille. Le battoir en cornouiller fixé par des boucles en cuir au bout d'un long manche écrase alors la paille de toute sa longueur. C'est là que réside la difficulté du geste. Il doit obligatoirement toucher le sol à plat. S'il arrive en biais, il perd de son efficacité ou devient totalement vain. On risque surtout de le briser s'il cogne par terre rien qu'avec sa partie céphalique. De temps en temps, quand les rayons du soleil couchant illuminent la scène, le battoir poli par le frottement de longues années d'utilisation scintille en l'air et s'embrase comme foudroyé. Le ballet se déroule avec légèreté, sans crispation, en toute décontraction. Les batteurs conversent peu, car ils doivent rester concentrés sur leur tâche. Au « hop là » suivant, les trois avancent d'un pas sans jamais sortir du rythme et continuent ainsi à battre la récolte. Parfois, il arrive à Grand-père de siffler une petite chansonnette, signe de son amour du travail et de sa satisfaction devant l'abondance de la récolte. Cela entretient le moral, redonne courage et efface la fatigue ou les premières contractures douloureuses apparaissant au bas du dos. Le travail se poursuit ainsi des heures durant, toujours avec le même enthousiasme. Quand Grand-père juge que les épis sont suffisamment égrainés, il donne le signal du stop final.

Il n'est pas rare que des voisins bienveillants viennent nous prêter main-forte. On se regroupe pour le plaisir d'être ensemble et perpétuer ainsi une tradition bien ancrée dans les mœurs. Six personnes sont le nombre idéal pour former une bonne équipe. Les deux groupes de trois batteurs se font face et travaillent au même rythme. Au « hop là » du grand-père, un groupe avance d'un pas tandis que l'autre recule de la même distance. L'ambiance, toujours très décontractée, dépend de la verve de chacun. Quand Michel, le voisin fait parti du lot, Grand-père est souvent irrité et très agacé. Le cher Michel, dont la logorrhée est légendaire, ne peut s'empêcher de raconter des blagues plus ou moins cocasses. Aussi, quand son « one-man-show » trouble l'harmonie du groupe, le chef d'orchestre accélère insidieusement le rythme. Bien vite le souffle devient plus court et coupe le « sifflet » à Michel. Un sourire de malin illumine alors le visage de mon grand-père faisant un clin d'œil complice à l'adresse de mon père. Et sans rien dire, le travail se poursuit dans un silence relatif pour quelques instants du moins.

Les fléaux mis de côté, ils commencent à ramasser la paille. Chacun saisit une poignée de tiges qu'il serre à la base des épis. En la maintenant lâchement de la main droite, il la tape verticalement par terre. En deux ou trois mouvements, les tiges s'ajustent à même longueur. De la main gauche, les doigts en griffe, ils « peignent » la touffe, la secouent violemment, de sorte que les tiges les plus courtes ou cassées tombent au sol. Laissées en vrac ou rassemblées en gerbes, elles serviront pour la litière. En revanche les paquets d'égales longueurs sont mis en bottes homogènes solidement ficelées afin d'en garder la forme.

Une fois ce travail terminé, il reste dans l'aire de la grange un mélange de graines nobles, de balles, les nombreuses chutes de paille et de diverses mauvaises herbes. En ouvrant la porte arrière de la grange, Grand-père crée un fort courant d'air. Il en profite pour projeter en l'air de petites pelletées de ce mélange. Le vent fait le reste. Il emmène plus loin la paille et les mauvaises herbes, pendant que le bon grain, plus lourd, retombe sur place. Ce premier tri grossier réalisé, mon père avec l'aide de Marraine avancent le tarare au plus près du tas de graines accumulées. Le vannage peut commencer.

*Le tarare*

Le tarare se présente comme une grande caisse en bois que j'appelle « la machine à poussière ». Vue de face, elle comporte, monté sur le haut du côté gauche, un entonnoir rectangulaire d'une contenance de cinquante kilogrammes dans lequel le paysan verse les graines. À sa base un tiroir qui selon sa position augmente ou diminue le flux d'écoulement des graines. Elles tombent sur trois tamis superposés et de gabarits différents. Le plus large en premier, le plus fin en dernier. Ces tamis animés d'un mouvement de va-et-vient latéral et d'arrière en avant selon l'étage opèrent le tri. En arrière de ce système de triage, un ventilateur à larges pales tourne très rapidement et crée un impressionnant souffle d'air projetant toutes les impuretés mélangées aux graines vers l'extérieur dans un grand nuage de poussière. Du dernier tamis, les graines se dirigent dans une rigole qui descend en pente rapide pour les évacuer en cascade sur le sol sous le tarare.

J'aime tout particulièrement plonger la main dans cette pluie de graines mûres dorées à point. Ce contact déclenche une agréable sensation de fraîcheur qui m'envahit telle une caresse voluptueuse.

Les impuretés plus fines, l'ivraie tombe à la verticale et s'étale sous la machine, ou vers l'avant formant deux tas distincts. Sur le côté droit, un impressionnant volant entraîne les soufflets et les différentes transmissions activant les tamis. Le démarrage en est laborieux, l'inertie du volant impressionnante. Une fois la vitesse de croisière atteinte, la tâche devient plus facile mais reste néanmoins très épuisante à la longue.

Je suis impressionné par l'énorme nuage de poussière qui s'en dégage, surtout si la moisson a été mouillée et qu'il a fallu la retourner. L'orge reste la plus désagréable à travailler. Ses nombreux épillets projetés dans l'air ambiant se plaquent et se collent alors à la peau trempée de sueur. Cela pique et démange de partout.

Le bon grain définitivement séparé de l'ivraie est mis en sac. Mon père et Grand-père, avec l'aide d'un palan, le montent à l'étage au-dessus du hangar et l'étalent. Là, il peut sécher tranquillement avant d'être fourragé aux bêtes et notamment aux cochons qui en sont friands. Les poules préfèrent le blé ou l'avoine, mais à défaut d'autre chose, elles s'en contentent aussi.

*Les liens*

Enfin vient la dernière étape, la plus importante, la confection des liens. Toutes les bonnes volontés sont requises et mises à contribution. Nous nous faisons assister par deux ou trois voisins retraités. Nous nous retrouvons tous sur l'aire de la grange assis en cercle sur une chaise, les gerbes défaites à nos pieds. Travail rigoureux dont dépend la qualité des liens.

Par petits paquets de cinq centimètres de diamètre, le « noueur » saisit les tiges d'une main ferme à la hauteur des épis, les laisse choir à la verticale sur le sol pour égaliser les pieds puis divise le paquet en deux parties égales. L'une maintenue par la main droite, l'autre par la gauche et alors, en un temps et deux mouvements il noue ensemble les deux parties à la base des épis, puis dans le même élan, applique le nœud sur son genou et tire de toutes ses forces sur les deux extrémités des tiges réunies pour consolider définitivement le nœud. Les liens s'accumulent ainsi rapidement sur l'aire de travail, au rythme de deux cent par heure pour les plus experts. Leur longueur varie entre un mètre vingt et un mètre cinquante et leur fiabilité est excellente. Les futures gerbes de blé auront une bonne tenue car plus on tire sur le nœud plus il devient solide. Ces liens sont alors pliés au niveau du nœud et mis en bottes de cinquante pièces chacune et conservés dans un endroit sec et bien aéré. Pour la totalité de la moisson il faut compter environ sept à huit mille liens au minimum.

# La faucheuse mécanique

Heureusement le progrès apporte ses premiers avantages et soulage la pénibilité des travaux agricoles. Grand-père a acquis sa faucheuse mécanique, une des premières au village, quelques années avant la Deuxième Guerre mondiale.

Cette machine d'une conception simple et rustique est pourtant l'ancêtre des moissonneuses-batteuses autotractées. Elle comporte un essieu qui soutient deux roues métalliques crénelées. Du milieu de cet axe part une transmission qui en se démultipliant actionne la partie fauchant, à savoir une barre creuse munie de nombreuses dents très pointues dans laquelle coulisse une lame portant des couteaux triangulaires. Elle fait un va-et-vient et tranche les tiges d'herbe. À partir du milieu de l'essieu part un support métallique où viennent se fixer, vers l'avant, le timon, vers le haut, le siège du conducteur. L'arbre de fauche, monté en latéral à la droite de la machine, à quelques dix centimètres en avant de la roue, peut être désactivé en le remontant à la verticale ou au contraire activé en le mettant à l'horizontale. La largeur de la coupe est d'un mètre vingt environ. Cette machine rend de grands services et facilite largement le travail de nos laborieux paysans. Pour la moisson, l'arbre de fauche est remplacé par un modèle légèrement différent dont la lame porte quelques couteaux en moins. Mais sa spécificité réside dans le fait qu'il supporte un « plateau » mobile pouvant se soulever ou s'aplatir selon besoin. Cette tablette confectionnée de fines lamelles métalliques très serrées, fixées sur une tige porteuse, exactement à l'image d'un peigne, a un rôle primordial et précis. En position haute, elle réceptionne et retient les tiges de céréales coupées. Pour faire un travail propre et efficace il faut obligatoirement être à deux. Grand-père, installé sur son siège, mène d'une main ferme l'attelage composé de deux vaches obéissantes et dociles, les fait avancer en ligne droite et à vitesse constante, sans à coups. Son pied droit appuie pesamment sur une pédale qui enfoncée, maintient le plateau relevé en position haute. Mon père marche à sa hauteur immédiatement en arrière de l'arbre de coupe et, à l'aide d'un râteau rabat en un geste de pagayeur les tiges de céréale sur le dit plateau. Dès qu'il juge la quantité suffisante pour en faire une javelle, il pousse un « hop là » tonitruant. Signal pour Grand-père de lâcher la pédale et laisser choir le plateau à l'horizontale. La javelle tombe automatiquement en arrière sur le sol et se maintient en petit tas. De cette manière le travail du javeleur est nettement facilité. Mais il est impératif que mon père et Opa exécutent les mouvements dans le bon rythme. Il y a deux raisons :

En premier lieu, si le plateau se relève avec retard, non seulement les tiges coupées tombent immédiatement par terre et la mise en javelle devient compliquée, mais surtout mon père s'empale sur les barreaux métalliques et ses tibias en font les frais. À l'inverse, si Grand-père lâche trop rapidement la pédale et que la grille chute trop tôt, les jambes de mon père servent à nouveau d'amortisseurs à son grand désappointement. Et voilà, encore un travail d'infirmière en perspective pour ma mère qui le soir doit nettoyer et soigner ces écorchures souvent profondes.

En second lieu, il ne peut pas y avoir de temps d'arrêt car le couteau reste activé tant que la faucheuse avance. On comprend qu'un synchronisme parfait entre les deux exécutants est de rigueur s'ils veulent que le travail soit exécuté proprement.

Un autre incident redouté et fréquent survient après de fortes précipitations quand le blé a « versé ». L'épi gorgé d'eau, tel une éponge, devient trop lourd, la frêle tige le supportant plie et se couche. Le fauchage mécanique devient alors délicat et aléatoire. Les tiges s'entremêlent réalisant de véritables nœuds impossibles à couper et bloquent la lame. Le même phénomène se produit lors de la moisson d'orge et surtout d'avoine. Cette dernière se fait remarquer par un fort et fréquent envahissement de mauvaises herbes. La mécanique s'enraye fréquemment. L'attelage doit faire halte et enclencher la marche arrière. Il faut relever le bras de la faucheuse et le nettoyer. Manœuvre éreintante et peu commode car le liseron, l'arrête-bœuf, le sénevé se montrent souvent récalcitrants. Ils se transforment en véritables lianes difficiles à arracher et à extirper tant ils sont coincés dans l'arbre de fauche. Le pire, me semble-t-il, est le séneçon dont la tige et les feuilles s'infiltrent entre les couteaux. Encore une perte de temps et un moment d'énervement inutile car il coupe le rythme et l'élan du travail.

Un embêtement supplémentaire vient alourdir la peine quand le champ de céréale est perdu dans une véritable mer végétale. C'est à la faux que Grand-père dégage la première percée afin d'éviter les dégâts que la faucheuse peut occasionner tant à sa propre récolte qu'à celle du voisin. La durée et la pénibilité du travail sont forcément fonction du périmètre du champ. L'idéal correspond à la situation où le champ d'orge ou d'avoine est pris entre deux prés. Nous pouvons alors entreprendre le travail directement, la faucheuse avançant sur le pré où l'herbe est forcément coupée à cette époque de l'année.

Une fois la moisson coupée, nous la mettons en gerbes. Cela demande un travail ordonné je dirais à la chaîne. Un des moissonneurs, les épaules chargées de gros paquets de liens, suit la faucheuse et dès que la machine « crache » sa javelle, il dépose à sa hauteur un lien dans le sens de la longueur du champ. Ma marraine suit et à l'aide de la faucille ramasse la javelle pour la déposer au milieu du lien. Après un autre tour de l'attelage, elle redépose la nouvelle javelle sur la première et voila la gerbe prête à être liée. Travaillant ainsi, la récolte est vite coupée. Le fauchage une fois achevé, Grand-père et mon père commencent alors à lier les gerbes. Cette étape prend un temps presque aussi long que le fauchage proprement dit. Une fois les gerbes nouées, il s'agit de les redresser afin de les décoller de l'humidité du sol et de les assembler en petites meules appelées moyettes.

Au crépuscule, quand la nuit étend son manteau sur la campagne, ces constructions dispersées à travers les champs apparaissent alors comme autant de fantômes prenant possession des lieux. Leurs ombres furtives réveillent en moi de nombreux fantasmes et génèrent une certaine angoisse. Il suffit que sur le chemin du retour la nuit soit bien avancée, qu'un hibou à l'affût d'une souris imprudente s'installe au sommet d'une moyette et pousse ses hululements lugubres, pour que les champs se transforment en cimetière ou en champ de bataille. Quand un halo de brume diaphane enveloppe les ombres difformes et mal délimitées des meules, les lieux me paraissent plus sinistres encore et ma peur devient réelle.

Le nombre de gerbes par construction varie d'une céréale à l'autre. Comme nous l'avons vu pour le seigle il en faut neuf, pour le blé sept et six pour l'orge et l'avoine. Pour ces deux dernières l'agencement de la moyette est différent. La dernière gerbe placée à l'envers, épis vers le bas vient coiffer le sommet de la construction et réalise un chapeau orienté vers l'ouest, la direction des vents dominants apportant la pluie. Cette architecture n'est pas le fruit du hasard, elle représente la meilleure garantie d'un séchage rapide et efficace de la récolte.

La description que je viens de faire correspond au déroulement classique d'une moisson sans qu'un élément perturbateur n'ait interféré dans son enchaînement.

En effet, certaines années, le blé ou l'orge sont envahis par une importante colonie de mauvaises herbes, soit que la semence ait été contaminée, soit que le liseron ait été exagérément prolifique pour une raison ou une autre. Alors, comme pour le foin, il faut patienter que la récolte sèche correctement et à la limite Grand-père nous demande de la retourner avant de l'engerber. Le paysan décide aussi de ne pas lier les javelles et de les laisser ainsi exposées un jour de plus à la chaleur cuisante du soleil. Encore une perte de temps.

Une autre situation délicate, quand la moisson s'est couchée ou comme l'on disait a « versé », l'emploi de la faucheuse mécanique devient totalement aléatoire. Autant un simple orage n'entrave guère le bon déroulement de la moisson, autant la pluie torrentielle lamine, écrase les céréales et entraîne des dégâts souvent irréversibles. Pour les limiter, on fauche à la main.

La survenue d'une période pluvieuse est la calamité que le paysan craint le plus. Elle peut définitivement compromettre la récolte. Je n'ai jamais vu Grand-père aussi teigneux et d'humeur acariâtre que quand la pluie l'empêche de rentrer la moisson. Il ne cesse de consulter son almanach dans lequel sont répertoriés les dictons paysans qui lui indiquent et décrivent les tendances météorologiques de l'année. Il scrute souvent le ciel, sort le soir pour observer l'horizon comme pour y lire l'avenir. Il se remémore les jours censés fixer la période de mauvais ou de beau temps. Si la situation climatique ne correspond pas aux prévisions ou aux présages, il accuse la pollution (déjà à l'époque) le diable et Dieu :

« Ce sont les usines qui sont responsables de tout ça »

et beaucoup plus tard

« C'est spoutnik qui altère l'atmosphère » ou alors

« C'est le démon qui est derrière tout ceci » ou encore

« Je me demande pourquoi nous avons un bon Dieu s'il n'est pas foutu de nous venir en aide… ».

Bref, il ronge son frein et devient invivable. Entre deux averses, il se rend aux champs pour estimer les dégâts. Dès le retour des premiers rayons de soleil débute une course frénétique. Il faut défaire les moyettes, éclater et étaler les gerbes en les déliant pour qu'elles prennent le soleil et qu'elles puissent sécher correctement.

Si le beau temps persiste, on en est quitte de recommencer à zéro : remettre en javelle, replacer de nouveaux liens, redresser les gerbes… Nous sortons souvent pour faner les gerbes étalées. Travail pénible, différent du fanage du foin. Avec le manche du râteau que nous glissons sous les céréales couchées au sol, à la hauteur des épis, nous soulevons la javelle en un seul bloc et dans le même élan, nous la faisons basculer. Si la moisson est trop mûre nous perdons quelques graines ce qui est un moindre mal. Néanmoins le retournement doit se faire avec douceur car si la chute des épis est trop brutale ils se vident entièrement de leur contenu. Grand-père surveille d'un regard attentif la manœuvre et peste si le travail est mal exécuté.

En revanche si la pluie continue, les épis de blé gorgés d'eau commencent à germer, signant la perte irrémédiable de la récolte. Les graines détrempées se couvrent de moisissure ou autres champignons qui les rendent impropres à la consommation. La disette n'est pas loin. Comment faire pour sauver, au minimum, la semence pour l'année suivante ? Et que fera-t-on si la farine commence à manquer ? Le meunier nous fera-t-il une avance sur la récolte ? C'est donc, non seulement le manque à gagner qui taraude le paysan, mais cela devient, à la limite, une question de survie.

Et si le blé a versé, les dégâts sont irréversibles. Grand-père laisse tout en l'état. Quelques semaines plus tard, la jeune repousse est servie aux bêtes en tant que fourrage.

Malgré toutes ces péripéties, arrive le temps de rentrer la moisson à la ferme. La charrette à plateau spécialement aménagée, une ridelle fixée à l'avant et deux poteaux de chaque côté à l'arrière, est amenée au champ. À mon père et à Grand-père de soulever les lourdes gerbes à l'aide d'une solide fourche et de les présenter à Marraine restée sur la charrette. Elle les réceptionne et les place de telle façon qu'elles s'enchevêtrent les unes dans les autres, une à droite, une à gauche et la dernière au milieu pour servir de liant. Elle veille à l'alignement des gerbes et évite les débords latéraux. Ainsi le chargement prend rapidement de la hauteur. Pour moi, cela ressemble à un véritable jeu de construction. C'est beau, c'est surtout très haut, immensément haut. Le chargement une fois achevé, je peux parfois y grimper et rejoindre ma marraine. Quelle agréable impression que de se sentir tout là-haut. C'est comme si nous dominions alors le monde à nos pieds.

Pour maintenir le tout et pour éviter que les gerbes ne glissent vers l'extérieur, Grand-père pose le « *Wessbaum* ». Néanmoins, il n'est pas rare qu'une de ces charrettes perde son chargement. Le paysan devient alors la risée des collègues, des semaines durant. Le dimanche, au restaurant, au moment de l'apéritif, il s'expose aux moqueries et taquineries des copains. C'est de bonne guerre et surtout fait sans méchanceté.

Plus grave, il arrive aussi, sur un chemin trop déclive, avec une charge trop lourde et disproportionnée, que le plateau saute de ses assises et se renverse. Le versement toujours craint peut conduire au drame, la personne installée tout là-haut passant facilement sous les gerbes lors de son vol plané. C'est l'accident.

Les malheureuses vaches qui tirent cette énorme charge me font pitié avant qu'elles puissent rentrer à la ferme, s'abreuver et se reposer. Je les plains d'autant plus, qu'elles sont inlassablement assaillies par des nuées de mouches et de gros taons qui les attaquent, les piquent à l'infini. De leur queue vengeresse elles se battent les flancs et tentent en vain de chasser et d'écraser ces intrus.

Lorsque nous arrivons à la ferme, l'attelage mène la charrette à l'intérieur de la grange dont l'énorme portail grand ouvert la laisse passer facilement. Après le retour des bêtes à l'étable, nous faisons un court détour par la cuisine, pour nous rafraîchir et nous désaltérer rapidement. Grand-mère et plus tard ma marraine maintenaient toujours sur le coin de la cuisinière une bouilloire contenant du café. Le breuvage n'en a que le nom et vaguement la couleur car les grains nobles sont comptés et si peu présents que parler de « café » devient un doux euphémisme. C'est un jus brunâtre, mélange de malt et de chicorée, mais bu frais, il calme rapidement la soif. Grand-père y ajoute deux gouttes de schnaps pour en rehausser l'arôme. Il lui arrive de se tailler une fine tranche de son lard qu'il avale rapidement sur un morceau de pain, car dehors, une lourde tâche nous attend.

Pour le déchargement, Opa reste sur la voiture et passe les gerbes à Marraine qui avec mon aide les ordonnance bien en carré au premier étage au-dessus du cellier. La moisson est stockée ainsi en attendant d'être battue. Un coin pour le blé, un pour l'orge et le troisième pour l'avoine qui est récoltée en dernier. La plupart du temps Grand-père ne se donne pas la peine de la mettre en gerbe, elle reste en vrac, poussée dans un coin de l'aire de la grange. Elle servira plus tard après le battage au renouvellement de la litière des vaches.

## La batteuse

Afin de dégager de la place, nous débutons le battage sans attendre la fin de la moisson. En premier lieu, il faut installer la batteuse. Pour la déplacer à l'endroit convenu, cela prend une demi-journée. Elle a hiberné sous la remise en compagnie de la charrue, de la herse, du hachoir… et d'autres machines que Grand-père possède. La batteuse montée sur quatre petites roues très larges qui en assurent une grande stabilité, se présente énorme et d'un maniement difficile, malgré un timon très court permettant de la diriger lors des déplacements. Un grand moment d'effort et de stress en perspective.

Sa mise en mouvement sous la remise est relativement aisée, grâce à Blanckette notre vache la plus robuste, la plus obéissante et toujours prête à donner le maximum. En un vigoureux coup de rein, elle ébranle l'attelage. C'est le début de l'expédition. Les difficultés surgissent dès qu'il s'agit de négocier le premier virage. Nous accrochons à gauche, nous butons à droite contre un pilier. Une marche arrière étant impossible, les hommes, à l'aide de leviers, la font glisser et riper pour la remettre dans l'axe du passage. Survient alors la deuxième difficulté. Arrivés sur la terre battue, car ni la cour ni le passage ne sont empierrés et encore moins bétonnés, le monstre s'enfonce régulièrement jusqu'aux essieux. Alors Grand-père trace le chemin à l'aide de larges et épais madriers placés bout à bout. La route dégagée, le mastodonte peut avancer de cinq à six mètres, la longueur des planches. On marque un stop, retire le premier madrier pour le replacer en tête et ainsi de madrier en madrier la machine progresse. Si la terre n'est pas détrempée, le parcours se fait plus rapidement. Tout est relatif ! En revanche s'il a plu, les planches nagent dans la boue et se transforment en savonnettes. Les roues glissent de leur appui et s'embourbent inexorablement dans la terre molle. Tout est à refaire. Grand-père part rechercher d'autres planches, d'autres poutrelles et alors ensemble ils s'épuisent et poussent comme des forcenés sur les bras de leviers. Quelle débauche d'énergie pour un si court parcours et quel soulagement une fois arrivés sur l'aire de la grange. La dernière étape n'est plus qu'une formalité. La batteuse vient se placer au fond à droite du passage, le plus près possible du mur, où Grand-père la cale définitivement. À partir de cet instant, il monte les différentes courroies de transmission. Celles propres à la machine de dimensions différentes, et celle plus large embrassant le volant du moteur électrique. Grand-père les entretient avec beaucoup de soin, c'est le travail des longues journées d'hiver. Il veille particulièrement à la solidité des agrafes permettant de relier et d'unir les extrémités de la courroie, et surveille les fissures ou les petites déchirures naissantes. Il les inspecte méticuleusement une dernière fois et les graisse avant de les monter définitivement. Le dernier travail délicat consiste à bloquer le moteur bien dans l'axe de l'entraînement des volants. Au moindre écart les courroies sautent, la machine s'arrête, le moteur s'emballe et la gerbe de céréales reste bloquée dans la bouche de ravitaillement, incident craint par-dessus tout.

Pour dégager la gerbe à moitié avalée, Grand-père tire de toutes ses forces sur les tiges, les arrache par petits morceaux, bref l'opération prend beaucoup de temps et occasionne forcément un grand énervement.

Un dernier coup de balai, voilà la « bête » prête à remplir son rôle. J'oubliais, il faut aussi confectionner le poste de travail de Grand-père qui est perché à presque deux mètres du sol sur un tréteau, avec devant lui, un plateau pour réceptionner les gerbes. Il suffit alors de les pousser dans la gueule de la batteuse, les épis en avant. Deux axes dentés, serrés, tournent à grande vitesse et happent les tiges de céréales. Travail dangereux car la force d'attraction est importante et la machine ne fait guère de différence entre la main d'un imprudent et une gerbe. J'en assure le ravitaillement. Placé au premier étage, je traîne les gerbes jusqu'à la hauteur de Grand-père, défais le nœud et sans retirer le lien, les fais basculer sur la table dans le sens qu'il désire. Si par hasard il y en a une qui m'échappe et tombe dans le mauvais sens, grand-père n'a de cesse de pester et montre son désappointement. Dès lors je redouble d'attention. La batteuse, ce monstre grinçant, rugissant et tremblant de toute son armature régurgite latéralement la paille sur un immense tamis incliné, et vers l'arrière, sous les pieds de grand-père, le grain tombe en une pluie régulière dans deux sacs blanchis par de nombreuses lessives. Plein chacun pèse cent kilogrammes. Le grain qui en sort est en général relativement propre et pur. L'ivraie traverse le tamis, les balles et les brins de mauvaises herbes sont évacués par l'avant grâce à un ensemble de puissants soufflets. La paille recueillie sur le plan incliné est remise en gerbes ou plus rarement laissée en vrac. Nous la poussons alors dans un coin de la grange, elle servira de litière. Plus tard les gerbes de paille seront montées à l'étage au-dessus de l'aire de la grange. Elles constituent la réserve pour l'hiver.

L'ensemble de ce travail exige en général une équipe de cinq personnes dont chacune effectue une tâche bien précise. L'obligation de maintenir un rythme soutenu rend la tâche harassante et pénible. La poussière très gênante, monstrueuse, nous fait tousser, racler la gorge et cracher. Quand nous travaillons torse nu, la sueur coule sur le visage et sur la poitrine, ravine l'épaisse crasse qui nous recouvre et nous transforme ainsi en Cheyennes sur le chemin de guerre, tant le tatouage est saisissant.

L'orge reste ma pire ennemie. Les épillets piquent, collent à la peau et provoquent des démangeaisons bien désagréables. Un dernier passage par le tarare pour un ultime tri, puis les graines récoltées sont acheminées au grenier, à dos d'homme. Je vois encore Grand-père le sac de blé bien en équilibre sur son épaule, s'agripper à la rampe de l'escalier excessivement raide et se traîner ainsi à l'étage. Travail herculéen à cause de tous ces quintaux à transporter. Tous les deux jours, à l'aide d'un râteau ou d'une pelle en bois, nous retournons les graines, afin d'en favoriser le séchage. L'apparition de la moindre trace de moisissure était la hantise de Grand-père. Elle dénaturait le goût de la farine et la rendait impropre à la consommation.

## Description de la ferme

Dans le chapitre précédent, j'ai parlé à maintes reprises de ferme et de grange sans jamais en donner de description détaillée. Il serait peut-être intéressant d'en apprendre un peu plus.

En traversant les villages agricoles de notre région des Vosges du nord, le visiteur peut constater que chaque localité a sa touche particulière, son propre cachet. Néanmoins, même prise individuellement, n'importe quelle ferme connaît peu ou prou une même disposition.

Contrairement à la Lorraine limitrophe où l'habitat et les dépendances sont fortement intriqués les uns dans les autres, souvent rassemblés en un seul bâtiment, chez nous, l'ensemble s'articule autour d'une cour rectangulaire plus ou moins vaste. L'entrée est en général délimitée par un mur maçonné en grès rouge qui la protège des regards indiscrets des passants. Un impressionnant portail en bois massif permet l'accès à la propriété. Dans certaines de nos localités et selon la fortune du paysan, ce passage peut être immense, pareil à une entrée de forteresse et embelli par des sculptures. Plus modestement, une simple porte en bois à double battant donne accès à la cour de mon grand-père. A droite de l'entrée s'élève la maison d'habitation et accolées à elle, différentes dépendances agricoles se succèdent tout autour de la cour.

Impressionnante, tant par sa hauteur que par son volume, la grange ferme le fond de l'ensemble et en occupe presque toute la largeur. La hauteur de la bâtisse peut être comparée à celle d'un immeuble de deux à trois étages à cause du toit immense. Les fondations et le rez-de-chaussée sont maçonnés en grès des Vosges, le restant des murs réalisé en colombage. Contrairement à la définition classique, la grange est non seulement l'endroit de stockage du foin ou de la paille mais abrite aussi l'étable et le cellier.

Dans la partie gauche se trouve l'étable susceptible d'abriter six à huit vaches et deux ou trois veaux. Le sol est pavé de briques qui rendent son entretien facile. Le long du mur extérieur un trottoir légèrement surélevé évite au visiteur de se salir les chaussures. Une rigole le longe et permet d'évacuer le purin. Le mur intérieur soutient la mangeoire et le râtelier. Trois ouvertures, fermées par des volets coulissants, communiquent directement avec l'aire. À travers elles, le fermier apporte aux bêtes le fourrage et le foin. L'endroit reste plongé dans la pénombre. Seuls deux petits hublots en assurent l'aération et ne laissent pénétrer à l'intérieur qu'un faible rayon de lumière, ce qui a l'avantage en hiver d'en préserver la chaleur et en été d'y maintenir une fraîcheur relative.

La partie centrale de ce bâtiment représente l'aire, une surface plane en terre battue sur laquelle s'effectuent les différents travaux. Ses dimensions sont telles qu'elle reçoit aisément l'attelage et la voiture de foin. Une grande porte y donne accès par l'avant et vers l'arrière, une autre s'ouvre vers le jardin et le verger.

À droite de l'aire, se trouve le cellier. Il y règne toujours une fraîcheur humide, idéale pour conserver les bidons de lait frais. Une palissade en bois le sépare en deux parties. À l'entrée de cet endroit sans fenêtre, Grand-père entrepose son vin en tonneaux, le pressoir et divers ustensiles. Les bocaux de fruits ou les conserves de viande trouvent leur place sur des étagères toujours envahies de monstrueuses toiles d'araignées qui m'horripilent quand Grand-mère me fait chercher un de ces bocaux. J'en ai une sainte horreur. Dans la deuxième partie, donc au fond, Grand-père stocke les betteraves et autres navets. Une petite lucarne, la seule ouverture avec l'aire, permet de les y faire glisser lors de la récolte.

À partir du premier étage et jusque sous le toit, le bâtiment se transforme en grange proprement dite. Au premier étage, au-dessus de l'étable est entassé le foin, souvent jusqu'au faîte du toit. À droite, au-dessus du cellier, contre le mur postérieur, Grand-père range les gerbes de céréales non encore battues. Elles s'agencent en colonnes distinctes plus ou moins hautes de blé, d'orge et d'avoine. Enfin, le regain stocké vers l'avant, représente la dernière récolte de l'année, la moins importante en volume. Grand-père le distribue aux bêtes en premier, ce qui permet de dégager de l'espace. Certaines années, quand l'herbe est trop clairsemée, nous n'en faisons pas.

Au-dessus de l'aire centrale, à la hauteur du deuxième étage, une surface réalisée d'épais madriers permet encore de récupérer du volume pour le stockage de la paille, la réserve pour l'hiver.

En continuité de la grange, sur sa droite, Grand-père a fait rajouter une autre dépendance, la porcherie. Elle se divise en loges : deux pour les truies, une pour le verrat, une autre pour le porc à engraisser, celui qui sera sacrifié au cours de l'année. Contrairement à ce que l'on peut penser, le cochon est un animal qui aime la propreté. À l'intérieur de son box, il respecte spontanément différents secteurs. Un coin repos, un coin salle à manger avec son auge et un coin pour ses besoins. Je suis souvent surpris de la propreté relative qu'il maintient dans son coin de repos. Il manifeste sa mauvaise humeur si Grand-père tarde trop à nettoyer ses quartiers. Il crie, devient nerveux et tourne en rond.

À côté et faisant le coin de la propriété, la basse-cour abrite le poulailler et d'autres installations pour les poussins, les canards et la demi-douzaine d'oies. Grand-mère tient énormément à l'élevage de ces palmipèdes. Pas seulement pour la viande ou le foie gras, mais surtout pour récupérer plumes et duvet qui servent à rembourrer oreillers et édredons. Leur nombre peut brutalement exploser quand une des filles de la maison se marie et qu'il faut compléter le trousseau. Un peu plus loin, se trouve le clapier d'une dizaine de casiers. Accolée à cette partie, une remise va jusqu'à la limite de la propriété et abrite durant l'hiver la batteuse, la charrue et les autres machines dont on peut avoir besoin.

Placé perpendiculairement à la grange, un autre bâtiment nettement moins haut abrite l'écurie. Elle n'est pas très spacieuse. Deux chevaux y trouvent néanmoins l'espace vital nécessaire. Plus tard, quand Grand-père s'est séparé de sa jument, l'endroit sert de dortoir aux quatre moutons et au bélier nommé « Terreur ». Un animal excessivement agressif, surtout quand il remarque qu'on le craint. Il surpasse largement notre chien Waldi dans son rôle de gardien des lieux. En effet, « Terreur » charge systématiquement tout intrus se présentant au portail et fonce sur lui tête baissée cornes en avant. Combien de fois n'a-t-il pas foncé sur moi comme un enragé pour me bousculer? Mon père a souvent eu droit à des coups de cornes traîtres, toujours donnés par surprise. En revanche, il n'ose s'attaquer à Grand-père. Pourquoi? Grand-mère tient beaucoup à ses moutons dont elle récupère la précieuse laine. En revanche, Opa ne les apprécie guère. Ils demandent trop de travail, il faut les nourrir et les soigner. Le comble, ils sont, de temps en temps, source de tension entre les grands-parents. Pour calmer Grand-père, Oma s'en occupe et les prend en charge. Après la tonte confiée à un voisin, elle lave, sèche, brosse, carde et surtout file la laine durant les longues soirées d'hiver. Elle en confectionne les grosses chaussettes pour son mari, les châles pour ses enfants et les épaisses couvertures d'hiver pour couvrir nos lits.

Tout à côté de l'écurie ou de la bergerie, se trouve un réduit pour entreposer les pommes de terre et les choux. Dans un des coins, Grand-père a installé un parterre de sable qui lui permet de bien conserver durant les mois d'hiver les carottes, les céleris… ainsi que des greffons pour les arbres fruitiers. La choucroute et les navets salés sont conservés dans des tonnelets en bois, les haricots verts et les œufs mis en réserve dans une jarre en terre cuite, les cornichons trempés dans leur vinaigre et bien d'autres conserves y trouvent leur place pour l'hiver. Cet endroit est en quelque sorte le garde-manger de la famille. La température et le degré hygrométrique restent constants, même si les températures externes chutent à l'extrême. Durant certains hivers très rigoureux, nous capitonnons les portes avec une épaisse couche de paille pour préserver au maximum la chaleur.

Enfin, je ne voudrais pas oublier notre maison d'habitation réalisée dans le mariage classique entre colombage et torchis. Elle a le désavantage de ne pas disposer de cave, ce qui rend l'habitat relativement humide et favorise le développement des champignons et du salpêtre. La hantise de plusieurs générations !

Le rez-de-chaussée comporte trois pièces et une grande cuisine à laquelle est accroché, tel un appendice, le fournil. La cuisine représente le quotidien, le lieu de vie par excellence. Toutes les joies et toutes les peines s'y donnent rendez-vous. Une des pièces du rez-de-chaussée aménagée avec une alcôve sert de chambre à coucher aux grands-parents. À côté, la salle à manger où on ne s'installe que très rarement, aux grandes occasions, les jours de fêtes ou en cas de visite impromptue, et encore. Ces deux pièces sont formellement interdites aux enfants. Gare aux curieux qui s'y font surprendre. Leur faisant face, la « stub » le séjour, où nous nous réfugions pour les longues veillées en hiver.

À l'étage deux autres chambres, réservées aux filles de la maison côtoient une dernière pièce transformée en lieu de stockage des céréales de l'année. Celle-ci donne sur le grenier, une sorte de fourre-tout, dont la partie supérieure est transformée en pigeonnier. Les pigeons sont la grande passion de Grand-père. Il est fier de ses petits protégés qui d'ailleurs le lui rendent bien quand ils viennent picorer les graines dans le creux de sa main ou sur le dos de sa casquette dès la moindre sollicitation.

Une remarque s'impose à propos de l'habitat. La maison typique de la région peut malheureusement se transformer en véritable nid à microbes si les vieilles masures sont mal entretenues.

Dans la période qui a suivi la guerre, il n'était pas rare que des familles entières soient atteintes de tuberculose, en raison du confinement et de la malpropreté. Le torchis devenait alors un véritable bouillon de culture.

À la hauteur de l'entrée de la cour, face à la maison d'habitation, un hangar délimite la propriété. Une partie fermée en brique correspond à l'atelier avec son établi, son coin de forge et surtout l'alambic au four maçonné en pierres réfractaires. L'autre partie, la plus grande, reste ouverte à tout vent et protège des intempéries la charrette, le plateau pour la fenaison, la scie circulaire et le vélo du grand-père… Au-dessus de l'atelier Opa entasse la réserve de bois de chauffage.

J'ai failli oublier, situé à la sortie de l'étable, la fierté de chaque paysan, le tas de fumier, signe extérieur de richesse, même si la caisse familiale reste désespérément vide. À signaler encore, le puits dont la pompe archaïque date d'un autre âge. Son corps réalisé en bois correspond à un tronc évidé d'une hauteur de plus de deux mètres supportant un bras en bronze terriblement lourd notamment pour mes jeunes bras. Elle régurgite péniblement un mince filet d'une eau agréablement fraîche mais très calcaire approvisionnant l'abreuvoir taillé dans du grès rouge. Tout juste à côté du puits, trône le « *Kochkessel* », un chaudron en fonte massive qui repose sur quatre pieds. À sa base un énorme foyer engloutit de grosses bûches. Un tuyau en part et monte très haut pour favoriser le tirage et évacuer la fumée. Une jupe en fer-blanc émaillé enserre l'ensemble. Elle porte depuis longtemps de nombreuses traces de coups et de bosses, autant de stigmates d'un long usage. Un couvercle très lourd en fonte recouvre le chaudron. Ce dernier permet non seulement de faire bouillir une grande quantité d'eau, mais aussi de préparer les bouillies et mixtures diverses pour les cochons ou les volailles. Grand-mère y verse régulièrement l'eau résiduelle de la vaisselle et le petit-lait, plus rarement les restes des repas. Elle complète le mélange avec les pommes de terre trop petites pour être servies à table. L'ensemble mijote des heures durant, en même temps qu'une odeur fort agréable envahit la cour. Un bon moment plus tard, après l'avoir laissé refroidir, Oma attaque le tout avec un impressionnant pilon en bois et le réduit en une bouillie à l'aspect peu engageant mais aux effluves parfois exquis. À l'aide d'une immense louche, elle la transvase dans des seaux qu'elle verse dans les différentes auges. Les cochons en bavent de plaisir et lui font la fête en se manifestant par une série de cris et de grognements gourmands dès qu'elle s'approche de leurs box. Le porc destiné au « sacrifice » est privilégié : il a droit à un apport supplémentaire de quelques bonnes poignées de son.

Ainsi avons-nous fait le tour du propriétaire permettant d'esquisser un schéma classique d'une ferme de notre région. Seules les proportions varient d'une propriété à l'autre, plus rarement la disposition des différentes constructions. Cet agencement est une preuve supplémentaire de la pertinence paysanne qui sait allier les critères du travail bien fait avec son efficacité et sa logique. Nous avons vu comment ils construisent les moyettes, la façon spécifique d'aiguiser une faux…, voilà des habitudes, des gestes transmis de générations en générations.

Suivre la tradition et marcher sur les pas des ancêtres étaient, durant des siècles, la grande force de la paysannerie. Pour ces gens, l'ancrage au terroir et la prise de racine n'étaient pas de vains mots. Leur existence n'était possible qu'à travers un fervent, un inconditionnel amour de la terre qui se transmettait de père en fils. Chacun profitait ainsi du savoir-faire, des expériences et du vécu des uns et des autres. Cette chaîne de transmission des acquis a malheureusement été interrompue, pour certains d'une façon insidieuse, pour d'autres d'une façon brutale avec l'explosion du progrès et du machinisme.

J'ai toujours été surpris de la façon quasi religieuse dont Grand-père prenait dans sa main une poignée de terre. Il l'écrasait, la triturait pour en apprécier la qualité. Il la reniflait;

« Elle est bonne cette année, regarde comme elle s'effrite et se réduit en poussière… » disait-il alors.

Ce qu'il tenait là, ce n'était pas une poignée de terre inerte, une matière quelconque, mais bien de l'or. C'est la vie. À d'autres moments, quand cette poussière s'écoulait et s'échappait entre ses doigts calleux et déformés par le labeur, je lisais sur son visage une certaine nostalgie et dans son regard un fond de tristesse. Aujourd'hui, je suis certain qu'il devait, à travers ce geste, penser à sa mort : « Quand m'accueilleras-tu ? Laisse-moi encore un peu de temps pour te travailler et t'aimer ». Telle devait être sa prière.

À l'époque de mon grand-père, les champs, souvent réduits à de toutes petites parcelles, sont éparpillés tous azimuts à travers le ban communal. L'exploitant perd ainsi un temps énorme pour se rendre d'une parcelle à l'autre et personne ne parle alors de remembrement, chacun restant accroché à « sa terre » comme un clou à l'aimant.

Beaucoup plus tard, quand les autorités commencent à parler de plan d'occupation du sol, de réforme agraire, d'une meilleure répartition des terres, la révolte gronde à travers les villages.

Certains paysans, essentiellement les plus âgés, se montrent tout à fait opposés à ce genre d'idées et sont farouchement récalcitrants à tout changement. En revanche, les plus jeunes, rapidement convaincus du bien-fondé de ce raisonnement, y voient une amélioration de leur vie et un gain de temps inestimable. Ils subodorent les avantages certains qu'ils pourront en tirer dans la mécanisation future du travail.

Naturellement pour les anciens, tel mon grand-père, cela était vécu comme un abandon, une désertion de la terre léguée par les aïeux, une véritable trahison. On leur arrachait le cœur. Le désarroi était total quand une parcelle était octroyée au frère ennemi qui la lorgnait avec envie depuis des années. Son acquisition l'arrangeait et lui permettait de se rendre plus facilement dans son champ sans faire un grand détour. Les débats étaient alors véhéments, passionnés, douloureux et les échanges très mal vécus. Dans leur tête, il était évident que la qualité de la terre reçue était inférieure à celle cédée. Le sentiment de frustration devint d'autant plus intense.

À ce sujet, Grand-père discuta souvent d'une façon amère avec mon père… Il se référait fréquemment à son aïeul, comme s'il l'appelait au secours et sembla lui présenter ses excuses :

« Que doit penser mon père ? Il doit se retourner dans sa tombe, le pauvre. »

Ou alors : « Émile, que pensez-vous de tout ceci ? C'est notre fin à tous » disait-il si fréquemment.

Mon père le consola comme il put et lui fit miroiter les avantages de cette nouvelle situation. En fin de compte, le remembrement n'a jamais été mené à terme. En revanche, certains paysans louaient, afin d'augmenter leur surface cultivée, les terres appartenant à l'hôpital de la région qui les avait acquises ou confisquées. Elles étaient octroyées à ceux qui les sollicitaient dans le cadre d'un bail renouvelable tous les neufs ans. C'était le « *Spital Feld* », le champ de l'hôpital. Beaucoup plus tard, ces concessions hospitalières ont été vendues dans leur globalité à un promoteur, au grand dam de certains paysans.

Les anciens étaient ravis et soulagés que cette révolution n'aille pas au bout. Ils pouvaient conserver l'intégrité de leurs terres fussent-elles morcelées à l'extrême. Le machinisme ne les atteignait pas encore. Pour eux, c'était ainsi. Ils ne se posaient guère de question et faisaient fi de toute autre considération.

Le pain que l'on veut manger se gagne à la sueur du front et ils bénissent le Créateur de pouvoir travailler ainsi. Les récoltes sont considérées comme un don du ciel, une récompense normale et méritée après leurs efforts. C'est dans l'ordre des choses, dans la marche de l'univers. Il n'est pas étonnant que le paysan soit tant accroché à sa terre, elle lui appartient et fait partie de sa propre chair. À lui de la gérer le mieux possible.

Malgré tout, il reste un facteur que nulle intelligence humaine ne pourra gérer, celui de la dépendance des conditions climatiques et météorologiques. Chaque année le paysan jouera ainsi son coup de poker. La récolte sera-t-elle détruite le temps d'un orage de grêle ? À l'avenir, avec le phénomène de réchauffement climatique de la planète, d'autres soucis certainement plus ardus encore viendront s'ajouter à ceux déjà existants.

Le progrès a effacé tous ces rites et cette gestuelle séculaires, je dirais presque sacrés. Le paysan d'aujourd'hui n'a plus ce lien charnel avec la terre qu'avaient nos aïeux. J'imagine la génération d'exploitants, ingénieurs-agronomes de nos jours qui, de la période des semences du grain de blé jusqu'à son ensilage à la coopérative, n'auront plus l'occasion de toucher, ne fût-ce qu'une fois de leurs mains, cette terre généreuse porteuse d'espoir. Un nouveau vocabulaire est né et court la campagne. Le rendement à l'hectare, le montant des aides compensatoires, les OGM…

N'ont-ils pas pris le relais et ne sont-ils pas devenus l'objectif à atteindre à tout prix, même en épuisant le sol par une exploitation intensive ?

Aujourd'hui, il est permis de se poser la question : cet amour, ce respect de la terre sont-ils toujours aussi vivants ?

N'ayons pas de regrets. Nous ne pouvons, ni revenir au Moyen Âge, ni renier le progrès. Mais je pense qu'il faut protéger cette terre qui veut bien encore nous nourrir. Évitons de la violer, la maltraiter, la détruire et autant que faire se peut, par une exploitation responsable et raisonnée, préservons-la.

Dès ma plus tendre enfance, je suis peiné à la vue des efforts gigantesques demandés aux bêtes de trait. J'en pleure, quand notre voisin, un vilain bonhomme, méchant, acariâtre, frappe férocement son cheval qui pourtant fait des efforts inimaginables et donne tout ce qu'il peut. Je suis très proche de cette vieille jument dont le pied arrière droit est toujours enflé au niveau du paturon et de la pointe du jarret, ce qui la fait souvent boiter très bas. Cette bête souffrant le martyr tente de se rebiffer, montre ses dents et lance des ruades violentes en direction de son maître indigne. Son propriétaire coléreux, sadique frappe la cheville malade, avec tout ce qui lui tombe sous la main. Quelques propriétaires abjects ne montrent ni respect ni compassion pour leurs bêtes. Elles sont alors moins bien entretenues qu'une simple machine, jamais de toilettage, jamais de mots gentils ou de caresses reconnaissantes. La violence avec laquelle ils maltraitent les bêtes me révolte, m'exaspère. Je ne peux me taire devant cette brutalité gratuite. Je fais systématiquement une remarque qui est souvent très mal perçue par le bourreau :

« Auguste pourquoi frappez-vous votre bête ? ».

Elle m'attire plus tard des reproches de la part de mon père :

« De quoi te mêles-tu ? »

Tant pis ! Ces bêtes deviennent leur souffre-douleur. J'ai ainsi vu donner des coups de fourche, des coups de fouets cinglants distribués sans retenue. Même Grand-père ne supporte pas non plus cette maltraitance et s'en offusque systématiquement. Il s'étonne que l'on puisse punir de la sorte des bêtes qui pourtant sont leur indispensable gagne-pain et compagnon de labeur. Heureusement, avec le temps et l'évolution du monde rural, ces pratiques se sont totalement perdues. Mais peut-être ont-elles été remplacées par d'autres tout aussi cruelles ?

## Les fêtes champêtres

En été, le village organise une à deux fêtes champêtres. Dès le samedi après-midi, les bords de l'étang ou le terrain de foot s'animent brusquement.

De nombreux bénévoles s'activent dans tous les sens. Ils courent, martèlent, scient et assemblent planches et poutrelles. Différents stands sont dressés, ceux pour la boisson, la confiserie et la loterie. Au milieu du terrain le charron et le charpentier s'évertuent à construire une estrade pour les futurs danseurs et les diverses fanfares des villages voisins.

Les travaux finissent souvent tard le soir, les participants traînent et en profitent pour discuter et boire une bière fraîche. La vraie fête ne débute que le lendemain après l'office dominical.

Les paysans s'y donnent rendez-vous pour l'apéritif et la plupart se restaurent sur place en prenant une paire de knacks ou autre saucisse à griller, tandis que le gros de la foule arrive vers quatorze heures et avec elle l'ambiance monte rapidement d'un cran. Dès ce moment j'assiste, un peu médusé, à une véritable « explosion ». Il y a trop de cris, trop de bruit, trop de bousculades et surtout trop de beuveries. Je n'aime guère cette atmosphère tourmentée et survoltée. En revanche, j'attends avec impatience la prestation de nos artistes locaux, Yvonne et Gaby. Toutes deux représentent la « Volksmusik », la musique populaire. Elles seules arrivent à obtenir le silence et à tenir en haleine les participants à la fête. Leurs voix, une vraie féerie. Yvonne, la soprano, c'est du cristal, avec en plus une énergie impressionnante et insoupçonnée lorsqu'elle jodle. Gaby a plutôt une voix chaude, douce, langoureuse. Elle me remue et me trouble jusqu'aux larmes. Je les écoute avec ravissement sans jamais me lasser. Il en est de même pour la prestation toujours fort appréciée de la chorale Sainte Cécile dirigée par mon père. À travers son riche répertoire, elle alterne d'anciennes chansons populaires avec des chants patriotiques à quatre voix. La voix de ténor de mon grand-père Eugène, surnommé « *de lange Vater* », fait merveille lorsqu'il chante en duo avec Louis, dit le

« *Hoé* », un baryton extraordinaire. Tous deux ont des capacités vocales hors du commun. Le choix du répertoire et la qualité de l'interprétation entraînent l'adhésion, voire l'enthousiasme du public. Pour moi ce sont les seuls moments agréables et dignes d'intérêt.

Parallèlement, les responsables de la fête organisent divers jeux et concours, course en sac, un exercice pour mesurer la force en poussant un poids monté sur rail… Alors, jeunes et vieux se mesurent et jaugent leurs capacités physiques, le tout dans une ambiance décontractée et bon enfant. Certaines années, ils dressent un mat de cocagne auquel ils accrochent une ou deux bouteilles de vin et un alléchant jambon fumé. Ils aiguisent la convoitise des jeunes grimpeurs. Celui qui a la chance de décrocher le gros lot devient la star de la journée. Il est forcément très jalousé et se sent obligé de payer la tournée à ses copains. À l'évidence, ce moment de grande détente et de liesse, nous sert de défouloir. Les esclaves de la terre mettent entre parenthèses leurs soucis et leurs peines et profitent un court instant de la joie de vivre.

En revanche, les beuveries, je ne les supporte pas. Les jeunes gens, souvent ceux qui rentrent du service militaire ou ceux ayant une permission exceptionnelle, organisent des concours, à qui boira le plus vite la plus grande quantité de bière. Ils calculent en mètres. Cela se termine régulièrement par un nombre impressionnant d'états d'ivresses, de « cuites ». Il suffit que l'un ou l'autre ait l'alcool méchant, pour que la situation dégénère en pugilats. Les plus grosses bagarres éclatent à la tombée de la nuit lorsque les jeunes gens des environs viennent se mesurer régulièrement à la force de frappe locale. Depuis de longues années déjà, une rivalité tenace oppose le village voisin au nôtre. C'est devenu un rituel qui prend souvent des proportions incroyables. Les mesquineries, la méchanceté, je dirais la bêtise de certains, sont telles qu'elles empêchent la rencontre de jeunes tourtereaux prêts à soupirer l'un pour l'autre. Leur quiétude est fortement compromise. Les mœurs de l'époque sont ainsi faites.

Aussi longtemps qu'on en reste aux coups de poing, la situation n'est pas trop dramatique. Mais quand les bagarres deviennent plus sérieuses, s'enveniment et que les belligérants s'affrontent à l'aide de tessons de bouteille, voire de couteaux ou de serpettes, l'engagement prend une tout autre tournure. Je n'ai jamais compris qu'il puisse y avoir des spectateurs avides de ce genre de démonstrations. À ce moment, on peut sentir une haine brutale, presque animale et incontrôlée, émaner des rangs des combattants et des spectateurs friands de ce type d'excès.

Les fauves sont lâchés, la hargne et la violence atteignent leur paroxysme. Quelle horreur ! Heureusement, les coups de couteau sont rarement très profonds et restent limités à des joues balafrées, des avant-bras entaillés, exceptionnellement un coup dans l'abdomen. Accidentellement on peut aller jusqu'à la blessure sérieuse nécessitant l'intervention urgente d'un médecin. Aujourd'hui, cela me fait penser à la période du « Sturm und Drang » durant laquelle la balafre, plus ou moins longue à travers le visage, était le signe distinctif de l'étudiant fier et viril.

Un jour, à l'occasion d'une telle bataille rangée qui oppose des gitans et des vanniers aux jeunes du village, le maire doit faire appel aux gendarmes du chef-lieu de canton. Les cris, les insultes vont crescendo et la violence devient telle qu'on peut à tout moment craindre le pire. Les serpettes scintillent sous les rayons du soleil couchant, une chaleur écrasante échauffe les esprits, la bataille fait rage. Les bonnes volontés sont largement dépassées par l'ampleur de la rixe. Impossible de séparer les belligérants. Un vent de panique passe dans la rue et sur le champ de bataille.

Et la maréchaussée tarde à venir.

L'angoisse est palpable. Monsieur le maire, ceint de son écharpe tricolore, s'avance, crie l'ordre de cesser le combat. Il égosille des « halte au feu ». Mais rien n'y fait. Courageux, mais pas téméraire, il n'ose approcher du noyau dur des frères ennemis. Il n'a donc, pour ainsi dire, aucune autorité sur eux.

C'est le restaurateur du coin qui sauve la situation. Il se rend à l'étable, excite bien le taureau puis, sans crier gare, le lâche dans la mêlée. Le monstre de chair et de puissance tire la langue, bave, écume de colère et gratte la terre de ses sabots. À la vue de la bête furieuse sur le point d'attaquer et de foncer dans le tas, nos braves combattants se séparent, se dispersent comme des feuilles mortes poussées par un coup de vent. C'est le sauve-qui-peut.

C'est à ce moment précis, que trois gendarmes en tenue de combat, chevauchant moto et side-car, font leur entrée triomphale. Le taureau marque un temps d'arrêt, ses naseaux fument. Il baisse la tête, gratte avec force et violence l'asphalte de la chaussée de ses sabots antérieurs et charge, probablement agacé par le bruit pétaradant de la moto, les braves gendarmes. Le pilote donne un coup de frein désespéré, fait un dérapage plus ou moins contrôlé et après un demi-tour vertigineux, accélère à fond et repart dans la direction d'où ils sont venus. Le taureau, après une course d'une cinquantaine de mètres, s'arrête et abandonne la poursuite. Les spectateurs réfugiés, les uns sur un mur, les autres sur un tas de bois ou une charrette, sont tous hilares devant la fuite éperdue du side-car de la maréchaussée. Les moqueries à l'égard des gendarmes sont nombreuses, les quolibets souvent très piquants. Alors le restaurateur, propriétaire de la bête, aidé par quelques gaillards courageux, pousse le taureau dans l'enclos situé non loin de l'arène improvisée et afin de calmer définitivement la bête fait sortir les vaches. Tout naturellement la sérénité revient dans le pré et dans la rue.

Pendant ce temps, un des gendarmes, l'arme au poing, s'avance en éclaireur, rase les murs et se tient prêt à sauter dans la première porte qui s'ouvre. Le calme rétabli, ses collègues le rejoignent rapidement. Monsieur le maire les invite à prendre un verre au buffet champêtre, verre qu'ils refusent :

« On ne boit pas durant le service ».

Ils étaient venus pour enquêter, afin de découvrir qui étaient les belligérants, les meneurs, qui avait commencé, qui avait un couteau, qui… et qui… L'ambiance remonte rapidement d'un cran. Elle redevient électrique. Les gendarmes appréhendent deux jeunes, les plus innocents, ceux qui n'ont rien fait ou si peu, tandis que les vrais coupables, les durs, les caïds ont depuis longtemps déserté les lieux et disparu Dieu sait où.

Marguerite, la bigote, croyant certainement à la reprise de la guerre de 14-18, est partie entre-temps chercher du secours auprès de monsieur le curé. Comme s'il avait le pouvoir d'arrêter cette bagarre.

Il arrive rapidement et sa présence sur les lieux a au moins l'avantage de calmer la colère des gendarmes gênés et vexés par leur fuite. Le maire, l'instituteur, le curé, pour ne pas dire les trois notables, parlent d'une seule voix et se font les avocats de nos jeunes, qui, naturellement, n'ont rien fait. Ils sont les pauvres victimes de la violence générée par des intrus malveillants. Tous issus de très bonnes familles citoyennes modèles, qui ô grand dieu, n'auraient jamais pu déclencher une telle bagarre ! Les coupables, il faut les chercher ailleurs, mais certainement pas au sein de notre village réputé pour sa tranquillité, sa joie de vivre et la douceur de ses mœurs.

Sur ce, Monsieur le curé et le maire décrètent, haut et fort, que l'enquête est bouclée, que nos braves gendarmes ne sont plus en service par manque de combattants et qu'ils les invitent tout naturellement à partager le verre de l'amitié avec les concitoyens. Comme quoi tout est bien qui finit bien.

Mais au moment où les forces de l'ordre veulent enfourcher leur side-car, une bien désagréable surprise les attend. Un des malfrats a saboté le matériel de la gendarmerie nationale en crevant les trois pneus. Le brigadier est fou de rage. Tout juste, s'il n'accuse pas le curé, l'instituteur et le maire d'être les auteurs ou au minimum les complices des malfaiteurs. Reprise des palabres, enquête rapide, personne n'a rien vu, ni rien entendu. La conclusion des villageois unanimes est toute trouvée : seuls les gitans sont capables de commettre un acte de vandalisme aussi lâche. Du coup, le problème du brigadier est double. Comment rapatrier ses hommes ? Et surtout, je suppose, comment justifier un tel désastre devant son chef ?

Mon père leur suggère de pousser le side-car sous le préau de l'école où il sera en sécurité. Pour le retour, il met notre 202 à leur disposition pour les ramener à la brigade. À l'époque, ils n'ont pas de matériel de transmission ni de radio. Le chef ne peut donc pas être averti. Il n'y a qu'un seul téléphone au village, à l'épicerie. Mais cette brave dame ne peut s'empêcher de suivre les conversations des clients. Mon père déconseille vivement au brigadier de s'en servir et lui renouvelle sa proposition de les rapatrier en voiture. Après une courte concertation avec ses collègues, il acquiesce.

Ils partent bien vite, certainement peu fiers de leur exploit. Il est convenu qu'ils reviennent le lundi matin avec trois roues de rechange pour récupérer leur engin.

Je ne me rappelle plus l'heure tardive du retour de papa. Mais qu'est-ce qu'il était gai ! Il n'arrêtait pas de rire et de se moquer de la déconvenue des gendarmes. J'avais l'impression qu'il avait bien arrosé, en leur compagnie, cette situation rocambolesque. Au village on en rigola longtemps. On n'a jamais su qui avait été le responsable de cet acte de vandalisme avéré.

Une fois de plus, c'est le curé qui eut le dernier mot. Lors de son homélie dominicale, il fustigea les jeunes gens violents, les traitant de graine d'assassin, de brutes, d'hommes des cavernes, avant de conclure par une absolution générale. Le Seigneur lui-même n'avait-il pas dit :

« Père, pardonnez-leur… » ?

La paix et la sérénité revinrent rapidement au village ! Oh combien charmant s'il voulait.

Durant la période de reconstruction de notre église c'est la paroisse qui organise ces fêtes afin de ramasser quelques sous destinés à combler l'énorme trou que représente la réfection d'un tel édifice. Il y a toujours foule, car participer à une telle fête devient un acte de charité. Les gens des villages voisins sont toujours fidèles au rendez-vous et viennent nombreux. À cette époque les pompiers s'impliquent fréquemment et le centre de secours dont nous dépendons fait des démonstrations virtuoses de son savoir-faire et de son matériel de lutte contre les incendies. En tant que gamin je suis ébloui notamment par la puissance d'une des pompes qu'ils mettent en batterie. Sa puissance est telle qu'en moins de trente secondes le jet a entièrement disloqué une meule de foin spécialement montée près de l'étang. C'est impressionnant.

Ces fêtes sont un défouloir pour ces gens qui ne connaissent que la vie dure, celle de l'effort, celle qui se gagne à la sueur du front. Elles permettent aussi de cultiver l'entente et le bon esprit dans la communauté villageoise. Encore que quelques têtes de mules en profitent pour régler leur compte à tel ou tel voisin chamailleur ou considéré comme tel. Même si les deux belligérants se cherchent à longueur d'après-midi, les organisateurs et les convives présents, veillent au grain pour que cela ne dégénère point. Quelle meilleure arme pour neutraliser les futurs combattants qu'une overdose d'un mélange savant de vin blanc, de bière et de schnaps. Le résultat est rapidement acquis, nos deux rebelles s'assoupissent au coin d'une table ou tout simplement au pied d'un saule tout proche. Les lieux retrouvent spontanément le calme et une certaine sérénité. L'ambiance festive est particulière au bord de l'étang, comme si l'élément aquatique avait une vertu sédative et calmante sur certains esprits surexcités. C'est là que se déroulent les plus belles manifestations.

## L'étang

Niché au creux du vallon, dans la partie basse du village il s'étend sur environ un hectare et longe les dernières habitations dont il est séparé par un fossé. Son propriétaire, M. Pfaff, mineur de fond au Puits III du bassin pétrolier de la région, l'a entièrement creusé à la seule force de ses poignets, sans excavatrice ni autre engin motorisé. Cet homme probablement non satisfait de remuer la terre à quelques cent mètres de fond poursuit ainsi sa passion. Pareil à une taupe, il creuse, extrait, étale, déplace la terre, mètre cube après mètre cube, pour enfin atteindre son but, la réalisation de cette belle retenue d'eau. Elle fait cent cinquante à cent quatre-vingts mètres de long sur cinquante à soixante de large et deux à trois mètres de profondeur en son milieu. Elle est prise entre deux ruisseaux. L'un, à sa droite, n'est qu'un mince filet, résultat des infiltrations d'eau de pluie recueillies par le bassin de captage naturel constitué par les collines environnantes. Il est souvent à sec en été, mais peut déborder d'une façon ravageuse et inattendue après un violent orage ou au printemps à la fonte des neiges. L'autre à sa gauche, l'Eberbach, plus important, a d'ailleurs donné son nom à cette charmante localité, nom dont l'origine se perd dans la nuit des temps.

### *Le patronyme*

Une première hypothèse repose sur des considérations historiques. Notre village serait né à l'époque où des peuplades venues d'Europe Centrale et du nord traversaient notre région. Quelques-uns de ces migrants se seraient sédentarisés sur cette terre et lui auraient donné le nom d'« *Eber* » qui signifie ruisseau en basque. Les autres auraient poursuivi leur migration jusque dans le pays Basque. Il est à remarquer que quelques villages de la plaine d'Alsace portent des noms commençant par le même *Eber*: Ebermunster- Ebersheim…

Plus tard de nouveaux arrivants, d'origine germanique ceux-là, y auraient accroché le mot « Bach ».

Une autre explication, plus plausible et plus récente, s'intéresse à l'association des deux mots allemands, « Eber » et « Bach ». Eberbach signifierait donc tout simplement « rivière du verrat ou des verrats ». Cette dernière définition, qui est d'ailleurs conforme au blason représentant en gros plan la hure d'un sanglier, pourrait très bien avoir été, à une certaine époque, en correspondance avec la situation socio-économique.

### *Le ruisseau*

Quant au ruisseau, il naît de deux sources jumelles émergeant entre quelques touffes d'herbe au pied d'une colline pentue couverte de prairies elles-mêmes bordées de forêt. Mes sorties à travers champs m'emmènent souvent à cet endroit isolé, voire secret.

Il y règne une ambiance particulière, mystérieuse, magique. C'est le point de rencontre de deux mondes, l'un fait de silence profond de cathédrale, l'autre où les nombreux oiseaux chantent l'hymne à la vie. J'ai toujours l'impression qu'une force surnaturelle avait pris possession de ce lieu. J'éprouve une sensation étrange, comme s'il y avait là une présence invisible, indéfinissable et pourtant presque palpable. Un souffle, semble émaner des profondeurs de la terre. Pourtant cela ne peut se résumer à une énergie tellurique concentrée en ce point. Je suis intrigué. Une inquiétude incompréhensible m'habite et me tiraille car je ne comprends rien à ce qui m'arrive. D'où vient cette eau cristalline, très fraîche, agréable à boire jaillissant sur son lit sablonneux rouge ocre étincelant de pureté ? Quelle fée ou autre nymphe se cache ici pour nous faire don de ses bienfaits ? La source chante, fluette et douce, sa mélodie légère.

Alors que sa sœur, la cascade bondit entre les rochers en dévalant la pente, notre source est légère comme une plume virevoltant dans le vent. Elle me fascine. Avec mes mains, je creuse un trou à quelque distance de son émergence pour y plonger mes pieds quand la chaleur de l'été me fait suffoquer. L'eau est très fraîche mais tellement douce. Il m'arrive de temps en temps, l'herbe haute n'étant pas encore fauchée, de me fondre dans le massif de verdure. Je m'allonge, les mains sous la nuque, le nez au firmament et me laisse bercer par son doux murmure. Mes pensées se perdent alors dans l'infini du ciel bleu où s'accrochent, très haut, quelques nuages blancs telles des boules de coton. La brise à travers les sapins m'apporte le ramage d'une myriade d'oiseaux. Le coucou lance son cri sonore, répétitif qui domine celui des autres choristes. Pourtant son chant n'a rien d'harmonieux et devient même irritant par son insistance. Il n'a rien de comparable à celui de l'alouette qui, accrochée au ciel, bat de ses ailes comme le papillon tout juste sorti de sa chrysalide, grisolle des heures durant. Allongé ainsi, je rêvasse, goûte aux merveilles de la nature et souvent m'enfonce dans de profondes réflexions. J'aime venir en ces lieux enchanteurs le soir quand l'ombre des sapins s'allonge pour engloutir peu à peu la prairie avoisinante. Il n'est pas rare de surprendre une biche accompagnée de son faon. Elle vient se désaltérer en toute quiétude dans la fraîcheur du crépuscule. C'est aussi le moment privilégié où le rossignol décline sa partition envoûtante et virtuose telle une diva.

De son berceau, la source déborde en un mince filet et s'écoule lentement en pente douce, pour donner naissance un peu plus loin à un ruisseau. Il creuse de plus en plus profond les méandres de son lit, en se traînant paresseusement à travers les prairies tout près de la forêt. Il peut gonfler brutalement lors d'un orage, tout comme il déborde fréquemment après une longue période pluvieuse. Il nourrit ainsi les prés en y déposant de riches alluvions sans jamais être destructeur. Il longe le village sur toute sa longueur. Les nombreuses haies, les vieux saules, les ormes, les aulnes et quelques peupliers deviennent autant de sentinelles placées sur son parcours et des refuges pour les nids de merles ou de pies.

À un endroit, entre deux méandres, les anciens ont élargi et creusé son lit pour en faire un lavoir rudimentaire. Le bord escarpé taillé en marches par une main charitable est renforcé par deux ou trois bouts de planches. Elles permettent de s'y maintenir ne fût-ce qu'en équilibre instable. En l'absence de toute autre installation, les lavandières travaillent dans l'inconfort le plus total. De plus, elles sont tributaires des sautes d'humeur de ce cours d'eau. Combien de fois notre maman ne doit-elle pas rebrousser chemin quand, arrivée au lavoir elle constate que le niveau de l'eau est nettement trop bas ou qu'elle est sale et boueuse. À d'autres moments, quand la rivière sort de son lit et que le courant est trop fort, le lavoir devient inaccessible. Maman fait demi-tour et tire sur le chemin chaotique, en forte pente, la lourde voiturette emportant la grosse bassine en fer-blanc. Encore des efforts pour rien !

Parfois je l'accompagne pour l'aider dans cette tâche pénible ne serait-ce que pour tirer la charrette. Arrivée sur place, elle installe une petite plate-forme taillée dans quatre planches clouées ensemble lui permettant de s'agenouiller sans trop se mouiller. Elle y emboîte une autre planchette inclinée vers le bas servant de table de travail. Elle trempe le linge, le savonne énergiquement avec un gros cube de savon de Marseille, le brosse vigoureusement et le rince longtemps. Elle finit par un essorage puissant. Quelle corvée ! Que de fatigue et d'efforts consentis quand, agenouillée, pliée en deux elle se penche au-dessus de l'eau et qu'à bout de bras elle immerge ses chiffons. Un mouchoir ne pose pas de problème, mais en revanche, quand elle agrippe un lourd drap gorgé d'eau elle s'épuise à le retenir. De temps en temps, les doigts engourdis au contact de l'eau froide laissent échapper un morceau de linge qui s'en va au fil de l'eau. Il ne part jamais très loin et s'accroche à un des nombreux branchages traînant dans son lit. Encore faut-il se redresser, déployer le dos endolori si elle veut le récupérer. Après deux heures de ce travail harassant, maman se plaint fréquemment de courbatures, de lumbago et d'ankylose des genoux qui se mettent alors à craquer comme de vieilles jointures. De temps en temps, elle partage ce moment avec une des voisines, l'occasion du journal parlé de la radio locale. Les derniers cancans sont passés au crible et il y en a !

De retour à la maison, maman suspend le linge sous le préau de l'école toujours très venteux où il sèche rapidement et déjà, elle pense au repassage. Elle a la chance de pouvoir se servir d'un jeu de deux fers, un pointu et un arrondi, qu'elle place sur la cuisinière pour les chauffer. Grand-mère, quant à elle, emploie encore un énorme fer datant d'un autre siècle. Il est excessivement lourd et malaisé à manipuler. Pour le chauffer, elle introduit à travers une petite trappe logée à la face supérieure du socle des braises incandescentes sorties du foyer de la cuisinière. Un travail pénible et dangereux. Les brûlures aux avant-bras et aux mains sont fréquentes. Le jour, beaucoup plus tard, où maman acquiert enfin son premier fer électrique, c'est la révolution au foyer. Elle est fière quand notre père porte sa chemise blanche du dimanche sans le moindre faux pli, le col et les manchettes savamment amidonnés.

Pendant ce temps, notre ruisseau ne cesse de couler vers son horizon lointain. Après le lavoir, il prend de l'ampleur, grossit et devient rivière. L'Eberbach poursuit son chemin, toujours aussi nonchalant et paisible, qui le mènera à travers la forêt de Haguenau pour se jeter plus loin dans la Sauer.

Son eau claire laisse découvrir quelques goujons frétillants, de nombreuses larves et d'autres locataires. En été, des couleuvres y séjournent fréquemment. C'est toujours un moment de panique quand nos chemins se croisent. Je ne les aime pas. En revanche, j'admire les iris sauvages qui, accrochés à son bord abrupt, viennent éclore fin mai début juin. Leurs fleurs d'un jaune marqué, visibles de loin, tranchent sur le fond vert foncé des pairies. Elles jouent à cache-cache avec les herbes aquatiques, les joncs et les nombreux roseaux dont les feuilles sont coupantes comme des rasoirs. L'eau limpide s'écoule en un clapotis joyeux, souple et léger, saute les racines, les branches mortes qui s'y décomposent, autant d'obstacles que le courant efface ou contourne facilement. J'aime bien découvrir ce cours d'eau, le matin, quand la rosée recouvre l'herbe et scintille sous les premiers rayons de soleil. De nombreuses toiles d'araignées, tissées avec talent des heures durant par ces travailleuses infatigables, émergent alors de la brume. Leur piège mortel s'est déjà refermé sur quelques mouches ou autres insectes imprudents. Si mon arrivée était assez discrète, j'avais la chance de surprendre un martin-pêcheur en pleine action. Je reste en admiration devant la beauté de cet oiseau multicolore. Seul son énorme bec me paraît disproportionné par rapport au reste du corps. Ses battements d'aile rapides et saccadés lui confèrent une vitesse et une agilité fantastiques. Sa robe écarlate sur la face ventrale, à dominante bleue, piquetée de blanc, scintille et lui donne, lors de son vol, un éclat métallique. Il annonce sa venue par un chant relativement riche, des « tiërht » prolongés. Si je fais silence et que je reste cloué sur place sans bouger le moindre cil, car il est excessivement farouche, je peux l'observer dans sa pêche. Il s'installe, craintif, sur une branche basse chevauchant le ruisseau et enregistre le moindre mouvement. Il lance des « tit, tit, tit » courts et stridents. Puis brutalement se tait et, alors, telle une pierre, plonge dans un bruit sourd, un « flop » assourdi, dans le courant pour en ressortir aussitôt, ruisselant et maintenant un petit poisson au travers de son immense bec. Il s'installe sur une branche, s'ébroue, puis d'un mouvement rapide redresse sa proie sans qu'elle ne lui échappe et la déglutit toute entière. Visiblement satisfait de son festin, il reprend son chant dans une tonalité et avec une mélodie différente. Cet oiseau me fascine tant par sa beauté que par la vitesse de son vol saccadé et heurté.

J'ai pu localiser son lieu de nidification. Je l'ai exploré après son départ. Curieusement, il creuse, dans le bord abrupt de la rivière, une galerie de quatre-vingts centimètres à un mètre de profondeur. Ce boyau se termine par le nid proprement dit, une cavité de dix à quinze centimètres de large et autant en hauteur, sans qu'il y ait ajout de plume ou d'autre duvet. C'est à se demander comment il peut se façonner une telle réalisation aussi discrète.

Une petite dérivation creusée à travers les champs permet de drainer le trop plein du ruisseau vers l'étang dont j'aime, de temps en temps, faire le tour.

En général, son accès et la baignade nous sont interdits. De toute façon, son eau boueuse ne nous y encourage guère. À chaque saison le paysage varie et donne une touche différente à ce merveilleux endroit. À tout instant, le visiteur découvre un aspect particulier de la vie sauvage qui se déroule tant dans l'eau que sur ses berges souvent marécageuses.

En été, les nombreuses libellules au vol silencieux folâtrent de roseau en roseau. Les belles « demoiselles » de bleu vêtues, si imprudentes, se font happer en vol par un merle noir dont la nichée crie famine et attend son retour avec impatience. Dans un secteur de l'étang, le niveau d'eau est plus faible. Une forêt de roseaux s'y développe anarchiquement au grand plaisir de nombreux passereaux qui y trouvent un lieu de nidation et un refuge. Je passais des heures à les observer. Que la création est riche et belle. Entre les passereaux, les petits et grands échassiers, mon regard n'a que l'embarras du choix. Tout ce petit monde vit de concert autour de ce plan d'eau. Il grouille de vie à l'abri d'une paix fragile. En effet les prédateurs se tiennent à l'affût et dès la moindre occasion sautent sur l'aubaine pour faire ripaille. Tantôt une pie chaparde une nichée de pinsons dont elle est friande, tantôt un corbeau profite de l'absence momentanée de la mère alouette pour gober quelques œufs cachés au fond du nid. Il n'est pas rare non plus de voir un épervier accroché haut dans le ciel, au-dessus des roseaux, planer en un long vol scrutateur puis plonger telle une flèche sur un passereau imprudent. Ainsi va la vie. C'est la loi du plus fort, le cycle du carbone se perpétue.

J'admire surtout la poule d'eau et la foulque noire que les non-initiés confondent souvent. La poule d'eau a un bec dont la base est rouge et la pointe jaune. Elle porte des raies blanches sur le flanc, deux signes distinctifs nets. Si les deux peuplent les plans d'eau, la foulque est plus visible car moins effarouchée et nage facilement sur toute la surface. La poule d'eau, plus timorée, a tendance à se cacher et plonge rapidement à la vue de l'homme pour se cacher dans la végétation et les berges empierrées dont elle ne s'éloigne que peu. Au retour de sa migration, vers la mi-mars, elle construit son nid en entrelaçant des joncs et des roseaux. Début avril, son activité tourne à la frénésie, le temps presse, la ponte est imminente. Un calme relatif revenait dès la période de la couvée. Puis la femelle et le mâle s'activent à nouveau, dès juin-juillet, en vue d'une deuxième nichée. La couvée dure environ trois semaines durant laquelle les parents se relayent pour maintenir au chaud les six à huit œufs pondus. Après l'éclosion, dès la fin de la première semaine, les jeunes désertent le nid et partent à la découverte du nouveau milieu tout en restant sagement à l'abri entre les tiges des roseaux. La robe des petits est noire, seule la tête est rougeâtre. Au début, les parents les ravitaillent en insectes, en larves, en petits mollusques et en feuilles tendres. Cet oiseau a la particularité d'agiter sans cesse son croupion, qu'il soit en train de nager au fil de l'eau ou de courir le long de la berge.

Quant à la foulque noire, elle se reconnaît facilement à son plastron sur le front et son bec blanc, le nid est placé directement sur l'eau, souvent flottant et rattaché à la terre par un pont de roseaux. Par-dessus, les oiseaux s'échinent à construire un toit fait d'un lacis de brindilles sèches et de tiges végétales, afin d'en assurer un meilleur camouflage. Quel spectacle ravissant quand, après la couvée, là encore de trois semaines comme pour sa cousine la poule d'eau, les parents portent fiers leur progéniture sur leur dos et partent à l'aventure entre les différents bouquets de roseaux, d'iris ou d'herbes aquatiques. Les jeunes ont une robe noire, leur tête est rouge orangé, avec quelques plumes jaunes à la base du bec. La foulque se nourrit essentiellement de verdure ou de graines. L'apport protéique indispensable à une croissance rapide des petits est assuré par des insectes ou autres invertébrés.

Le canard colvert, autre habitant régulier de notre étang, me fascine par sa beauté et par ses mœurs. Sa parure est nettement plus belle que celle des canards domestiques de la ferme. Le mâle est haut en couleurs. La tête et le cou d'un vert brillant se termine par un collier blanc, la queue se finit en panache noir dont quelques plumes sont recourbées en boucles. Le moment que j'apprécie le plus, c'est quand je peux assister à leur danse nuptiale, une belle chorégraphie. Les amoureux nagent côte à côte, tournent en rond, le mâle gonfle ses plumes, penche son bec vers sa partenaire, hoche la tête, la plonge sous l'eau comme pour se mettre en équilibre sur la tête, les pattes seules étant encore visibles, puis se rétablit et agite frénétiquement sa queue. Il émerge tout entier de l'élément liquide et s'envole ailes dans ailes avec sa partenaire tout en poussant des cris sifflants. Un autre tableau attendrissant est celui de mère-cane qui part, suivie de six à neufs poussins au duvet léger brun-jaunâtre encore clairsemé, à la recherche de nourriture. Elle glisse majestueuse à la surface de l'eau appelant par des « coin-coin » répétés sa progéniture qui nage en piaillant dans son sillage.

*Les grands échassiers*

Des grands échassiers, le héron cendré est le moins présent. Sa conduite m'intrigue. Tantôt il se montre terriblement effarouché et se sauve dès qu'il nous aperçoit, tantôt quand il est en train de pêcher, il se laisse approcher à deux mètres. Sa patience, son attention sont infinies. Perché sur une de ses deux échasses il reste là, comme planté, immobile. Seuls ses yeux glauques s'ouvrent et se ferment à intervalles réguliers. Il maintient son immense cou allongé au-dessus de la surface de l'eau et reste ainsi à l'affût. Transformé en branche morte, il fait illusion. Lorsque la perche, inconsciente du danger, vient chasser à son tour tout près du bord, elle se fait piéger par un rapide et mortel coup de bec. Le héron n'a guère l'élégance d'une cigogne et son vol lourd, mais néanmoins très efficace, m'impressionne et contraste avec sa démarche un peu gauche quand il avance le long de la berge.

Au printemps, le croassement des crapauds et des grenouilles remplit le silence du soir ou de la nuit. Il vient éveiller ma curiosité jusque dans ma chambre. Gamin, combien de têtards n'ai-je pas ramené à la maison afin d'observer leur métamorphose. J'ai souvenir d'un bocal récupéré je ne sais où dans lequel j'ai emprisonné trois jeunes grenouilles vertes, capturées avec plus ou moins d'aisance.

Curieusement, elles disparaissent rapidement et se sauvent spontanément aux dires de maman qui ne supporte guère ma « ménagerie ». En fin de compte je préfère de loin les observer dans leur milieu naturel. Certains soirs, je me rends près de l'étang pour surprendre la colonie de batraciens. À chaque pas que je fais, je perçois, dans le calme et le silence du soir, les « plop » précipités des grenouilles sautant à l'eau pour se mettre en sécurité. En effet, les abords grouillent de couples inséparables et toujours fermement enlacés, comme aimantés.

Certains de mes copains les traquent régulièrement. Ils sortent tard le soir et en ramènent des dizaines pour les déguster en famille les jours de fête. Je n'aime ni les attraper, ni les tuer, ni surtout les manger. À l'époque je trouve ceci insensé. Depuis j'ai découvert la délicatesse de leur chair.

*Les cigognes*

Je ne pourrais clore ce chapitre concernant la faune de notre étang sans mentionner un des plus beaux spécimens d'échassiers, la cigogne, l'emblème de l'Alsace.

Depuis presque dix ans un couple de cigognes blanches s'est invité parmi nous. Il a choisi la haute cheminée de l'auberge, une grande bâtisse, pour construire branche après branche son énorme nid. Les cigognes y reviennent chaque année et ne cessent de le consolider et de l'améliorer. Au bout d'une décennie il a pris des proportions importantes et pose problème. Son poids fragilise la cheminée sur laquelle il repose. Un jour, vers la fin d'un hiver très neigeux, il est tombé sous l'effet du vent et de la masse de neige qui s'y est accumulée. Cette catastrophe, nous fait craindre que nos amies ne s'y installeront plus et déserteront définitivement les lieux, probablement au grand soulagement de l'aubergiste. Les commentaires vont bon train quand, comme à l'accoutumée, nos chers ciconidés font leur réapparition fin mars début avril. Elles sont revenues de leur longue migration qui les a menées jusqu'en Afrique de l'est ou du sud. Leur retour, au début de chaque printemps, donne lieu à des manifestations de joie à travers tout le village. C'est la fête pour les grands comme les petits. Nous les attendons et tout spécialement cette année-là, elles annoncent, avec les hirondelles, l'arrivée de la chaleur et des beaux jours. En général c'est le mâle qui vient en premier, suivi quelques jours plus tard par la femelle.

Le couple se met immédiatement au travail pour reconstruire le nid. Le mâle ramène des branches ayant jusqu'à quatre centimètres de diamètre qui servent de socle et d'assise. Sa partenaire les agence, les entortille en se servant autant de son long bec que de ses pattes. Les coups de bec sont précis et diaboliquement efficaces, et ainsi, au bout de huit jours le gros œuvre est achevé. Il ne reste plus qu'à aménager l'intérieur pour le rendre le plus douillet et le plus confortable possible. Le mâle, encore lui, poursuit sa quête de brindilles plus fines, de touffes d'herbes, de mousse, de papier, de chiffons que la femelle dispose pour créer un creux profond bien capitonné.

C'est alors que commencent les manœuvres d'approches et de séduction que le mâle déploie pour conquérir sa partenaire. Il lui donne de petits coups de bec, virevolte et sautille autour d'elle. De temps à autre, il claque du bec en rythme tout en jetant sa tête en arrière pour la ramener vers l'avant dans un mouvement lent et majestueux. La femelle répond au cérémonial ou bien s'envole en un coup d'aile moins pour explorer les alentours que pour se faire désirer davantage. Nos amoureux multiplient les manœuvres de séduction et peaufinent la chorégraphie de leur parade nuptiale. C'est la période où le couple est le plus bruyant. Les cigognes nous offrent régulièrement des concerts de castagnettes ou de crécelles. Leurs claquettements sont de tonalité et d'intensité variables, parfois intenses et soutenus ou alors discrets et plus fluets. La modulation est fonction du sentiment exprimé. Le mâle comme la femelle les déclenchent souvent au retour au nid en signe de salutation ou spontanément quand ils s'allongent côte à côte. Quand les claquettements émis sont doux et tendres, cela donne l'impression d'un couple qui badine et s'entretient en toute intimité. À d'autres moments, les appels sont puissants, aigus et précipités. Une oreille experte peut y reconnaître l'angoisse, le cri d'alerte face à un danger quelconque.

Je peux observer la femelle dressée au milieu du nid, ses ailes à moitié déployées tandis que le mâle virevolte autour d'elle. Il bat rapidement de ses ailes tout en lui picorant le cou ou le haut du dos. Puis il se place devant elle, lui fait face tout en continuant à remuer ses ailes et déploie sa queue en un large éventail, le croupion remonté jusque sur le dos. La femelle enfin séduite se tourne et se soumet aux plaisirs de leur union. Le jeu se poursuit quand ils partent ensemble à la recherche de leur nourriture. Ils peuvent ainsi se « taquiner » tout en courant la campagne. La démarche légère voire majestueuse de ces échassiers n'a rien de commun avec le pas lourd et gauche du héron. Quant au vol, il est élégant et aérodynamique. Le maintien en extension totale de la tête et des pattes associé aux battements lents mais puissants des ailes, les font grimper très haut dans le ciel. Cet excellent planeur trouve instinctivement les thermiques ascensionnelles favorables qui le portent des heures durant. Ses ailes raides et largement déployées s'agitent très peu comme si elle cherchait à économiser au maximum ses mouvements.

Mais au fil des jours la femelle quitte de moins en moins fréquemment le nid. Alors commence pour moi une période de grande excitation et d'observations longues et passionnantes. De ma fenêtre je peux voir jusque dans leur nid car la maison d'école est construite en hauteur par rapport au restaurant sur lequel elles logent. Je les surveille avec plaisir et étudie leur comportement. Ainsi je sais au jour près quand est pondu le premier œuf. La ponte commence fin-mars début-avril et se poursuit au rythme d'un œuf tous les deux jours. À partir de ce moment la femelle ne quitte que très rarement le nid. Elle couve jour et nuit, alors que le mâle se contente de la relayer de temps en temps durant la journée. La première éclosion a lieu entre le trentième et trente-quatrième jour, puis suivent en décalé celle des trois ou quatre autres œufs. La progéniture est choyée et très surveillée, un des parents se maintient en permanence à leurs côtés.

Dès lors, un ballet incessant se met en place. Les jeunes ogres réclament leur pitance et annoncent bruyamment leur faim par des cris courts et stridents. De ma fenêtre je vois la nichée s'éveiller à la vie. Le rythme des repas est soutenu, les parents leur apportent la nourriture d'une façon presque continue, au minimum toutes les deux heures. La cigogne étant essentiellement carnivore le repas est composé de chair fraîche : de grenouilles, de poissons, de petits rongeurs… Au départ ils donnent la becquée, puis rapidement, les parents régurgitent le menu dans le nid où les poussins le picorent facilement.

Seuls les plus forts survivent, la concurrence entre les jeunes est rude. Ils passent leur temps à manger et à dormir. Il arrive, durant une année de grande sécheresse où les ressources alimentaires sont trop justes, que les parents sacrifient un ou deux œufs ou qu'ils jettent par-dessus bord un poussin. C'est leur façon radicale de pratiquer le contrôle des naissances.

Durant les premiers jours ou premières semaines, plusieurs dangers menacent la nichée.

Le soleil ardent qui tape en plein sur le nid peut causer des dégâts irréversibles. Les jeunes encore très fragiles s'exposent facilement au coup de chaleur et subissent une déshydratation aiguë. Le parent resté au nid mérite toute mon admiration. Durant les heures les plus chaudes de la journée, il déploie ses ailes au-dessus des frêles poussins et les protège de la sorte de l'agressivité du soleil tout en leur procurant une ombre bienfaitrice.

À l'opposé, un autre danger, plus grave encore, se présente parfois quand une pluie torrentielle accompagnant un violent orage ou une longue période pluvieuse menace d'inonder le nid. L'eau s'accumule, le transforme en véritable baignoire et il n'est pas rare que les poussins les moins résistants se noient.

Un troisième danger les guette quand un prédateur, une buse ou un autre rapace, ou pire, quand une bande de corbeaux mène une attaque en règle contre le nid. J'observe la hargne avec laquelle les parents défendent leur place et leur précieux trésor. Le partenaire resté au nid comme sentinelle bat le rappel. Il émet de longues séries de claquettements dans une tonalité très haute, d'une grande intensité et signale à son partenaire le danger imminent. La cigogne jette sa tête en arrière puis la ramène en avant tout en claquant du bec, dresse les plumes et bat férocement des ailes. Elle lâche de temps en temps des sifflements stridents et quelques sons gutturaux témoins de sa détresse et de sa colère. Pendant ce temps, son partenaire venu à la rescousse tournoie déjà autour du nid en battant violemment des ailes et distribue des coups ravageurs aux assaillants qui ont osé violer leur forteresse. Tous deux frappent de leur bec dont ils se servent comme d'un véritable poignard, et rapidement les intrus font demi-tour en abandonnant la lutte. J'ai pu apercevoir un corbeau assommé perdre quelques plumes dans la bagarre. Elles tournoient longtemps en l'air et représentent les seuls témoins de la bataille qui a fait rage. Malgré leur nombre, leurs croassements intempestifs et la violence de leur attaque ils ne réussissent jamais dans leur funeste entreprise. La paix, le silence et la sérénité reviennent rapidement sur les lieux.

En revanche, les plus dangereux des prédateurs restent l'épervier ou la buse, plus rarement le faucon. Ils agissent plus par surprise que par une attaque frontale. L'épervier plane des heures durant haut dans le ciel, à l'affût de la moindre faute d'inattention du gardien des lieux. Au moment opportun il fond sur le nid et avec ses serres acérées en arrache un cigogneau. La mère prise au dépourvu ne peut intervenir, le crime est perpétré.

Une autre cigogne, souvent un mâle, peut également attaquer les propriétaires dans l'espoir d'accaparer le nid. Un combat féroce s'engage rapidement entre les deux belligérants. Les ailes, les becs s'entrecroisent comme autant de glaives. Si c'est un jeune mâle en quête d'aventure, il abandonne rapidement le terrain et se perd en quelques coups d'ailes à l'horizon. En revanche, si l'assaillant se montre plus teigneux et affirme sa prérogative, la bataille se poursuit et se termine en général par la mort de l'intrus qui, touché par un coup de bec violent, s'en va mourir plus loin. J'ai pu assister une ou deux fois à ces combats sans merci. La violence des joutes, l'agilité des combattants à manier leur bec transformé en poignard me surprennent toujours. Le combat se déroule dans une ambiance forte bruyante et exaltée où se mêlent les claquettements et les sifflements stridents. En dehors de ces rares moments d'excitation extrême, les cigognes sont silencieuses et passent inaperçues, s'il n'y a pas leurs nombreux va-et-vient en quête de nourriture.

Un dernier danger, commun aux jeunes et aux adultes, est celui que représentent les fils électriques à haute tension. Il n'est pas rare qu'une de nos cigognes soit victime d'un arc électrique et qu'elle meurt par électrocution, ou bien, que lors d'un vol rapide, elle bute par inadvertance dans un fil, qu'elle se brise une aile et se retrouve ainsi très handicapée.

Du haut de mon observatoire, j'aperçois de mieux en mieux les cigogneaux au fur et à mesure de leur croissance, somme toute rapide. Au départ un duvet blanc clairsemé les recouvre. Au bout de dix à quinze jours celui-ci fait place à un deuxième, plus épais, plus dense et toujours aussi blanc. Pareils à des boules de coton, ils sont magnifiques quand ils s'agitent. Les becs noirs et les pattes gris jaune tranchent alors très nettement sur ce fond immaculé. Je peux les observer durant leurs ébats et le spectacle qu'ils m'offrent alors m'émeut souvent. La mère perchée sur une jambe au bord du nid scrute sans cesse les alentours à la recherche du partenaire ou peut-être d'un hypothétique ennemi à l'affût. À d'autres moments elle nettoie et arrange l'intérieur du nid en se servant de son bec, tandis que les poussins arrivent à peine à regarder par-dessus bord. Ils posent avec gaucherie leur minuscule tête accrochée à leur long cou sur le rebord tout en se picorant réciproquement. Cette scène me fait penser à de jeunes enfants qui se chamaillent gentiment entre eux. Ils font des efforts louables pour se redresser, mais l'équilibre reste très instable. Ils tanguent, tombent d'un côté ou de l'autre, et finalement s'effondrent au creux du nid, trahis par leurs longues jambes frêles. De temps en temps un des cigogneaux se rapproche difficilement du rebord et éjecte la défécation hors du nid tel un gros crachat. La mère, avec un léger et prudent coup de bec, semble le féliciter pour son savoir vivre ou l'encourage à respecter la propreté des lieux. Le fond du nid est d'une tenue exemplaire.

Trois à quatre semaines plus tard, les cigogneaux se sont bien développés et ont fière allure. C'est alors que débute l'entraînement au vol. Ils battent des ailes, d'abord d'une façon complètement anarchique, alternant des mouvements lents, hésitants, avec d'autres plus rapides et saccadés, puis grimpent avec plus ou moins d'aisance sur le rebord du nid pour sauter vers son centre tout en battant frénétiquement des ailes. La manœuvre reste très inefficace. Cependant, au fil des jours, je constate les progrès réalisés. Les battements commencent à être synchrones et les jeunes décollent sur une certaine hauteur en se donnant une forte impulsion au départ. Ces efforts sont de plus en plus couronnés de succès, à tel point qu'ils parviennent à monter deux à trois mètres à la verticale du nid. Les parents, plus attentifs que jamais, surveillent de près toutes ces tentatives et donnent l'exemple. Le jour du premier vol approche. Dès ce moment un des parents s'installe en permanence sur le faîte du toit et semble les encourager par de petits claquettements. Les jeunes lui répondent par la même onomatopée. Dans le lot, il y en a toujours un plus téméraire ou peut être plus inconscient que les autres. Il décolle de plus en plus haut au-dessus du nid et, alors, volontairement ou poussé par une rafale de vent, s'en éloigne sur une courte distance. Les battements d'ailes déjà plus sûrs, plus raffermis le ramènent rapidement dans la sécurité du logis. Ainsi, de jour en jour gagnent-ils en puissance et en confiance. Leurs vols, de plus en plus efficaces, les éloignent sensiblement du nid, tandis que les parents tournent tout autour et leur prodiguent encouragements et réconforts. De mon côté, j'admire tout autant la prévenance des parents très attentifs que le courage et l'instinct grandissant des jeunes prêts à se lancer dans l'aventure. Ils passent ainsi du nid sur le faîte de la maison ou sur la pointe de la grange voisine. Puis rapidement toute la famille décolle de concert et explore la campagne environnante. C'est le soixantième jour après l'éclosion. Jusqu'à présent les parents les nourrissent au nid. À partir de là, les jeunes se débrouillent seuls, sont indépendants tout en affichant un sens aigu de la fratrie. Néanmoins les adultes les gardent à l'œil et leur fournissent, si nécessaire, le complément alimentaire.

Une année, la nichée est faite de quatre petits. Trois d'entre eux se développent comme je l'ai décrit, le quatrième ne sort jamais du nid. Son appel au secours répété m'a alerté. Je vois effectivement la famille se promener autour de l'étang à la recherche de grenouilles ou de têtards quand le solitaire perché tout là-haut joue aux claquettes d'une façon précipitée et lance des sifflements stridents entrecoupés de cris plus rauques presque gutturaux. Immédiatement je vois arriver un des adultes avec une proie fraîchement capturée dans son bec et la déposer au fond du nid. Je suppose à partir de ce moment que le solitaire n'est tout simplement que le dernier de la nichée, celui qui est sorti de l'œuf huit jours après le premier. Effectivement, une dizaine de jours plus tard, je n'arrive plus à le distinguer, il prend son envol avec la même aisance que ses frères ou sœurs.

Nos cigognes se montrent très peu farouches. Lors des travaux des champs, elles sont fréquemment des compagnons fidèles, profitent de notre activité pour se ravitailler en nourriture diverse et variée. Durant la fenaison, quand nous fanons l'herbe fraîchement coupée, les sauterelles par centaines se sauvent devant nos coups de râteau, la famille cigogne se tient à nos côtés et saute sur l'aubaine, les capturant facilement d'un coup de bec. Lors des premiers labours, elles suivent inlassablement la charrue et picorent imperturbables les vers remontés à la surface.

Puis fin août ou mi-septembre, un matin au réveil, je constate avec un pincement au cœur que les jeunes ont définitivement déserté le nid. Sans crier gare, ils ont pris leur envol qui les mènera vers des horizons nouveaux quelque part du côté de l'Afrique. En effet, les jeunes débutent leur migration quelques jours avant les parents et se regroupent au sud de la France ou de l'Espagne avant d'effectuer en groupe la traversée de la Méditerranée. Puis c'est au tour des aînées de décoller. Elles suivent, en sens inverse, la même route qu'au printemps pour rejoindre les territoires africains qui leur sont déjà familiers. Je leur souhaite bon vol dans l'attente de retrouvailles au printemps suivant.

Si j'ai autant insisté sur la vie et les mœurs de ces sympathiques oiseaux, c'est qu'ils représentent le symbole, l'emblème universellement connu de notre chère Alsace. La cigogne est source et origine de beaucoup de superstitions, d'anecdotes, de croyances plus ou moins naïves. Elle reste l'image de la fécondité. Combien de faire-part de naissance ne représentent-ils pas notre échassier portant dans son bec un bébé ? Gamins nous posions souvent un morceau de sucre sur le rebord de la fenêtre dans l'espoir qu'elle vienne le manger et nous apporter par la suite un petit frère ou une petite sœur. C'est par ce stratagème que nos parents nous apprennent la conception et la venue de notre frère. Maman nous annonce qu'elle a posé un morceau de sucre sur le rebord de la fenêtre de la salle à manger. Nous sommes tous étonnés de la chose. Deux jours plus tard il a disparu. Mes sœurs me harcèlent pour savoir si ce n'est pas moi qui l'ai chipé, force est de constater que non. C'est le signal indiscutable et infaillible d'une future naissance. Nous sommes ravis.

Avant de conclure ce long chapitre décrivant la vie autour de notre étang il faut préciser qu'il faisait un excellent terrain de jeu pour nous les jeunes et qu'il restait un lieu de vie et de rencontre pour les villageois.

En hiver, quand il est gelé sur dix à quinze centimètres, il se transforme en véritable patinoire. Aucun d'entre nous ne possède de patins. Ils sont avantageusement remplacés par une paire de vieux sabots usés, dont la glisse est tout aussi bonne, ou alors, par de mini-luges très basses chaussées de deux lames de fer étroites et bien affûtées. Le propriétaire de l'étang n'aime pas trop nos exhibitions. Il craint l'accident et surtout un bris de glace. Il nous chasse très souvent quand nous sommes trop imprudents ou que la glace n'est pas assez solide. Néanmoins, j'ai souvenir d'agréables parties de glissades.

En été, la fête champêtre se déroule sur ses abords à l'ombre des peupliers et des autres essences qui le bordent. L'ambiance est souvent calme, emprunte d'une certaine quiétude. À l'opposé elle peut être survoltée, surchauffée je suppose par l'alcool. Il n'est pas rare qu'un des jeunes gens des environs, plus ou moins éméché, n'y fasse un plongeon et devienne ainsi la risée de tous.

Longtemps plus tard, de passage au village, je me suis souvenu de la source et des effets étranges que je pouvais ressentir en sa présence, j'ai donc, poussé par ma curiosité, fait un détour jusqu'à ce lieu. J'étais très déçu car je n'ai retrouvé qu'une unique source bien maigre enfouie dans des ronces envahissantes. Après un moment, j'ai néanmoins ressenti, mais avec beaucoup moins d'acuité, l'atmosphère étrange de cet endroit.

Me rappelant les incertitudes de ma jeunesse, mon incompréhension juvénile, je me suis demandé ce qui pouvait, à l'époque, me mettre dans cet état ? La sérénité des lieux se prêtait bien à ces moments de réflexion. Mais pourquoi à cet âge me serais-je posé tant de questions existentielles ? J'étais dans l'ignorance la plus totale. Toute notion philosophique de la vie, de ma conscience, m'était tout à fait étrangère, le moi intérieur un concept totalement étranger. Je n'avais que de très vagues idées concernant la vie et son expression métaphysique. Seule mon éducation religieuse m'avait ouvert l'esprit et m'avait imprégné de l'existence d'un Dieu. Les notions restèrent floues, éparses et formidablement naïves. Crise ou élan mystique ? Fabulation ou simples fantasmes ? Je ne savais que penser. Dans ma mémoire revenaient en surface ces moments uniques pleins de sensations et d'impressions souvent contradictoires mais où la sérénité et un profond calme intérieur me submergeaient.

Afin de clore définitivement ce chapitre, je m'étais dit que ce point, cette minuscule parcelle de terre était la réunion du ciel et de la terre et que tout logiquement cette source était l'image de cette union d'où jaillissait la vie. Ma source était source de vie. C'est banal me direz-vous ! Depuis, je me contente de cette explication ésotérique en attendant mieux. Qui sait !

## La pêche

En dehors de ces moments tumultueux, une fois le calme et le silence revenus, quelques fanatiques disciples de Saint-Pierre taquinent les rares poissons qui le peuplent. Le choix est limité aux gardons, aux carpes et à quelques brochets. Pour mes treize ans, ma marraine m'offre une canne à pêche en bambou de quatre mètres de long. Je suis un privilégié. L'attirail modeste se réduit à quelques hameçons, à deux rouleaux de fils de nylon de diamètres différents, deux flotteurs de rechange et quelques plombs. Je m'installe à côté de monsieur Charles, qui, grand et gros, m'impressionne. Il boit beaucoup de bière, mange tout le temps du pain et du lard dont il m'offre, avec plaisir, quelques morceaux toujours délicieux. Il se montre très gentil à mon égard et m'appelle Pierrot. Il m'apprend à préparer la pâte pour appâter la carpe. Il s'agit de réaliser un subtil mélange de pomme de terre en robe des champs, de son, d'y ajouter quelques graines de maïs cuit et finement hachées. Il y adjoint une ou deux tranches de pain d'épice, selon l'autorisation de son épouse. Il triture tout ce mélange dans un grand seau et l'allonge de deux louches d'eau. Tout à la fin, il introduit quelques grains d'anis ou alors quelques gouttes de Pastis. Une fois la mixture terminée, il en prélève une poignée, la malaxe entre ses mains et en fait des boules. Pour obtenir la bonne consistance, il les roule dans du sable. Elles n'explosent pas instantanément au contact de l'eau, mais s'y désagrègent lentement en s'enfonçant. Franchement répugnantes d'aspect, elles sont très agréables à l'odorat à cause des senteurs d'anis et de Pastis. Il débute ainsi ses parties de pêche, en amorçant avec trois de ces boules, leur parfum étant censé attirer les carpes.

Quand le soleil est au zénith, que la chaleur écrasante paralyse la nature aux alentours, nous assistons à un merveilleux ballet. Des carpes, souvent par groupes de quatre ou cinq, montent à la surface et profitent de la chaleur du soleil. Elles nagent sans bruit, avancent avec des mouvements lents, se collent par paires et décrivent des cercles, la nageoire dorsale dépassant fréquemment la surface immobile de l'eau. Ce sont de belles pièces, atteignant huit à dix kilogrammes, des carpes miroir. De temps à autre, l'une ou l'autre, ouvre sa bouche énorme, moustachue, happe et gobe, avec un bruit caractéristique, le morceau de pain nageant en surface. À ce moment elle frétille, se retourne, se tortille sur elle-même, et son flanc jaune doré reflète les rayons du soleil. Elle semble satisfaite du menu et continue alors à se prélasser paresseusement à la surface de l'eau. Celles que l'on aperçoit ne mordent que très rarement, comme si un sixième sens leur indiquait la présence du dangereux hameçon. Je suis toujours surpris par leur perspicacité. Elles ne s'attaquent qu'aux morceaux de pain sans piège. Instinct de survie ? Monsieur Charles, très gentiment partage avec moi ses connaissances et me donne quelques « tuyaux », notamment pour la manière de ferrer au moment d'une touche et comment manier la canne pour empêcher le poisson accroché au fil de se libérer. Commence alors un combat épique qui peut durer une demi-heure et même davantage, avant que la carpe, épuisée, ne se donne battue en se couchant sur le flanc. Sa force est telle qu'elle casse parfois d'un violent coup de tête le fil de nylon.

À l'époque, les gaules n'étaient pas aussi sophistiquées que de nos jours. Il n'était pas rare que le poisson brise la pointe de bambou. De nos jours, grâce au moulinet, aux cannes en fibre de verre ou en carbone, ceci devient exceptionnel, dans les conditions de manipulation normale.

Quel plaisir pour le pêcheur qui sort vainqueur de ce combat. Sa fierté éclate sur son visage et dans ses yeux brillants. Mon cher Charles ne prélève jamais plus de poissons qu'il n'en faut pour sa propre consommation. D'après lui la carpe est un vrai régal et lui permet d'offrir à sa chère Albertine un véritable festin. D'ailleurs elle seule est capable de la préparer à la perfection. Charles s'en lèche déjà les babines. Je suis surpris de la façon douce et délicate avec laquelle il manipule sa victime envers laquelle il se montre plein de respect, contrairement à d'autres, de vrais bourreaux, des « viandards ». Il enferme le poisson dans un grand sac en jute à larges mailles pour le remettre immédiatement dans l'élément aquatique. Au moment de plier bagage, il fixe les trois cannes démontées au cadre de son vélo. Dans la sacoche de gauche, il range le reste des victuailles, les appâts en trop, dans celle de droite les plombs, la pince, les fils, bref tout son matériel. Chaque chose a sa place. La carpe est déposée dans un cageot à double paroi, qu'il bourre d'herbe et de mousse. Avant de se mettre en route, il replonge le tout dans l'eau, ce qui permet au poisson de survivre pendant le trajet de retour qui dure près d'une heure. Il m'explique qu'une fois arrivé chez lui, il le remet dans une bassine remplie d'eau ni trop fraîche ni trop chaude. Il est indispensable d'éviter le choc thermique qui lui serait instantanément fatal. De cette manière la carpe reprend vie. Après une heure, il la transvase dans un vieil abreuvoir dont l'eau est régulièrement renouvelée durant trois ou quatre jours. Dans cette eau claire et limpide, le poisson se dégorge, évacue toute la vase. La chair perd le goût du fond marécageux et devient alors un régal, d'autant plus que son Albertine prépare une farce succulente, à base d'échalotes, de citron et de quelques brins de thym et de romarin, si elle en trouve.

— Pierrot, je te garantis, ainsi préparé, bien doré au four, le tout arrosé d'un bon Riesling, tu n'auras jamais mangé un plat aussi délicieux. Je te le jure. La carpe frite tant appréciée dans notre région n'est rien à côté.

Je l'aimais bien mon Charles, un homme souriant et un fin gourmet.

C'est donc durant un après-midi de grosse chaleur, que je m'installe à l'ombre de trois peupliers italiens, droits comme des bougies dressées vers le ciel. Je pêche ainsi depuis deux heures en toute tranquillité. Quelques gardons sautent de plaisir de-ci de-là, mais je concentre mon attention sur trois carpes qui visiblement me narguent et refusent de goûter à mes appâts. Il fait très lourd. La chaleur est écrasante presque suffocante. Pas un brin de vent, pas la moindre brise. Même les moustiques sont trop paresseux pour attaquer, contrairement aux taons et aux grosses mouches qui se montrent d'une agressivité féroce. Cela sent l'orage. Le ciel bleu d'azur paraît d'un calme serein, pas un nuage à l'horizon. Vers quatre heures, quelques cirrus très élevés, blancs comme de la neige, apparaissent à l'horizon vers l'ouest. Une petite brise agréable se lève. Le temps évolue rapidement. Au bout d'une heure de gros nuages noirs, des cumulo-stratus bas, tumultueux, annoncent l'orage imminent. Je suis content. Charles, prétend que c'est le meilleur moment pour la carpe. Elles vont à coup sûr devenir gourmandes. J'attends, avec plus d'impatience encore, que mon flotteur s'enfonce et qu'il prenne le large. En vain, rien ne se passe et l'orage se rapproche. La brise qui s'était levée est retombée, l'atmosphère devient de plus en plus lourde et oppressante. Au loin, j'entends quelques grondements de tonnerre. J'attends la touche tant espérée, elle ne vient toujours pas. Le tonnerre gronde de plus en plus fort, mais pas une goutte de pluie ne tombe. La prudence eût voulu que je ramasse mon matériel et que je me mette sur le chemin du retour, mais, la certitude d'une touche me fait patienter. L'orage menace de plus belle.

Tout à coup un bruit énorme, comme celui d'une explosion et je me retrouve à deux mètres du rondin sur lequel j'étais assis auparavant. J'émerge d'une profonde torpeur, comme si je me levais le matin après une nuit agitée. J'ai le souffle coupé. Je respire difficilement. Je ne me rappelle plus de rien. Seul le fracas de cette détonation résonne encore dans mes oreilles. Tout autour de moi, je sens une odeur de soufre, de brûlé et, c'est en fixant l'un des peupliers que je comprends enfin ma situation. Il a été foudroyé, son écorce est éclatée sur la moitié de sa hauteur. Deux branches ont été arrachées tandis que l'herbe sèche se consumait doucement à son pied. Oh la chance! Je viens miraculeusement d'échapper à la mort. La foudre a frappé cet arbre, qui des heures durant m'avait offert une ombre généreuse. J'ai donc été projeté deux mètres plus loin par l'effet du souffle. J'aurais pu être tué sur le champ. Mes idées une fois remises en place et mon angoisse calmée, je note la chance inouïe que j'avais eue. Alors, pris d'une peur panique, je laisse tout sur place et me précipite à la maison sans me retourner. Les vannes célestes se sont brutalement ouvertes dès mon arrivée dans la cour de l'école. Ma mère remarque immédiatement mon extrême pâleur. La peur devait se lire sur mon visage. Du coup, elle m'observe de plus près et me demande :

— Pierre, d'où viens-tu ? Tu sens bizarre. Pourquoi cette odeur de soufre, quelle bêtise as-tu encore faite ?

— Rien, je suis revenu à temps pour me mettre à l'abri en laissant sur place le matériel de pêche.

— Tu parais secoué, on dirait que tu as rencontré un fauve ou un fantôme. Pourquoi as-tu peur de cet orage ? Ce n'est donc pas le premier.

Je ne réponds pas et me réfugie dans ma chambre toujours en proie à une peur panique. Je fais une courte prière et remercie la Providence de m'avoir préservé de ce coup de foudre. Trois quarts d'heure plus tard, je retourne sur mes pas et récupère mon matériel laissé sur place au moment de la débandade. Je me jure de ne rien dire à mon père de peur qu'il ne me confisque le matériel et que la pêche ne s'arrête là définitivement. Je vérifie les dégâts de l'énorme impact de la foudre sur le peuplier touché à mort. Cela me servira de leçon ou d'avertissement et me laissera une peur panique de l'orage.

## La rencontre avec la Mort

C'est à cette occasion que j'ai été confronté, pour la première fois et d'une façon abrupte et brutale, à la notion de « mort ». Auparavant je n'y avais jamais pensé. Je ne pouvais même pas imaginer la fin d'un être cher et encore moins la mienne. La notion de mort était une inconnue, une énigme totale.

Après ce coup de foudre et l'ayant frôlée de très près, elle m'interpella vivement.

— C'était donc ça la Mort ?

Disparaître et s'évanouir dans le néant en un clin d'œil. La mort aurait été instantanée si la foudre m'avait touché en plein ou si le peuplier m'avait écrasé. Du coup, j'étais envahi par une profonde angoisse et de nombreuses questions ne cessaient de me tarauder. Je voulais comprendre et cherchais des explications. Qui m'a protégé ? Qui, du hasard, de la Providence, de mon ange gardien, de Dieu… m'a évité le pire ?

Dès cet instant, naît en moi la certitude de la fragilité et de la vulnérabilité de notre existence. Je ne suis rien qu'un grain de poussière que le moindre souffle soulève et emporte au loin pour le faire disparaître à jamais. Je ne suis nullement maître de mon destin. Je suis tel un objet que l'on prend, que l'on déplace, voire que l'on jette sans pouvoir m'y opposer. Je ne suis donc rien. J'ai compris que personne ne peut échapper à cette fatalité. Les règles de ce scénario inéluctable nous échappent totalement. Dans ma tête, toutes ces questions s'entrechoquaient avec insistance. Mon esprit était en ébullition. La vie est-elle semblable à la flamme fragile et hésitante d'une bougie s'éteignant au moindre souffle ? Pourquoi sommes-nous si vulnérables ? Qui nous impose ce dilemme fondamental entre, d'un côté l'espoir de la vie et de l'autre, l'angoisse de la mort ? Alors, faut-il la craindre cette mort ? Elle me surprendra un jour, il est donc inutile d'en avoir peur. Il faut assumer…

Dès lors mon esprit fortement imprégné par la notion de faute et de péché est préoccupé. Les propos naïfs et obtus tenus autant par ma mère que par le curé nous enseignent que toute faute était classée en vénielle ou mortelle. Gare donc à celui qui vit en état de péché mortel sa condamnation est inéluctable. Cette notion est si fortement ancrée en moi que je me demande s'il m'arrive de faire quelque chose de bien ou si mes actes et mes pensées ne sont qu'une suite d'impénitences. Une autre réflexion me tourmente d'une façon récurrente : la rapidité de cette hypothétique mort. À l'évidence, je les accumule et forcément, lors du jugement dernier, la sentence ne peut être que la condamnation, le bannissement et le feu de l'enfer. Cette perspective me paralyse. En effet, je n'aurais même pas eu le temps de faire un examen de conscience, ni faire acte de contrition. J'eusse espéré être, au minimum, cet ouvrier de la onzième heure auquel le Maître permit de le rejoindre in extremis.

Mais je ne peux guère en parler à mon père, sinon je dois lui révéler l'incident, et alors, adieu la pêche. Je décide de m'en entretenir avec monsieur le curé lors de la prochaine confession. Un peu surpris par ma demande, il garde un long moment de silence, et enfin m'incite à faire une grande prière d'action de grâce pour remercier mon ange gardien de m'avoir évité le pire. Je me souviens de ses propos :

— C'est très bien que tu te rendes compte que la mort peut frapper aveuglément. Il est indispensable de ne pas vivre en état de péché mortel. Il faut prier et demander, le plus souvent possible, pardon pour ses fautes. Alors, Dieu nous donnera la grâce d'être prêt pour affronter la mort dans les meilleures conditions.

— Mais, Monsieur le curé, je n'ai pas peur de la mort, mais je crains le jugement dernier. Je ne voudrais pas être banni pour l'éternité. Comment faire ?

Il me répète de prier beaucoup et alors mes fautes me seront pardonnées.

Je suis très déçu par cette réponse. Elle ne me convient guère. Je ne peux pourtant pas prier toute la journée dans l'espoir de ne pas être en état de péché mortel si la mort doit me surprendre. En le quittant, il ajoute :

— Pierre, c'est bien que tu te poses ce type de question, surtout à ton âge. La prière sera ta force. N'oublie jamais cette parole. Prie…

Je ne pouvais pas lui dire à quel point ses propos m'avaient déçu. Je voulais en savoir d'avantage. Qu'il m'explique le sens de la vie et qu'il me donne quelques réponses à mes questionnements. Je suis resté sur ma faim.

Une fois de plus, je n'ai pas trouvé l'écoute tant espérée. Longtemps plus tard, je suis arrivé à la conclusion, que la rédemption est une grâce qui nous est octroyée. Chacun de nous ayant une mission à remplir, essayons de l'accomplir en toute modestie, en toute fidélité au Principe et surtout avec amour. Il est la seule force capable de déplacer des montagnes, l'amour nous élève et nous fait aller vers l'autre, son énergie est inépuisable.

C'était bien ma dernière partie de pêche avant fort longtemps. Ce n'est que quarante ans plus tard que j'ai repris ce sport, une excellente thérapie contre le stress.

## Les premières vacances

Je garde un autre souvenir inoubliable, celui de nos premières vacances passées loin de chez nous durant le mois de juillet 1951.

Dès la fin du mois de juin, Muller Joseph, un collègue instituteur d'un village voisin, vient fréquemment rendre visite à mon père. Ils s'enferment alors dans la salle de classe, loin de nos oreilles indiscrètes, et discutent souvent fort longtemps. Même maman semble écartée de cette conférence au sommet. À l'évidence, quelque chose d'important se prépare ! Mais quoi ? Ma sœur, tout aussi intriguée que moi, pose de nombreuses questions sans jamais obtenir de réponse. Les parents restent très évasifs, entretiennent avec malice le secret et cultivent avec plaisir notre curiosité de plus en plus aiguisée. À trois reprises, papa se rend à la ville voisine avec son collègue. Ce qui nous intrigue beaucoup car il n'a pas l'habitude de s'absenter ainsi. Il paraît de plus en plus jovial et même excité, un peu comme un enfant à la vue d'un cadeau. À son retour du dernier déplacement, il nous réunit tous et ouvre avec un air malicieux et satisfait le coffre de la voiture. C'est l'étonnement total. Une montagne de cartons estampillés « Stock Américain » débordent sur le siège arrière ! Je suis éberlué. Noël est encore loin ! Devant notre étonnement et notre joie papa triomphe :

« Eh bien les enfants, que pensez-vous que cachent ces paquets ? ».

Les idées les plus folles traversent nos esprits, mais aucun de nous ne sait donner la bonne réponse. Un grand sourire aux lèvres, il se moque de nos suggestions saugrenues. Apparemment ça l'amuse beaucoup de nous laisser languir de la sorte. Finalement, il déclare sur un ton péremptoire qu'il vient d'acheter le matériel du parfait campeur et que bientôt nous partirions tous ensemble en vacances. Nous ferions le tour de la France. Oh la divine surprise !

Ma sœur et moi exultons de joie. Mais quand il nous annonce qu'il faut abandonner, à tante Lucie, notre petite sœur Marie-Catherine, cela nous gâche notre plaisir. Notre père juge qu'elle est trop jeune, elle n'a pas encore deux ans, pour lui infliger les avatars d'une telle expédition. C'est une réelle déception. Son absence me gêne beaucoup et met un sérieux bémol à ma jubilation. Mais comment faire autrement ? Je comprends bien qu'il serait trop difficile d'embarquer Marie-Catherine dans une telle aventure. Heureusement, je sais qu'auprès de ma marraine, elle sera choyée et bien entourée. Je m'en console rapidement.

Le lendemain de cette journée mémorable, papa décide de déballer et de découvrir le matériel acquis. Dans un coin du jardin de l'école, à l'abri des regards indiscrets, nous défaisons les différents sacs contenant l'objet de notre futur bonheur. Il étale et déroule deux « boudins », les toiles de tente. De mon côté, je dénoue la sacoche contenant des bouts de tubes en métal galvanisé, des petites cupules, des espèces de soucoupes en aluminium, des piquets… bref tout un bric-à-brac dont j'ignore l'usage. À voir, il faut essayer !

Ce n'est pas chose facile que d'assembler dans un bon ordre tous ces objets hétéroclites. J'ai huit ans à l'époque et je suis fort intéressé par tout ce remue-ménage. Je me souviens d'un père surexcité. Il court dans tous les sens, réfléchit, essaie d'assembler les différents bouts de l'armature, ce qui l'énerve au plus haut point. Le voyant gesticuler ainsi, je m'amuse comme un fou. Le montant assemblé est une fois trop long, une autre fois trop court, la tente prend toutes les formes, sauf la bonne, elle est à géométrie variable. Après plusieurs essais, elle prend enfin une belle allure. C'est une « canadienne » sobre mais bien solide qui nous tend les bras. Je me sens immédiatement très fier et très heureux sous cette maison de toile blanche, spacieuse, conçue pour abriter six personnes. L'atmosphère y est chaude, très agréable, l'éclairage lumineux. Le paradis. Je m'y promène sans me baisser, elle est confortable à souhait. Une fois la tente définitivement montée, maman vient nous rejoindre. Elle paraît très mécontente, déçue et même angoissée. Elle décrète que jamais de la vie elle n'ira passer, ne serait-ce qu'une nuit, dans cette « cabane » bonne pour les gitans et autres gens du voyage.

— Émile, je ne comprends pas cette idée folle que tu as, là !

À l'évidence, elle n'est pas enthousiaste et se montre de plus en plus réticente à entreprendre cette merveilleuse aventure. Je me dis que papa devra encore se montrer très persuasif s'il veut qu'elle adhère au projet. Du coup je suis inquiet que nos vacances ne tombent à l'eau. Néanmoins elle poursuit :

— Si je viens avec vous et ça, ce n'est pas certain, je dormirai dans la voiture. Pourquoi entreprendre une telle folie et courir les routes, ne sommes-nous pas bien à la maison ? Nous avons un bon lit et tout le confort domestique. Comment voulez-vous que je fasse la cuisine et les gâteaux sans mon four ?

Ce sont donc des contingences matérielles et notre bien-être qui préoccupent tant maman. Papa répond invariablement :

— Chérie, ne t'en fais pas on se passera de pâtisserie et de tout le reste. Si nous étions plus riches nous pourrions louer un appartement ou trouver une pension de famille, mais comment faire autrement ?

Mon père n'a de cesse de lui expliquer que pendant la guerre il avait traversé la moitié de l'hexagone et qu'il aimerait nous faire découvrir notre pays. Il faut bien se cultiver, s'ouvrir au monde au lieu de vivre replié sur soi et végéter dans le périmètre minuscule de notre village. De nouveaux horizons nous attendent. Nous côtoierons d'autres braves gens avec d'autres us et coutumes. La France est belle. Nous verrons des paysages de rêves et notre curiosité sera satisfaite.

— Germaine, ne t'inquiète pas, tu ne le regretteras pas !

L'enthousiasme de mon père est contagieux. Il arrive à le communiquer à ma sœur, moi et maman qui n'affiche plus l'opposition catégorique et formelle du début ; elle est devenue moins réticente. Nous sommes heureux et impatients de partir sur les routes de France. Père nous annonce qu'il emmène Francis, son filleul, notre cousin de quatre ans mon aîné. Papa est d'autant plus heureux de l'embarquer dans cette aventure qu'il fait partie des Scouts de France. Il sera donc de bon conseil vu son expérience des camps.

Nous poursuivons la découverte des autres paquets. Dans l'un, je découvre des couverts et différents ustensiles de cuisine. Je suis surpris. C'est du matériel militaire : des gamelles, des gobelets, des assiettes en métal, une « bouilloire », je dirais plutôt une marmite en fonte bien lourde avec une anse immense. Une poêle à frire noire au manche impressionnant complète cet attirail. Mon père m'explique alors que la conception de ce matériel est astucieuse et qu'elle permet une utilisation polyvalente. Nous pourrons tout autant l'accrocher au-dessus d'un foyer ou la placer sur un réchaud. Je me vois déjà ramassant du bois mort pour allumer un feu comme lorsque nous faisons une coupe de bois en forêt. Dans mon imagination vagabonde, me voila transformé en indien assis, entouré de sa fratrie, autour d'un grand feu de camp. Mon père me fait revenir à la réalité en extirpant de l'avant dernier carton un réchaud à essence à double foyer. Deux robinets peuvent monter ou abaisser la puissance du feu, tel un chalumeau. Il y verse un peu d'essence. Je ne le sens pas très rassuré lors de cette manipulation. Il craint son embrasement ou pire, son explosion. Il prétend que l'engin est dangereux et qu'il faut être d'une très grande prudence lors de son utilisation. Cet objet, un peu diabolique à mes yeux quand il est à pleine puissance lâche un sifflement strident qui me fait peur. Je crains aussi son instabilité car son support se réduit à deux fils de fer, certes d'un gros calibre, mais cela me paraît bien dérisoire. Enfin, en ouvrant le dernier carton, je découvre mon premier matelas pneumatique. J'ignore tout à fait ce à quoi il peut servir.

— C'est quoi ça, papa ?

— C'est un matelas pour maman et moi. Il faut le gonfler et il se transformera en lit.

Je m'attelle immédiatement à la tâche. Je pompe très fort en actionnant avec mes pieds un soufflet qui est en miniature la copie conforme de celui que mon grand-père utilise pour activer le foyer de la forge. Lentement, très lentement le matelas prend forme. Il est double et permet aux parents de s'allonger côte à côte. Quel désarroi, quand après un long effort je veux retirer l'embout de la pompe et mettre le bouchon pour obstruer l'ouverture. Le temps de trouver le bon geste, le matelas s'est à nouveau dégonflé. Il faut recommencer la manœuvre. À cet instant, je vois apparaître les premiers signes de découragement chez mon père. Probablement se pose-t-il de nombreuses questions et prend-il conscience de toutes les petites servitudes et contraintes auxquelles nous devrons faire face. Sans être une véritable galère, les nombreux aléas peuvent empoisonner l'existence d'un campeur inexpérimenté. Mais enfin, il faut bien apprendre et découvrir les gestes afin de dominer la situation une fois sur le terrain.

— Mais sur quoi allons-nous dormir ? Il n'y a plus de matelas.

— Vous les enfants, vous aurez une peau de mouton, des couvertures et vous emporterez vos oreillers. Vous serez très bien. Maman et moi dormirons dans un sac de couchage.

Mon excitation est à son comble devant la perspective de cette aventure. Je suis ravi de dormir en pleine nature, presque à la belle étoile. Papa et moi démontons et remontons la tente à plusieurs reprises. C'est en forgeant…

Nous voilà enfin arrivés à la veille du grand départ. Nos parents sont sur les nerfs. La fatigue et la peur de l'inconnu les rendent irritables et les discussions, voire les disputes, sont nombreuses. Mon père est tendu tout en affichant un air faussement décontracté. Il ne sait pas comment ranger tout le matériel dans notre vieille Peugeot 202 dont l'espace vital et le coffre sont bien réduits. Il essaie de caser chaque objet dans sa niche. Combien de fois n'a-t-il pas fait, défait, placé et replacé tel objet ou telle valise ? Heureusement le large porte-bagages nous permet d'entasser les colis les plus encombrants sur le toit du véhicule. Mais, là aussi, nous sommes limités, la hauteur du chargement n'étant pas extensible à l'infini. Naturellement mon cousin et moi participons allègrement à cette besogne plutôt épique. Mon père s'excite de plus en plus. À peine croit-il avoir résolu un problème qu'un autre surgit, l'espace restant est trop petit pour caser le nouveau ballot. Il faut recommencer, replacer le tout et aménager un nouvel espace. De plus maman affiche fréquemment son désappointement et sa mauvaise humeur :

— Émile, non, ce sac je le mettrais ailleurs, il n'a pas sa place ici.

Mon père discute peu et exécute son désir. En revanche, il se met franchement en colère au moment où elle lui demande d'embarquer un tas de victuailles, le ravitaillement pour au moins quinze jours. À elles seules, les denrées auraient rempli le coffre de la voiture : les pommes de terre, les pâtes, l'huile, le vinaigre, les condiments, les oignons, les paquets d'ails, les boites de conserve, les pots de confiture et même trois bocaux de cerises. Les nombreux ustensiles de cuisine, comme si nous allions préparer un banquet royal, rien ne doit manquer, prennent dans tout ce fouillis trop de place. Je vois papa complètement exténué et par moment désespéré et résigné. Il répète cent fois que nous restons dans le monde civilisé et que nous pourrons acheter l'alimentation au fur et à mesure de nos besoins. Il se met à faire le tri pour ne conserver que le strict minimum, l'indispensable. Il retire les boîtes de conserves, mais dès qu'il a le dos tourné, maman s'empresse d'en cacher d'autres sous les sièges. Même le jambon fait partie du voyage. Il est bien connu que le paysan se sent nu, réduit à la mendicité s'il n'a pas son lard fumé !

L'intérieur du véhicule est chargé à l'extrême. À l'arrière, les passagers, installés sur les oreillers et les strates de couvertures, touchent de leur tête le plafond de la voiture. Nous nous tenons les jambes repliées, les genoux sous le menton. C'est d'un inconfort total mais la joie du départ gomme tous ces désagréments. Nous avons un moral d'acier. Ma sœur et moi sommes excités comme des puces. Père exige d'aménager un espace libre au niveau de la lunette arrière pour le coup d'œil dans le rétroviseur. Dès lors, je remarque une inquiétude naissante dans son regard. Il se demande si la monture supportera le choc de ce voyage en raison de l'énorme charge embarquée. Notre 202 tiendra-t-elle le coup ? D'autant plus qu'elle n'est plus de première jeunesse !

Après une nuit fort agitée, pleine de rêves, nous voilà prêts à nous mettre en route dès cinq heures du matin. Un dernier baiser à notre petite sœur Marie-Catherine déjà installée chez marraine, un au revoir à Opa, le grand-père, qui ne peut cacher son émotion, une larme perlant dans ses yeux. Il nous traite de fous. L'idée saugrenue de mon père d'entreprendre un tel périple le dépasse totalement. D'ailleurs de nombreux villageois pensent comme lui et font des commentaires déplaisants et ironiques.

Je reste dubitatif. « Comment peut-on rester vieux jeu à ce point ? »

Pour certains d'entre eux, leur instituteur a perdu la tête à vouloir jouer au bohémien. Enfin, abandonner sa dernière née, cela ne se fait pas ! Rares sont ceux qui nous souhaitent bon voyage. Pleins d'incertitudes avec une boule d'angoisse au creux de l'estomac, nous nous plaçons sous la protection de la Madone. Nous voilà enfin engagés sur la route de l'aventure.

Après une courte étape à Gertwiller pour rejoindre son collègue Muller et sa famille nous poursuivons tranquillement la route plein sud. Nous avançons à faible allure. Au moins, nous avons tout loisir d'observer et d'apprécier les paysages traversés. Je ne pense pas que nous atteignons une moyenne de soixante kilomètres par heure. Il ne faut pas brusquer la monture, surtout lors de la traversée du Territoire de Belfort avec ses nombreuses montées souvent abruptes. L'état des routes n'a rien de comparable à celui de nos jours. D'autoroute, nous ne rêvons même pas, elle n'en existe pas. Toutes les deux heures nous marquons un arrêt pipi. Madame Muller tient à ce rythme afin que son petit Paul, le dernier, puisse décompresser et s'alimenter un peu. Nous nous engageons alors dans un chemin de traverse ou dans un pré. Très souvent elle prépare à la hâte un léger bouillon pour le rejeton. Il faut installer le réchaud et trouver de l'eau, ce qui prend beaucoup de temps. Cela irrite mon père qui considère que nous n'avançons pas assez vite. Au terme de cette première étape nous avons atteint Besançon. Nous sommes ravis. C'est bien la première fois que nous avons parcouru autant de kilomètres en une journée. Un peu plus de trois cents kilomètres, un réel exploit.

Nous faisons halte dans un hameau dès la sortie de cette ville en direction de Pontarlier. Un champ de chaume situé à l'embranchement de deux chemins agricoles, proche d'une ferme et non loin de la grande route, attire notre attention. Avant de nous y installer mon père et son collègue Joseph se présentent au fermier. Dans un premier réflexe ce dernier hésite et semble vouloir nous refuser l'hospitalité. À l'évidence, il nous prend pour des gens du voyage. Ce n'est qu'au moment où il apprend que nous sommes deux familles d'instituteurs alsaciens, des illuminés, qu'il nous accepte gentiment. Il nous propose même des produits frais de sa ferme. Les premières ombres du crépuscule nous enveloppent déjà quand nous terminons, épuisés, notre installation. Nous prenons nos aises. Le fermier et son épouse nous rejoignent à ce moment et paraissent très impressionnés par notre matériel.

« Cela a dû coûter très cher, certainement moins que dormir à l'hôtel, mais tout de même ! »

Ils débordent de curiosité et sont très surpris. Nous les invitons à partager une tasse de café en notre compagnie. En discutant avec eux, ils nous apprennent que la veille, deux dangereux détenus se sont fait la belle de la prison toute proche. Le fermier, très mal à l'aise pour nous faire cette révélation, tient néanmoins à nous avertir de ce danger potentiel tout en tentant de le minimiser et calmer notre crainte. Il pense que nous ne risquons pas grand-chose. Mais enfin ne sait-on jamais ? Nous sommes pétrifiés, c'est une véritable douche froide. Un vent de panique souffle sur notre tribu. Seuls, mon cousin Francis et moi, restons décontractés. Nous nous proposons de jouer aux gendarmes et de monter la garde durant la nuit. Le brave paysan essaie de nous rassurer au mieux et nous place sous la protection de ses deux énormes chiens de garde :

« Ne vous inquiétez pas, ils vous surveilleront. »

À l'évidence il partage notre angoisse et ajoute :

« de toute façon je laisserai la lumière du perron allumée. »

Tétanisées de peur, Maman et l'épouse du collègue veulent rebrousser chemin. Elles imaginent des scénarios catastrophes et voient déjà les deux individus en train de nous détrousser, ou pire encore, de nous trancher la gorge durant notre sommeil. Ce sympathique couple d'agriculteurs se retire très tard après avoir vivement apprécié le kirsch que papa a emporté afin de remonter le moral de la troupe en cas de besoin. Mon père et son collègue discutent entre eux afin d'organiser le déroulement de cette première nuit de camping gâchée par la menace de cette évasion. C'est bien notre chance de nous trouver juste à l'endroit et au moment de cette cavale. Je vois un père certes un peu tendu mais néanmoins serein. Monsieur Muller l'est beaucoup moins, en revanche, les deux mères sont simplement défaites, anéanties. Maman demande la bénédiction du bon Dieu et de la Madone. Elle priera toute la nuit pour implorer leur protection. À ce moment, papa, décidément très calme, lance à la ronde :

— Ne vous inquiétez pas, j'ai de quoi nous protéger. J'ai emmené mon pistolet du temps où j'étais chef de casemate durant la guerre. Gare au premier de ces malandrins qui viendra nous importuner.

Cette déclaration solennelle réconforte et rassure son collègue. À la guerre comme à la guerre, les deux amis pensent organiser un tour de garde. Comme de vrais officiers, ils entourent le campement de ficelles auxquelles ils fixent des gobelets, deux boîtes de conserves vides, le tout accroché aux voitures. Dès lors, notre campement ressemble à une place forte. Cette mesure de sécurité rassure tout le monde. Monsieur Muller dit en riant :

— Il ne manque plus que la palissade pour être à fort Alamo.

Si les hypothétiques voleurs veulent s'emparer d'une des voitures, ils arracheront forcément les tentes et de toute façon leur approche sera signalée par le bruit qu'ils déclencheront. Monsieur Muller insiste sur la nécessité d'un mot de passe au cas où il devrait se lever pour se soulager. Ils retiennent : Geronimo.

Sur ces entrefaites, le carillon d'un lointain clocher sonne minuit. Les deux familles se retirent chacune sous leur toile respective. Ma première nuit en pleine nature et à la belle étoile aurait pu être moins stressante. Le firmament rempli d'étoiles et une lune généreuse nous enveloppent de leur halo de clarté tamisée. La ferme et ses dépendances se détachent nettement sur la ligne d'horizon. La porte d'entrée est restée éclairée comme promis. De grands arbres placés là au hasard projettent leur haute silhouette dans la pénombre comme autant de sentinelles montant la garde. L'atmosphère calme et sereine de ce magnifique coin de verdure contraste avec notre angoisse intérieure. Personnellement je ne ressens aucune crainte, au contraire, je baigne dans une profonde quiétude et reste excité par notre aventure. Le sommeil ne vient pas malgré notre literie bien douillette, les peaux de mouton sont moelleuses et douces. À trois heures du matin, je suis brutalement tiré de ma somnolence par le bruit des gobelets qui s'entrechoquent. Mon père ronfle tel un bienheureux. Il n'entend rien. Je grimpe hors de la tente et aperçois un magnifique lapin de garenne détaler, surpris dans sa quête nocturne par tout ce tintamarre. L'autre moitié de la nuit s'écoule sans incident. Les évadés doivent être loin et de toute façon ignorent notre présence.

Quand les premiers rayons d'Hélios dardent et réchauffent notre bivouac, chacun des membres de notre tribu se libère plus ou moins allègrement des bras de Morphée. Nous nous activons à préparer un copieux petit-déjeuner. Francis et moi sommes de corvée d'eau. Munis d'un sac en toile imperméabilisée d'une contenance de quinze litres, nous la puisons au puits de la ferme. Elle est douce et très fraîche. Après avoir repris des forces, chacun de son côté met la main à la pâte pour démonter le campement et l'entasser dans la voiture. La fermière nous rejoint et nous offre un panier de délicieuses reines-claudes.

Après les remerciements et les salutations chaleureuses, nous voilà à nouveau sur le chemin de l'aventure. Nous avançons toujours aussi lentement. La route se traîne à travers une vallée verdoyante, encastrée entre deux montagnes qui paraissent immenses et tellement hautes, aux pentes abruptes recouvertes d'une forêt très dense. Les sommets se perdent souvent dans les nuages et donnent l'impression qu'ils s'évaporent dans l'infini du ciel. Au fond de la vallée, le Doubs, calme et majestueux, serpente paresseusement et cherche sa route entre les arbres placés sur son bord dans un magnifique paysage digne du jardin d'Éden. J'en prends plein les yeux. Je suis ébloui par tant de beauté, par la richesse et l'opulence des paysages traversés. Cela change forcément de la beauté désuète de notre village, si merveilleux soit-il au milieu de son écrin de verdure. Aucune comparaison n'est possible. Le vert profond des pairies bordant le fleuve me surprend par son intensité. Pour le petit paysan que je suis, je sens en moi monter un désir irrésistible de toucher cette herbe qui me paraît douce et grasse, de la humer et de m'y rouler. Plus loin, je ne cesse de m'émerveiller devant les nombreux étangs et retenues d'eau déposés là comme par enchantement. Je constate avec jalousie, la pureté de ces eaux qui tranche foncièrement avec celle boueuse et trouble de notre étang. Tous ces plans d'eaux sont forcément poissonneux, j'imagine carpes et brochets se débattant dans ce milieu magnifique. Je ne me lasse pas de regarder, de photographier de mes yeux éblouis ces paysages grandioses. Je ne peux comprendre mon cousin qui assis à mes côtés ne profite guère de toutes ces merveilles la tête plongée dans son livre. Après deux heures de route, nous faisons une première halte. Le collègue sort le réchaud, son épouse prépare l'habituel bouillon, tandis que nous nous satisfaisons d'un gobelet de café ou d'eau. Les deux chauffeurs en profitent pour étudier la carte et trouver le meilleur itinéraire. Muller est attiré par les vieilles pierres et demande à faire un détour, rien que pour admirer une stèle, un vestige romain perdu au fond de la campagne. Il insiste pour visiter les vestiges gallo-romains de Tournus. Je suis impressionné par le site, tandis que papa et ma sœur n'y prêtent pas trop d'attention. Monsieur Muller s'extasie devant ces découvertes archéologiques. Il fantasme, imagine et commente avec un lyrisme intarissable la vie des gens à cette époque lointaine. Placé devant une statue, il ne peut s'empêcher de la toucher, de la caresser. C'est un tactile monsieur Joseph. Papa en rit sous cape. Il s'intéresse à la découverte des paysages, aux us et coutumes locaux et à la mentalité des gens. Contrairement à son ami, il est tout entier dans le présent et le passé ne le préoccupe que très peu. Mais il conçoit volontiers que l'on puisse s'y intéresser vu que le présent n'est que l'aboutissement du passé. Maman par contre s'ennuie à mourir durant ces visites.

Arrivés près de Lyon, nous sommes surpris par la route qui se transforme en véritable boulevard. Elle devient immensément large. En débouchant sur les hauteurs de cette ville je suis abasourdi par son étendue gigantesque. Je ne peux imaginer une agglomération d'une superficie aussi démesurée. Je suis obnubilé par l'impressionnante masse et l'architecture de Notre-Dame de Fourvière, dominant la cité. La première question qui me vient à l'esprit :

« Comment tous ces gens peuvent-ils vivre ainsi entassés les uns sur les autres ? »

En traversant la ville, je suis surpris par le nombre de voitures que nous croisons et encore plus par le fleuve impétueux qui coule rageur à côté de la chaussée. Nous bombardons notre père de questions. Il commente et rappelle les hauts faits historiques tout en insistant sur la spécificité des villes et des régions traversées.

Sur la N 7, j'admire les rangées d'énormes platanes bordant la route. Leur ombre nous protège efficacement d'un soleil de plomb qui nous écrase et nous fait suffoquer. Nous n'avons pas de climatisation, bien entendu. Nous sommes serrés les uns contre les autres. De ce fait, l'intérieur de l'habitacle se transforme en fournaise. À l'extérieur, la voiture semble collée à la chaussée dont le goudron coule en masse sombre et gluante. Une anecdote bien cocasse nous arrive à ce moment.

Mon père devient tout à coup soucieux et semble pointer de plus en plus son oreille. Après un moment, il nous demande si nous entendons le même sifflement bizarre, un bruit strident et répétitif. En effet, nous remarquons ces stridulations venant apparemment de l'extérieur. Papa est convaincu que nous allons droit vers un gros ennui mécanique, que par exemple, la courroie du ventilateur donne des signes de faiblesse et qu'elle doit être distendue. Ce qui serait dramatique car le moteur se mettrait à chauffer et pourrait exploser. De plus en plus inquiet, il fait signe au collègue de s'arrêter. Il stoppe donc le véhicule sur le bas-côté et sort après avoir coupé le moteur. Les mêmes sifflements persistent. Le moteur ne peut donc pas être en cause. Notre ami nous rejoint pour s'enquérir du problème :

— Que se passe-t-il ?

Papa lui explique ses craintes, quand subitement, ils éclatent dans un grand fou rire. Mais oui, nous venons de découvrir le chant de nos premières cigales. Nous nous sommes laissé abuser par cet insecte mythique, symbole de la Provence. Une fois de plus papa fait face à une pluie de questions concernant la vie de cet insecte. Il nous explique leurs mœurs, nous précise que seul le mâle stridule et nous rappelle la fable de La Fontaine.

Il en sait des choses mon père, un vrai dictionnaire. Je suis fier de son savoir. Cette deuxième étape nous amène du côté de Vienne où nous bivouaquons en rase campagne près d'un petit ruisseau presque à sec.

Le troisième jour nous arrivons aux Saintes-Maries-de-la-Mer. Quel dépaysement, quel émerveillement, que d'eau à perte de vue…

Je suis envahi par une certaine crainte devant cette étendue liquide en mouvement. Les vagues qui viennent et repartent tout aussi vite ou qui meurent à mes pieds me laissent perplexe. Je suis étonné par leur flux et reflux que je ne comprends guère, mais en extase devant ce tableau grandiose. Nous sommes tous transportés par une joie immense. Même maman, qui jusqu'à présent était boudeuse, admire sans retenue ce spectacle. Je constate qu'elle se laisse envahir par la féerie des vagues. Ma sœur, rapidement rejointe par nous tous, est la première à s'y élancer et à faire trempette avec ses pieds. L'eau est fraîche mais procure une sensation fort agréable quand elle remonte et masse les jambes jusqu'aux genoux. Après ces courts instants d'une joie intense il faut revenir aux occupations plus terre à terre. Le campement ne se monte pas tout seul, à moins de passer une nuit à la belle étoile. La tâche avance vite, malgré le fort mistral qui nous gêne passablement, jusqu'au moment où nous nous rendons compte que les piquets plantés dans le sable n'ont aucune prise et ne retiennent en rien les tentes. À plusieurs reprises, les toiles s'envolent sous l'effet du vent. Papa commence à désespérer, maman angoisse, mon cousin et moi, nous nous amusons quand un coup de vent plus fort qu'un autre arrache le double-toit et l'emmène plus loin tel une immense chauve-souris prenant son envol. Nous lui courons après pour le rattraper. Ce sont des moments de grands fous rires. Le collègue et mon père décident alors de chercher de gros galets pour consolider le tout. Nous voilà donc partis à la recherche de grosses pierres gris noirâtre. Nous en remplissons le coffre du véhicule. Mais sur le chemin du retour, la voiture trop chargée s'enlise inexorablement. À la moindre accélération les roues s'enfoncent un peu plus jusqu'à l'instant où le châssis repose sur le sable de la dune. La catastrophe. Le désespoir de mon père est à son comble. Il faut décharger. Muni d'une pelle-pioche, un résidu du matériel américain de la dernière guerre, nous commençons par creuser puis déblayer le sable, jusqu'au moment où les quatre roues sont entièrement dégagées. Une heure de travail acharné, d'excitations, d'énervements, permet enfin de libérer la voiture. Nous pouvons alors consolider nos tentes qui ne craignent plus de s'envoler au moindre coup de vent.

Pendant ce temps maman a préparé le dîner. Nous nous installons en cercle autour du réchaud qui subitement s'embrase. Des flammes d'un mètre de haut s'en échappent avec un sifflement infernal. Le beurre fondu des deux poêles dans lesquelles grillent les beefsteaks prend feu à son tour. C'est la panique à bord, le sauve-qui-peut. Papa bondit de son fauteuil et dans un mouvement réflexe donne un coup de pied magistral dans le réchaud et voilà notre repas du soir éparpillé sur le sable de la plage. Maman pleure tout autant de rage que de désespoir :

« Si seulement nous étions restés à la maison ! »

Un chien errant dans le coin profite de l'aubaine pour chaparder un morceau de viande. Je lui cours après, mais devant son air féroce et ses impressionnants crocs, je fais demi-tour. Tant pis. Papa inspecte le réchaud et constate que le bouchon du réservoir est aux trois-quarts dévissé. Nous avons eu de la chance. Il décide de passer sous l'eau la viande récupérée et après l'avoir bien nettoyée, maman recommence la cuisson malgré sa crainte. Les steaks sont certes un peu durs et quelques grains de sable crissent désagréablement sous les dents. In fine le dîner reste copieux et savoureux et surtout très gai, chacun y allant de ses commentaires. Papa transformé un court instant en pompier involontaire, est considéré comme le héros de la soirée, sauveteur du monde au péril de sa vie ! Les rires, les quolibets fusent tout au long de la soirée. Son ami lance de temps en temps un

« Émile, au feu » et nous voilà repartis dans une joyeuse hilarité.

Le crépuscule tombe rapidement et avec lui survient un autre souci. Nous sommes envahis par une nuée de moustiques longs comme nos sauterelles. Ils bourdonnent, piquent, nous sucent de partout. Les conversations deviennent impossibles, elles sont interrompues par des « clatch » qui signifient qu'un envahisseur s'est fait écraser ou bien par des « aïe » signature auditive d'une nouvelle attaque des intrus. De nombreuses pustules urticantes, sanguinolentes pour quelques-unes et très désagréables apparaissent sur tout le corps. Maman nous conseille des compresses d'eau vinaigrée, remède miracle qui atténue rapidement les douleurs. Afin de limiter les attaques de ces sales bêtes nous décidons d'allumer un grand feu. Le résultat est à la hauteur de nos espérances, les attaques se calment nettement. La nuit a été courte car le bruit du ressac nous empêcha de trouver le sommeil. En revanche, un merveilleux lever de soleil, une boule rouge placée sur la ligne d'horizon émergeant lentement de la brume lointaine, nous incite à entamer avec entrain cette nouvelle journée. La mer est immobile, pas une vague et rien ne trouble ce moment de calme et de sérénité extraordinaire. Je suis surpris par la vitesse avec laquelle l'astre du jour avance dans son éternelle course. J'ai l'impression qu'il est pressé de nous réchauffer. La brume matinale se disperse encore plus rapidement sous l'effet du mistral qui semble prendre de l'ampleur. La journée s'annonce torride.

Nous levons l'ancre pour nous diriger en deux étapes vers Lourdes, le but principal de notre entreprise. Après une route plutôt chaotique, nous arrivons dans un petit village nommé Adé situé à quelques encablures de la cité mariale où nous frappons à la porte de plusieurs paysans. Le premier nous traite d'illuminés, le deuxième fait semblant d'être sourd et nous fixe avec des yeux exorbités comme si nous étions des extraterrestres. Le troisième enfin paraît tout aussi surpris mais, plus conciliante, son épouse nous souhaite la bienvenue et nous propose un coin du verger jouxtant la ferme. Mon père, pas très emballé par le projet, reste circonspect et hésitant. Son collègue en revanche est enthousiaste et trouve l'endroit idéal. Nous commençons à défaire nos bagages sous l'œil narquois et amusé du propriétaire des lieux. À l'évidence il ne nous aime pas et préférerait nous voir ailleurs. Mon père insiste auprès de son collègue pour changer de place :

— Joseph, je ne sens pas ce type, il nous prépare un sale coup.

— Mais non, sa femme est sympathique, tu ne crois pas ?

— Moi, je suis pour la paix des ménages, j'aimerais déménager.

— Non, tu te fais des soucis pour rien, répond-il à mon père.

Pendant ce temps le fermier disparaît. Un court instant plus tard nous comprenons pourquoi : un jeune taureau et trois vachettes foncent têtes baissées, cornes en avant, dans notre direction. Nous nous réfugions dans nos voitures en tremblant de peur. Mon père ne cesse de répéter :

— Je le savais, il n'est pas clair, ce bonhomme.

Le taureau renifle nos affaires dispersées aux alentours. Il ne se gêne guère pour piétiner notre matériel, tente de l'encorner et de le projeter en l'air. Nous craignons fort pour nos toiles de tente. La catastrophe si elles étaient déchirées ! Dès que quelqu'un ouvre la portière, le voilà qui fonce dans sa direction et gratte violemment la terre de ses pattes antérieures. Plus personne n'ose bouger, nous sommes paralysés de peur. Papa interpelle son collègue :

— Alors que faisons-nous ? Nous ne pouvons pas déguerpir sans notre matériel ? Que proposes-tu ?

Si seulement ce goujat de paysan rappelait ses bêtes. C'est notre unique pensée, notre seul souhait. Après un long moment de réflexion, Muller nous crie à travers la fenêtre :

— Je sors et m'empare de la grosse branche qui traîne devant la voiture, j'occupe cette furie pendant que toi tu charges les voitures au plus vite.

Téméraire le collègue s'avance d'un pas décidé vers le taureau qui hésite un court moment avant de reculer. En un temps record, nous avons jeté nos affaires pêle-mêle dans les voitures pour démarrer immédiatement en trombe suivis par les bêtes. Sur ces entrefaites, la fermière accourt et repousse vivement les animaux qui obéissent à sa voix. Elle s'excuse de l'inconduite de son mari et nous propose un autre point de chute à la sortie du village. Une maison isolée aux volets bleus appartenant à sa sœur Yvonne. Cette demeure est entourée d'un grand verger

« Recommandez-vous de Christiane. Vous serez bien reçus. »

Le fermier riant à gorge déployée se tient appuyé au coin du bâtiment. Un rustre ! S'il ne voulait pas de nous, il n'avait qu'à annoncer la couleur dès le départ.

Un peu plus tard, nous nous présentons à l'adresse indiquée. Nous sommes accueillis à bras ouverts par un charmant couple qui nous propose un magnifique verger bien ombragé. Les pruniers s'allongent en files ininterrompues sur une bonne centaine de mètres. Ces gens se font un réel plaisir de recevoir des pèlerins venus de si loin. Spontanément ils mettent à notre disposition les sanitaires, l'eau et même l'électricité. Du jamais vu ! Nous sommes de vrais pachas ! Ils font preuve d'un immense sens de l'hospitalité et se mettent à notre disposition durant cinq merveilleuses journées inoubliables.

De là, nous nous rendons à Lourdes, trois jours de suite. Lorsque je prie devant la grotte, je suis hypnotisé par le gave de Pau dont l'eau claire et glacée coule fougueuse sur un tapis de galets multicolores. Quand un rayon de soleil tombe tangent à la surface de l'eau, il la transforme en un véritable miroir. Les reflets renvoient une luminosité exceptionnelle contrastant avec l'ombre des arbres environnant. Cette image accentue encore le côté mystique des lieux. Nous participons aux différents offices religieux, aux prières aux pieds de la statue de la Vierge et de Bernadette, aux défilés impressionnants des nombreux malades, des estropiés de la vie qui mettent leur dernier espoir de guérison dans la prière et la supplication de la sainte Madone. Je n'ai jamais ressenti un tel élan de prière et de foi que dans ce lieu sacré. Les Ave répétés à l'infini élèvent mon âme à des hauteurs jamais atteintes et insoupçonnées auparavant. Je me sens tellement petit et insignifiant devant toute la misère de la terre qui semble s'être donné rendez-vous en ce lieu béni. Loin de ressentir de l'affliction, mon cœur est envahi par une immense espérance scellée dans un amour indicible du prochain. Il me semble que cette assemblée hétéroclite et polyglotte ne fait plus qu'un seul corps chantant Ave Maria. Que dire de l'immensité de la procession aux flambeaux empruntant les trois étages menant à la basilique et à la grotte. Devant nous, marche un couple de hollandais, à nos côtés une famille allemande, des Parisiens à notre gauche et derrière nous des Espagnols. Chacun prie dans sa langue maternelle ce qui donne l'impression d'une joyeuse cacophonie qui cesse dès que viennent les mots, les paroles sublimes qui nous unissent tous en une seule invocation : « Ave Maria ». Je garde toujours gravé au fond de mon cœur ces deux mots de salutation simples et merveilleux, l'atmosphère particulière riche en émotions et la totale communion spirituelle entre les pèlerins présents qui m'ont transporté si loin ce soir-là. Les mots sont trop faibles, trop insignifiants pour décrire ce ressenti. Il faut l'avoir vécu dans son corps, dans son cœur et de toute son âme pour approcher la vérité d'un tel moment. J'admire et envie tous ces bénévoles qui triment et consacrent leur temps aux nombreux malades. L'un pousse le fauteuil d'un infirme, un autre tient la main d'un désespéré, le troisième s'évertue à procurer un peu d'ombre à une « gueule cassée » stigmate d'une nuit de bombardement du côté de Verdun. Cet ancien combattant complètement défiguré, est incapable de s'alimenter sans sa sonde. Et il y en a tant et tant d'autres...

Ce soir-là, quand toute la famille dort du sommeil du juste, mon cœur complètement chaviré m'empêche de trouver le repos. À quatre pattes et sans faire de bruit, une couverture sous les bras, je me glisse hors de la tente et m'allonge en plein milieu d'une allée de notre verger. Alors, je scrute le ciel parsemé de millions d'étoiles scintillantes. Je suis subjugué par le nombre impressionnant d'étoiles filantes qui sillonnent la boucle céleste dans leur chute vertigineuse. Le silence est total, l'air doux et la température agréable. Le croissant de lune me fascine. Sa luminosité tendre et douce me transporte. Je la préfère aux éclats cruels du soleil qui nous abrutit tout au long de la journée. J'ignore le temps passé ainsi à contempler l'astre de la nuit tout en revivant en mon for intérieur les émotions tenaces presque douloureuses de la journée. Je n'arrive pas à effacer les images dramatiques de tous ces malades dont certains se savent condamnés. Néanmoins ils ont la force de croire. Dans leur regard, on peut découvrir la lumière, l'étincelle d'espoir d'une hypothétique guérison. D'autres portent un masque de souffrance qui les rend plus pathétiques encore. Leurs yeux effarés révèlent une tristesse et un désarroi terribles. Je suis fortement interpellé et bouleversé par ces images que je ne peux chasser de ma mémoire. Une question me poursuit :

— Que puis-je faire ? Comment les aider et voler à leur secours ? Tu es trop jeune, mais plus tard il faudra que tu réfléchisses à tout ça. Promis.

J'ai dû m'endormir sur cette promesse, plongé dans la profondeur du firmament, car maman me réveilla à sept heures du matin en pestant et en me traitant d'inconscient d'avoir passé ainsi une nuit à la belle étoile. Mais je me suis tu et j'ai gardé tout au fond de moi les impressions indicibles et indélébiles de cette nuit merveilleuse.

Le lendemain nous visitons le magnifique cirque de Gavarni. Maman n'est pas contente, elle est à la limite de nous gâcher cette excursion. J'ignore pourquoi elle ronchonne et refuse de partager avec nous cette ascension somme toute pas trop compliquée. Alors, mon père loue un âne pour nous faciliter la progression. Elle refuse obstinément de le monter.

— Jamais de la vie je ne me mettrai sur un âne. Vous rêvez.

La famille Muller insiste, elle aussi, avec véhémence tandis que leur petit Paul et leur fille Marlène profitent largement de leur équidé. Mais une fois arrivée au bout du chemin, maman reconnaît néanmoins la beauté exceptionnelle du site. Je me sens littéralement écrasé par cette énorme muraille rocheuse qui nous entoure de toute sa magnificence. Tout au fond, la cascade tombe dans un fracas assourdissant, scintille de mille feux et s'embrase quand un rayon de soleil l'inonde de sa clarté. Au gré de nuages un arc-en-ciel naît et disparaît tout aussi rapidement. Un paysage sauvage, témoin vivant de la force de la nature. J'en ai les bras ballants, subjugué par tant de beauté. À un moment précis, une grande fatigue me submerge et je ressens une grande soif, mais devant ce spectacle grandiose tous ces petits bobos et inconvénients s'évaporent spontanément. De son côté ma sœur est fière et toute excitée de monter son âne. Elle me permet d'en profiter sur quelques mètres. Perché sur cet animal je suis ravi. C'est la première fois que je vois une telle bête et surtout que je la chevauche. Je le croyais têtu comme pas possible, mais au contraire, celui-ci est d'une docilité extraordinaire et obéit à la moindre sollicitation. Ma sœur en profite largement tout comme mon cousin Francis. Encore un souvenir inoubliable de ces vacances de rêve. De retour à la ferme, le propriétaire m'emmène faire un tour loin du village. Il se fait un plaisir de me montrer sa palombière cachée en haut d'un immense chêne perdu au milieu d'un petit bois. Il émerge nettement plus haut que ses congénères. Monsieur Louis m'explique la technique particulière de chasse et me fait découvrir les « appeaux » qu'il utilise pour attirer les palombes de passage. Je suis emballé par ses propos et je n'ai plus qu'une envie, grimper tout là-haut, autant pour découvrir le paysage magnifique des Pyrénées, que pour participer à une partie de chasse. Il promet de m'accorder le privilège de partager avec lui sa passion le jour où je reviendrai dans la région et que je serai plus âgé. Je suis un peu déçu de devoir patienter. Mais enfin !

Puis vient le moment du départ. Nous échangeons nos adresses en vue d'une future relation épistolaire. Nous remercions vivement ce couple sympathique pour son hospitalité et c'est avec un grand pincement au cœur que je quitte ces gens simples mais si aimables. Notre périple nous mènera jusqu'à Biarritz d'où nous partons en direction de Bordeaux. Après Angoulême, Poitiers, Tours, nous faisons un crochet par le splendide château d'Amboise, avant de rentrer à la maison, via Troyes et Nancy.

Amboise est un instant particulièrement émouvant pour papa. Avec un brin de fierté, il nous fait visiter les endroits de la ville où il a avec sa section combattu en 1940 et résisté si vaillamment à l'avancée irrésistible des forces ennemies. Son émotion est à son comble quand il nous montre, entre autres, l'endroit où ils ont creusé un trou pour se protéger et où un de ses hommes a trouvé la mort touché par un obus. C'est pour lui un retour au triste passé qu'il a hâte d'oublier.

Nous sommes heureux et enchantés par ce long voyage de trois semaines, mais tout aussi impatients de revoir notre petite Marie-Catherine et Grand-père. Mais la peine de Maman est grande lorsqu'elle veut prendre sa petite fille dans les bras. Catherine se met à hurler, à se débattre et ne semble plus la reconnaître. Maman pleure à chaudes larmes, la serre très fort contre elle, lui parle doucement. Ce n'est qu'un long moment plus tard que son petit visage d'ange s'illumine. Catherine s'arrête de pleurer et nous sourit de tout son regard. Nous sommes à nouveau tous réunis. Quel bonheur, quelle joie !

Quand je repense aujourd'hui à cette exaltante aventure, je me rends compte combien la décision de mon père et de son collègue avait un côté insensé et extravagant pour l'époque. Sortir de notre village perdu pour se rendre à la capitale régionale était déjà une virée hors du commun. Mes parents s'y rendaient deux, au maximum trois fois, dans l'année. Les voitures étaient encore rares. La bicyclette était l'unique moyen pour se rendre au bourg voisin d'où l'on pouvait rattraper le réseau d'autobus desservant le secteur. Alors, pour nos braves paysans, entreprendre un tel périple à travers le territoire français frisait la folie. Je me dis que nous avions énormément de chance d'avoir un père aussi courageux.

Le progrès a rapidement fait évoluer les mœurs. Quelque cinq à dix ans plus tard chaque fermier a ou son tracteur ou son automobile. La notion des vacances rentre dans les us et coutumes. À ce niveau, il faut signaler les bienfaits du service militaire. Pour certains jeunes villageois c'est la seule façon de quitter leur terroir, de voir d'autres gens, d'autres mœurs bref de s'ouvrir au monde.

J'ai souvenir de Georges qui a été incorporé à Pau chez les parachutistes. À son retour il est psychologiquement transformé. La tête pleine de projets il bouleverse les coutumes de la ferme paternelle. Il est un des premiers à introduire le maïs et se lancer dans l'élevage de volailles, des pintades et des oies. Il est le premier à parler de foie gras. Combien d'autres de nos jeunes, se sont trouvés dans la même situation. Revenus au village, après avoir connu une vie différente, ils entreprennent un changement d'orientation professionnelle. L'armée leur a permis d'élargir leur horizon, en leur apportant des connaissances nouvelles ainsi que des formations spécifiques. L'un se transforme en chauffeur routier après avoir passé son permis poids lourd durant le service, tel autre formé comme spécialiste diesel se retrouve comme mécanicien dans un grand garage du coin, tel autre comme électricien et ainsi de suite. L'armée est donc un lieu d'ouverture pour tous ces jeunes « terriens ». Je reste persuadé qu'elle pourrait encore jouer ce même rôle à notre époque. Sans me faire l'avocat de la conscription, je trouve dommage qu'elle ait été supprimée.

Les vacances suivantes sont rapidement plus confortables. Farouche adepte du camping, notre père nous offrit encore bien d'autres découvertes, d'autres épopées aux souvenirs tout aussi croustillants. Les routes chaotiques, mal entretenues font place aux nationales plus larges, plus roulantes, aux tronçons d'autoroute de plus en plus longs. Les terrains de camping avec leurs installations sanitaires, leurs aires de jeux pour les enfants poussent de tous les côtés tels des champignons. Le Pyrex remplace le métal et l'aluminium, la canadienne se transforma en cabanon plus agréable, aux toiles mieux imperméabilisées et résistant davantage aux intempéries. Au fil des années le camping s'embourgeoise rapidement. Celui que nous pratiquions est rapidement abandonné et remplacé par des installations sur des terrains à quatre ou cinq étoiles où ces malheureux campeurs s'entassent les uns sur les autres dans une promiscuité totale. Je suis certain que beaucoup de vrais campeurs regrettent ces moments où le brave campagnard mettait à leur disposition l'immensité d'un pré.

Des liens forts unissaient et scellaient ces rencontres fortuites entre deux étrangers dont l'un profitait de l'autre, dans le sens noble du terme et dans un échange réciproque.

C'est ainsi que nous correspondions régulièrement avec la famille pyrénéenne jusqu'au moment où cette relation épistolaire a été brutalement interrompue. Nous ignorions totalement pourquoi il y eut ce subit silence. L'énigme a été résolue en 1955 quand, lors d'un passage dans la région, nous avons décidé de leur faire la surprise d'une visite. La brave Yvonne était méconnaissable, son beau sourire et ses yeux brillants n'éclairaient plus son visage. En larmes elle nous apprit le décès accidentel de son cher Louis tombé de sa palombière lors d'une malheureuse partie de chasse. Il s'était fracturé sa colonne cervicale. La mort avait été instantanée. Notre compassion était immense. Yvonne était néanmoins ravie de nous revoir même si cette rencontre lui rappelait de merveilleux souvenirs, des instants inoubliables passés avec les Alsaciens.

## Gérard notre jeune prêtre

Une autre année mémorable a été 1952.

À peine de retour de nos vacances durant lesquelles nous étions partis à la découverte de la Bretagne, je servais quotidiennement la messe à un jeune abbé, un enfant du pays. Nous avions la chance, et je dirais la grâce, de compter parmi nous ce prêtre issu d'une famille simple et laborieuse de notre village. D'ailleurs il n'était pas le seul à avoir suivi cette voie. Durant les vingt dernières années, notre paroisse a été la pépinière de quatre vocations sacerdotales, signe incontestable, s'il en faut, d'une foi vivante bien enracinée dans le cœur de nos villageois.

D'aucuns me rétorqueront que cela ne prouve rien. Il est toujours préférable d'embrasser une carrière religieuse au lieu de se morfondre dans la misère et la pauvreté de nos campagnes d'antan. Je ne peux adhérer à cet argument. On ne devient pas prêtre comme on devient forgeron ou fonctionnaire ! L'appel de Dieu, une fois entendu et accepté par l'heureux élu, sera vécu de mille manières différentes. Il ne se résume certainement pas à ces quelques paroles prosaïques :

« Laisse tout et suis-moi... »

Je suis convaincu que le cheminement intérieur doit être long et certainement parsemé d'instants de grands doutes. La route choisie, à moins d'être la résultante d'un coup de tête ou d'un orage mystique, est l'aboutissement d'une démarche réfléchie et longuement mûrie. C'était sûrement le cas de ce jeune abbé.

Les moments passés en compagnie de Gérard demeurent des souvenirs riches en émotions mais pleins d'interrogations. Je le retrouve tous les matins du mois d'août pour servir la messe. De temps en temps, sa maman, abandonnant ses occupations partage avec nous ces moments de grande ferveur. Gérard me laisse souvent perplexe lorsqu'il lui arrive de pleurer pendant l'office. Ce qui m'intrigue. Sa gorge se serre au point qu'il est incapable de parler et des larmes coulent sur son visage. Je ne comprends pas. À chaque fois il me demande avec insistance de ne jamais révéler ces pleurs. Je le lui promets. Promesse sacrée que j'ai tenue jusqu'à ce jour. Dans ma naïveté de gamin, il m'arrive de lui demander :

— Gérard, pourquoi pleures-tu ?

Il me fixe alors d'un regard profond, plein de bonté, au fond duquel se lit une ombre de tristesse, mais se tait. Une autre fois, il me répond :

— Pierre, prie pour moi tous les jours que Dieu fait. J'en ai tant besoin.

Je suis de plus en plus perplexe. Je comprends de moins en moins. Il ajoute :

— Tu sais, la prière d'un enfant, rien que par sa pureté, monte plus haut dans le ciel que les kilomètres de chapelets ânonnés du bout des lèvres par nos bigotes. Prie avec des mots simples et demande à notre Seigneur de me donner la grâce d'être digne et de pouvoir remplir ma mission d'ouvrier du Christ.

Et naturellement, je prie souvent et avec force et conviction. Combien de fois, le visage en larmes de Gérard me hante le soir, quand je fais ma prière avant d'aller me coucher. Elle revient oppressante cette même interrogation : pourquoi pleure-t-il ? Quand je le vois ainsi, j'ai l'impression qu'il est submergé par une profonde tristesse et qu'il est en proie à une énorme douleur morale.

Pourtant je me rappelle avec bonheur le 26 juillet 1952, le jour de sa première messe. Gérard est heureux. Son visage illuminé par un large sourire rayonne de bonheur. Pour les villageois, son retour tant attendu est non seulement celui du fils prodigue mais prend une autre dimension, plus spirituelle, à la limite sacramentelle.

Il a fait ses études au séminaire d'Issoudun et ne revenait que très rarement voir sa famille.

Ce dimanche matin, nous nous réjouissons tous de pouvoir partager avec lui cette fête grandiose. En son honneur, les villageois ont dressé trois arcs de triomphe. Le premier à l'entrée du village, le second à la hauteur de son domicile et le troisième à l'entrée de la petite place devant l'église. De jeunes hêtres coupés dans la forêt proche servent d'armature. Pour les embellir nous y avons fixé des branches de sapin entrelacées dans lesquelles nous avons piqué des bouquets de fleurs champêtres. Des paquets de mousse tendre, d'un vert profond, tressée autour d'un fil de fer s'entortillent sur toute la structure ainsi réalisée. Des guirlandes multicolores parachèvent la mise de l'ensemble. Par ces paroles sacrées, « Hosanna Filio David », inscrites à l'encre de chine sur un écriteau, nous lui souhaitons la bienvenue. À l'arc de triomphe, à la hauteur du domicile, des mains pieuses ont suspendu une grande image de la Vierge Marie sous la protection de laquelle la maman plaçait ce fils bien-aimé.

Mon père attend Gérard à l'entrée du village et le fait monter dans la Peugeot 202 rutilante que notre maman a décorée de nombreux bouquets de fleurs blanches et de fanions. Gérard se place debout sur le siège avant droit et, à travers le toit ouvrant, salue et bénit la foule amassée tout au long de la rue principale. Nous avançons ainsi en un long cortège tout chamarré de fleurs et de décorations champêtres.

Les enfants et les adolescents à vélo ouvrent la procession. Naturellement nous sommes tous endimanchés et en grande tenue. Nos bicyclettes briquées disparaissent sous des motifs décoratifs souvent forts naïfs : des branches de sapin, du lierre et de nombreuses fleurs. Nous formons une véritable haie d'honneur où chacun de nous se prend pour un motard officiel convoyant le chef d'état. De nombreux drapeaux jaunes et blancs, couleurs du Vatican, fleurissent à chaque maison. Des guirlandes multicolores traversent la rue à la hauteur des premiers étages. Il y en a tout au long du parcours.

Arrivés à la hauteur de sa maison familiale, nous marquons une pause. Monsieur le maire ceint de son écharpe tricolore et entouré des membres du conseil municipal nous y attend. Il lui réserve un accueil chaleureux, plein d'émotion, tout en lui exprimant sa gratitude et sa fierté d'avoir su porter si loin, à « l'intérieur », le nom de notre village. Le temps pour Gérard d'embrasser sa maman et de saluer les autres membres de sa famille, le cortège reprend sa route à pied jusqu'au parvis de l'église où patientent le chanoine, Monsieur le curé et un nombre impressionnant de membres du clergé.

L'église est encore la construction rudimentaire qui nous dépanne provisoirement, la vraie maison de Dieu étant toujours en ruines. L'orgue, plutôt un harmonium amélioré, donne toute sa puissance. Mon père est en forme et un tonitruant Alléluia de Haendel accompagne la procession jusqu'au pied de l'autel. Il va sans dire que la petite église est largement trop étroite pour accueillir les paroissiens et leurs invités. Les deux tiers des visiteurs restent cantonnés à l'extérieur. La messe concélébrée par

Gérard et notre cher curé ainsi que de ses deux amis ordonnés le même jour que lui, est d'une rare solennité. La ferveur de l'assemblée est à son apogée, elle devient palpable. À la sortie, tout le monde se presse, se bouscule, pour accueillir et recevoir la bénédiction du jeune abbé. C'est un moment d'une grande cordialité, chacun veut l'approcher, lui transmettre un petit mot gentil et lui souhaiter tout le bonheur possible dans sa vie de prêtre.

J'ai eu l'occasion de revoir ce jeune abbé une ou deux fois, avant de le perdre définitivement de vue. Une dizaine d'années plus tard, j'ai été informé que Gérard avait quitté la prêtrise, était enseignant dans un collège et qu'il s'était marié. De ce fait, j'avais trouvé une réponse partielle à mon interrogation. Cet homme a lutté, souffert certainement des années durant, en proie à un doute concernant sa vocation. Lorsque j'ai appris cela, je l'ai plaint davantage encore. J'imaginais le combat épique qu'il avait dû mener en son for intérieur, avant de prendre la terrible décision de se défroquer. Quel sentiment d'échec ne devait-il pas éprouver vis-à-vis des siens et notamment de sa maman ? J'ai toujours admiré cette mère de famille dont la générosité était inépuisable. Elle débordait d'amour pour ses enfants et supportait, seule, la charge de la famille, le père démissionnant devant ses responsabilités. Il est certain que ces gens ont consenti beaucoup de sacrifices et accepté toutes sortes de privations afin de pouvoir monnayer les longues études de ce fils bien aimé. Aujourd'hui, malgré toutes ces années de silence, j'aimerais rencontrer Gérard, il reste toujours présent quelque part au fond de mon cœur. Je lui parlerais et peut-être me répondrait-il alors à ma question : « pourquoi pleures-tu Gérard ? »

Les parents, très croyants et pratiquants, nous obligeaient à prier fréquemment. Nous n'allons jamais à table sans dire le bénédicité pour remercier Dieu de nous envoyer toutes ces nourritures, ni nous coucher sans la prière du soir.

## La semaine de la Mission

La paroisse accueillait une fois tous les deux ans des missionnaires. Le plus souvent des représentants des Missions Africaines de Haguenau. Ils prenaient quartier au village durant une semaine en collaboration étroite avec notre curé qui les annonçait le dimanche à la messe. C'était la semaine de la mission.

Ils organisent des neuvaines, des réunions de prière à l'église durant toute la journée. Très assidu, j'assiste avec plaisir et enthousiasme à ces moments de recueillement. Ces pères qui portent pour la plupart une longue barbe bien fleurie, m'impressionnent. Je bois leurs paroles quand ils racontent leur vie perdue en pleine brousse au contact des noirs dans leurs huttes, vivant pauvrement et démunis de tout. De temps en temps des larmes perlent dans mes yeux devant la détresse de ces gens. Combien je me sens privilégié d'habiter dans un village coquet. J'imagine comme il est dangereux de vivre au contact de la faune sauvage, lions, éléphants et autres serpents… Bref je suis conquis par l'esprit missionnaire. Je dois obligatoirement aider ces pauvres païens ! Je ressors de ces moments de prières souvent tout bouleversé, le cœur et l'esprit chavirés mais admiratif devant le travail de ces pères missionnaires.

Les nuits sont alors peuplées de cauchemars. Un thème récurrent revient plus que d'autres : la mort d'un de ces pères blancs, tué et sacrifié pour sauver les incroyants. Un marabout monstrueux l'offre aux dieux païens lors de fêtes nocturnes hantées par les mauvais esprits. Alors je prie très fort pour ces pères dont j'admire l'abnégation, le courage et la foi. Je veux leur ressembler, m'identifier à eux. Quel prétentieux ! Ma figure de proue, mon idéal à l'époque, est cet autre alsacien célèbre, le Père Charles de Foucauld. Je connais sa vie sans jamais n'avoir rien lu à son sujet, mais mon questionnement est constant auprès des pères missionnaires qui me délivrent tant de péripéties de sa vie, pas forcément vérifiées d'ailleurs, mais enfin ils me tiennent en haleine. J'aurais aimé suivre ses pas, avoir sa vie, son histoire, ses victoires militaires avant ses triomphes spirituels et religieux. Je l'imagine pieds nus dans des sandales déchirées, sa bure blanche usée et un Cœur Sacré de Jésus sur la poitrine, marchant au-devant de ses amis touaregs. Mort assassiné, il avait probablement atteint son but : donner sa vie pour ces pauvres hères du désert. Cependant j'ai peine à imaginer pourquoi une fin aussi dramatique ?

Un jour, un de ces pères est venu non pas dans sa tenue habituelle, une bure brune maintenue par un impressionnant cordon, mais tout de blanc vêtu. Qu'il pouvait alors m'exalter et me faire frémir. Si j'avais pu, je l'aurais suivi au bout du monde, tellement il me subjuguait. C'est lui qui nous fait les plus beaux prêches. Il retrace son travail dans le milieu africain. Il est aussi bien instituteur que pontonnier, sourcier que paysan et très souvent médecin. Je bois ses paroles, ses anecdotes et ses histoires s'incrustent profondément dans mon cœur.

La présence au village de ces pères m'interpelle vivement et laboure en profondeur ma conscience et ma croyance religieuse. Je suppose que je ne suis pas le seul à vivre avec ferveur ces moments particuliers. Toute la paroisse participe à ces instants bénis. Dès cinq heures du matin, certains ouvriers avant de se rendre à l'usine, et les paysans lève-tôt font une longue halte dans la maison de Dieu. Un père lit la messe ou plus simplement organise une réunion de prière, prêche et annonce la sainte parole, stigmatise le relâchement, le manque de foi, la tiédeur de nos convictions religieuses. Le père Auguste m'impressionne tout particulièrement. De sa voix tonitruante il nous sermonne et nous accuse de tous les maux. Il voit le péché dans la moindre de nos actions. Il est convaincu qu'aucun des paroissiens ne sera sauvé. Nous consumerons tous dans le feu de l'enfer ou croupirons, dans le meilleur des cas, pour l'éternité au purgatoire. Il ne parle pas, il aboie. Il frappe et tape des deux mains sur la chaire avec une telle force qu'elle en tremble. Par moments, il semble rentrer en transe et débite ses messages et ses reproches en patois ou en allemand. Je suis très choqué par la violence de son verbe. Sa foi et sa conviction religieuse sont, à ce point convaincantes qu'il se laisse emporter dans son élan missionnaire. Heureusement, avec les enfants, il sait être doux et nous enseigne le catéchisme sous forme d'anecdotes et d'historiettes toujours captivantes. La bonne parole s'imprégnait ainsi facilement dans nos esprits réceptifs. Les adultes ne l'appréciaient pas.

À sept heures, son collègue prend le relais et célèbre une deuxième messe pour les autres paroissiens et pour nous les enfants de l'école. Rares sont les fidèles qui ne viennent pas assister à l'office. Même les paysans sont présents, alors qu'il est si difficile de les arracher à leur terre. Mon père, secondé par quelques membres de la chorale, tient l'orgue et anime la messe. Mon rôle d'enfant de chœur prend tout son sens durant ces moments de profonde prière et de recueillement. Après la cérémonie, les enfants rejoignent l'école pour une nouvelle journée de galère pour certains. Le Saint Sacrement reste exposé jusqu'au soir vingt heures. Il n'est pas question de l'abandonner dans une longue et triste solitude. Monsieur le curé a organisé un roulement en divisant le village en quartiers. Chaque secteur a sa tranche horaire d'adoration à respecter. Enfants, nous nous retrouvons une heure entre 17 heures et 18 heures, puis obligatoirement entre 19 heures et 20 heures.

L'atmosphère qui régnait alors au village avait beaucoup changé. Les cris, les disputes étaient mis en sourdine. Notre communauté paraissait plus silencieuse, plus sereine, une certaine harmonie était perceptible. Des voisins profitaient de ces moments privilégiés pour déposer la hache de guerre déterrée depuis trop longtemps. La prière, le Saint-Esprit œuvraient en silence et laissaient des traces profondes dans certains cœurs chagrins qui retrouvaient une paix intérieure. Cette ambiance idyllique ne durait guère très longtemps, car la routine, les mesquineries, les jalousies et les vieilles querelles ressurgissaient comme de vieux démons dès la moindre provocation verbale. Ainsi va la communauté humaine, le tableau eût été trop parfait s'il n'y avait pas nos éternelles chamailleries et rivalités.

Les pères, après ces séances de prières officielles à l'église nous demandent de nous réunir entre voisins ou simplement en famille et de prier le chapelet. Tandis que le fourneau ronronne et nous prodigue une douce chaleur aux senteurs de pin ou de hêtre, nous voilà réunis à la cuisine, agenouillés et récitant les Ave. La statue de la Vierge Immaculée Conception, pour laquelle papa a une dévotion particulière, trône au milieu de la table. Deux bougies nous illuminent d'une douce lumière et renforcent ainsi l'impression de piété de ce moment de recueillement. C'est bon, c'est profond, cela me transcende. Je suis plein de nostalgie quand ces religieux quittent notre paroisse dans l'espoir d'y avoir semé quelques graines de charité et d'amour du prochain.

Le dimanche reste une journée privilégiée. En effet, maman part à la « petite messe » de sept heures afin de pouvoir préparer tranquillement le repas dominical pour ses chers « fauves ». Papa flâne au lit, souvent jusqu'à son retour. Nous, les enfants, en profitons pour nous glisser auprès de lui. Il nous raconte des histoires, pas la moindre syllabe ne m'échappe. Heureux moments de douce complicité entre le père et sa progéniture. À dix heures, c'est la grand-messe, papa est à l'orgue et moi je suis enfant de chœur. Je me sens très à l'aise dans cette fonction et je suis en accord total avec ma conviction. Le sceau de la foi s'imprègne de plus en plus fort, de plus en plus profond dans mon cœur et dans mon esprit.

En revanche, je ne suis pas pour autant le plus innocent des gamins, loin de là. Si je peux chaparder une friandise par ci, un morceau de chocolat ou quelques bonbons par là, je ne m'en prive pas. La tentation est trop violente, irrésistible. Maman multiplie les cachettes mais en vain. Quel crime n'ai-je pas commis alors ? Le soir, devant le crucifix, elle me répète :

— Tu vois, c'est à cause de tes péchés que Jésus a été mis en croix. Tu es responsable de ses souffrances, regarde comme il est triste, il pleure !

J'ai, alors neuf ou dix ans ! Elle cultive sans s'en rendre compte un sentiment de culpabilité, les larmes m'empêchent de trouver le sommeil. L'image du Christ en Croix, avec son masque de douleur et d'infinie tristesse, me hante.

Où donc est l'image du Dieu Amour, du Dieu Lumière et Rédempteur ? Aujourd'hui, je m'interroge sur la portée d'une telle éducation religieuse, aussi naïve qu'aliénante. Un Christ de souffrance, un Christ en peine qui pleure à cause de nos péchés, un Christ qui juge, qui condamne. Voilà l'image que je m'en faisais. Comment voulez-vous qu'un enfant, dans toute sa naïveté, ne puisse pas se sentir coupable, voire complice de l'incurie des hommes ? Le cœur de l'enfant, je le crois pur, généreux et inondé par l'amour maternel. Il est un terreau avide de connaissances, réceptif aux graines que l'on veut bien y faire germer. Alors, pourquoi lui imposer un Dieu censeur, justicier, au lieu du vrai Dieu, qui est pardon, amour, miséricorde, rédemption.

Jusqu'à l'âge de neuf ans, je le compare souvent au père fouettard. D'autant plus, que dans mon livre de prière, il est représenté avec une énorme barbe, l'air sévère, assis sur un grand nuage blanc, à son côté, un soleil au centre duquel est placé un œil d'où partent des rayons inondant la terre. Au lieu d'être le symbole du Saint-Esprit, ce tableau représente pour moi le père fouettard qui du ciel nous observe et juge nos bêtises. Le Dieu, père miséricordieux à l'écoute de ses enfants, qui exauce leurs prières, qui pardonne leurs fautes, je ne l'ai rencontré que beaucoup plus tard, dès l'instant où j'ai pu me forger ma propre opinion et avoir ma vision personnelle des choses.

## Nos jeux

À cet âge, je ne me sens bien qu'à travers les escapades en forêt ou durant mes éternelles sorties dans les champs.

Je connais chaque chemin creux, chaque pierre de la région. Je sais où je peux rencontrer une famille de lièvres ou une bande de perdreaux, je connais le coin où le chevreuil se désaltère, le buisson où il se réfugie. Tous ces animaux sont mes amis. Je regarde, j'écoute, je sens la nature, je hume ses odeurs. Je passe ainsi des heures à me promener, à rêver et à penser. Ce sont des moments durant lesquels je me sens heureux et épanoui. Je m'ouvre tel un livre dans lequel s'inscrivent les bienfaits et les dons de la nature. J'oublie les mesquineries de la vie, les peines, les difficultés scolaires, le vide et l'absence de chaleur. J'ai un tel besoin de reconnaissance et d'amour. Il m'arrive aussi d'être mélancolique et triste. Je me pose de nombreuses questions existentielles, m'interroge sur mon devenir, le sens que je veux donner à ma vie, sur l'existence de Dieu, du paradis ou de l'enfer. La question récurrente :

« Pourquoi suis-je différent des autres ? ».

Mon bégaiement et ma dysorthographie me poursuivent sans cesse. Je les traîne tel un énorme boulet. Toutes ces questions me taraudent au point de ressentir une gêne. Une réelle oppression semble m'écraser. Au moment où je me retrouve au creux de la vague, mon cœur se serre au point de me faire mal. Je trouve alors le réconfort dans l'immensité d'un ciel traversé par des nuages et dans le calme champêtre d'un après midi d'été écrasé par le soleil. Même en automne, quand les feuilles mortes tombent en rafales et que les champs labourés donnent au paysage cet air triste et sombre de champ de bataille, je me sens bien, la nature me comble et me rassérène. Je m'accroche de plus en plus à la terre de mes ancêtres. J'ai l'impression d'y planter profondément mes racines et de m'y fondre tout entier. Un grand calme et une profonde sérénité m'envahissent au contact de cette nature généreuse. Le silence et la quiétude de notre vallon font naître en moi une paix profonde. Je m'abreuve de toutes ces impressions comme une biche se désaltère à l'eau fraîche de la source. Alors, léger comme une plume emportée par la brise et gai comme un pinson, je retourne à la maison en sifflant. Bref, je suis heureux de vivre et tant pis pour les fautes d'orthographes ou les nombreuses remontrances. Tant pis pour les continuelles moqueries quand j'accroche, que mes mots sont hachés, désarticulés et qu'ils se brisent, comme ceux d'un bouffon auquel je m'identifie si souvent. Car, ce dernier est un souffre-douleur, un objet de défoulement, d'amusement et de moqueries, mais en y réfléchissant bien, il peut aussi être un confident qui apporte du réconfort.

Nos jeux ne sont guère sophistiqués. Nos jouets se réduisent au ballon, à la fronde que l'on fabrique soi-même, aux épées taillées dans deux morceaux de bois. Certains, les plus aisés, possèdent un vélo, souvent de récupération, dont la plupart des pièces d'origine ont disparu. Les billes nous les fabriquons nous-mêmes en roulant de l'argile que nous mettons à cuire au four de la cuisinière. Parfois le résultat est satisfaisant. Alors Jean, fils de peintre, nous procure des échantillons de couleurs avec lesquels nous les colorons. Certaines sont bien réussies, mais je ne vais pas jusqu'à dire des œuvres d'art. Les enfants de « riches » possèdent quelques unes en verre ou en porcelaine. Elles deviennent source de conflit et de marchandage pire que dans un souk. J'ai beau essayer de me souvenir d'autres jouets, je n'en retrouve pas dans ma mémoire, à moins qu'elle ne soit horriblement sélective ! Donc, après les cours nous courons en bande la campagne. Nous allons à la chasse aux moineaux, notre fronde accrochée à la ceinture, la poche de la culotte pleine de cailloux, ronds, bien choisis pour leur calibre. J'atteins de temps en temps ma cible et confirme ainsi ma dextérité et mon instinct de chasseur quand je réussis à abattre un corbeau ou une pie. Les moineaux sont plus faciles à toucher. Moins effarouchés, ils se laissent approcher à quelques pas et deviennent ainsi une proie facile. Un jour pourtant, je rate lamentablement mon tir, et au lieu de voir le merle tomber du toit du voisin, j'entends la vitre de la fenêtre du haut voler en éclats. Le scandale ! Personne n'a appris que ce fut moi le champion. La suspicion est forte, mais les preuves inexistantes. Je l'ai échappé belle.

Une de mes autres spécialités est le tir à l'arc. Après plusieurs essais je réussis enfin à réaliser l'arc qui me convient réellement. Il est en noisetier et la corde pour le tendre un fil de fer de récupération, des restes d'un rouleau de fil que les Gis employaient pour leurs transmissions. Il est bien équilibré dans la main. La force énorme qu'il faut déployer pour le mettre sous tension est son seul inconvénient. Nous confectionnons les flèches avec des roseaux spécialement choisis, pas trop lourds, ni trop légers, l'essentiel étant qu'ils soient bien droits. Pour bien les équilibrer, un court morceau de sureau sert de pointe. Cela devient une arme redoutable, d'une grande précision. S'il s'agit d'aller à la chasse aux oiseaux, corbeaux, pies, moineaux ou autre volatile, j'y incruste un clou à pointe très longue et effilée que grand-père emploie pour ferrer le cheval. J'en coupe la tête, la pointe a alors la dimension requise et fait l'affaire. Grâce à cette flèche je réussis même un jour à tuer une buse qui s'attaque régulièrement aux pigeons ou aux poussins.

Entre dix et onze ans la chasse aux douilles d'obus vides est mon autre passe-temps favori. La forêt en est jonchée. En fouillant les champs, nous récupérons quelques vestiges de la dernière guerre. Nous les collectionnons pour les monnayer auprès du marchand de métal et brocanteur ambulant qui passe au village, une fois tous les deux mois. Je touche dix centimes par obus de 150 en cuivre. Une partie de mes occupations, je la consacre aux lapins et à la basse-cour. Il s'agit de faucher l'herbe ou ramasser à la faucille des orties non piquantes ou les choux sauvages poussant le long des chemins creux et donner les graines aux poules. Je suis aussi très fier de ma vingtaine de pigeons. Je réussis à élever quatre couples de pigeons de race : des paons. Ils sont très beaux, d'un blanc immaculé. Surtout le mâle quand durant la danse nuptiale il étale dans toute sa splendeur la queue transformée en roue. C'est Grand-père qui me livre les graines. Il est très fier de cette réussite et ne ménage jamais ses conseils. Par contre, ce fut le drame quand maman décida qu'il fallait en supprimer quelques-uns pour le repas dominical. Pour éviter de réitérer ce massacre, j'ai tout stoppé. Je ne supporte pas que l'on tue mes pigeons, mes fidèles amis, dont certains viennent me manger dans la main. J'ai l'impression d'une haute trahison, quand maman les sert, bien juteux, bourrés de farce lors du repas de fête. Je n'en ai jamais mangé.

## Ma buse

Depuis longtemps je ressentais un profond désir d'avoir une buse comme animal de compagnie. Allez savoir pourquoi ? Je veux imiter en cela mon copain Gustave qui s'est lié d'amitié avec « Hanzel », une pie arrachée de son nid avant son premier envol. Il lui a donné la becquée durant des semaines. À force de patience et d'attention il réussit non seulement à la faire survivre mais aussi à l'apprivoiser. Il arrive à lui faire répéter quelques monosyllabes, comme à un perroquet. « Hanzel » mange dans sa main et tout naturellement suit Gustave comme son ombre. Il est notre attraction préférée, notre mascotte. Ainsi dès la fin de la classe, quand Gustave l'appelle par un sifflement strident, long, modulé dans la minute son cher ami vient se percher sur le mur de la cour d'école. La pie se met alors à jacasser, à battre des ailes et à remuer sa longue queue, pour marquer la joie des retrouvailles. De temps en temps elle s'installe sur le rebord d'une des fenêtres de la salle de classe et salue son maître. Cette amitié dure depuis quatre ans, quand un voisin malveillant tue « Hanzel » d'un coup fusil, prétextant que celui-ci a chapardé une petite cuillère à café. Gustave est dépité, pour ne pas dire désespéré des semaines durant. Dès lors il voue une haine profonde à ce misérable voisin.

De mon côté, je fais une tentative pour apprivoiser une jeune buse. Ce rapace m'a toujours fasciné. Lors de mes nombreuses sorties champêtres, j'admire sa magnifique silhouette se détachant sur le fond bleu azur d'un ciel immensément profond. Il plane avec élégance et se laisse porter par la brise sans effort. Il emprunte les courants ascensionnels qui l'entraînent de plus en plus haut, de plus en plus loin, jusqu'à le réduire à un simple point noir accroché au firmament. Alors je ressens moi aussi cette impression de liberté absolue dont il jouit. Mon envie de le rejoindre est certaine, à la limite irrésistible. Là-haut, des heures durant, il trace des cercles, avant de plonger, telle une pierre qui tombe, sur la proie tentant vainement de se cacher entre deux brins d'herbe. Parfois il s'installe sur un poteau téléphonique ou un piquet de parc pour scruter les prés et les champs aux alentours. L'œil vif, toujours en mouvement, la tête jamais immobile va tantôt à gauche tantôt à droite. Ce prédateur détecte le moindre mouvement. En revanche, au moment de prendre son envol il paraît relativement lourd et les vigoureux battements de ses ailes témoignent de l'effort qu'il déploie, contrairement à son cousin l'épervier qui impressionne par sa légèreté et sa souplesse. Mais je reste obnubilé par l'élégance de son vol quand il passe en rase-mottes le long de la lisière de la forêt ou qu'il joue à cache-cache entre les arbres en poursuivant un pigeon égaré loin de sa ferme ou un étourneau de passage, avant de fondre sur lui et de le bloquer entre ses serres. Quelques plumes tourbillonnant un court instant dans l'air ensanglanté sont les seuls indices du crime qui vient de se perpétrer.

Lors d'une de mes escapades, je localise un nid installé au sommet d'un énorme pin. Il s'est trahi par la présence de nombreux poils de souris ou de rat confondus dans d'autres déjections faisant partie des restes d'un repas de rapace. Comparé à celui d'autres oiseaux, ce nid paraît nettement plus grand que la moyenne. Il s'incruste dans une fourche à trois branches. Le pin est énorme, il a une trentaine de mètres de haut, son élégante cime forme un vrai parasol. Le tronc sans aspérité a la rectitude d'une bougie et un diamètre impressionnant. Je ne peux guère y grimper à mains nues, mes bras sont trop courts pour l'enserrer et me maintenir. Alors comment faire ?

Pour dénicher la buse, c'est une véritable expédition que seuls des gamins irréfléchis et inconscients peuvent entreprendre.

En un premier temps, nous pensons nous servir d'une corde en la faisant passer par-dessus la première branche du bas. Mais cette dernière est trop haute donc inaccessible. Nous n'avons pas la force nécessaire pour l'atteindre. Nous confectionnons en toute hâte un crochet à l'aide d'une vieille houe à quatre dents, mais en vain. C'est alors que René nous propose « d'emprunter » la grimpette de son père qui travaille à la régie d'électricité. Nous nous retrouvons au pied de ce pin devenu pour nous un véritable totem.

Mais comment faire ?

La grimpette ne s'adapte guère à mes pieds trop petits. J'ai beau serrer fort les lanières censées maintenir le système, les griffes basculent au lieu de se maintenir. Mon pied se tord dangereusement et je suis à la limite de l'entorse ou de la rupture ligamentaire. Pourtant je reste obnubilé par ce nid. Il m'attire, tel un aimant. Le temps presse car la couvée grandit, les jeunes oiseaux risquent de s'envoler et avec eux mon rêve. Comment résoudre le problème du diamètre de ce fichu tronc ? C'est alors que René nous apprend que son père et son équipe travaillent à l'entrée du village voisin. Ils sont en train de tirer des câbles électriques pour alimenter quelques nouvelles constructions. Nous sommes jeudi, jour de congé, nous nous décidons de visiter ce chantier afin de nous faire une idée de la façon dont les ouvriers grimpent le long des poteaux. Arrivés sur les lieux, le père de René est surpris de nous voir.

— Que faites-vous là les enfants ? Quel bon vent vous amène ?

René lui répondit :

— Papa nous aimerons savoir comment tu fais pour grimper le long des poteaux ?

Le père tout heureux nous donne toutes les explications possibles, les détails et les dangers à éviter lors d'un tel travail. Quand brusquement il se ravise et nous demande :

— Au fait les gars, pourquoi cette curiosité soudaine pour mon travail ? Je crois savoir ! Ne vous avisez jamais à vous servir de ma « grimpette » ni à vouloir m'imiter. Cela est trop dangereux. Je suis prêt à vous le montrer le jour où vous aurez la taille requise. Maintenant rentrez et faites vos devoirs. À ce soir fiston.

Forts des renseignements recueillis, sourds et aveugles quant aux dangers et aux recommandations, nous voilà confortés dans la faisabilité de notre projet. Deux problèmes restent impérativement à résoudre.

Le premier : la fixation de la « grimpette » n'est guère adaptée à des pieds si menus. Le second : trouver la ceinture ou la corde à mettre autour du tronc pour le maintien du corps.

Le problème des pieds est rapidement résolu. Une fois rentré dans mes vieilles chaussures hautes qui maintiennent plus ou moins bien mes chevilles je chausse les sabots de mon père. De cette façon j'arrive à bloquer les pieds et tout naturellement les griffes viennent se fixer fermement grâce aux lanières passées par-dessus les sabots.

Reste le problème de la ceinture ou de la corde de sécurité. C'est chez grand-père que je trouve mon bonheur. Une cordelette terminée d'un côté par une agrafe et qui sert de rêne à l'attelage des vaches. Il suffit donc, une fois la corde passée autour du tronc, de mettre un nœud à la distance requise, de l'enfiler à travers l'agrafe et de la fermer.

Le grand jour est fixé pour le samedi après-midi après la classe. René apporte la grimpette de son père et moi je me retrouve au pied du pin avec la corde et une vieille gibecière dans laquelle je cache les sabots de mon père. Le temps est beau mais il fait un peu de vent. Haut dans le ciel, une buse majestueuse plane sans le moindre battement d'ailes. De temps en temps elle lâche un « hieh » aigu et déchirant, pendant que sa partenaire, je suppose, agrippée au bord du nid ravitaille les jeunes rapaces. La mise en place de notre accoutrement ne pose pas trop de problème. Nous l'avons expérimenté sur une des poutres porteuses de la grange de Grand-père. Le système fonctionne.

Je débute mon ascension avec enthousiasme, une grande détermination et surtout avec une totale inconscience. Les griffes bien acérées pénètrent sans difficultés dans l'écorce, l'appui est sûr. Je rencontre quelques problèmes avec la corde, qui trop longue, pend dans le vide et s'entremêle dans mes sabots, d'autant plus que je n'arrive pas à la glisser correctement le long du tronc rugueux. Le manque d'expérience aidant, chaque centimètre gagné devient de plus en plus pénible. Néanmoins, encouragé par mes deux copains, je réussis à grimper lentement, péniblement, mais sans défaillir. Par moments mes jambes tremblent tellement que j'ai peur de lâcher prise et de devoir redescendre. Arrivé enfin au niveau de la première branche, la montée devient plus facile, la prise des mains aisée, mais mon accoutrement me gêne toujours autant dans la liberté de mes mouvements. Un court instant, je pense abandonner les griffes et les sabots pour avancer plus rapidement. Un moment délicat, quand il faut défaire la corde de maintien pour la faire passer par-dessus une branche m'empêchant de progresser. Mais comme le vent se met de la partie, je préfère rester dans la même configuration. Je suis secoué, ballotté à gauche, à droite, c'est comme si je me trouve dans une barque folle. Loin d'être impressionné par le tangage je me laisse simplement porter et suis avec plaisir la cime en mouvement. J'apprécie au plus haut point ce ballet aérien.

De là-haut le panorama est magnifique. Au loin, j'aperçois la flèche élancée de notre église, les premières maisons du village et pour la première fois, je peux admirer notre forêt par une vue plongeante. C'est magique.

J'entends les piaillements des petits cachés au fond du nid. La mère tourne tout autour, lâche des cris furieux, bat vigoureusement des ailes et me jette des regards meurtriers. Elle allonge ses serres, hérisse son plumage et semble alors doubler de volume. Son bec grand ouvert et recourbé en crochet laisse échapper toute sa détresse et son angoisse. Cette image m'impressionne jusqu'au plus profond de moi-même. La peur monte en moi. Mais plus rien ne peut me retenir. Je dépasse d'une courte distance la hauteur du nid pour mieux apprécier le contenu. Et là, c'est l'extase. Ma joie est immense. Quatre boules blanches au duvet immaculé, d'où se détachent des yeux sous formes de taches d'un brun foncé marqué, me fixent d'un regard étonné. Les becs jaunâtres recourbés, ouverts attendent avec impatience la becquée. À ce moment, par une attaque surprise, l'autre adulte se jette sur ma tête, agrippe mes cheveux et avec les serres coupantes comme des lames de rasoir me laboure la nuque et le haut du dos. J'encaisse quelques vigoureux coups de bec. Avec une main j'essaie d'écarter l'agresseur et avec l'autre je saisis rapidement le premier des petits accessible et le cache au fond de la gibecière. Je ne ressens aucune douleur tandis que mon excitation est à son comble. Je ne m'attendais nullement à une résistance aussi farouche de la part de ces oiseaux. J'ai l'impression qu'ils sont prêts à se sacrifier pour sauver leur progéniture. Je n'ai pas le loisir d'étudier l'architecture du nid. Mais pour le peu que j'ai pu voir, je suis surpris par sa taille, sa profondeur et surtout son côté doux et soyeux de l'intérieur. Le tracé semble avoir été fait au compas. L'enchevêtrement des grosses branches et brindilles de la périphérie contraste avec la finesse et la régularité de son centre. J'entame immédiatement la descente.

À partir d'une certaine hauteur, je me laisse glisser le long du tronc pour toucher plus rapidement la terre ferme. Je suis épuisé, mais heureux de mon trophée.

Ce n'est qu'à ce moment que je remarque le filet de sang qui coule dans la nuque, les écorchures des mains et surtout de la face interne des cuisses dues aux frottements de la corde et de l'écorce du tronc. Je suis accueilli, tel un héros, par mes deux copains tout aussi excités que moi et qui se sont fait beaucoup de soucis au moment de l'attaque des parents. Tous les trois, nous sommes en admiration devant cette beauté fragile. Chacun veut toucher, caresser l'oisillon que je garde un certain moment dans le creux de mes mains. Son cœur bat à se rompre et tout son corps tremble. Je le serre contre ma poitrine mouillée par une transpiration abondante. Il faut se dépêcher, rentrer rapidement et le mettre en sécurité. Néanmoins, nous faisons le détour au domicile de René afin que je puisse nettoyer mes plaies et enlever les taches de sang.

Après ces premiers instants d'une intense euphorie, je me trouve subitement placé devant la réalité : que dire aux parents ? J'ai un problème épineux à résoudre. Nous nous entendons sur le scénario suivant : l'oiseau est tombé du nid, il ne peut voler et il faut le protéger et lui porter secours. Il est impératif de taire le fait que je l'ai déniché et surtout d'une façon aussi insensée. Les écorchures ne posent pas trop de problèmes, mes parents ont l'habitude de me voir rentrer « cabossé » de partout. Les dégâts sont simplement un peu plus étendus et plus marqués qu'à l'accoutumée.

Arrivé à la maison j'exhibe mon trésor devant mes sœurs qui ne lui prêtent que peu d'attention. Papa paraît surpris, sans plus, maman par contre tient à ce que je le relâche immédiatement même s'il doit se faire dévorer par un chat. Le soir, mon père me demande comment je compte m'en occuper et le nourrir. Je le rassure en lui expliquant que Gustave pourra me conseiller et m'aider, au moins les premiers temps. Je passe une nuit remplie de mauvais rêves et de cauchemars. J'éprouve des remords d'avoir arraché cet oiseau à ses parents courageux et héroïques dans la défense de leur progéniture. Je culpabilise. Je m'en veux d'avoir accompli ce forfait par pur égoïsme et pour mon seul plaisir.

À partir de ce moment ma mission consiste à le maintenir en vie le mieux possible afin qu'il puisse rejoindre son milieu naturel quand il saura voler. Dès le lendemain, je pars à la recherche de vers de terre en retournant des dalles de pierre et en creusant la terre. Je les découpe en rondelles, Gustave m'a expliqué la technique de gavage. D'une main, je maintiens le bec de mon protégé ouvert, de l'autre, à l'aide d'une pincette je lui introduis les petits bouts d'aliments. Au départ de notre odyssée, Gustave vient quotidiennement m'éclairer de ses conseils et m'aider à la becquée. Je suis en admiration devant la beauté de ce petit oiseau si fragile et en même temps si vigoureux. Son duvet est très doux au toucher, comme du velours. Au niveau des ailes les phanères se développent harmonieusement. Je suis surpris par la vitesse avec laquelle ce plumage se met en place. Mon héros s'adapte très rapidement à ma présence, et, surtout, semble vivement apprécier les plats que je lui présente. Mes copains me ravitaillent régulièrement en viande fraîche, l'un avec une souris prise au piège, l'autre avec des vers de terre, un autre encore me ramène des morceaux du cochon de l'année récemment sacrifié, la bouchère me donne régulièrement des boulettes de viande, lors de son passage hebdomadaire au village.

Quelques trois mois plus tard, mon « aigle » était devenue une attraction pour tous, et pour moi un ami et un confident. Son plumage s'est développé, sa robe est très belle, brune piquetée de gris, son abdomen reste d'un blanc immaculé. Son regard m'impressionne le plus, les yeux toujours en mouvement me scrutent d'un air étonné mais sans agressivité. À l'évidence il s'adapte bien à ma présence et me montre sa joie quand je lui présente son repas. Certes, j'ai de temps en temps droit à un coup de bec tranchant s'il confond mon doigt avec un quelconque morceau de viande. Mon père semble bien apprécier sa présence et quand ma buse réclame sa pitance en poussant des cris aigus, il se débrouille pour lui trouver de quoi le rassasier, cela pouvait être un poussin étouffé lors de son éclosion. Seule maman ne l'aime pas, elle craint ses coups de bec et de griffes.

Entre-temps arrive le jour de la rentrée en 6e. Je ne peux plus surveiller mon ami avec la même attention. Mais tout est organisé pour qu'il soit nourri régulièrement durant mon absence. Pourtant un soir, de retour de classe, je découvre avec stupeur la cage ouverte. Mon « aigle » a disparu. Je suis fort malheureux et très déçu. C'est maman qui l'a libéré après qu'il lui ait donné un coup de bec. Dommage ! Durant quelques jours encore, il est resté dans les environs, tantôt perché sur le faîte du préau, tantôt tournoyant des heures durant au-dessus de la maison d'école. Je l'appelle, le supplie de revenir. Je l'appâte avec insistance. Mais en vain. Puis est venu le jour où je ne l'ai plus revu. Je m'en suis consolé facilement. Ma buse avait retrouvé sa liberté et son monde sauvage, tandis que moi j'en découvrais un autre tout aussi difficile à affronter. Finalement cette expérience enrichissante m'a appris qu'il fallait laisser les animaux sauvages dans leur monde à eux, là où la création les avait placés, plutôt que de chercher, à tout prix, à satisfaire une lubie. Cet épisode me renforça dans le respect de la nature et du monde animal.

# Livre IV
# L'automne

L'automne, de même que le printemps, est une de mes saisons préférées. Les colchiques dans leur robe mauve ou bleu pâle apparaissent de-ci, de-là dans les prés, prémices de l'arrière-saison. Bientôt une infinie variété de couleurs explosera à travers toute la campagne. C'est aussi la période d'excellence pour ramasser les récoltes diverses et variées, le fruit d'un dur labeur. L'opulence de certaines récoltes contraste avec une désolante pauvreté d'autres champs. Pour la jeunesse, l'automne signe la fin des vacances, un nouvel emploi de temps et pour certains le début d'un calvaire.

## La rentrée

La rentrée scolaire est différemment vécue. Certains, heureux de pouvoir enfin se soustraire aux travaux de la ferme, reprennent le collier avec joie, d'autres redoutent ce moment. Une huitaine de jours avant la date officielle, mon père prépare ce jour que je redoute tant. Il est secondé dans sa tâche par une ou deux bénévoles qui se mettent à laver et à récurer la salle de classe. Les six immenses fenêtres aux nombreux carreaux subissent un assaut en règle de chiffons, d'eau savonneuse, de peau de chamois et scintillent bientôt sous les rayons d'un soleil encore bien chaud. Avec la même énergie, les deux femmes de ménage passent d'abord un coup d'éponge sur chaque banc et sa tablette. Elles poursuivent par un vigoureux cirage qui malgré leurs efforts n'arrive pas à rendre leur première jeunesse à ces vieux bancs, survivants d'un autre âge, vermoulus et souvent branlants. Ils ont vu passer plusieurs générations de garnements assis côte à côte en train d'user leur fond de culotte. Un encrier en verre transparent, au fond duquel l'encre s'est évaporée depuis longtemps et se réduit en un amas de poudre noire collante, est incrusté à chaque extrémité de la tablette. Ces récipients passés à l'eau javellisée n'attendent plus que la nouvelle cuvée de cette encre bleu-violet qui tache facilement et laisse des traces indélébiles. De nombreuses marques, des gravures, des signes cabalistiques ornent les écritoires, preuves que les écoliers successifs ne devaient pas forcément déborder d'enthousiasme ou qu'ils s'ennuyaient royalement. Les paroles prodiguées par leurs différents maîtres ne trouvaient pas toujours l'écho attendu. Cette écritoire se rabat vers le haut et peut alors servir de bouclier, lors de batailles de boules de papiers, de gommes ou de tout autre objet volant. Le plancher fait de larges planches de sapin souvent inégales, disjointes, gémit et grince telle une vieille charrette aux essieux non graissés. Une fois lavé et brossé à fond, il est passé à l'huile et prend une teinte peu encourageante, un brun foncé ayant l'avantage de cacher les traces de saleté.

Pendant que les femmes de ménage s'activent ainsi, papa fait l'inventaire des manuels scolaires, des cahiers, des craies et du petit matériel indispensable. Le tableau noir dont la peinture commence à s'effriter lui crée quelques soucis. Il faudrait songer à le repeindre rapidement. Le maire va encore rechigner à la dépense. Le bureau placé sur une petite estrade ayant été refait précédemment est a priori fonctionnel, ainsi que l'harmonium. Ce dernier, une véritable pièce de musée, un monument historique, monte la garde dans le coin gauche de la salle de classe. Instrument qui fait ma joie des heures durant. N'ayant personne pour m'initier, je pars seul à l'assaut de cette antiquité. Je pédale fort et mes petits doigts graciles s'égaient maladroitement sur les touches où, avec le temps, la nacre a été écaillée ou complètement arrachée. Mon instrument de rêve, mon compagnon de joie ou d'infortune subit stoïque mes attaques outrancières ! Les mélodies viennent spontanément selon mon état d'âme et selon mon humeur. Je me rappelle des premiers cantiques « massacrés » quand j'essaie de les reproduire de mémoire et à l'oreille, car j'ignore tout du solfège et de la lecture des notes.

De son côté, M. Joseph, le garde champêtre, a la mission de vérifier le bon fonctionnement de l'énorme poêle en fonte trônant au milieu de la salle. Il ne cesse de pester contre le tuyau d'une longueur impressionnante. Il part du poêle, monte à la verticale puis court le long du plafond à travers la salle de classe avant de s'aboucher dans l'immense cheminée. Ses fixations au plafond ne sont pas toujours des plus solides. En conséquence, à l'endroit où les bouts s'encastrent les uns dans les autres, il y a forcément du jeu et il en résulte un mauvais tirage. Un énorme nuage de fumée acre et irritante envahit alors la salle, se répand dans les moindres recoins et nous fait tousser. Une couche de peinture métallique noire recouvre cette tuyauterie et la rend plus attrayante. Mais les jours de surchauffe l'enduit fait des bulles, éclate et dégage une odeur insistante et très désagréable. En période de grand froid, il n'est pas rare que la classe soit interrompue en raison d'un problème de chauffage. Au grand désespoir de mon père, des pierres réfractaires explosent de temps à autre au cas où le poêle est poussé à son maximum, incident toujours bienvenu qui nous réjouit forcément. Le bon Joseph avance lentement dans son travail pénible qui lui dessèche le gosier. Il est toujours assoiffé et transpire abondamment. Il quémande fréquemment un pichet de vin de notre fabrication.

— Monsieur l'instituteur, c'est le meilleur que je n'aie jamais bu ! Ne cesse-t-il de répéter.

Papa, le sert généreusement. Si bien qu'un jour il sort, de l'école complètement ivre, titubant sous les rires et les sobriquets de papa et du maire venu les rejoindre. Ce dernier l'apostrophe :

— Joseph, te voilà écrasé par les efforts scolaires. C'est bien, tu auras le premier prix.

À cette époque, la commune offrait une grande partie des manuels et certains matériels scolaires. Monsieur le maire passe régulièrement et demande à mon père de se souvenir du peu de crédit disponible, la commune étant très pauvre et ainsi de suite.

Il est au bord du coup de sang lorsque mon père lui soumet le devis pour la réfection de l'armoire à sabots placée dans l'entrée. En effet, quelques élèves viennent encore en classe en pantoufles et en sabots. Ils ne sont pas forcément les plus mal lotis. Du point de vue de l'étanchéité et du maintien de la chaleur aux pieds, il n'y a pas mieux.

Les travaux de préparation achevés, j'apprécie les bonnes odeurs faites d'un mélange d'huile, de cire, d'eau de javel, d'essence de bois et de vieux livres. Odeurs particulières qui tous les ans signifient la fin des vacances et le début des cours.

Pour moi cela marque le début d'une période de tension, d'un calvaire fait de larmes, de cris, de frustrations et de réprimandes. Chaque rentrée est un moment douloureux, plein d'appréhension qui marque ma vie d'enfant. À l'évidence, je n'aime pas l'école et pour cause. Certes, je n'ai qu'un escalier à descendre pour me retrouver en salle de classe, je l'emprunte quotidiennement la peur au ventre.

« Que vais-je encore prendre ? »

Le fait d'aller en classe chez son père n'est pas synonyme de plaisir ou de sinécure, comme d'aucuns pourraient se l'imaginer, loin de là. Papa est un homme plutôt de petite taille, tout en rondeur, affable, d'une grande jovialité. Un éternel sourire illumine son visage. Il peut être d'une infinie douceur mais ne se contrôle pas toujours quand la colère le submerge. Il lui arrive alors de se transformer en véritable ouragan. Néanmoins, les traits de caractère qui le définissent le mieux sont sa gentillesse, son respect de l'autre, sa serviabilité. Fils de paysan il en a hérité le sens aigu du travail, de l'effort et de l'amour de la terre.

Nous sommes une cinquantaine d'élèves, garçons et filles mélangés, répartis du cours préparatoire à la classe de fin d'étude : la classe unique mixte. Mon père se montre d'une infinie patience et d'une grande douceur pour ses protégés. Dès la moindre hésitation ou incompréhension de l'un ou de l'autre, il recommence ses explications pour s'assurer que la leçon est comprise. Il prête une attention toute particulière à ceux qui ont de réelles difficultés. Pendant la récréation, il les prend souvent à part et en quelques mots essaie de leur venir en aide. Après la fin des cours il garde souvent un élève en grande peine pour une demi-heure de leçon particulière. Le succès au certificat d'étude de tous ses protégés, et tout particulièrement des moins doués, est sa grande fierté. Ce résultat, qu'il considère comme une récompense légitime, lui procure une grande satisfaction personnelle. Mais, de temps en temps, il se met en colère quand, malgré ses efforts, nous restons hermétiques à la bonne parole. Il n'accepte pas que nous soyons dissipés. Autant il peut être tolérant avec les plus jeunes, autant il se montre intransigeant pour les plus âgés. Les sévices corporels sont rares mais terribles quand le maître explose et que la foudre des dieux s'abat sur nous. Nous redoutons tout particulièrement sa décision de nous tirer les cheveux au niveau des pattes. C'est très douloureux. Cependant le supplice est à son comble quand il nous cingle la paume de la main tendue d'un coup de sa baguette de noisetier bien souple et bien fine. Douleur exquise, surtout en hiver quand l'extrémité des doigts est glacée !

Les punitions sont proportionnelles aux bêtises commises. Le cérémonial est immuable. L'intéressé est invité à se présenter devant le maître. Arrivé près du pupitre, il doit tendre la main à la bonne hauteur et attendre sans broncher l'exécution de la sentence. Les plus hardis ou les plus fanfarons restent stoïques, défient leur bourreau du regard ou bien le remercient. Pas de larme, pas d'hésitation. Pour eux, il n'est pas question de perdre la face devant les copains qui jouissent du spectacle sans éprouver la moindre compassion. Pour sa part mon père n'est pas rancunier et ne revient jamais sur le motif de la punition. Pour lui l'incident est clos après la sanction.

Pour moi le scénario est différent. Certains jours, quand mon père est irrité ou seulement énervé, je deviens son souffre-douleur, j'oserais dire son défouloir. Placé à ma hauteur à côté du banc, dès la moindre erreur il me gratifie d'un coup de poing dans les côtes ou sur le crâne. Certes ce n'est jamais le coup de massue mais cela reste toujours désagréable et souvent bien douloureux. Après les cours ou durant la récréation les copains viennent me consoler :

« Qu'est-ce que tu as encore pris ce matin ! »

Un vent de fronde se lève entre nous mais il reste vent c'est-à-dire souffle passager sans consistance. Mon père exige de moi que je sois l'élève modèle. Il attend que je sois le bon exemple en toute chose et en toutes circonstances. C'est une mission bien contraignante souvent hors de ma portée et loin de mes compétences. Il ne peut cacher sa déception si je ne réagis pas instantanément lors d'une interrogation. Un voile de tristesse assombrit alors son visage, le sourire s'éteint et le regard se fait lourd. Je le sens amer, déçu et ceci par ma faute !

La grande incompréhension entre mon père et moi vient du fait qu'il me baisse régulièrement mes notes. Le quart ou le demi-point en moins me blesse et me fait souffrir même si cela part d'un bon sentiment et qu'il le fait dans un souci d'équité. Il s'est maintes fois justifié en m'expliquant sa façon d'agir : « Pierre ton travail est parfait, mais comprends-tu, je ne voudrais pas que certains élèves puissent penser que tu es un fils à papa, un pistonné. Pour cette raison, je marque la différence. »

Je suis révolté. Je me sens lésé face aux copains qui durant la récréation me taquinent et me font miroiter leur moyenne. Ma frustration est à son comble quand Jean-Louis et Hubert récoltent un 10/10 en calcul et que je dois me contenter d'un 9,5. Une multiplication ou une division est soit exacte soit fausse. Si elle est juste pourquoi un 9,5 et non pas un 10/10 ? La plupart du temps je n'obtiens pas de réponse ou alors : « Pourquoi ne veux-tu pas comprendre ? »

Effectivement, je ne comprends pas. Au moins, devrait-il faire la distinction entre le devoir du soir et les exercices effectués en classe, cela aurait été une consolation, sinon un réconfort. En revanche mon comportement vis-à-vis de mon père doit être très respectueux. Il ne tolère aucun écart de conduite ni la moindre familiarité de ma part. De ce fait j'ai gardé des souvenirs très mitigés, plutôt pénibles, voire malheureux de ma scolarité. Il y avait certes de bons moments de complicité mais ils étaient rares et trop courts. Les réprimandes et les coups d'œil sévères étaient nettement plus fréquents.

La journée de classe s'écoule d'une façon immuable. Le semainier, un élève de fin d'étude, se présente dix minutes avant les autres. Il est préposé au chauffage, au nettoyage du tableau noir, vérifie les craies et pourvoie au ravitaillement du poêle. Tantôt en bois, en automne quand le froid n'est pas encore trop vif mais que l'humidité rend l'ambiance moite et désagréable, tantôt en charbon qui est réservé à la rigueur hivernale. Alors quatre seaux remplis à ras bord de gros morceaux luisants d'anthracite montent la garde près du poêle, telles des sentinelles à l'entrée de la caserne. Le maître descend tous les matins à sept heures et allume le feu à l'aide du petit-bois préparé la veille par le semainier. En revanche, durant la journée seul le maître alimente le foyer. Tout jeune, je suis impressionné par les gerbes d'étincelles qui s'échappent lors du chargement de ce monstre en fonte. La gueule grande ouverte, il les crache tel un dragon et rejette d'énormes volutes de fumée empestant la salle durant un bon moment. Mais combien agréable est son ronronnement sourd et monotone durant les froides et longues journées d'hiver. Toutes autres sont les régurgitations de cette bête, les odeurs acres, la suie qui transpirent à travers les jointures des tuyaux quand le vent du nord souffle en blizzard et refoule dans les conduits. Le semainier ouvre et referme alors les fenêtres quand il le faut. Six fenêtres très hautes laissent pénétrer la lumière, les courants d'air et même la pluie quand elle frappe en rafales contre les vitres mal isolées dont le mastic est écaillé depuis des lustres. Elles me permettent aussi de m'échapper lors des moments de rêverie et d'inattention. En hiver, lors des premières neiges, les flocons dansent leur folle farandole, puis viennent se coller aux vitres souvent couvertes de givre. Mon attention est alors happée par ce magnifique ballet. Mon esprit vagabonde dans un autre monde, celui des rêves. Mais à chaque fois les réprimandes, les coups de baguette sur l'épaule ou sur les mains me ramènent à la réalité. L'instituteur, mon père, veille au grain.

— Pierre où es-tu ? Répète, ce que je viens de dire.

Il m'arrive d'en être incapable.

— On verra ça plus tard !

Ces propos cent, mille fois répétés, signifient les reproches acerbes et les remontrances virulentes ou la paire de claques lors du déjeuner. Heureusement, mon père oublie de temps en temps l'incident, distrait qu'il est par la conversation engagée avec maman ou par toute autre préoccupation matérielle. J'échappe alors au sermon ou à la punition.

Les filles, sont dispensées de la corvée de chauffage mais pas de celle du nettoyage. Une journée normale débute à huit heures précises. Mon père ne tolère aucun retard. Il sévit et punit systématiquement les retardataires sans excuse valable. À la décharge de ces derniers, il faut rappeler que bien des jeunes de treize à quatorze ans sont levés depuis 5 h 30 ou 6 heures du matin. Ils ont déjà nettoyé l'étable pour les uns ou fourragé les bêtes pour les autres. En guise de punition, ils doivent conjuguer un verbe à tous les temps et à tous les modes. Pour les plus jeunes, elle consiste à récapituler la table de multiplication ou faire des calculs, notamment des divisions à trois chiffres.

Le silence est requis dès que les élèves se regroupent en rang par deux et par groupe d'âge, les plus jeunes devant, les anciens fermant la marche. Chacun occupe sa place, sort ses affaires, l'ardoise et le cahier du jour. Ceci fait, tout le monde se lève et nous faisons une prière commune, soit un Ave, soit un Pater et selon le cas, Père ajoute une intention particulière si quelque parent est malade ou a un gros problème. Après la prière il enclenche l'épreuve du calcul mental. Elle s'adresse au cours moyen et aux fins d'études.

Papa lâche : « 7 x 7 ou 3 x 8… », et le premier qui répond s'assoit. Une émulation certaine s'empare alors de nous. Lorsque le cours moyen répond plus rapidement que celui de fin d'étude, il a gagné sa gloire pour la journée. Plus tard, durant la récréation, l'élève « dépassé » règle son compte à celui qui l'a humilié aux yeux des copains. Mais gare à celui qui est le dernier à s'asseoir. Il devient la risée de tous. Mais il faut préciser que ces petites mesquineries ne sont jamais méchantes ni très humiliantes. Nous nous entendons bien. Les multiplications à deux chiffres sont réservées aux plus grands. Nous connaissons par cœur, les 11 x 11, 15 x 15… Aujourd'hui, on parlerait de bourrage de crâne inutile et sans intérêt pour l'élève. Nous avons la calculatrice de poche !

Mais que faire si pour une raison quelconque, elle est en panne ? J'ai assisté, il y a peu, à une scène cocasse dans une librairie. Une jeune vendeuse était sur le point de faire le total de mes achats quand sa calculatrice tomba subitement en panne. Embarrassée, voire désemparée elle cherchait fébrilement un morceau de papier et un crayon. Pourtant il était difficile d'imaginer une addition plus simple. Un élève de dix ans de papa l'aurait faite de tête sans hésitation. Cette anecdote m'a rappelé les exercices de calcul mental de mon école primaire. À la fin de notre scolarité nous avions des bases solides et même, quoi qu'on en dise, une faculté de raisonnement aiguisée. Et tant pis pour nos modernes pédagogues. Bref, on nous avait armés pour affronter la vie. J'étais déçu, non pas tant par cette belle et gentille jeune fille, que par le système scolaire visiblement défaillant qu'elle avait connu. Mais revenons à notre classe.

Celle-ci est divisée en plusieurs groupes. Pendant que l'un fait une séance de lecture ou d'apprentissage du vocabulaire, les autres rédigent, l'un un problème, l'autre une étude de texte et ainsi de suite.

Les cours préparatoire et élémentaire me laissent un souvenir ému. J'aime écrire sur l'ardoise qui nous sert de brouillon. Entourée de son cadre en bois, elle est longtemps notre outil de travail indispensable. J'y tiens énormément, comme s'il s'agissait d'un trésor. Personne n'a le droit de s'en servir et je ne l'échange ni ne la prête jamais. Contrairement à d'autres copains qui s'en servent pour jouer. Il n'est pas rare d'en voir une planer à travers un coin de la salle de classe quand l'instituteur a le dos tourné ou qu'il s'absente un court instant. Elle vole bien ! Mais elle se brise tout aussi facilement. Certains élèves en usent jusqu'à trois dans l'année.

De son cadre, au coin en haut à droite, pendent deux ficelles, l'une pour un petit chiffon, l'autre pour l'éponge que je n'ai pas. À la place maman m'a confectionné deux petits coussinets, bourrés de fines chutes de tissus dont l'un est trempé dans de l'eau, l'autre réservé au nettoyage à sec. Ce chiffon mouillé est très souvent à l'origine de bagarres ou de graves « conflits » entre les chenapans que nous sommes. En effet, la tentation d'asperger et de faire sursauter la copine installée devant soi devient par moment irrésistible. Les cris de surprise sont garantis. Tant pis pour la grosse tache sur le cahier ou le livre ouvert à ce moment. Très souvent l'incident est clos après une bonne paire de gifles ou un coup de bâton pour le garçon incorrigible surpris à déranger le sommeil des uns ou l'attention religieuse des autres. L'œil inquisiteur de l'instituteur voit tout.

L'ardoise sert avant tout à inscrire les additions, les soustractions et plus tard les divisions ou d'aligner des lignes et des lignes de lettres de l'alphabet. Ce sont de vraies séances de calligraphie auxquelles le maître nous soumet. Il inscrit au tableau noir la lettre en la décomposant lentement, insiste sur le petit détail à respecter pour que le dessin devienne impeccable :

« Appuyez sur la branche descendante du « a », pour l'arrondi, laissez courir le crayon… »

Une fois les difficultés maîtrisées, nous reprenons le même travail dans un cahier. Nouvel apprentissage, nouvelles difficultés et surtout nouveaux désappointements quand après avoir trempé la plume dans l'encrier et, que trop chargée, elle bave le surplus sur l'écritoire ou sur la feuille du cahier. Nos doigts souvent pleins de cette encre bleu-violet se transforment bien malgré nous en pinceaux. C'est alors une véritable corvée pour les nettoyer. Heureusement, nous avons notre éponge magique, elle vole à notre secours. Du fait que nous portons tous un tablier taillé par nos mamans dans des restes de tissus dépareillés, il nous évite de salir nos vêtements. Le maître lui-même est en blouse. Sa couleur grise lui confère un air sévère. Heureusement que la cravate donne de la gaieté à sa mise. De temps en temps, la poussière de craie fait naître des taches bigarrées sur le fond délavé et triste de ce tablier. Mon père a une manie. Quand il se sert de la craie il la porte par réflexe à sa bouche. À la longue, les traces prennent l'allure d'une belle moustache multicolore. L'exercice se termine dans l'hilarité générale surtout de la part des plus jeunes : « t'as vu, il a une moustache… » ! Il ne s'en offusque jamais et l'ambiance redevient vite studieuse et bon enfant.

Le protège-coude fait partie intégrante de notre tenue scolaire. Je déteste cette paire de manches noires en tissu rêche et résistant.

Deux élastiques, l'un au-dessus du coude et l'autre près du poignet, en assurent le maintien mais peuvent également me gêner en serrant trop fort le bras. En tout cas, on évite ainsi une usure prématurée du pull-over. Pour les plus précautionneux le coude est encore renforcé par un morceau de cuir souple et inusable, ceux-là ont en général les mêmes protections au niveau des genoux.

Ce manchon sert aussi au grand dam de maman à nettoyer la plume quand l'encre desséchée forme une croûte au niveau de la pointe. Pire encore, Charles qui souffre d'un éternel rhume s'en sert régulièrement pour assécher son appendice récalcitrant lorsqu'il oublie son mouchoir. Et dieu sait que son nez coule comme une fontaine. C'est l'horreur. L'instituteur a beau le sermonner, le geste est devenu réflexe. À la longue, notre ami se transforme en champion de conjugaisons car, combien de fois ne doit-il pas conjuguer à tous les temps :

« Je me mouche dans un mouchoir. »

Pour la répartition des places nous sommes regroupés par section, CP, CE, CM, et fin d'études, de préférence sur deux rangées, une pour les filles et une autre pour les garçons, si c'est possible. Durant l'année de CM1 je suis assis derrière Christiane, Hubert est mon voisin direct. Nous ne pouvons résister à la belle queue-de-cheval descendant jusqu'au milieu du dos de notre chère copine. Combien de fois n'avons-nous pas trempé la pointe de ses cheveux dans l'encrier, oh pas beaucoup, tout juste un petit peu… Le résultat est immédiat. Des signes cabalistiques naissent spontanément au dos de son tablier. Naturellement nous ne sommes pour rien dans cette catastrophe, juré, promis ! Le maître, malgré toute son attention et sa perspicacité, ne nous a jamais surpris en flagrant délit de « tag ». Christiane est déplacée au dernier rang, là où elle n'a plus d'encrier dans le dos.

L'ambiance studieuse est rythmée par les nombreux va-et-vient du maître qui ne cesse de passer entre les rangées de bancs. À peine le croit-on perdu dans une séance de calligraphie au fond de la salle, auprès des CP, qu'il est à nouveau dans le dos des fins d'études pour les surveiller ou les surprendre en train de piquer de la tête et de laisser tomber leurs paupières. Un coup de baguette violent asséné sur le coin du banc interrompt brutalement la sieste ou le rêve et fait sursauter le bienheureux dormeur.

Mes oreilles résonnent encore des longues litanies de voyelles et de consonnes répétées à l'infini. Le maître inscrit ou plutôt dessine au tableau noir un a et un b de couleur différente. Les jeunes les recopient dans leur cahier ou sur l'ardoise. Puis ils associent les deux : « b et a devient ba » et ainsi de suite… À chaque fois un des élèves interrogé doit le répéter et pour finir tout le groupe le reprend. Plus tard la méthode syllabique est abandonnée au profit de la méthode globale qui a encore cours de nos jours, je crois bien.

Les leçons d'histoire sont les moments les plus vivants, les plus attrayants. Mon père les introduit toujours par des petites anecdotes ou historiettes qui forcément aiguisent notre curiosité. Il a le don de décrire les personnages, de mimer leurs gestes et leur façon d'être au point qu'ils deviennent presque réels. Nous voyons Vercingétorix perché sur son bouclier et porté par ses guerriers comme s'il ouvrait la porte et se présentait en chair et en os devant nous. À peu près une fois par semaine nous devons, petits et grands réunis, réviser les dates marquant notre histoire. Les questions tombent d'une façon impromptue, toujours de la même manière :

— Charles dis-moi, 800 après J.-C. c'est quoi ?

— Le couronnement de Charlemagne…,

— 732 Marc :

— Poitiers, Charles Martel…

La litanie s'allonge redondante et répétitive. Ainsi, en fin d'année, même ceux qui ne sont pas forcément concernés par le sujet ou qui les ont oubliées peuvent se les remémorer à force de les avoir rabâchées.

Le fait de travailler par groupes distincts n'empêche guère ou tout au contraire favorise les liens que nous tissons entre nous de longues années durant. La classe forme une réelle communauté dont l'esprit de solidarité est partagé par tous. Notre but est d'accumuler des connaissances et du savoir. Le maître est le liant, le dénominateur commun qui draine et réunit tous nos intérêts et notre attention. Les leçons les plus animées sont les lectures de textes choisis, les récitations apprises par cœur, les commentaires et analyses de texte. Chacun ajoute son grain de sel. Notre imagination peut être débordante, heureusement le maître est là pour canaliser et rectifier nos commentaires.

Que dire des heureux moments passés à découvrir la géographie de notre pays ou du monde. J'admire les belles cartes hautes en couleurs accrochées au tableau noir, elles nous donnent une image de notre cher pays.

L'élève interrogé avance près du tableau et avec un bâton pointe et désigne les détails sollicités. Pour moi, c'est l'occasion de rêver, de faire des voyages virtuels. Je suis impressionné par la longueur de nos côtes maritimes. Jusqu'à présent, notre étang est la plus grande étendue d'eau que j'ai eu l'occasion de voir. Je ne peux guère imaginer la mer, la plage, les vagues. Elles sont trop lointaines et inaccessibles en attendant. Les descriptions des chaînes de montagnes et de la neige éternelle me fascinent. Je n'en ai aucune idée, je ne peux guère me les représenter. Viendra peut-être le jour où je pourrais découvrir toutes ces merveilles ? En attendant il faut travailler et améliorer l'orthographe. C'est le but à atteindre ! Mais au fond de moi-même, j'espère qu'un jour toutes ces merveilles seront à ma portée et que je pourrai les découvrir.

Enfin le vrai trait d'union, je dirais l'état fusionnel de la classe était atteint quand le maître nous invitait à la : « Leçon de Choses ».

C'est pour nous le moment de découvrir la nature, le monde animal, végétal et minéral, bref l'ouverture sur le monde. Beaucoup de lecteurs se rappellent certainement du haricot sur son lit de mousse posé au fond d'un bocal et placé sur le rebord d'une fenêtre. La démonstration de la germination est faite de visu. Nous suivons le processus fort longtemps, la tige de haricot dépasse largement le bocal quand l'instituteur décide de le jeter en raison des odeurs nauséabondes qui en émanent. Quand nous étudions la basse-cour et ses éléments, l'instituteur nous fait visiter la nôtre. Père explique, décrit la vie du coq, des poules et des poussins, des lapins… Il ramène souvent une poule et son poussin en salle de classe pour les étudier de plus près. Il fait coïncider le sujet avec les premières éclosions de nos poussins, nous fait écouter leurs « bi-bi… » étouffés dans la coquille encore fermée. Le miracle, quand seule la tête du poussin pointe à travers la coquille dont il se débarrasse après de longs efforts. L'instituteur nous explique ainsi, preuves à l'appui, le cycle de reproduction de nos gallinacés.

Je ne détaillerai pas les petites expériences de physique ou de chimie élémentaire qu'il réalise devant nos yeux ébahis. L'utilité de ces cours, de ces « leçons de choses » est évidente. Nous allons à la découverte de la vie dans toute son étendue. Notre curiosité est forcément attisée, notre imagination libérée et la soif de connaissance intarissable assouvie. La séance se déroule dans une ambiance décontractée mais toujours respectueuse. Le silence studieux des autres moments de cours laisse place à une certaine détente, chacun étant libre de commenter ou de poser des questions à condition de ne pas exagérer le chahut. Par moments ce sont des éclats de rires, des exclamations de surprise ou des soupirs de désappointement quand l'expérience échoue. Bref ce sont des instants de grand plaisir dans une ambiance détendue et amicale. Le maître placé au milieu de ses élèves ressemble plus à un père entouré de ses enfants.

Les suites ou les retombées négatives, car il y en a forcément, surviennent le lendemain ou quelques jours plus tard, au moment où nous tentons de reproduire l'expérience du maître à notre façon et avec nos propres moyens. C'est ainsi que Charles a éclaté le carreau à la cuisine en voulant démontrer le fonctionnement d'une fusée à eau. Son père s'est insurgé et accuse le maître d'enseigner des idioties :

« Je me demande pourquoi vous allez à l'école sinon pour étudier des conneries… »

Je passe sous silence les commentaires de Madeleine, la bigote, ou d'autres quand nous avons abordé le cycle de la reproduction des mammifères. Je me rappelle seulement que mon père s'amusait bien des nombreuses remarques naïves qu'on lui rapportait.

Elles l'accusent de dévergonder, de pervertir les jeunes et de leur inculquer des « choses sales » que même Monsieur le curé n'ose pas effleurer. La réponse du père est sans ambiguïté : « Je suis certain que le curé doit en entendre des meilleurs au confessionnal » !

L'élève du cours moyen, tout en rédigeant son devoir, pouvait rafraîchir sa mémoire en captant quelques bribes de l'enseignement dispensé au cours élémentaire. Et inversement ce même élève pouvait enregistrer quelques notions de fin d'études, s'il était intéressé par le sujet traité. C'était l'avantage non négligeable d'une classe unique. Ajoutons à cela les longues années d'amitiés qui nous rapprochaient et nous unissaient. Il se développait un indéfectible esprit de camaraderie, un esprit communautaire très fort où la différence sociale n'existait guère. Nous étions tous logés à la même enseigne, nous ramions tous sur la même galère, certains avec facilité et enthousiasme, d'autres avec plus de difficultés. Mais en fin de compte, être doué ou l'être un peu moins, était-ce si important ? Chacun d'entre nous avait sa propre intelligence, ses talents bien à lui. Le but de la vie n'est-il pas simplement de les faire fructifier ?

Aujourd'hui, chacun de mes camarades d'école a parcouru une partie du chemin de la vie à son rythme et là où le destin a bien voulu le placer. Et c'est avec grand plaisir que je rencontre un Jean-Claude, un Bernard, un Antoine avec qui j'ai fait les premiers pas. Je suis certain qu'ils se souviennent, tout comme moi, des leçons de géographie que nous appréciions tant ou des nombreuses dictées que je détestais terriblement. N'est-ce pas mes chers amis ?

## L'orthographe

Ma bête noire a été l'orthographe. Je faisais le désespoir de mon père. Ma dysorthographie était maladive, monstrueuse.

Les dictées me paralysent et m'inhibent. Plus je les crains et plus je fais de fautes. Je bats des records. Heureusement les erreurs de grammaire sont rares, voire exceptionnelles. Mais pour le reste, j'ai une imagination débordante, la fantaisie totale. Mon père est souvent tellement en colère contre moi que, pendant la dictée, il se place à ma hauteur et, dès que je fais une erreur, il me tape un coup sur la tête ou dans les côtes. Les coups pleuvent ! Quand il faut écrire certains mots, je rentre systématiquement la tête dans mes épaules. « Occasion », par exemple, est un terme redoutable. J'ai tendance à mettre un « t » à la place du « s ». Et ceci longtemps encore après le primaire. In fine, comme par un réflexe de Pavlov, tel nom ou tel adjectif me font encore sursauter aujourd'hui.

Père me traite de béotien, de tête en l'air, de doux rêveur. Il me reproche mon manque de concentration et j'en passe… Bref, j'accumule tous les défauts. Pourtant je fais des efforts certains pour être comme tout le monde. Les fautes me font mal, très mal et je doute de plus en plus. À l'époque, personne n'aurait songé à faire intervenir un orthophoniste ou un médecin afin d'établir un diagnostic concernant cette difficulté. On est loin de ce genre d'idées, malheureusement pour moi !

Parallèlement, je suis confronté à un autre problème, qui, on le sait aujourd'hui, va de pair avec la dysorthographie. Il me handicape, me fait souffrir et afflige mes parents. Je suis bègue. Ce défaut d'élocution me complique l'existence et développe chez moi un complexe d'infériorité. Je me sens tellement différent des autres. Pour moi il représente un véritable calvaire, un boulet que je traîne avec moi durant des années. Je suis la risée de la classe, mais heureusement quelques copains m'épargnent leurs moqueries.

Cela m'a permis de constater la férocité, la cruauté sans limite que les enfants peuvent développer entre eux. Dès qu'il y a différence, une brèche s'ouvre pour toutes sortes de réactions ou de fantasmes allant de la simple moquerie à la ségrégation. La peur de l'autre, de celui qui sort des critères conventionnels, fait appel à une logique dont la discrimination et le rejet sont les conséquences. Elle va générer mesquineries, mépris ou haine. Naturellement celui qui se sent rejeté voudra se défendre et répondra par la force ou la violence. C'est ainsi que je déclenche de nombreuses bagarres rien que pour me venger, m'affirmer ou tout simplement pour me faire respecter. Néanmoins je suis toujours entouré d'une bande de vrais copains qui me fréquentent, autant parce que je suis le fils de l'instituteur que par amitié. Du moins je l'espère !

Cette tare est source d'un mal-être profond qui me ronge intérieurement. C'est pourquoi je m'isole souvent et me renferme en moi-même. Ainsi coupé du monde, je vis comme dans une bulle.

Cet isolement est entretenu par mes parents. Je les sens terriblement gênés lors de la visite d'un collègue. Ils me demandent de me retirer dans ma chambre et d'attendre le départ des « intrus ». Cela me révolte et me fait souvent pleurer de rage, en silence, en entendant les rires et les discussions des convives. Si je ne suis point reclus, ma mère me prie de me taire, de ne surtout pas parler devant les adultes. Forcément, je les évite et me montre, de temps en temps, fort impoli en refusant de répondre aux questions. Avec les autres enfants la situation est nettement moins conflictuelle. Même si quelques taquineries me touchent, les relations restent amicales.

À ce sujet j'aimerais faire une remarque. Quand plus tard, je me suis trouvé en présence de bègues j'ai pu noter qu'ils présentaient souvent deux types de comportements. Les uns étaient sûrs d'eux et faisaient fi de leur difficulté. Certains mêmes, ils étaient rares, conscients de leur force de caractère supérieure en paraissaient fiers, car ce défaut leur permettait de se démarquer. À la limite ils s'en servaient comme d'une arme pour s'imposer et savaient en tirer un certain avantage. Ceux-là dominaient leur handicap. C'était le cas d'un camarade de lycée qui fortement atteint de ce trouble d'élocution s'en servit pour faire carrière. Dès la fin des études secondaires il se lança avec succès dans les études d'art dramatique et fit carrière en tant que comique. Il ne pouvait comprendre ma souffrance et me le reprochait si souvent. Il était la dérision même. C'était lui, qui avec le plus de facilité et de sarcasme, racontait les blagues les plus ignobles touchant les bégayeurs.

La grande majorité des bègues, en revanche, se replient sur eux-mêmes et je les sentais habités d'une grande gêne. À l'évidence, ils subissent leur handicap. La vie sociale des deux est forcément différente.

La solitude de la campagne, le calme de la forêt, les longs moments de communion avec la nature, m'ont permis d'être heureux et épanoui. Je ne me lassais pas de l'observer, de l'écouter et de la découvrir. Paradoxalement, dans ces moments je me sentais en phase avec moi-même, joyeux et heureux de vivre. Je sifflais et je chantais à longueur de journée, comme si l'un compensait l'autre.

### *Quatre cents coups*

Durant cette prime jeunesse, je n'étais pas le dernier à faire les quatre cents coups. Combien de chiens n'ont-ils pas parcouru affolés la rue de notre village traînant une boîte de conserve accrochée à leur queue, au grand dam de certaines âmes sensibles offusquées par cette maltraitance? Le film « La Guerre des boutons » est un témoignage relativement fidèle de nos bêtises.

Je dois avoir dix ans à ce moment-là. Mon copain Alfred est chargé de surveiller sa sœur Marie-Jeanne, âgée à l'époque de trente mois, alors que nous avons décidé de faire une partie de football. Les parents vont partir aux champs ramasser les dernières gerbes de blé. Alfred et moi sommes fort contrariés. Sa sœur nous embête sérieusement, nous empêche de courir et de taper à notre guise dans le ballon. Alfred sort une couverture sur laquelle nous installons la petite « trouble-fête ». Naturellement, elle ne reste pas en place malgré une montagne de bonbons et d'autres gâteries. De guerre lasse il décide de l'immobiliser au moyen d'une ficelle.

« Cette chevrette je l'attache à un pieu. »

Craignant qu'elle ne se blesse, je m'y oppose avec véhémence. Pourtant notre envie du ballon rond revient plus forte quand l'idée saugrenue de l'enfermer dans le clapier placé le long de la grange nous prend. Aussitôt dit aussitôt fait. Nous transplantons un des lapins dans le casier voisin, ce qui nous permet d'y installer la chipie. Probablement impressionnée par cette prison occasionnelle, elle reste tranquille et finit par s'endormir. Il est inutile de décrire l'état de sa robe et les odeurs qui s'en dégagent. À son retour, la maman est outrée en voyant l'état des habits de sa petite fille. Qu'est-ce qui a bien pu se passer? Quelques semaines plus tard le père découvre qu'une des lapines a mis bas une portée de six à huit lapereaux.

« Je ne comprends pas, cette lapine n'a jamais été en contact avec un mâle? C'est une énigme! »

Voilà le résultat de l'inconscience de deux gamins amateurs de foot!

Durant deux ans, le temps de la reconstruction de notre église qui avait été la proie des flammes lors d'un bombardement au cours de l'hiver 44-45, nous étions des garnements privilégiés. Le chantier était devenu notre terrain de jeux favori et nous profitions pleinement de cette extraordinaire aubaine.

Notre imprudence et notre témérité sont sans limite. Je grimpe sans hésiter sur les hauteurs vertigineuses des échafaudages. Ce sont des moments merveilleux de griserie et d'exaltation et tant pis si en rentrant, mon père, déjà informé de mes bêtises par des âmes charitables, m'attend derrière la porte pour m'administrer une fessée magistrale. Je n'en ai cure, elle est vite oubliée. Une fois perché là-haut, près des nuages, combien je me sens bien. Je garde en moi ce sentiment de liberté extraordinaire ressenti à cet instant. Il y en a bien qui font de l'alpinisme, ils montent plus haut, ceux-là !

J'ai souvenir d'une autre rossée magistrale administrée par notre curé et qui fut complétée par celle de mon père.

Le toit de notre église venait d'être achevé et les dernières tuiles posées. Les vitraux n'étaient pas encore conçus et l'édifice dans toute sa nudité était ouvert à tout vent. Naturellement une nuée d'oiseaux, des moineaux, des hirondelles et des pinsons s'y sentaient tout à fait à leur aise et s'étaient rendus maîtres des lieux.

Ce jeudi après-midi, nous nous sommes retrouvés une demi-douzaine de garnements à l'intérieur de la nef. Un corbeau, dans sa robe noire et lugubre, avec son bec puissant tel un marteau-piqueur, y chassait à sa guise les autres congénères. Unanimement nous nous sentons l'âme chevaleresque et nous partons à la chasse effrénée de ce prédateur diabolique. Nous ne sortons jamais sans être armés de notre fronde. Dans nos poches nous transportons les munitions pour faire face en cas de besoin. Dès lors, les cailloux se mettent à voler dans tous les sens sans jamais faire mouche. Notre corbeau continue à croasser de plus en plus fort, l'air de se moquer de nous. À un certain moment de la bataille, un de nos projectiles fait exploser une tuile récemment posée. Nous sommes surpris par le bruit de l'impact. Un claquement sec comme un coup de fusil, immédiatement suivi par celui d'un frottement, c'est le morceau de tuile détaché qui dégringole du toit. Puis vient un court moment de silence absolu immédiatement suivi par le bruit d'éclatement de la tuile au moment où elle touche le sol. Cette succession de bruit et de silence est fascinante et nous excite au point que nous recommençons l'expérience. Naturellement nous sommes loin d'imaginer l'étendue des dégâts que nous occasionnons à la toiture. Tout à coup Hubert lâche un appel « un sauve-qui-peut » général. Tous ces vandales déguerpissent, sauf moi. Je me fais happer par l'étau implacable de deux bras vigoureux, ceux de notre curé qui est arrivé derrière moi, sans que je l'aie remarqué. La correction est terrible. Les coups pleuvent. Quand après ce déluge, je réussis enfin à me libérer, je m'enfuis pour rejoindre le reste de la bande. Mon visage est fortement tuméfié par endroits et mon dos me fait mal. Tout le monde compatit. En moi-même, je crains davantage encore le retour au domicile et surtout, je ne vois pas comment je peux justifier mes stigmates.

Au retour, mon père me demande des explications : « Pierre pourquoi ces signes de coups, pourquoi as-tu pleuré ? »

Après un court silence je réponds : « C'est le curé qui m'a frappé. »

À peine ai-je prononcé ces mots qu'une gifle magistrale vient couronner les débats.

« Mon fils, sache-le, dans cette maison ce n'est pas le curé, mais bien, Monsieur le curé. Répète ! »

Naturellement je répète, mais je tais les raisons de la correction que Monsieur le curé m'a infligée. L'incident est clos. Je n'en veux ni à l'un ni à l'autre, car la punition est largement méritée. Cette anecdote montre bien le type d'éducation spartiate à laquelle j'ai eu droit, mais je dois avouer, qu'en même temps, je me sentais aimé. Si notre jeunesse d'aujourd'hui pouvait encore se frotter à une telle autorité, j'ai la ferme conviction que la délinquance n'atteindrait pas les sommets qu'elle connaît.

Nous étions souvent des jeunes turbulents, des trompe-la-mort ivres de liberté, se sentant proches de la nature, mais nos parents nous élevaient et nous éduquaient à la dure. Ils nous inculquaient le respect des anciens, du sacré, et plaçaient des points de repères tout au long de notre parcours. Certaines bigotes poussaient leur zèle au point de nous interdire l'accès au chantier de l'église en reconstruction de peur, non pas que nous courrions un danger inhérent à un tel lieu, mais bien par respect du sacré.

En attendant la reconstruction, les paroissiens avaient acquis une baraque, une construction en bois. Un mini clocher monté tout à côté sous forme d'une tour faite de gros troncs d'arbres abritait momentanément deux cloches miraculeusement sauvées et intactes. Cet ensemble faisait fonction de maison de Dieu jusqu'en 1955, année de la consécration de la nouvelle église. L'édifice construit en 1876 avait été consacré une première fois, le 10-11-1877, une deuxième fois, après la reconstruction, le 24-8-55.

À ce sujet, j'ai souvenir de nombreuses discussions entre monsieur le curé et mon père. Ils avaient une opinion complètement divergente concernant l'architecture ou le style du nouvel édifice.

En première intention, Monsieur le curé tenait à raser le clocher bien qu'il soit intact, afin de le remplacer par une haute tour en béton séparée de la nef par une allée transverse. Une telle architecture était à la mode à l'époque, c'était « moderne ».

Papa, beaucoup plus conservateur, prétendait que ce serait un sacrilège, une folie d'éliminer ce clocher. Il était le symbole du village et lui donnait son cachet. Et si la providence avait voulu s'en défaire le bombardement ne l'aurait certes pas épargné. Pour lui c'était le doigt de Dieu :

« Le clocher est et restera le lien, le ciment de la paroisse. »

Il fallait donc le préserver, le maintenir tel quel.

« Pour la nef, vous pourrez laisser libre cours à votre imagination, le mariage entre l'ancien et le moderne ne devrait pas poser trop de problème ». Telles étaient les paroles de mon père. In fine son option a été retenue.

Le clocher seul, ayant résisté aux foudres de la guerre, il restait la preuve incontestable, le témoin inexorable du caractère sacré des ruines et de ces amas de gravats. Son élégante flèche s'élance toujours haut dans le ciel de la campagne environnante. Elle prodigue réconfort, protection et sérénité aux travailleurs de la terre. Le carillon annonce d'un ton clair et harmonieux les heures qui s'égrènent.

## L'Angélus

Quand sonne l'Angélus, moment privilégié de la journée, son chant harmonieux traverse le vallon et se perd dans le lointain. Instinctivement le paysan interrompt toute activité. Qu'il laboure ou qu'il fauche, tout s'arrête, les bêtes et les attelages se figent. Grand-père ôte sa casquette, se redresse et souvent se signe avant de se recueillir. Seule la douce mélodie du carillon survole le silence et emporte avec elle les invocations de ces braves gens. Pris par nos jeux nous n'entendons pas forcément cet appel à la prière adressée à la Vierge Marie : « l'ange du Seigneur annonça... ». Alors, un des adultes présents nous rappelle vivement à l'ordre et le silence se fait immédiatement dans les rangs.

Cette coutume s'est perdue avec le temps, comme tant d'autres, à cause de la mécanisation de l'agriculture. Le rugissement des tracteurs et des autres machines inventées pour faciliter le travail et augmenter les gains a peu à peu détruit le calme de notre village qui s'est laissé aller à une agitation frénétique. Dès lors, la vie quotidienne n'est plus réglée par le carillon de notre clocher presque réduit au silence. Seule la cacophonie engendrée par l'activité du « paysan nouveau » mérite qu'on s'y intéresse. Parallèlement, ce n'est plus la beauté d'un champ de blé qui fait la fierté du fermier mais bien le rendement à l'hectare qui lui procure le plus de satisfaction.

Quelque part je regrette ce changement et j'ai la nostalgie du calme et du silence que l'on trouvait dans notre campagne. Aujourd'hui encore, quand il m'arrive d'entendre sonner l'Angélus, je me remémore ces instants particuliers de ma jeunesse. Ce moment était non seulement un symbole, un rappel « des esprits qui bénissent la nuit » comme disait Lamartine, mais réalisait un lien fort avec nos ancêtres disparus car, très souvent, en ce court instant, nos pensées allaient vers eux. Ou bien, était-ce un remerciement adressé à Dieu pour ses bienfaits dispensés à travers le travail et la beauté de la nature ? Quand, perdu en pleine campagne, je percevais au loin la mélodie familière de la grande cloche, je ressentais comme une douceur, un calme, une vague mélancolie traverser et remplir l'atmosphère sereine d'une fin de journée. Pour le lecteur d'aujourd'hui cela peut paraître fort naïf ou désuet. Pour les gens de cette époque c'était le moment d'une prière silencieuse, une pause qui leur permettait de s'interroger sur le sens à donner à la vie, une façon de prendre du recul par rapport à leur travail. Malheureusement, de temps en temps, la lourde cloche se faisait triste, sonnait le glas et annonçait la mort d'un villageois.

Cela me fait penser à une autre superstition dont le monde paysan d'alors est friand. La messe dominicale est souvent fixée à 9 h 30 ou 10 h 30. À l'élévation une cloche annonce ce moment sacré. Quand il arrive, d'une façon fortuite, que le carillon qui frappe les heures, essentiellement les heures pleines, interfère avec la sonnerie de l'élévation, une angoisse monte dans le cœur de chacun. C'est l'annonce, le présage d'une mort imminente d'un des paroissiens. À table, durant le repas de midi, soit Grand-père soit Grand-mère relève la coïncidence. Oma ajoute souvent :

« Seigneur protège-nous, faites que ce ne soit pas l'un de nous deux... » L'angoisse devient palpable. J'ignore totalement l'origine d'une telle croyance.

Nos aïeux étaient très sensibles à ces signes. J'ai l'impression que certains, dans leur façon de raisonner, s'intéressaient aux rêves et y voyaient des signes prémonitoires.

Ils trouvaient toujours un vieux sage plus ou moins érudit, prêt à les interpréter et capable d'annoncer, comme s'il s'agissait d'un oracle, les maléfices à venir. Curieusement il n'y avait pas de présages positifs ou bienveillants.

## Les différentes récoltes

### *Les pommes*

Parallèlement à la rentrée scolaire s'annonce une autre période de grande activité, celle de la cueillette des pommes. Celle-ci nous occupe durant plusieurs semaines. Elle débute vers la fin du mois de septembre et dure jusqu'à mi-octobre. Je m'y adonne avec plaisir et enthousiasme. À cette époque les arbres sont tous à haute tige. Ils sont souvent immenses et pour la plupart très vieux. Dans le lot, certains centenaires toujours bien gaillards ne cessent de nous combler de leurs fruits délicieux. Le plus grand s'élève majestueux dans le coin du potager et nous offre, dès fin août, les premières pommes de l'année que père appelle les « Versaillais », j'ignore pourquoi. Elles sont délicieuses, juteuses et craquantes à souhait. Dommage qu'elles ne se conservent pas très longtemps, contrairement aux fruits de son voisin le « *Winterrambur* » qui traversent facilement l'hiver et qu'on peut déguster jusqu'à Pâques. Tout dépend de la qualité du lieu de stockage. C'est dire la valeur de cette pomme. Pour sa cueillette, il faut grimper très haut dans l'arbre. Plus je prends de l'altitude et plus je me sens heureux. Travail fatiguant certes, mais ô combien excitant par son côté aérien. À dix ou quinze mètres du sol, l'impression de liberté est totale. Grand-père se sert d'une échelle en bois de douze mètres de haut. Pour sa fabrication il s'était servi d'un tronc de sapin choisi pour sa rectitude et son diamètre adéquat qu'il scia dans le sens de la longueur. À l'aide d'un vilebrequin, il creusa les trous pour les échelons qu'il façonna dans du charme. Toutes ces étapes se faisaient à la main. On imagine le savoir-faire et la débauche d'énergie qu'une telle réalisation demande.

Elle est très stable et solide mais a le désavantage d'être excessivement lourde. Elle requiert la puissance de deux hommes costauds pour la redresser et la déplacer. J'y grimpe sans appréhension en ignorant la notion de danger ou de vertige. Là-haut, je me sens proche des oiseaux dont je partage l'allégresse. Mon père qui n'ose monter sur l'échelle, ne fût-ce que quelques échelons, freine souvent mon ardeur et mon insouciance. Je fais en revanche la fierté de Grand-père qui tolère davantage mes extravagances, voire les encourage.

Ainsi un jour je me suis fait une grosse frayeur. Un sac de jute porté en bandoulière, à l'aide d'une cordelette, ainsi que le veut la tradition, permet de recueillir les fruits. Plus la besace se remplit et plus elle pèse lourd. À ce moment elle a la fâcheuse tendance à déséquilibrer le cueilleur pendant que la ficelle s'enfonce de plus en plus profondément dans sa chair au niveau de l'épaule. Ainsi accoutré, je me retrouve sur le dernier échelon de la grande échelle. D'une main j'essaie de m'y maintenir et de l'autre tente d'attraper la cime, car quelques pommes restent toujours inaccessibles. Tout à coup une rafale de vent plus forte que les autres fait basculer et retourne l'échelle. Me voilà suspendu dans le vide accroché avec une main à une fine branche sans résistance et mon sac me tire dangereusement vers le bas. La chute est imminente. Mon père et Grand-père tentent vainement de redresser et de ramener l'échelle à ma hauteur. En vain. Sans perdre mon sang-froid, j'ai la force de me défaire de mon sac qui dans sa chute se prend dans les ramures. Ainsi libéré de ce poids, je réussis à me redresser, m'accrocher à une branche plus solide et rejoindre la sécurité du tronc. Dès lors, il suffit que je descende, étage après étage, jusque par terre. Papa est vert de frayeur, tandis que Grand-père me félicite pour mon calme tout en m'interdisant de remonter dans l'arbre. Lui-même y grimpe afin de récupérer le sac. L'abondance de la récolte est l'avantage de ces grands arbres. La quantité récoltée représente l'équivalent de deux ou trois arbres nains.

En ce temps, les pommes à cidre sont bien plus répandues que les variétés nobles, telles que la Reinette, la Boskoop, la *Maïapfel*, ou encore la *Christkindler* et leur cueillette n'est pas manuelle. Je me déplace dans l'arbre avec l'agilité d'un singe et secoue une branche après l'autre, jusqu'à ce que la dernière pomme soit tombée. Toute la famille participe alors au ramassage et la charrette se remplit rapidement.

De retour à la ferme, nous déversons les pommes dans l'abreuvoir où elles sont lavées et vigoureusement brossées avant d'être transvasées dans le fouloir encore actionné à la main. C'est un travail extrêmement pénible. Un volant qu'il faut tourner rapidement entraîne un tambour sur lequel se fixent plusieurs rangées de dents acérées. La pomme est éclatée, dilacérée, réduite en bouillie. Mais le jour où le moteur électrique prend le relais, ce labeur s'est transformé en un moment ludique. Le jus coule à fort débit, le moût déborde rapidement de la cuve placée sous l'engin. À l'aide d'un seau, Marraine en remplit le pressoir. Après quoi, Grand-père y installe le couvercle et plusieurs cubes de bois puis commence le pressage. Le jus se met à couler en jet continu dans une grande bassine en fer-blanc. Nous avons le droit d'en boire à volonté. Les verres ne se remplissent pas assez vite, tant notre gourmandise est grande pour ce jus brunâtre, sucré et moelleux à point.

Grand-père avec l'aide de mon père verse la récolte dans le grand fût au cellier. Un énorme entonnoir permet le transvasement sans perdre une goutte. Là, dans la tiédeur humide de la cave, la fermentation commence rapidement. Il faut une température idéale, ni trop chaude, ni trop fraîche, pour que la transformation du moût se fasse dans les meilleures conditions. En effet quelques jours plus tard le tonneau se met à baver et le cellier se remplit d'une douce odeur aigrelette de pommes. Une épaisse écume brunâtre et blanche s'échappe du haut du tonneau pour couler sur ses flancs. Plus le jus est sucré, plus la fermentation est importante et plus le cidre sera de bonne qualité. Cette étape achevée, on ferme le tonneau hermétiquement et on n'y touche plus.

Grand-père possédait deux variétés de pommes particulières à notre région. La *Maïapfel* était une pomme de taille moyenne à robe jaune lavée de rouge. Son origine est à rechercher à Heiligenstein, un village alsacien spécialisé tant dans la vigne que dans l'arboriculture. Cette espèce était cueillie jusqu'en novembre et se conservait dans de bonnes conditions jusqu'au mois de juin de l'année suivante. Le meilleur moment pour la croquer était le mois de mai, d'où son appellation, période où elle était la plus juteuse et la plus riche en arômes. La Christkindler ou pomme de Noël était rouge, croquante, légèrement acidulée et parfumée. Elle se consommait de décembre à février. C'était elle qui ornait fréquemment le sapin de Noël en compagnie de noix enveloppées dans du papier argenté et rehaussait par sa robe rouge l'éclat du roi de la forêt. Enfin la dernière espèce qui se cultivait communément au village était la *Grafenstein*. On la cueillait dès le mois de juillet mais elle ne se conservait que jusqu'en novembre. Je ne l'aimais pas car elle devenait rapidement farineuse.

Dans notre région l'arboriculture connut un nouvel essor dans les années 1950 avec l'apparition des arbres nains, des haies fruitières et des espaliers. Les essences anciennes sont rapidement abandonnées et n'étant plus entretenues dépérissent. Beaucoup d'arbres ont tout simplement été arrachés. Dommage ! Heureusement la tendance actuelle est de reconstituer les anciens vergers avec leurs essences rustiques. Ils contribuent, non seulement à préserver un certain patrimoine mais aussi à l'équilibre biologique. En effet ces arbres sont le refuge de beaucoup d'oiseaux, d'insectes et leur floraison généreuse fait le bonheur de nos abeilles. Un dernier point non négligeable, ces arbres ne nécessitent aucun traitement chimique. Leurs fruits sont spontanément et génétiquement résistants aux différentes maladies, du moins pour la plupart d'entre eux.

Mon père, après avoir suivi des cours de taille et de techniques d'entretien de cette nouvelle génération d'arbres fruitiers, rêvait de créer un jardin pilote.

Il incite vivement les paysans à s'associer et à planter des pommiers, ce qui peut leur apporter un revenu complémentaire non négligeable. Mais il se heurte à une grande inertie de leur part. Trop timorés, ils n'osent investir le petit capital nécessaire. Peut-être y a-t-il aussi entre eux un problème de rivalité qu'ils n'arrivent pas à surmonter. Grand-père est le seul ouvert à cette suggestion.

Ainsi dès l'hiver 1951 nous plantons différentes espèces sur quatre-vingts ares de prairie transformée en verger. Durant les trois premières années, les plaisanteries, les commentaires narquois et les clins d'œil moqueurs sont constants de la part des paysans :

« Alors, Monsieur l'instituteur, ils n'avancent pas vite vos arbustes ! »

Pour d'autres :

« Au moins ferez-vous l'économie d'une échelle, ha ha... »

Mon père ne leur répond jamais. En se retournant vers moi, il me dit :

« Fils tu verras d'ici l'année prochaine à la première récolte, ils ne riront plus, mais seront jaloux. À notre tour de rigoler ! »

Sa prévision est exacte. La pleine récolte est déjà atteinte lors de la quatrième année d'exploitation.

Tout compte fait, notre besogne n'est pas si terrible. Il suffit d'entretenir le sol, d'éloigner les mauvaises herbes, de labourer la terre pour l'aérer et d'apporter les différents engrais. Durant les deux premières années, pour la taille du printemps, mon père est secondé par M. Alfred, excellent technicien et grand pédagogue. Cet homme d'une patience infinie arrive à expliquer le pourquoi, le comment, bref sa façon de faire. La technique de taille n'est ni facile ni évidente. Il y a des critères stricts à respecter. Il s'agit de trouver le bon équilibre entre le bois, le feuillage et les bourgeons des futurs fruits. Si on laisse trop de branches, à la longue, l'arbre étouffe, les fruits ne se développent pas harmonieusement et restent de petite taille ou bien tombent prématurément. Cette taille dépend aussi de l'essence. Pour avoir un rendement efficace, certains pommiers exigent des petites pousses réparties tout au long de la branche maîtresse, alors que d'autres développent leurs fruits en pleine branche jusqu'aux extrémités.

Le travail est largement facilité par les conseils et les avantages octroyés par la coopérative à laquelle nous sommes rattachés. Plusieurs fois dans l'année, surtout au printemps, son technicien vient faire un diagnostic et constate l'avancée de la floraison, la présence ou non de pucerons ou d'autres indices de maladies. C'est lui qui décide alors du traitement chimique préventif ou curatif adéquat à mettre en place, au grand dam de mon père qui n'aime guère ce type d'intervention. Il devait avoir, avant l'heure, une fibre écologique ou était-ce tout simplement du bon sens ?

Lors de la floraison, notre verger offre un spectacle merveilleux. Tous ces arbres en fleurs, une explosion de couleurs, répandent alors des parfums subtils. Vers la fin de la floraison, quand le souffle chaud et fluet d'une brise printanière traverse ce paradis fleuri, les pétales tombent et tournoient tels des flocons de neige en plein hiver. Le soir, quand les derniers rayons de soleil rougeoyant se reflètent à travers cette pluie de pétales, des milliers de pépites d'or semblent accrochées dans le vide avant de se poser par terre. Le spectacle est grandiose, mais si éphémère.

Durant l'été il suffit de passer une ou deux fois avec la herse pour écarter les mauvaises herbes, aérer et rendre sa souplesse au sol. Nous avons acquis un motoculteur qui permet d'effectuer l'ensemble des travaux sans mettre à contribution la vache et le matériel désuet de grand-père. C'est aussi la période durant laquelle mon père craint énormément les violents orages de chaleur et leurs grêlons ravageurs fréquents dans notre région.

Enfin vient la période de la récolte, le travail devient harassant. Elle nous occupe durant trois à quatre semaines. Le cueilleur avance d'arbre en arbre son sac de jute en bandoulière et, d'un geste rapide et précautionneux, une traction et une rotation sur la tige, décroche le fruit qui se donne sans résistance. Le sac une fois rempli, son contenu est versé dans une grande corbeille en osier. De là le trieur les répartit dans différents cageots selon leur taille. Le calibrage, encore manuel, se fait à l'aide d'une planchette percée de quatre trous de diamètres différents qui indiquent le gabarit. Les plus grosses, les hors catégories, sont traitées et rémunérées à part. Le travail est délicat. Lors de la cueillette il faut éviter toute blessure, tout choc, car la pomme marquée ou légèrement cabossée est systématiquement déclassée et devient impropre à la vente. La récolte ainsi répartie dans différentes caisses en bois est entassée sur la charrette hippomobile et transportée vers le dépôt, une vieille gare désaffectée située à dix kilomètres du village. Là, il faut les décharger et les peser. Ces opérations sont supervisées par un contrôleur qui accepte ou refuse la récolte présentée. Plus tard toutes ces étapes seront automatisées. La récolte est livrée en vrac. Les pommes partent automatiquement sur la chaîne de calibrage, où le tri se fait très rapidement, pour être orientées dans différents containers. Chaque lot suit son propre parcours jusqu'au camion qui les transporte vers les différents marchés régionaux. Le surplus et celles impropres à la dégustation sont dirigés vers l'usine de fabrication de jus de fruit.

Quant à la quantité livrée à la coopérative, je n'ai plus souvenir du chiffre exact. Je me rappelle simplement qu'elle était impressionnante. D'après mon père il s'agissait de tonnes. Mais enfin, il avait toujours un côté excessif, un tantinet marseillais !

Mon père peste régulièrement auprès des responsables de la coopérative qui d'après lui imposent une utilisation exagérée de produits chimiques. Ils appliquent jusqu'à une dizaine de traitements au cours d'une saison afin que le fruit ait belle allure, qu'il soit parfait et qu'il fasse saliver les futurs consommateurs. Je me rappelle sa grande déception quand, pour la première fois, il a essayé de les transformer en cidre. Il attend avec impatience que le jus se transforme, mais en vain. Il n'y a rien à faire, la fermentation ne se fait pas. Après réflexion, il fallut bien admettre que ces fruits hyper traités sont stérilisés, pasteurisés, et les micro-organismes détruits. Alors, pour la déclencher, il faut avoir recours aux ferments du commerce. Nous sommes loin des jus de pommes qui fermentent naturellement des semaines entières dans le cellier de nos paysans. Les tonneaux ne bavent plus. Le soi-disant progrès est passé par là.

Il est intéressant de constater que l'agriculture commence, dès cette époque, à se moderniser. Au niveau technologique, l'ère des machines outils est à ses débuts triomphants. Mais le progrès est encore plus sensible au niveau théorique. En effet, le paysan applique de moins en moins les conseils séculaires transmis depuis des générations. Il reste certes très proche de la nature, l'interroge, l'observe et se base sur le cycle lunaire. Ainsi, on attend la lune montante pour les semis, notamment pour les céréales. Certaines dates buttoirs sont obligatoirement respectées : les pommes de terre doivent être mises en terre avant la Saint-Joseph (19 mars). Les arbres, les arbustes et les plantes d'ornement se mettent en terre à la Sainte-Catherine (25 novembre) car à cette date « tout prend racine »... et ainsi de suite. Il y a bien d'autres superstitions et dictons auxquels les paysans croient plus ou moins.

Pour la mise en place de notre verger, mon père s'était adressé à un de ses collègues enseignant à l'école d'agriculture. Avant la plantation ce dernier fit quelques prélèvements, des carottes, afin d'analyser la composition du sol : son pH, les sels minéraux présents... Fort de ces renseignements il préconise telle ou telle sorte de fruit. Par exemple, la Reine des Reinettes et le Golden sont à planter dans la moitié haute du champ, tandis que le Boskoop, le Cox Orange et l'Ontario se retrouvent plutôt vers le bas. Nous respectons à la lettre les consignes données.

Lors de la plantation des jeunes scions, nous avons réalisé une expérience fort instructive démontrant l'importance de la qualité du terroir quant au développement d'un arbre. Nous avons exporté dix plans de Golden restants pour les planter, le même jour, à cinquante kilomètres de là dans un sol différent. Le résultat est surprenant. Les fruits du verger sont parfumés, juteux, croquants sous les dents et d'une belle taille tandis que les autres n'ont jamais donné satisfaction. Ils sont fades, peu juteux, pâteux, de petite taille et ne se conservent guère. Pourtant les plants étaient les mêmes. L'analyse au préalable du sol et le respect des données ne sont pas une vue inutile et utopiste de l'esprit.

Les incrédules et les opposants à son projet initial ne rient plus quand ils passent devant nous. Ils nous jettent au contraire des regards pleins de jalousie. Dès lors quelques paysans tenteront de réitérer l'expérience, mais le temps de la manne facile est passé. La surproduction et la concurrence des arboriculteurs du Midi écrasent les prix et la rentabilité de l'opération laisse à désirer. Seule la qualité exceptionnelle des fruits peut sauver la mise.

Comme la pomme n'a dès lors plus de grand intérêt économique pour nos paysans, mon père encourage ceux-ci à se lancer dans la culture maraîchère telle que les haricots, les cornichons ou des fruits comme la fraise. Il leur prédit une bonne rentabilité durant au moins cinq ou six ans, à condition de produire des denrées de qualité. Leur savoir-faire, leur ardeur au travail et la richesse de la terre pourvoiront à la quantité. Cela correspond à la mise en place « Du Jardin d'Alsace », un groupement de producteurs agricoles, une sorte de coopérative. La génétique, la sélection des semences permettent des récoltes défiant toute concurrence. Les cornichons pour les conserves ne doivent pas dépasser un certain gabarit. Le paysan les cueille quand ils atteignent cinq centimètres de long. Pour les haricots les responsables ont sélectionné des espèces sans fils, de belle couleur et dégageant un arôme subtil. Les fraises de notre région viennent à maturité bien plus tard que celles du sud de la France, mais leur chair est plus savoureuse et plus parfumée. Malgré la fragilité de ce fruit et l'impressionnante main-d'œuvre qu'il nécessite pour sa cueillette, sa rentabilité est excellente quelques années durant. Certains des cultivateurs ont eu l'intelligence de participer à cette expérience et en ont tiré un bénéfice substantiel. Nous sommes loin des coutumes et des idées transmises par les anciens quant à l'exploitation des richesses de la terre. Ils assistent surpris et goguenards à cette nouvelle façon de travailler. Pour certains cela frise la démence, mais d'autres acceptent plus ou moins cette évolution.

### *Les vendanges*

Mais revenons aux travaux d'automne. À peine avons-nous fini de cueillir les pommes qu'il faut déjà passer aux vendanges. Ce sont des moments de bonne humeur, de rires et de joie. Toute la famille soutenue par des voisins bénévoles, serpette ou sécateur à la main, coupe les grandes grappes d'un raisin bleu foncé. J'en mange autant que j'en mets dans le seau. C'est tellement délicieux. Le grain peu sucré a un goût légèrement acidulé. Le seul inconvénient est sa peau très dure qu'on recrache la plupart du temps. Du coup, ce sont des concours de crachats, à qui la projette le plus loin. L'ambiance est toujours très chaleureuse, faite de franches rigolades. Les filles et les femmes caquettent. Grand-père, la hotte sur le dos, siffle ou chante à longueur de journée. Avec sa voix de ténor, il porte la joie de vivre et la bonne humeur à travers la campagne. Souvent, je lui demande de me traduire les paroles de ses chansons populaires allemandes. Je le suspecte de prendre des libertés et d'être trop fantaisiste dans sa traduction. Je le harcèle alors de questions. Mon père refrène les propos lestes et fantaisistes, en lui faisant remarquer :

« Grand-père, c'est un enfant. »

Lui, il rit et me fait un clin d'œil complice. Dommage que les vendanges ne durent pas plus de deux à trois jours.

Le raisin ramené à la ferme passe au fouloir, puis au pressoir. Parallèlement on termine de ramasser les pommes à cidre. Grand-père confectionne le vin de l'année en mélangeant d'une façon subtile les deux jus obtenus. Mais avant il faut préparer les tonneaux et les cuves. Ils sont lavés, frottés, rincés à grande eau. Après leur séchage, il introduit dans les tonneaux un bâtonnet de soufre accroché à un fil de fer. Le soufre s'y consume lentement en laissant tomber des gouttes fumantes et irritantes. Il a la renommée d'aseptiser l'endroit où il brûle. Son principe d'action étant de se combiner à l'oxygène et de l'extraire du milieu dans lequel il se trouve. J'apprécie bien cette opération, car pour moi cela ressemble à de la magie. En revanche je déteste les grandes eaux. Nous n'avons pas l'eau courante, ce qui nous oblige à la puiser à la fontaine trônant au milieu de la cour. Il en faut des litres et des litres, d'autant que la pompe est déjà bien ancienne et plus ou moins déglinguée. C'est épuisant. Avec la meilleure volonté elle ne crache qu'un mince filet d'une eau bien fraîche, limpide, mais chargée en calcaire. L'immense bras métallique que je dois actionner avec régularité et force se fait rapidement très lourd pour mes petits bras d'enfant.

Aujourd'hui je me demande dans quelle mesure l'eau de ce puits était potable. Sa qualité visuelle était des plus rassurantes, mais n'était-elle pas contaminée sur le plan bactériologique ? En effet le puits était creusé à même pas dix mètres de la fosse à purin. Cela expliquerait certainement quelques épisodes de gastro-entérites récidivantes et inopinées et surtout le goût bizarre très marqué qu'elle avait par moments. Naturellement personne ne s'en souciait !

La période de la cueillette des pommes correspond aussi à celle où la campagne resplendit de toute sa beauté. Au quotidien elle offre un visage nouveau, différent tant par sa luminosité que par sa richesse de couleurs. Pas un arbre ne ressemble à l'autre, chaque feuille a sa propre teinte. La palette varie ainsi à l'infini. La forêt se couvre d'or et de pourpre, de cuivre et de rouille. Les arbres recrus de fatigues laissent s'envoler leurs feuilles en des vols roux et muets sous le regard moqueur des résineux qui gardent jalousement leur parure.

J'apprécie les matins où la brume stagnante du fond des vallons enveloppe et dissimule sous son manteau laiteux la campagne encore endormie. Cette brume nourricière donne l'impression de fertiliser le sol et de nourrir la terre. C'est l'union, la fusion du ciel et de la terre. Encore un de ces moments privilégiés où tout est harmonie, où la nature opère des mutations, reçoit et donne tout ce qu'elle possède. Le miracle de la création se perpétue. À ce moment le silence est total. Pas un chant d'oiseau, ni de cris d'animaux, ne vient perturber ce calme serein. Même les bêtes encore au pâturage se regroupent sans faire de bruit afin de se protéger de l'humidité pénétrante. Seul, au loin, de-ci de-là, un chant de coq rappelle que la vie continue. Quand sous l'effet des premiers rayons du soleil les brumes se déchirent et se dissipent lentement, les cimes multicolores des arbres resurgissent comme des îlots émergeant d'une mer d'opale. Le spectacle devient féerique, presque irréel, c'est l'hymne à la vie et à la naissance d'une nouvelle journée.

Et quand le vent d'automne souffle par monts et par vaux, les feuilles mortes tourbillonnantes tombent en masse et transforment le sol des vergers en un tapis bigarré, épais et doux sous les pieds. À l'inverse, quand une bourrasque les soulève, elles s'envolent telle une nuée d'étourneaux et se dispersent aux quatre coins.

J'ai toujours beaucoup aimé le vent. J'en apprécie autant sa douceur que sa violence, son chant harmonieux que son long cri plaintif et lugubre quand il traverse les bois. Quelque part au fond de moi-même il représente et incarne le mouvement, donc la vie.

Le vent, la diversité des couleurs, les variations souvent brutales du temps font que l'automne reste ma saison favorite. Bien sûr elle représente la fin d'un cycle, mais elle est aussi la période des labours et des semis, c'est-à-dire, de la fructification de la terre qui, dès lors, porte en elle le potentiel du renouveau.

### *Le labour*

Le laboureur, accroché à sa charrue, avance d'un pas lent et régulier. L'attelage, une paire de vaches, progresse au rythme des « oh… oh » lancés par le paysan et trace le sillon au cordeau. La terre lourde et argileuse demande de gros efforts pour être retournée. Je plains surtout les bêtes qui tirent cette charrue d'un autre âge. Elles dégagent de nombreuses volutes vaporeuses.

Derrière eux, une nuée de corbeaux croassent, virevoltent, plongent, se chamaillent, s'élancent vers le ciel pour repiquer sauvagement, en tourbillonnant, sur les mottes de terre fumantes. Elles leur offrent, tantôt un ver de terre, tantôt une larve enfouie pour son long sommeil d'hiver. De temps en temps, une pie plus hardie, se plante sur les cornes ou le dos d'une vache et y chasse les rares mouches encore présentes. Tout à côté, un épervier, de ses battements d'ailes rapides, saccadés, fait un vol stationnaire avant de plonger, comme une pierre qui tombe sur la souris imprudente courant entre les chaumes non encore retournés. En un clin d'œil, le crime est consommé. Le cycle de la nature se perpétue, le rapace venant dévorer le rongeur et maintenir ainsi l'équilibre de la vie.

Après le labour, Grand-père passe la herse sur certains champs pour déchirer les grosses mottes et les réduire en poussière. La terre est prête pour recevoir les semis. Grand-père les parcourt d'un pas lent et régulier et d'un geste auguste comme dirait notre cher Victor Hugo sème le froment d'hiver ou le seigle. D'autres parcelles sont laissées au repos pour être ensemencées au printemps suivant.

### *Le tabac et le houblon*

Notre voisin était l'unique agriculteur à cultiver du houblon et du tabac. C'est le propriétaire terrien le plus fortuné. Les gens en parlent avec grand respect et probablement un brin de jalousie. Moi, je l'aime beaucoup, car c'est lui qui me donna les premiers sous. Le début de la fortune !

En effet, au moment de la récolte du tabac il y a toujours foule chez lui, un va-et-vient continu. Des femmes, des paysans à la retraite, une ribambelle de marmots s'y donnent rendez-vous. Tout ce beau monde est réuni dans la grange et sous le hangar en train de trier, de piquer, d'enfiler les feuilles de tabac. Le travail est répétitif, un brin ennuyeux et même pénible à la longue. Il s'agit de classer et d'empiler par petits tas d'une vingtaine de feuilles de même longueur, puis, à l'aide d'une longue aiguille, de piquer la base de la nervure centrale et, de les enfiler sur une ficelle d'une longueur approximative de deux mètres. Puis Hubert, un des valets présents, vient ramasser l'ensemble réalisé. Il vérifie si le compte y est, écarte les feuilles à distance régulière, l'une à côté de l'autre sans qu'elles ne se touchent. Il met quelques-unes de ces rames, de vraies branches de palmiers, sur son dos et les porte au séchoir. C'est une grande bâtisse ouverte à tout vent, d'une hauteur impressionnante qui atteint le faîte de notre grange. Il monte en empruntant l'escalier en colimaçon ou une échelle et grimpe tout en haut pour les étendre sur l'armature déjà prête. Il accroche les rames les unes après les autres, les fixe, les tend entre deux clous afin de les faire sécher.

De temps en temps, sans qu'il s'en aperçoive, je le suis. J'aime me faire oublier sous le faîte de ce séchoir pour écouter chanter le vent. J'apprécie la musique qu'il fait en traversant l'ensemble. Il peut être violent. Ce sont alors les aigus qui dominent. C'est comme le chant d'un fifre, d'une clarinette, en plus soutenu, en plus modulé, ou bien la complainte, tantôt légère et grave, tantôt longue et déchirante, de dizaines de violons qui n'en finissent pas, qui recommencent au gré du souffle d'Éole. Cela part de tout en haut et quand l'écartement des planches est plus grand, le son devient plus grave et moins puissant. S'il n'y a pas de vent ou qu'il est léger, seul le bruissement des feuilles déjà séchées remplit l'espace. Je préfère de loin le vent fort soufflant en bourrasque. Alors cette structure entièrement réalisée en bois se met à trembler et à vibrer. De temps en temps, une tôle ondulée mal fixée bat et frappe le toit. Le tout devient impressionnant, c'est une symphonie vigoureuse, du Wagner dans toute sa splendeur. Échevelé par le courant d'air, je m'installe sur une large poutre porteuse et j'écoute adossé à un montant. Je rêve. De temps en temps j'en frissonne. Un brin d'angoisse naît au creux de l'estomac quand l'ensemble devient trop bruyant ou trop violent. Mais gare à moi si je me fais surprendre tout là-haut. C'est la réprimande violente et systématique. Cela ne me touche guère car j'ai été heureux là-haut. Aujourd'hui encore, les odeurs, les parfums de ces feuilles de tabac séchées, jaunies, fripées par la dessiccation, me reviennent aux narines. Odeur particulière, forte, pénétrante qui n'avait rien de commun avec celle que je pouvais humer dans la tabatière de mon grand-père.

À peu près à la même période, cela dépendait des années, il fallait aussi cueillir le houblon.

Le voisin part, dès la première heure, avec sa charrette hippomobile. Il ne m'autorise que très rarement à l'accompagner à la houblonnière. Elle se situe à la sortie du village, à un endroit ensoleillé, mais bien abrité du vent. Je suis impressionné par le montage de tous ces mats qui sont solidement ancrés en terre et dont le haut est maintenu par de gros filins en acier. L'ensemble du maillage fait penser à un grand filet de pêche à très larges mailles. Je suis surpris par l'alignement de tous ces poteaux d'une hauteur de cinq mètres environ, maintenus par des haubans en fils d'acier. Je ne comprends pas comment cette armature peut résister aux orages souvent violents qui éclatent durant les périodes de grande chaleur. En 1952 ou 1953, une mini-tornade a tout mis par terre et anéanti tout espoir de récolte. Les poteaux arrachés, les filins entremêlés formaient de véritables pelotes. Le houblon extraordinairement vigoureux cette année-là fut irrécupérable, au grand désespoir du paysan. Le vrai gâchis !

Cette plante grimpante de la famille des cannabinacées monte très haut jusqu'au bout des filins, et selon les années la nervure centrale s'étale encore plus ou moins loin. Il arrive alors que les extrémités supérieures s'entrecroisent, rendant la cueillette plus difficile. Les années à rendement moyen, quand le sol est trop sec par manque de précipitation, les lianes sont moins vigoureuses, moins grosses, moins longues et surtout portent peu d'inflorescences. Ces belles fleurs femelles, légères comme le vent, plus ou moins épanouies, ont la forme d'un cône et contiennent une substance aromatique la « lupuline » servant à la fabrication de la bière. À l'aide d'une longue perche terminée par un crochet, le paysan tire et ramène de haut en bas, le long du filin, la plante. Il la coupe à un mètre de sa base puis la charge sur la charrette.

De retour à la ferme, les enfants et les femmes s'activent à cueillir les fleurs qu'elles entassent dans des corbeilles en osier. Ces paniers sont vidés dans d'autres énormes corbeilles rangées à l'entrée de la grange et acheminées par un palan vers le séchoir. La récolte étalée sur de grands tiroirs-plateaux superposés est enfournée dans un immense four à faible température. Il ne s'agit pas de griller les inflorescences, il faut simplement les sécher. Une fois arrivée au stade de la dessiccation totale la récolte est versée dans d'immenses sacs en toile de jute en forme de boudin et acheminée ultérieurement vers la coopérative. Là, les fleurs séchées seront retravaillées et réexpédiées vers les différentes brasseries de la région.

Notre rémunération est déterminée selon le nombre de corbeilles ramassées. Les plus experts en remplissent des dizaines par jour, ce qui, en fin de saison réalise un beau pécule.

Les plus malins, avant que le valet ou le propriétaire ne passe pour vérifier la contenance de la corbeille, remuent et triturent violemment les fleurs. Ils trichent et font croire que la corbeille est pleine à ras bord. C'est toujours ça de gagné. Pour nous les gamins, c'est un peu d'argent de poche rapidement transformé en sucre d'orge ou autres friandises. De cette cueillette, je garde un souvenir olfactif marqué, car le houblon a une odeur agréable, très forte et pénétrante, qui imprègne pour longtemps les habits et les mains.

À la fin de l'automne, le brouillard, les pluies, les nuages bas, dans un ciel tourmenté et chargé rendent le paysage bien triste. Les arbres sans feuille, la forêt dénudée, les grandes étendues de terre récemment labourées donnent à la campagne un aspect lugubre de champ de bataille. La trajectoire du soleil devient de plus en plus basse et reste accrochée sur la ligne d'horizon. Les paysans s'activent à rentrer les dernières betteraves ou les pommes de terre tardives. S'il ne fait pas trop froid et que l'herbe est restée verte, mon grand-père me demande de mener nos six vaches au pâturage.

### *Le pâturage*

C'était encore un de ces moments privilégiés. Au crépuscule l'appariteur traversait le village et au son d'une grosse cloche annonçait l'ouverture officielle du temps des pâturages sur le ban communal.

Dès lors le soir, nous nous retrouvons dans les prés entre copains. Nous réunissons souvent une bonne vingtaine de bêtes qui broutent en toute liberté les prairies mises en commun pour l'occasion. Pour nous réchauffer, nous allumons un énorme feu, tandis que le froid et l'humidité de la rosée nous pénètrent. Nous jouons aux Indiens en bivouac, sur le chemin de guerre ou en conseil. Nous échafaudons des théories fantasmagoriques. Après avoir arraché un pied de pomme de terre, nous enfilons les tubercules sur une baguette de bois et nous les faisons cuire à même les braises. Tel autre trouve quelques pommes à cidre oubliées ou tombées, elles suivent le même chemin. J'ai rarement mangé des pommes de terre aussi délicieuses. Au contact des braises la peau durcit, noircit et se craquelle tout en dégageant un parfum délicat et subtil, loin de celui que je peux rencontrer à la maison quand maman les prépare. De même pour les pommes à cidre dont le goût acidulé laisse des relents agréables dans l'arrière-gorge. De ces soirées, je garde un souvenir olfactif précis et ineffable. Ce sont les effluves capiteux qui montent du regain non ramassé quand tombe la fraîcheur du crépuscule. Nos bêtes bien disciplinées nous embêtent peu, trop heureuses de goûter aux restes d'une herbe grasse. De temps en temps, une aventurière attirée par un champ de betterave enveloppé d'un halo de brume quitte subrepticement le troupeau. Nous partons à sa recherche, tandis qu'une angoisse douloureuse nous envahit. Deux raisons à cela. Si le garde champêtre surprend une telle intruse dans un tel champ, il le signale au propriétaire qui très souvent demande réparation. Les vachers accusés de négligence se font sévèrement réprimander. Parfois nous avons beau fouiller tous les coins et recoins de la zone de pâturage, la bête reste introuvable. Elle a bel et bien disparu. À ce moment la panique nous serre l'estomac. Très souvent l'incident est clos, quand au retour, nous la retrouvons tranquillement installée à l'étable à sa place habituelle. J'ai droit à un méchant sermon de la part de Grand-père qui se montre irrité tout en me reprochant mon manque d'attention. Cet incident survenait rarement.

En revanche, les combats entre deux génisses belliqueuses qui ne trouvent pas leur place dans la hiérarchie du troupeau sont fréquents et nous mobilisent promptement. Armés d'un bâton ou du fouet nous nous précipitons pour mettre fin à la joute qui peut être violente, voire sanglante, quand une des deux combattantes y laisse une corne, ou voit son flanc labouré. Curieusement, c'est souvent la même vache qui est à l'origine de ces tournois de gladiateurs. Il suffisait d'isoler la rebelle pour que la paix règne dans le pâturage.

C'est alors que les plus grands, garçons et filles s'écartent à nouveau de nous les plus jeunes. Ils nous obligent à leur céder notre place auprès du feu, pour qu'eux puissent, loin de nos oreilles indiscrètes, conter tranquillement fleurette aux bergères occasionnelles. En repensant à ces instants de douce complicité, je me demande combien d'idylles sont nées, à la nuit tombante, dans le secret de ces jeunes cœurs enflammés, embrasés par le feu de l'amour. Dieu seul le sait !

### *Les betteraves*

L'arrachage des betteraves, tout en étant un travail fatiguant, devenait pour moi plutôt un jeu. C'est le moment d'étaler ma force physique de jeune athlète. Rien ne me résistait.

Un coup de pied bien placé et voici que cette chénopodiacée se désolidarise de son socle, une brutale traction sur son panache de feuilles et la voilà arrachée. À d'autres moments, quand le sol est détrempé ou s'il bruine, le jeu se transforme en un incroyable calvaire. La betterave reste solidement figée dans la terre comme happée et aspirée par une véritable ventouse. Nos mains noires de boue se transforment en véritables savonnettes et les longues feuilles glissantes empêchent une prise solide. Dans ce bourbier, le travail avance très péniblement. La fourche devient notre aide précieuse et l'unique façon d'extirper la chénopodiacée de sa gangue terreuse. Elles s'allongent côte à côte sur toute la longueur du champ. Grand-père suit le mouvement et coupe les feuilles à l'aide d'une serpe. Quand les betteraves sont toutes arrachées et effeuillées, nous les chargeons sur la charrette. De retour à la ferme nous amenons le chargement jusqu'au fond de l'aire de la grange. Grand-père installe le dévidoir, trois planches clouées en forme de U, à travers la lucarne s'ouvrant vers le recoin du cellier, l'endroit prévu pour leur stockage. Le déchargement est rapide et aisé, les betteraves roulent facilement le long de la planche du dévidoir. Elles serviront de complément alimentaire fort apprécié par les vaches.

Grand-père les fourrage seules ou le plus souvent mélangées avec du son, du foin ou de la paille. À l'aide d'une serpe, il les découpe en petits carrés bien croquants ou bien nous les passons au hachoir pour les réduire davantage. C'est souvent mon travail. Nous coupons à l'aide d'une machine spéciale, la paille en petits morceaux de trois à quatre centimètres de long. L'engin d'une conception fort astucieuse se présente comme un parallélépipède creux ouvert sur le haut et aux deux extrémités. Au fond, un étroit tapis roulant entraîne et fait avancer la gerbe de paille. À l'une des extrémités, un lourd volant supporte en diagonale deux lames en forme de S majuscule allongé et coupantes comme des rasoirs. Une solide poignée fixée en un point du pourtour sert à tourner le volant dont la force d'inertie est conséquente. L'ensemble repose sur une armature soutenue par quatre pieds qui lui confèrent une excellente stabilité. Dès que le volant tourne le tapis se met en mouvement, la gerbe avance et la paille est réduite en fins morceaux par les épaisses lames bien affûtées. Travail pénible comme on peut l'imaginer et souvent bien astreignant par son côté quotidien et répétitif. Les paillettes tombent dans un grand panier en osier pour être plus tard mélangées avec les cubes de betteraves. Le mélange est alors déposé dans la mangeoire. Les vaches en sont visiblement friandes, la quantité et la qualité du lait s'en ressentent. Avec l'utilisation du moteur électrique cette tâche fatigante devient un plaisir.

### *Les pommes de terre*

Grand-père plantait systématiquement deux espèces de pommes de terre. Les précoces occupaient la moitié du potager, alors que les tardives, la récolte principale, étaient cultivées en plein champ.

Les premières, plus savoureuses et au bouquet nettement plus agréable, sont uniquement réservées à la table familiale. Les autres servent essentiellement de nourriture aux animaux. Leur culture exige une attention soutenue et beaucoup de sueur. Le champ qui leur est destiné est mis en jachère un an durant. Au début du printemps, Grand-père le laboure deux fois pour bien aérer la terre préalablement enrichie grâce au fumier de la ferme. Le moment venu, nous procédons à la plantation des tubercules, ce qui ne pose pas de problème. Mais nous ne sommes pas au bout de nos peines car la pomme de terre exige un soin constant jusqu'à sa récolte. Si le paysan veut obtenir un bon rendement, il faut revenir à plusieurs reprises pour sarcler, biner et butter. Tout retard est préjudiciable au développement des jeunes plants qui risquent d'étouffer si les mauvaises herbes envahissent le champ.

La pomme de terre, famille des solanacées, est d'une culture relativement fragile. Originaire d'Amérique du sud et introduite en Europe par Parmentier, elle se répandit largement au XVIIIe siècle. Son arrivée met définitivement fin à la disette ou la famine qui sévissait encore durant les années maigres. Le rendement était très variable d'une année à l'autre.

Grand-père craint fort les gelées tardives du printemps à la période des Saints de glace, la Sainte Sophie est sa hantise. Le drame, quand en pleine floraison ces belles fleurs blanches brûlées par le gel tombent les unes après les autres. Il n'est pas exclu que le paysan perde la moitié sinon la totalité de la récolte en raison d'un tel phénomène météorologique.

Deux autres calamités les frappent de temps en temps : le mildiou et le doryphore.

Le mildiou maladie cryptogénétique causée par des champignons de la famille des péronosporées qui sévit préférentiellement sur les feuilles de vigne et de pommes de terre. Pour cette dernière le champignon *phytophthora infestans* attaque tout autant les feuilles, les tiges que les tubercules. Les feuilles se couvrent alors de taches jaunâtres auréolées à la face inférieure par un duvet blanchâtre puis elles fanent, dessèchent et tombent. Au niveau du tubercule des taches brunâtres déprimées signalent sa présence. Il pourrit rapidement ; c'est en fait à travers lui que se fait la transmission de la maladie. Le sulfate de cuivre en poudre ou en solution aqueuses est l'arme efficace pour lutter contre ce fléau.

Mais Grand-père préfère de loin protéger le tubercule par une bonne buttée, dix centimètres de terre réalisent une excellente barrière contre ce champignon. Opa est d'une exigence tatillonne dans l'exécution du buttage. Après les grosses pluies il inspecte régulièrement le champ et souvent exige une deuxième buttée à notre grand désappointement. Ce travail se fait manuellement. Il occupe, pour deux jours, quatre à cinq personnes qui avancent de front, la houe en mains, en sarclant l'espace libre pour ramener la terre aux pieds des plants. Chacun s'occupe ainsi de deux alignements. Travail pénible qui épuise tout autant les bras que le bas de la colonne. Trop rarement, Grand Père peut utiliser le buttoir tracté par une vache. L'engin est conçu comme une mini-charrue à deux socs triangulaires qui se font face et travaillent en opposition. De ce fait en avançant, la terre retombe dans l'espace entre les socs et réalise la buttée. Naturellement la besogne progresse plus rapidement. Quelques heures suffisent alors à achever le travail et ce, avec beaucoup moins de fatigue sauf pour Blanckette et Opa. L'utilisation de cette « mini-charrue » est fonction de l'état du sol. Une terre lourde, collante et détrempée en interdit l'emploi.

L'éradication du doryphore se faisait longtemps d'une façon manuelle. Nous passons, jeunes et vieux, entre les plants, une vieille boîte de conserve à la main pour recueillir ces intrus, les rassembler et les écraser ou les jeter au feu. Plus tard, Grand-père les saupoudre régulièrement d'insecticides. Le travail est certes facilité mais bonjour les dégâts au niveau de la nappe phréatique, car cette poudre est à base de dérivés nitrés.

Quand vient le temps de l'arrachage, fin septembre, je m'éclipse souvent et cherche toutes les excuses pour ne pas participer à cette récolte. C'est un travail épuisant et surtout excessivement salissant dès que la pluie se met de la partie. Si la terre est meuble et se désagrège facilement, Grand-père fait un essai avec la charrue. Le soc et le coutre sont orientés différemment que pour un simple labour, tandis que la rasette est démontée. Si la chance nous sourit, les tubercules remontent en surface sans qu'ils ne soient trop abîmés, même si de temps en temps, quelques pommes de terre sont tranchées en leur milieu. La perte n'est pas trop grande, elles serviront d'aliment pour les porcs dès le retour à la ferme. De cette façon le travail avance vite et bien. Il suffit de se baisser et de les ramasser. En revanche, si la terre est grasse et collante, la charrue fait de gros dégâts. Alors il faut s'armer d'une houe à quatre dents et les arracher pied après pied. Je déteste. Nous attaquons fréquemment le champ par équipe de trois à quatre arracheurs qui avancent de front. Un coup de houe pour dégager une première motte de terre, c'est l'approche. Un deuxième creuse plus profond passe à ras et en dessous du pied. Et enfin, une traction violente sur le manche et voilà, les pommes de terre sont déterrées. D'une main nous secouons le paquet de tiges qui mises de côtés seront brûlées plus tard, de l'autre nous arrachons les tubercules restés accrochés aux racines. Pour une année normale un plant produit quatre à cinq gros tubercules, autant de moyens et souvent une demi-douzaine de petits. Ces proportions sont variables et très aléatoires d'un pied à l'autre.

Nous avançons ainsi, le nez par terre. Une fois arrivés au bout du champ, nous nous octroyons une courte pause pour reprendre notre souffle. Les enfants suivent et ramassent la récolte sous la surveillance de Marraine. Nous traînons derrière nous une corbeille. L'un prélève les grosses, le deuxième les moyennes, le troisième s'affaire sur les plus petites ou celles attaquées par la houe. Une fois la corbeille remplie à ras bord, son contenu est versé dans un sac de jute qui plein pèse cinquante kilogrammes. Il est conseillé de ne pas trop le remplir afin que Marraine puisse le fermer facilement à l'aide d'un morceau de ficelle prédécoupé, fixé à la ceinture de son tablier. C'est souvent source de conflit car, si le sac est trop plein, elle doit en vider une partie, geste inutile, irritant et une perte de temps certaine. Nous avançons ainsi de concert dans ce travail épuisant et peu gratifiant. Si le temps est au beau nous travaillons dans la décontraction. Dans le lot il y a toujours l'un ou l'autre qui, par une remarque croustillante, déclenche la bonne humeur et relève le moral souvent en berne.

C'est le cas lorsqu'il bruine ou pire si une vraie pluie s'en mêle. Nous marchons dans la boue et nos mains noircies pleines de terre collante se transforment en battoirs. À force de les essuyer contre le pantalon ou le tablier, nous devenons crasseux tels des porcs vautrés dans leur bauge. Les sacs détrempés glissent des mains, la houe se fait de plus en plus lourde et accroche le sol telle une ventouse. Pour nous défendre contre la pluie, nous enfonçons sur le haut du crâne des sacs vides transformés en pèlerines tombant sur l'échine. Ils sont censés nous protéger, mais si peu. La sueur et la pluie mêlées coulent alors le long du dos. C'est désagréable au maximum. Imperturbable, l'attelage semble apprécier cette douche tiède, les vaches continuent à brouter tranquillement l'herbe du pré voisin. Quand la pluie tombe drue, l'arrachage est interrompu et Grand-père décide de charger les quelques sacs déjà remplis. Le reste de la récolte reste en l'état jusqu'au lendemain, avec l'espoir que la pluie cesse d'entraver notre labeur. La récolte peut, sans inconvénient, traîner sur le sol vingt-quatre à quarante-huit heures.

Dès le retour des premiers rayons de soleil nous reprenons le tri et l'ensachage. Au crépuscule, car nous travaillons souvent jusque tard le soir, le champ se transforme en terrain de manœuvres : les sacs dressés, disposés d'une manière éparse ressemblent à autant de sentinelles montant la garde tandis que les ombres s'allongent de plus en plus. Si la récolte est abondante, seules les grosses et les moyennes pommes de terre sont mises en sac. Les petites et les abîmées sont directement versées en vrac, corbeille après corbeille sur la charrette. L'attelage avance très lentement afin que nous puissions le rattraper facilement.

De retour à la ferme, les petits gabarits destinés aux cochons sont entassés à part, très souvent dans le coin de la cour. Les plus belles sont amenées à dos d'homme et vidées dans l'espace réservé à côté de l'écurie où elles sont stockées pour l'hiver. Une petite lucarne dans le mur du fond permet une aération suffisante et éclaire d'un faible halo de lumière ce recoin lugubre et effrayant comme une tombe. La récolte achevée et déposée au sec, cela ne veut pas dire que les tubercules sont oubliés dans leur pénombre. La pomme de terre exige des soins constants. Toutes les quelques semaines, Grand-père réclame que nous pratiquons un tri. Nous écartons les pourries et celles qui se mettent à germer. Il n'est pas rare que nous en retirions une corbeille pleine. Je me rappelle ces effluves immondes qui s'en dégagent et imprègnent nos vêtements. Ainsi les reprenons-nous en mains régulièrement et en arrachons les « yeux », les boutons de germination. Il y en a souvent deux à trois par tubercule. De temps en temps, quelques-uns plus actifs que d'autres génèrent une pousse de dix centimètres de long, à éliminer rapidement. Travail fastidieux laissant des traces infâmes sur nos mains qui se colorent d'une teinte brunâtre difficile à nettoyer et dont l'odeur reste insistante.

En avril, il s'agit de faire la sélection de celles qui serviront à être plantées en vue d'une nouvelle récolte. Elles ne doivent être ni trop petites ni trop grandes mais présenter obligatoirement des boutons germinatifs. Les plus grosses sont coupées en deux. Grand-père estime la quantité nécessaire et les met en sac pour pouvoir les transporter plus facilement jusqu'au champ. De temps en temps, pour les précoces, si une nouvelle espèce apparaît dans le commerce, il se permet la dépense et achète une barquette pour faire un essai. Une année ce sont les « Bintje », l'autre les « Crassava ».

Grand-père tient absolument à en faire une riche réserve, car, avec le pain, elles sont l'élément de base de notre alimentation. Il en mange quotidiennement, soit à midi pour le déjeuner, soit au dîner. Seule la préparation varie régulièrement d'un repas à l'autre.

Il faut avouer que c'est bien chez ma grand-mère que j'ai mangé les meilleures pommes de terre rôties. Son secret se trouve dans la marmite en fonte noire qui appartient à la famille depuis des générations. Son fond a doublé d'épaisseur en raison d'un usage intensif, d'autant que le nettoyage est précautionneux. Si nettoyage il y a ! Interdiction formelle est faite de racler son fond. Les restes d'huile s'y accumulent forcément. C'est le détail qui donne une saveur particulière aux pommes de terre ainsi préparées. Un délice ! En été quand il fait bien chaud, quand nous rentrons couverts de sueur et de poussière, quand la soif intense dessèche le gosier, le dîner à base de lait caillé accompagné de pommes de terre rôties devient un régal. Ce repas est un rafraîchissement fort apprécié. Il cale bien nos estomacs qui crient famine et tarit notre soif. Un autre dîner festif, quand Maman prépare des pommes de terre en robe des champs servies avec du fromage blanc. J'aime alors étaler une épaisse couche de fromage onctueux sur un grand morceau de pain paysan que je couvre de rondelles d'oignon et d'échalotes auxquels j'ajoute une pincée d'ail finement haché. C'est un régal, la fête des papilles et tant pis si le fromage blanc déborde et coule de tous les côtés. Je me lèche les doigts et poursuis le festin. Cela fait partie du délice, je dirais presque du folklore. Mon père me gronde fréquemment et me supplie de manger proprement

« N'avale pas comme un ogre, personne ne viendra voler ta portion ! »

Tant pis pour la bonne tenue, c'est tellement bon !

Le lait, les pommes de terre, le pain restèrent longtemps les bases de notre alimentation. La viande achetée chez le boucher était réservée aux toutes grandes occasions, donc l'exception. Heureusement, la basse-cour et le clapier nous procuraient l'apport carné nécessaire. Dire que nous étions privilégiés par rapport à certains copains qui n'avaient même pas la satisfaction de manger à leur faim ! La pauvreté était une compagne fidèle notamment chez les familles nombreuses d'ouvriers ou chez les travailleurs manuels ne possédant pas même un lopin de terre. Ces derniers proposaient souvent leurs bras aux riches propriétaires terriens et ainsi ils pouvaient acquérir de quoi manger et rassasier la famille. Ceux-là végétaient et se battaient pour survivre. À cette époque, juste après la guerre, il régnait une réelle pauvreté dans nos campagnes.

## La Fête patronale

La période d'hyperactivité durant laquelle nous nous transformions en fourmis accumulant les provisions pour l'hiver était brutalement interrompue par un moment de grande convivialité. Nous célébrions la Saint-Wendelin, patron du village.

Cette fête qui revêt une solennité particulière est l'affaire de tout le monde. Riches ou pauvres vénèrent ce saint, chacun à sa façon et selon ses possibilités. Elle se tient le dimanche suivant le 20 octobre. À cette occasion, l'église est toujours trop petite pour accueillir les fidèles, car dans chaque famille, de nombreux convives sont invités à faire ripaille. Elle se termine très tard dans la nuit ou alors carrément à l'aurore du lendemain. Il n'est pas rare que quelques ouvriers prennent un jour de congé à cette occasion. Seuls les travaux de l'étable, sortir le fumier, nourrir et traire les vaches, viennent interrompre pour un moment le déroulement de la fête. La veille au soir, afin de perdre le moins de temps possible, grand-père prépare sur l'aire de la grange le foin qu'il ira donner aux bêtes.

Durant la semaine qui précède les festivités, mon père exige un dernier effort aux choristes qu'il réunit le mercredi et le samedi soir pour une ultime répétition. Certains des membres, forts contrariés dans leur travail, sont néanmoins fidèles au poste. La chorale mixte compte une trentaine de membres. Ses prestations à quatre voix sont toujours de grande qualité et très appréciées. Quelques voix, tout simplement magnifiques, sortent du commun. Un esprit bon enfant et néanmoins sérieux, une discipline rigoureuse, facilitent le travail du chef. Chacun donne le meilleur de lui-même. De ce fait, la messe polyphonique en latin est d'une rare beauté et contribue à rehausser la solennité de l'office. J'apprécie tout particulièrement celle de Schubert. Le point d'orgue est atteint avec l'Ave Verum de Mozart interprété a capella et à quatre voix. C'est sublime !

En général la messe était concélébrée, Monsieur le curé ayant invité plusieurs de ses confrères et parmi eux, son excellence le chanoine responsable du secteur. Les enfants de chœur dans leur tenue fringante sont tous présents. Les mamans se sont donné le mot, chacune tenait à ce que son rejeton porte la plus belle aube ou le surplis le mieux repassé. Bougies et cierges scintillent de mille feux et l'encens offert à profusion se consume en d'épaisses volutes parfumées dont les effluves envahissent tout l'espace. Le chant final tonitruant exécuté à quatre voix est un hymne d'action de grâce interprété en allemand : le « Grosser Gott ». Son thème musical et ses paroles ont marqué à vie ma sensibilité et me font encore vibrer aujourd'hui.

Après la messe, je rejoins prestement mon grand-père qui, une fois dans l'année, à cette occasion particulière, m'emmène à l'auberge du coin. Il y retrouve ses amis de la chorale ou ses copains agriculteurs. En une demi-heure ils refont le monde, commentent la célébration et paraissent heureux de ce moment de détente amicale. Grand-père boit avec délectation son amer-bière tandis que moi je sirote mon verre de limonade colorée en rouge par une goutte de grenadine tout en dégustant mon bretzel tant convoité. Cette gourmandise, à peine sortie du four la veille, est la meilleure de l'année, moelleuse et savoureuse à souhait. Je l'attends toute l'année. L'apéritif fait partie de la coutume, et tant pis si Grand-mère ronge son frein en nous attendant pour passer à table.

Le repas de fête est le même d'un foyer à l'autre, des plus indigents aux plus riches. Seules changent la quantité et certainement la qualité des mets servis.

L'entrée est composée des incontournables « bouchées à la reine ». À cette fin, le paysan sacrifie une vieille poule, celle qui ne pond plus. Chez les riches, la maîtresse de maison y ajoute des morceaux de veau. Cette viande coûte trop cher pour la plupart et ne figure au menu que lors de circonstances tout à fait exceptionnelles, un mariage par exemple. Les agapes se poursuivent par un pot-au-feu. C'est l'une des rares fois dans l'année que les plus pauvres d'entre nous se permettent une telle dépense, une vraie folie. À cette occasion la mère de famille se présente, telle une voleuse, devant la camionnette du boucher itinérant qui passe deux fois par semaine au village. Elle fait sa demande timidement, et comme honteuse de ne pouvoir acquérir qu'un maigre morceau de cette viande tant convoitée, car le porte-monnaie est chroniquement vide. En revanche, la voisine qui en commande un grand morceau affiche le sourire dominateur et condescendant des gens aisés. Cette scène se déroule sans commentaire, en silence. Mais de retour à la maison, la ménagère sans moyens ne peut étouffer son envie, voire sa jalousie, en s'adressant à son époux :

« Tu te rends compte, la Marie a acheté deux kilogrammes de bœuf et du meilleur, je me demande comment ils font ! »

Ces remarques aigres-douces se poursuivent souvent quelques heures durant. Elle en perd l'appétit ! Elle se rabat spontanément sur les légumes qui heureusement poussent à profusion dans le potager. Le céleri, le radis noir, les betteraves rouges, le persil, le raifort sous toutes ses présentations et les sempiternelles pommes de terre sont servis à volonté. Chez nous, Maman réserve le beau morceau de bœuf pour le pot-au-feu, elle y ajoute régulièrement des quenelles. Leur nombre est limité à deux par personne. Quel délice. En revanche le croûton de pain doré à point au four est à volonté. J'adore. Je n'oublierais jamais ces excellents arômes remplissant la cuisine pendant que le pot-au-feu mijote doucement au coin du feu. J'ignore d'où vient cette coutume d'un repas identique pour tout le village. Ou bien cette uniformité est-elle entretenue par les trois ou quatre « cuisinières » qui offrent leurs services aux propriétaires terriens les plus aisés ? Toujours est-il que même pour les repas de mariages qui se déroulent à la ferme, le menu principal est fait de bouchées et d'un pot-au-feu. Dans la soirée, la composition du dîner varie selon les réserves que le paysan a su faire : lard, jambon, dindon, porcelet… et j'en passe. Chaque paysan a dans sa cave un fût qu'il surveille de prêt, c'est la cuvée spéciale réservée à la fête patronale et aux grandes occasions.

Chez les plus pauvres, seul le père de famille est servi en viande, la femme et les enfants se contentant de légumes. Les enfants ne sont pas dupes et ont une conscience aiguë des différences qui opposent les gens aisés et les autres. En effet, quand nous nous retrouvons après le repas festif, la classique question qui fuse :

« Tu en as mangé combien, des bouchées à la reine » ?

Le signe d'opulence est évident pour celui qui peut annoncer avec fierté :

« J'en ai mangé deux, et toi ? »

Il y a comme un brin de jalousie !

À quinze heures trente, les paroissiens se retrouvent à l'église pour la célébration des Vêpres solennelles suivies d'un Salut. Encore un moment particulier de grande ferveur. Louis et Eugène mon grand-père entonnent les psaumes. La chorale et les fidèles poursuivent. Puis les choristes féminines dialoguent avec le reste de l'assemblée. Le moment le plus solennel arrive avec le Magnificat interprété à quatre voix. C'est sublime. Comme à la campagne un bon repas bien arrosé se termine souvent en chansons, il va de soi que les fidèles participent davantage aux chants... Parfois aussi un paroissien trop gourmand, trop « chargé », sombre dans un profond sommeil et concurrence la chorale par ses ronflements. D'année en année, nous guettons celui que le sort a choisi. Il devient l'attraction de ce jour de fête. Il arrive aussi, mais plus rarement, qu'un des prêtres invités ait quelques difficultés à se déplacer et trébuche ou accroche le coin d'un tapis. Les fidèles échangent alors des clins d'œil malins, pleins de sous-entendus. De mon côté, j'attends avec impatience deux passages particuliers tout d'abord le Tantum Ergo interprété à capella par quatre voix d'hommes, et surtout le chant final consacré à la Sainte Vierge, le Sancta, une polyphonie magnifique qui met en valeur la voix cristalline de la soprano. Je suis saisi d'émotion.

La journée s'achève fréquemment par un copieux dîner. Grand-père et Marraine accueillent la famille de l'aînée des filles et la nôtre pour déguster un savoureux et succulent jambon en croûte, la spécialité de la maison. Oma et plus tard Marraine confectionnent un délicieux biscuit fourré à la crème vanille qui fond en bouche. Pour les enfants, le repas se termine soit par une salade de fruits, soit par un flan au caramel, fait maison bien entendu. J'en raffole. Les adultes apprécient leur « café avec », qui pour une fois est fait de grains nobles et non pas de chicorée ou de malt.

## Le messti

La fête patronale et le « messti » sont les plus grandes fêtes au village. Autant la première a un caractère profondément religieux, autant le second est résolument profane. Ce sont les conscrits qui mènent la danse et qui l'organisent. Les jeunes gens fêtent leur conscription et les ébats durent trois à quatre jours d'affilée, tellement ils sont fiers d'avoir passé avec succès le conseil de révision. La vie peut commencer... Les cris, les slogans « bon pour les filles » traversent par vagues successives la rue principale du village. Ils se sentent forts, virils, tous ces beaux gaillards pleins de vie et d'entrain. Tous ont le même accoutrement : un pantalon blanc, une chemise blanche ornée d'une cocarde tricolore et, sur la tête, un grand chapeau auréolé de nombreux rubans multicolores. De temps en temps les filles de la même classe d'âge se joignent à eux. Bras dessus, bras dessous, ils traversent plusieurs fois le village, en chantant et en dansant au rythme de chansons populaires. Auguste, l'accordéoniste amateur, les précède fréquemment et rehausse l'ambiance musicale. Ils s'arrêtent à chaque maison où ils sont très amicalement reçus. Le maître de céans leur verse à boire et leur donne un sou, tandis que la maîtresse de maison leur offre quelques œufs, une tranche de lard ou un kugelhof spécialement préparé pour eux. Ils entassent toutes ces victuailles dans une charrette qu'ils traînent derrière eux. Après avoir fait la tournée des popotes, ils se réunissent chez l'un d'eux. La veille, ils se sont donnés rendez-vous afin de nettoyer le hangar, de préparer la table et de mettre le vin au frais. Les agapes peuvent débuter. Elles durent aussi longtemps qu'il y a des victuailles. Je passe sous silence les moments désagréables de beuveries où l'instinct primitif prend le dessus. La tradition veut qu'un photographe professionnel vienne faire un cliché officiel de cette classe d'âge. Plus tard, le soldat libéré de ses obligations, devenu vétéran, peut l'exhiber et montrer fièrement la bonne ambiance évidente qui crève l'image. Ou malheureusement de temps en temps déplorer l'absence d'un copain tombé au front.

« Le pauvre n'a pas eu de chance… ! »

Dans mon village cette coutume a totalement disparu dès les années 1955 par manque de « combattants » et plus tard plus personne ne partait la fleur au fusil pour aller se battre en Algérie. Le cœur n'y était plus.

## Les conserves

Le travail de fourmi spécifique à l'automne se poursuit avec la mise en conserve des fruits et légumes en vue d'un l'hiver plus ou moins long. Mais ce travail a déjà commencé bien plus tôt. En effet, dès le mois de juillet, Maman a rempli une bonne vingtaine de bocaux de cerises. Elle poursuit avec les mirabelles et les quetsches. Pendant qu'elle nettoie vigoureusement les bocaux et vérifie la qualité des caoutchoucs assurant leur fermeture hermétique, les enfants sont mis à contribution. À nous d'ôter les queues, de dénoyauter les quetsches et de faire le tri en ne conservant que les plus beaux spécimens. Les bocaux de deux litres une fois remplis à ras, sont installés dans le stérilisateur. L'impressionnant thermomètre qui dépasse le couvercle me fascine. Chaque type de fruits a sa température et sa durée de stérilisation spécifiques. Maman les respecte à la lettre. Le stérilisateur placé sur la cuisinière fait l'objet de toutes les attentions durant deux à trois heures.

Aux différentes conserves de fruits, s'ajoutent celles des haricots verts et des cornichons. Pour ces derniers, c'est encore à nous de faire le tri, jamais plus de cinq centimètres de long, et de les frotter vigoureusement à l'aide d'un chiffon imbibé d'eau fraîche. Elle les entasse dans les verres en ajoutant plusieurs ingrédients : un peu de sucre, du vinaigre, des petits oignons, des échalotes, des feuilles de laurier, de la coriandre et d'autres plantes aromatiques. Les haricots subissent le même sort sauf que les ingrédients sont différents.

C'est aussi l'époque de la fabrication des confitures et des gelées. Le choix est grand : mirabelles, quetsches, coings, mûres et framboises, plus rarement des tomates vertes et des baies d'églantiers dont mes sœurs raffolent. Notre rôle consiste à cueillir les fruits et à préparer les récipients. En compagnie de mes sœurs nous parcourons la forêt et explorons les chemins creux afin de cueillir les mûres sauvages. Nous revêtons de vieux habits censés nous protéger des ronces. Le bidon à lait accroché au ceinturon laisse les mains libres pour la cueillette. De temps en temps nous avons la surprise de croiser une biche ou un gros sanglier qui détale à notre approche en poussant des grognements de désapprobation. Mes sœurs sont alors paralysées de peur tandis que je m'amuse bien. Nous retournons souvent à la maison, les mains et les bras écorchés, mais satisfaits de la récolte. Dès notre retour Maman fait bouillir les mûres dans une grande marmite. Nous participons avec grand intérêt à ce travail car, malgré les cris et les protestations de notre mère, nos doigts lestes et incontrôlables ne peuvent résister à la friandise. Les arômes emplissent la cuisine et la transforment en un temple de saveurs pour gourmands. Il n'y a rien de plus délicieux qu'un morceau de pain paysan beurré sur lequel j'étale une grosse cuillerée de confiture encore chaude. Nous sommes des privilégiés d'avoir une telle fée au logis.

Le potager nous fournit royalement en choux blancs et autres légumineuses. Notre père, après avoir remonté de la cave les quelques récipients en terre cuite, les nettoie et les brique à fond. La moindre saleté dégraderait immédiatement les produits à conserver. De mon côté je termine la récolte des choux et les entasse sous le préau de l'école. Maman en enlève les premières feuilles jusqu'au moment où la tête n'est plus qu'une boule éclatante. À l'aide d'un couteau spécial, qui a la forme et la taille d'un gros tire-bouchon, elle creuse et en retire le trognon. Mélangé aux feuilles extérieures mises de côté, il fait le régal des lapins et des poules. Rien ne se perd ! Le chou trempe et barbote un long moment dans de l'eau fraîche afin d'écarter les insectes et diverses bestioles qui y ont trouvé refuge. Après ce passage obligé, Maman installe le hachoir au-dessus d'une bassine en fer-blanc. Il consiste en une large planche dans laquelle sont incrustés trois couteaux parallèles, bien aiguisés, écartés de quelques millimètres. Un coffret coulisse librement le long de deux rainures fixées sur les bords. En maintenant fermement la tête du chou dans ce support, elle le fait courir dans un mouvement de va-et-vient. La tête se réduit en de très fines tranches tombant au fond de la bassine. De temps en temps, Maman s'interrompt et transvase la partie coupée dans le récipient en terre cuite que Père a préparé. Elle l'entasse par strates successives en la recouvrant à chaque fois d'une poignée de gros sel. Après une dernière poignée, elle couvre l'ensemble à l'aide d'un couvercle en bois. Un gros galet le maintient en place et l'empêche de se soulever au moment de la fermentation. Une fois remplie, Papa et moi emportons cette terrine à la cave, dans le coin « garde-manger », là où nous stockons nos réserves pour l'hiver. Il suffit de patienter. Dans quelques semaines, notre choucroute sera prête à être consommée. De temps en temps, Maman écume l'eau qui s'accumule à la surface du récipient.

Nous répétons exactement le même scénario pour les navets. Maman échange les couteaux pour une râpe et recommence le même travail. Le navet se présente alors en forme de ficelles ou de « spaghettis ». Entassés, salés, ils sont travaillés de la même manière que la choucroute.

Selon les années, si la récolte des haricots verts est très abondante, une partie est mise dans des bocaux, l'autre est conservée dans un pot de Betschdorf. Leur préparation est très méticuleuse. Après la cueillette, maman nous réunit à la cuisine et chacun armé d'un couteau coupe la pointe du haricot et en écarte le fil, cette nervure tellement gênante lors de leur dégustation. Une fois lavés, ils sont nettoyés et frottés au chiffon, passés dans un égouttoir puis entassés dans leur tonnelet en céramique. Quelques poignées de gros sel, le couvercle et le galet, et ils sont prêts à macérer tranquillement. Tout comme la choucroute, les haricots tirent énormément d'eau qu'il faut obligatoirement écarter, au minimum tous les quatre jours. Cette dernière est d'ailleurs répugnante, tant par son odeur aigrelette particulière de pourri, que par sa couleur, un vert bleuâtre très peu engageant. Pourtant en plein hiver, quand la cuisinière sert un repas avec ces haricots, je salive de plaisir. Cette odeur, persistante désagréable au début de la cuisson, disparaît totalement par la suite. J'apprécie le goût aigre-doux de ce légume servi avec un bon rôti de porc.

Fin octobre ou début novembre, quand les poules ralentissent leur ponte, maman met de côté chaque œuf et constitue une réserve. Dans un premier temps, elle les enroule par douzaines dans du papier journal et les dépose sur une étagère au frais à la cave. Une fois la quantité nécessaire réunie, elle les place définitivement et avec précaution, dans un récipient en terre cuite de Betschdorf, au fond duquel elle étale au préalable une couche d'une poudre blanche. Le récipient une fois rempli, elle y remet une dernière couche de carbonate de calcium et recouvre les œufs d'eau fraîche. Cette dernière se met immédiatement à frissonner et devient totalement opaque et laiteuse. Pour moi ce moment est magique. Je ne comprends pas la transformation qui s'opère sous mes yeux. C'est le résultat d'une réaction chimique entre le calcaire et l'eau. Le dépôt de calcium bouche les pores des coquilles et coupe les œufs du contact de l'air ambiant. De cette façon ils se conservent longtemps tout en gardant un réel aspect de fraîcheur. À l'œil nu il est presque impossible de les différencier des œufs frais. C'est en le cassant que l'on constate que le jaune coule dans le blanc, signe de vieillissement. Quand vers Noël, Maman me demande de monter une dizaine d'œufs, cela me répugne. J'hésite à plonger la main dans ce mélange. Au-dessus du récipient une pellicule, telle une mince couche de glace, s'est formée. L'eau est très froide, gélatineuse et visqueuse au toucher, ce qui me répugne. Néanmoins cette façon de procéder permet de conserver les œufs jusqu'à Noël où ils rentreront dans la préparation des délicieuses pâtisseries des fêtes de fin d'année.

Dans le coin opposé papa a aménagé une plate-bande, un mélange de terre et de sable, dans laquelle il enfouit : carottes, betteraves rouges, céleri, de gros radis noirs et du raifort, l'essentiel donc pour de futurs et succulents pot-au-feu ! Dans l'autre compartiment de la cave faite d'une succession de voûtes, il stocke son cidre. Ainsi remplie, la cave devient le garde-manger d'une place forte capable de soutenir sans crainte le siège du général hiver. Faut-il le rappeler ? À cette époque nul ne rêvait d'un réfrigérateur et encore moins d'un congélateur !

## Le cochon

Les premiers froids de la fin de l'automne annoncent le jour tant attendu du sacrifice du cochon. Durant toute l'année celui-ci avait été l'objet de toutes les attentions. Son alimentation était plus riche que celle de ses congénères. En effet, contrairement à d'autres fermiers, grand-père veillait à ce qu'il soit bien gras, mais pas trop quand même. Il le lâchait souvent dans l'enclos derrière la grange où il pouvait se dépenser et gambader à sa guise. La dépense physique et une alimentation naturelle interdisaient le dépôt de mauvaises graisses et conféraient à la viande saveur et fermeté.

Le jour fatidique est généralement fixé aux alentours du 11 novembre. M. Antoine, le boucher itinérant se présente à la ferme dès huit heures du matin. Un solide gaillard, bien costaud qui dégage une impression de force de la nature. Sitôt arrivé, il lance à la ronde un « bonjour la compagnie » et une boutade en alsacien. Dans la foulée, il demande si le café schnaps est prêt. Un sourire jovial et sympathique illumine son visage aux joues rondelettes colorées en rouge violet par le froid.

Il dépose son vélo lourdement chargé le long du perron et se met immédiatement à défaire l'énorme ballot fixé derrière la selle. Il en sort son tablier blanc en caoutchouc, ses bottes et les différents accessoires de bourreau, des couteaux, un hachoir et une petite scie. Puis il se rend à la cuisine et décrète qu'il ne débutera le travail qu'une fois réchauffé et ragaillardi. La demi-heure de pédalage forcené l'a fatigué. Marraine connaissant bien les habitudes du cher Antoine a déjà tout préparé. Elle l'invite à s'installer, le temps pour lui de laper à grand bruit son café-schnaps et de s'enquérir si tout est prêt. Il lui faut : une grande quantité d'eau bouillante, divers récipients, des morceaux d'étoffes propres… Dehors près de la grange, le chaudron chauffe à plein régime depuis plus d'une heure. Le moment crucial approche.

Au bout d'un instant, le boucher sort rejoindre Grand-père. Ils bloquent le cochon dans un coin du box, l'antichambre de la mort, où il a été isolé depuis la veille au soir. Comme saisi d'un pressentiment il se débat, crie à plein poumon pendant qu'Antoine lui fixe une corde solide à une de ses pattes arrière. Quand Grand-père ouvre le battant de la porcherie, l'animal se précipite à l'extérieur en grognant et en poussant des cris aigus. Entravé par la corde il est mené jusqu'à la grange où le boucher l'attache à un anneau fixé dans le mur. Grand-père a préparé et récuré une grosse cuve en bois, dépoussiéré l'échelle et confectionné à l'aide de deux tréteaux une table de travail recouverte d'une toile cirée immaculée. Nous attendons, fébriles, le moment de la mise à mort.

À partir de cet instant tout doit s'enchaîner rapidement, car il n'y a pas de place pour l'improvisation. Je me place à côté de Marraine qui tient dans ses mains une cuvette en terre cuite et un fouet de pâtissier. Le boucher vérifie une dernière fois si tout est en place et demande à Opa s'il peut débuter les hostilités.

— « *Langer Vater jetzt geht's los* ! » (grand père on y va).

Alors il assène un violent coup de masse sur le haut du crâne, entre les deux yeux du cochon qui tombe inanimé sur le côté après avoir poussé son dernier cri. À l'aide d'un racloir bien affûté, le boucher ôte les soies le long du cou avant d'y plonger, d'un geste expert et rapide, un grand couteau. Immédiatement le sang gicle hors de la jugulaire tel un geyser. Marraine le recueille dans son récipient et commence à le battre avec le fouet pour empêcher la coagulation. Pendant ce temps, Grand-père a déjà versé quelques seaux d'eau bouillante au fond de la cuve. Les deux hommes y trempent la bête et continuent à l'ébouillanter à l'aide de quelques seaux d'eau supplémentaires. Il est très important que cette eau ait la température requise. Trop chaude, elle ramollit la viande, fait que la peau part en lambeaux, et rend le rasage délicat. Les soies se plient et le racloir n'a plus prise. Trop froide, les poils se laissent couper à mi-hauteur et le cochon a droit à une coupe en brosse, ce qui n'est pas forcément le but recherché. Sur le dos et les flancs, le racloir glisse bien mais le travail traîne davantage au niveau des pattes et de la hure. Les gestes sont rapides et précis et bientôt apparaît une peau claire, luisante, d'un joli rose pâle. Cette opération terminée, le boucher et Grand-père fixent la carcasse sur l'échelle qu'ils redressent contre la porte de la grange. Écartelé, les quatre membres en l'air, le cochon est prêt pour la découpe. M. Antoine, avec la précision d'un chirurgien, entaille la ligne médiane à l'aide d'un couteau pointu. L'incision rectiligne va de la queue jusqu'à la base du cou. Les viscères sont mis à nus. Les entrailles débordent de l'entaille et un gros foie brun foncé s'étale sur le côté droit. Se saisissant d'un couteau à lame nettement plus longue le boucher détache la racine de l'épiploon de sorte que l'ensemble des intestins tombent dans un récipient posé à terre. Le cochon est éviscéré, la cavité abdominale vidée. Tout au fond reste un amas blanc nacré représentant la graisse péri-rénale et les reins qui apparaissent sous forme de deux haricots rouge brunâtre. À l'aide d'un couteau très pointu il les prélève, en ôte la graisse et les dépose sur une assiette. Puis il fend péniblement, toujours au couteau, le sternum et écarte les deux moitiés du thorax pour l'ouvrir tel un livre. Le cœur et les poumons sont retirés à leur tour. Avec la langue et les rognons ils font partie des abats et sont traités à part. Il les jette dans un baquet et poursuit en scindant en deux la tête sur toute sa longueur. Il ne reste plus qu'à rincer la carcasse à grande eau.

Marraine, pendant ce temps, a mis les boyaux à macérer dans de l'eau vinaigrée. Plus tard elle les racle vigoureusement en se servant d'une cuillère à soupe ou plus rarement du dos d'un couteau pour en écarter les mucosités et autres impuretés. Intervention délicate car il ne faut en aucun cas perforer leur fine et fragile paroi. L'estomac subit le même traitement, mais pour n'être servi que quelques jours plus tard, car des occupations plus urgentes attendent les femmes.

À commencer par la confection du boudin.

La préparation se fait à la cuisine transformée en véritable laboratoire. Une énorme marmite remplie d'eau dans laquelle baignent quelques branches de poireau, de céleri, des rondelles de carottes, des feuilles de laurier, des clous de girofles et d'autres ingrédients, est maintenue sur la cuisinière. On y jette les différentes chutes de viande récupérées lors de la découpe et du désossement de la carcasse du cochon. Les résidus de viande ainsi collectés se nomment le « *Kesselfleisch* », la viande à la marmite. Ce court-bouillon est porté à ébullition durant une heure puis on le laisse mijoter à feu doux durant des heures. Le jus ainsi obtenu entre dans différentes préparations, et notamment dans celle du boudin.

### *La fabrication du boudin*

Le sang frais recueilli lors de la saignée en constitue la matière première. Grand-mère y ajoute quelques épices, du sel, du poivre et des plantes aromatiques : sarriette, coriandre et marjolaine toujours disponibles. Elle les conserve dans le buffet de la cuisine qui, à la longue, s'imprègne fortement de ces senteurs persistantes et fort agréables dont je garde un souvenir fidèle. Afin de rendre le boudin plus onctueux elle y introduit, si elle en trouve, des petits pains au lait, sept à huit en général pour un cochon de quatre-vingts kilogrammes. Sinon, elle les cuit elle-même. Dans ce premier mélange elle verse un litre et demi de lait frais. Puis elle prélève des lamelles de lard et de graisse au niveau du cou du cochon, elle se sert aussi de parures de poitrine qu'elle réduit en dés. Pendant ce temps Marraine pleure toutes les larmes de son corps en coupant en fines rondelles une montagne d'oignons qu'elle fait revenir dans la poêle avant de les ajouter à cette mixture. Grand-mère mélange, triture le tout avec une énorme cuillère en bois ou tout simplement à la main jusqu'à obtenir une pâte sans grumeaux bien onctueuse et d'une couleur peu engageante.

Elle retire un bout de boyau baignant dans l'eau vinaigrée, y souffle vigoureusement pour constater l'intégrité de sa paroi qui se déplie sous la pression du souffle. À l'aide d'un entonnoir elle entonne cuillerée après cuillerée le mélange obtenu. Les gestes sont précis, rapides et diaboliquement efficaces. De temps en temps, elle s'aide de l'index pour faire avancer le contenu. Les boyaux se remplissent au fur et à mesure. Si cela bouchonne, elle place son index en opposition avec le pouce pour faire un anneau qu'elle coulisse le long des boyaux. Beaucoup plus tard

Marraine acquiert une machine à hacher et à malaxer, cela lui facilite grandement le travail. En un seul mouvement, les oignons, la parure de poitrine, les lamelles de graisse, sont écrasés. En dernier lieu, elle verse le sang dans cette bouillie. En tournant la manivelle, une vis sans fin fait avancer le mélange et le pousse à travers un embout conique sur lequel elle fixe les boyaux. Ces derniers se remplissent sans effort. Une torsion, tous les vingt centimètres, détermine la portion d'une saucisse qu'elle ligature aux deux bouts à l'aide d'un morceau de ficelle. Ainsi préparés, les boudins se présentent sous forme d'un chapelet qu'elle plonge dans une énorme marmite d'eau pour les faire bouillir une heure à 75 °C. À ce moment, elle craint toujours que l'un ou l'autre n'éclate, ce qui serait une catastrophe. Elle les retire et les emporte au fournil où grand-père a préparé des supports sur lesquels elle les accroche pour qu'ils puissent sécher. Le boudin ainsi préparé peut être consommé durant une bonne quinzaine de jours.

Elle nettoie la table et passe à l'étape suivante :

*La fabrication de la saucisse de foie*

Le foie, dont le boucher a soigneusement enlevé la vésicule biliaire et les gros canaux biliaires, sert d'élément de base pour la fabrication de cette saucisse. En un premier temps, il le trempe durant quatre à cinq minutes dans de l'eau bouillante. Son aspect extérieur prend rapidement une couleur gris cendré tandis que l'intérieur doit impérativement garder celle de la chair crue. Grand-mère le coupe alors en petits carrés, y ajoute des lambeaux de graisse ou autres morceaux prélevés au niveau du cou et de la gorge. Elle hache et réduit ce premier mélange en une véritable bouillie qu'elle allonge à l'aide de deux ou trois louches du bouillon du « *Kesselfleisch* ». Elle rajoute un peu plus de coriandre que de marjolaine et une bonne pincée de poudre de muscade. Le tout est bien mélangé puis entonné dans les boyaux. Comme pour le boudin, elle fait des portions de huit à dix centimètres. Cette saucisse se conserve plus longtemps qu'à condition d'être maintenue au frais au cellier. Spécialité typique de la région, elle se déguste froide ou légèrement revenue dans la poêle. Dans les deux cas, c'est un délice pour les papilles, son onctuosité et sa saveur particulière n'ont d'égal que sa finesse. La fermière a son petit secret de fabrication. Si bien que dans chaque ferme où l'on tue un cochon cette saucisse a un goût différent, particulier.

*La saucisse noire ou « Schwartzwurscht »*

S'il reste assez de sang notre grand-mère confectionne une autre saucisse particulière : la « saucisse noire ».

Entre-temps Oma a fait bouillir les pavillons des oreilles. Elle les hache en petits morceaux tout comme les fines lamelles qu'elle prélève dans la couenne et les épaisses couches de graisse. Elle y verse le reste du sang, ajoute sel, poivre et différentes épices. Elle triture et mélange le tout jusqu'à obtenir une pâte homogène qu'elle introduit alors dans des boyaux plus grands. Ces spécialités séjournent un court moment au fumoir, ce qui leur confère plus de goût et permet une conservation plus longue. Certains amateurs préfèrent cette saucisse à toutes les autres.

Dehors dans le froid, les hommes finissent le travail. Selon la température extérieure, le cochon reste accroché à son échelle pendant bon nombre d'heures. Il faut attendre que sa chair devienne bien ferme et atteigne une forte rigidité. Cela permet alors une découpe parfaite. Un travail de précision qui demande un réel savoir-faire. L'art de désosser la carcasse est la fierté du boucher. Notre cher Antoine divise le cochon en quartiers. Les jambons et jambonneaux sont séparés en premier, puis il ôte l'échine, la tête et les pieds pour finir avec les côtelettes et les filets. Un seul coup de hachoir suffit pour séparer les côtelettes dont chacune a la même épaisseur. J'admire la dextérité avec laquelle il lève le filet, la coupe est propre et sans bavure. Les morceaux de viande rose appétissante s'étalent sur la nappe et annoncent de futures agapes. Pendant que le boucher s'active autour de la table Grand-père s'occupe au cellier. Il récure et donne les derniers coups de brosse à la grande cuve en bois dans laquelle se fera la salaison. Celle-ci se fait à l'aide de la saumure ou par salage à sec. De toute façon il faut d'abord peser la viande et respecter la proportion d'un kilogramme de sel pour dix kilogrammes de viande. Les morceaux ainsi débités sont placés côte à côte au fond de la cuve et largement recouverts d'une épaisse couche de sel à laquelle Grand-père ajoute un peu d'eau.

Il est impératif que les différents quartiers de viande se touchent, qu'il n'y ait pas d'espace libre entre eux. Par-dessus, il place deux planchettes en bois aux dimensions intérieures de la cuve sur lesquelles reposent deux énormes galets pour maintenir l'ensemble au fond. Grand-mère retourne la viande tous les deux jours. Le dixième jour, elle enlève la première saumure impropre à la consommation et la jette. Le liquide salin s'est chargé, telle une éponge, des restes de sang, de sérosités et d'impuretés diverses. Elle refait une deuxième salaison de six semaines pour le jambon, de quatre pour les autres quartiers. Ce délai passé, grand-mère retire la viande et la trempe deux jours durant dans une eau tiède, l'unique solution pour en extraire l'énorme quantité de sel emmagasiné. Le moment est délicat car la qualité de la viande qu'elle va servir plus tard en dépend. Après cela grand-mère frotte, à l'aide d'un chiffon, chaque morceau puis le suspend au cellier afin qu'il puisse égoutter et bien sécher.

Quand la viande est prête pour le fumage Grand-père installe le fumoir dans la cour. C'est une construction en bois de la taille d'une cabine de douche dont les panneaux amovibles sont réutilisés d'une année à l'autre. La base repose sur un parterre pavé, le haut est surmonté d'un tuyau par où s'évacue la fumée. Une vieille bassine rouillée en fer-blanc remplie de sciure de bois s'appuie sur quelques briques. Elle sert de foyer de combustion et en même temps de cendrier. À l'intérieur, quelques traverses en chêne réalisent un semblant d'échelle où Opa accroche les quartiers de viande. À l'aide de quelques brindilles, il met le feu à la sciure dont le résineux est banni. L'essence la plus recherchée est le hêtre, mais à défaut il se contente de charme ou exceptionnellement de chêne. Contrairement au département limitrophe des Vosges où elle est à base de pin. Il est indispensable que la sciure soit bien sèche et dégage le maximum de fumée.

Plusieurs fois par jour, Grand-père surveille cette opération dont dépend la qualité de la viande. Aussi fulmine-t-il, si par un malheureux hasard quelques flammes montent de la bassine. Cela se produit quand le vent attise et réveille le foyer plus ou moins dormant. Il mouille rapidement la sciure avec quelques gouttes d'eau et éteint ainsi l'incendie naissant. Le fumage dure huit jours pour les simples quartiers tandis que le jambon met quinze à vingt jours pour être à point. Il prend d'abord une teinte dorée, puis une teinte brunâtre, et au fil des jours dégage un fumet de plus en plus agréable et prometteur. Après cette étape, il reste maintenu au fumoir quelques jours supplémentaires, tout feu éteint, le temps à grand père de préparer le « garde-manger ».

Il monte une sorte de cage grillagée qui sert de garde-manger qu'il accroche sous le hangar. La viande, loin des regards indiscrets, peut alors sécher et mûrir à point. Plus tard, quand la réserve a nettement fondu, les morceaux restants sont transférés dans la chambre à fumer au premier étage de la maison d'habitation. C'est un petit réduit en brique, telle une excroissance de la cheminée, où s'abouche le tuyau de la cuisinière. De cette façon, la viande se maintient longtemps.

Un des jambons est précieusement conservé jusqu'à Noël où Grand-mère le sert en croûte pour le réveillon, au retour de la messe de minuit. Elle le prépare à sa manière en profitant du four dans lequel elle a cuit le pain et les nombreux gâteaux. Le résultat est magnifique : le jambon juteux et parfumé fond dans la bouche. Un délice. J'aime tout autant la croûte sur laquelle j'étale soit une épaisse couche de crème fraîche soit du beurre frais.

Pour clore la journée du cochon, un dîner presque rituel réunit toute la famille autour de la table de la cuisine pour déguster la fameuse « *Wurschtsupp* », la soupe de saucisse, dont la préparation n'a rien de compliqué. En effet Grand-mère prélève une certaine quantité de jus du *Kesselfleisch* en veillant à récupérer en même temps les restes de boudin ainsi que les grumeaux de viande et y ajoute un peu de verdure, du persil, des échalotes et des épices. Au moment de présenter la soupière sur la table elle y plonge quelques croûtons de pain dorés au four. J'en garde en mémoire les arômes alléchants. Aujourd'hui je me rends compte combien calorique a été ce breuvage, une véritable bombe énergétique à retardement, l'équivalent d'une perfusion de pur cholestérol. Après la soupe elle sert les pieds de cochon qui ont mijoté dans le bouillon. Nous les mangeons accompagnés d'une salade de pomme de terre, de cornichons, de moutarde forte et de raifort sauvage. C'est une des rares fois où Grand-père oublie sa piquette et boit de la bière.

Le lendemain à midi nous consommons le « *Kesselfleisch* » accompagné d'une salade verte et de pommes de terre rôties. Grand-père aime y rajouter du raifort adouci par la cuisson.

Durant cette même journée Grand-mère fait fondre le saindoux. Panne et lard gras se retrouvent dans une grande marmite recouverte d'un couvercle et mijotent ainsi sur le fourneau durant un long moment. La graisse fond et monte à la surface. En refroidissant, elle devient une pâte blanche, nacrée, qui se conserve longtemps. Auparavant avec l'écumoire, Grand-mère prélève les résidus, les fonds de marmite et les grattons. Ces derniers sont précieusement gardés dans un bocal en verre. Ils serviront plus tard pour accompagner les alcools à l'apéritif et surtout pour apporter leur goût particulier à l'estomac farci. Le saindoux remplace l'huile ou le beurre lors de la cuisson de certains plats à base de chou ou de porc, plus rarement pour la pâtisserie. Il sert aussi de conservateur pour la viande et surtout des pâtés que Oma entoure d'une épaisse couche avant de les poser dans une terrine.

Quant à l'estomac, il a droit à un traitement de faveur. Plongé dans l'eau salée il se conserve de huit à quinze jours. Aussi nous le réservons pour une occasion particulière, un repas de fête ou un repas dominical. Grand-mère et plus tard ma marraine ont une recette magique et secrète pour le préparer. Marraine retire la panse du bain d'eau salée, en vue d'un nettoyage méticuleux. Elle la met à l'envers, la frotte, la brosse, la racle, la lave à grande eau jusqu'à ce qu'elle la juge propre. Puis elle y introduit la farce : des pommes de terre coupées en petits cubes, une poignée de choux de Bruxelles, des lardons, des morceaux de viande salée, des grattons, un peu de persil et un certain nombre d'épices dont la sarriette. Cette besace une fois remplie, elle en coud l'ouverture à l'aide d'un fil. Ensuite l'estomac est mis au four où il prend une belle couleur dorée, ou plongé dans un court-bouillon. C'est selon les habitudes de la maison. La hantise de la cuisinière est qu'il n'éclate en cas de surchauffe. Il perdrait ainsi, tout autant son aspect succulent que ses arômes subtils. C'est un repas rabelaisien, une fête pour nos papilles gustatives.

Cependant le cochon n'a pas encore dit son dernier mot et nous réserve encore bien d'autres bonnes surprises. Je pense notamment aux abats que certains n'apprécient guère, bien que Grand-mère nous les serve avec une sauce Madère relevée. Mais ce plat a pour moi une saveur incomparable. Enfin je ne voudrais pas oublier la salade de museau tant appréciée par un certain ex-président de la république. Mais cela est une autre histoire.

À cette époque le porc représentait la base de l'apport carné. Grand-père en sacrifiait généralement deux par an, un au printemps dès la sortie de l'hiver et un autre en automne. Avec les cultures vivrières il aidait nos paysans à vivre en totale autarcie.

## Les notables

La vie harmonieuse au sein de la commune dépend essentiellement de la bonne intelligence des trois notables responsables de son avenir. En effet il est de notoriété publique que si le curé, le maire et l'instituteur s'entendent bien, la paix règne au village. Si chacun reste dans ses prérogatives et accomplit sa mission, tout va bien. L'entente et la sérénité sont au rendez-vous.

### *Le curé*

Monsieur le curé dans son rôle de pasteur, de guide spirituel occupe une fonction primordiale. Il est à l'écoute des paroissiens, les soutient moralement, visite les malades et se tient à côté des mourants à l'heure de leur mort. Il connaît forcément tout le monde et partage avec eux joies et peines. Il est très respecté voire vénéré par la plupart des villageois.

À la tête de notre paroisse, plusieurs prêtres se sont succédés dans le temps, chacun avec son tempérament, ses convictions et sa foi.

J'ai d'abord connu un hobereau, un dictateur qui écrasait tout le monde. Fier de sa personne, il affichait l'air altier d'un prince tout puissant, n'admettait aucune contradiction et s'immisçait volontiers dans les affaires privées des gens. À l'occasion, il servait d'entremetteur, faisait et défaisait les futurs couples. Bref il avait la mainmise sur tout et chacun. Omniprésent, omniscient, il gouvernait les âmes autant que la vie matérielle au quotidien. Mais jamais personne n'osait le contredire, c'eût été un crime de lèse-majesté !

Celui qui lui succède est un vrai serviteur de Dieu. Il se met à la disposition des humbles, partage leur sort, est souvent plus pauvre que le miséreux, car il donne tout. En Alsace, nous sommes toujours sous un régime concordataire et de ce fait le curé, fonctionnaire de l'état, est rémunéré. Le nôtre partage son salaire, vit pauvrement et se déplace à pied ou à vélo. Sa soutane délavée et usée témoigne du peu d'intérêt qu'il manifeste pour les choses matérielles et pour son apparence. Ce saint homme vit son sacerdoce en toute fidélité aux paroles de l'Évangile.

Cependant c'est le prêtre suivant que j'ai le plus côtoyé. Un homme extraordinaire qui m'a ouvert l'esprit et fait jaillir en moi l'étincelle de la foi. Sa grande humilité, son extraordinaire culture faisaient mon admiration. Néanmoins son premier contact avec notre paroisse a été très difficile à cause de la froideur hostile affichée par certains villageois.

Issu d'une famille bourgeoise et citadine, il ne peut comprendre la vie rude et besogneuse de la campagne. Aussi, au départ, il interprète le labeur forcené de nos paysans et leur attachement inconditionnel à la terre comme une sorte de culte du veau d'or. Il fulmine quand, le jour du repos, les braves paysans se précipitent aux champs pour soustraire une récolte à un orage menaçant. Dès lors, il se retranche derrière les volets clos du presbytère, très contrarié et sûrement malheureux de notre conduite. En revanche, nous, les enfants, nous l'estimons beaucoup. Quand nous le croisons, il a, pour chacun d'entre nous un mot gentil, un geste sympathique et nous offre fréquemment des bonbons.

À cette même époque, Rome a instauré quelques modifications dans le rituel liturgique de la messe. Les fidèles sont priés de se lever ou de s'agenouiller à des moments différents de ceux dont ils ont l'habitude. Ces petits changements ont toutes les peines à rentrer dans certaines têtes de mules. Lors d'un office dominical durant lequel quelques paroissiens s'obstinent dans leur refus de ces nouvelles pratiques, le prêtre, les nerfs à fleur de peau, s'écrie du haut de l'autel : « Aufstehen », levez-vous.

Dans l'assemblée un malappris lui réplique sur le même ton :

« Hinlegen », couchez-vous.

On se croirait en pleine séance d'entraînement sur un champ de manœuvre de l'armée allemande. Naturellement un fou rire traverse l'assemblée et notre cher curé explose de colère. Ce genre d'incident n'est pas rare, pour le plus grand plaisir des enfants de chœur, friands de ces scènes plus ou moins comiques.

Notre pasteur ne peut comprendre ni accepter une telle inconduite. Il s'en ouvre fréquemment à mon père quand il vient à l'école pour le catéchisme. Papa le console et lui explique la rudesse de la mentalité paysanne. Comme les deux hommes s'apprécient il leur arrive d'avoir de longs entretiens. Ce cher curé est d'une rare sensibilité et souffre énormément de cette incompréhension. Sa déception est parfois si grande qu'il se réfugie dans la peinture en réalisant de belles et nombreuses aquarelles. Installé loin du monde, dans le silence de la campagne, il croque avec un réalisme surprenant des paysages ou des scènes de la vie champêtre. D'une grande intelligence, il sait rapidement s'adapter à la situation et se couler dans le moule. Dès lors, il n'affronte plus les récalcitrants de manière abrupte et cassante comme au départ. Les homélies changent de ton. Les considérations spirituelles, théologiques et philosophiques cèdent la place à des idées simples et compréhensibles par tous. Le vocabulaire un brin rustique et faisant appel à l'imagination, lui permet de communiquer sa foi à travers des paraboles prêtes à être entendues. Ainsi, à force de patience, il sait se faire aimer et respecter par la majorité de ses ouailles. La symbiose s'opère. Contrairement aux premières années de son installation, il compatit à l'angoisse des villageois face à l'orage qui menace et les encourage à rentrer à la hâte le foin ou le blé. Il raccourcit le plus possible l'office en supprimant le sermon et dispense des vêpres les travailleurs des champs.

« Notre Seigneur ne sauva-t-il pas l'âne tombé dans le puits le jour du Sabbat ? »

Plus tard, il n'est pas rare de le surprendre en short et en maillot de corps pendant la fenaison, maniant avec détermination le râteau pour donner un coup de main à son voisin. Il fait souvent fonction de taxi en amenant dans sa voiture telle ou telle ménagère jusqu'au marché du bourg voisin. Et quand vient le jour où son Maître le rappelle auprès de lui, les quelques paroissiens qui l'ont tant critiqué se rendent enfin compte que leur brave curé était bien un saint homme. Il a largement contribué à financer sur ses propres deniers l'autel et certains vitraux de la nouvelle église. Sa discrétion était telle que sa main gauche ignorait ce que donnait la main droite. Quelle leçon n'a-t-il pas donné ainsi à ses fidèles paroissiens ?

### *Le maire*

Le maire, quant à lui, occupe son poste avec enthousiasme et bonhomie. Natif du village, il en connaît les us et les coutumes, les rivalités entre les familles et leur mentalité. Gai, jovial, bon vivant, il accumule les mandats. Il travaille en étroite collaboration avec mon père et le sollicite trop fréquemment. Pourtant ce dernier refuse fermement de se mêler de la politique locale. Ce n'est pas son rôle, il reste neutre et au service de tous. Le nombre des électeurs est si réduit que chacun devine pour qui a voté le voisin. Les soirées électorales, toujours bien arrosées, sont souvent très animées. Et quand, les esprits s'enflamment, la violence peut s'installer. Les empoignades et les querelles sont légions durant ces périodes. En revanche, je me souviens de certains discours hauts en couleur, souvent retravaillés et arrangés par mon père. Le maire les déclame avec éloquence, force et vigueur. Mais quand il a puisé son courage au fond de quelques verres de vin blanc, son verbe devient empâté et nasillard. C'est le cas, par exemple, lors de la visite du sous-préfet ou de son Excellence l'Évêque du diocèse. À cette occasion j'ai surpris une remarque que fit notre évêque à notre curé :

« Heureux homme qui sait apprécier les bienfaits des vignes de notre Seigneur, un peu trop peut-être ? »

Notre maire s'en explique à mon père :

« C'est pour me donner du courage et éclaircir ma voix. » Dit-il.

En effet, sans être bègue, il accroche fréquemment au moment d'une grande émotion. Les anecdotes, les frasques, les situations burlesques se succèdent et nous ne sommes pas loin, parfois, de certaines péripéties rappelant don Camillo et Pépone. Ainsi va la vie à la campagne en ces temps pas trop reculés.

### *L'instituteur*

#### *Secrétariat, mairie et reconstruction*

Mon père, à côté de son rôle d'instituteur, occupe bien d'autres fonctions qui lui prennent beaucoup de son temps. Il est le secrétaire de mairie et fait le courrier administratif de la commune. La paperasserie et les demandes à remplir, souvent en double et triple exemplaire, sont nombreuses. Les villageois lui présentent leurs doléances et exposent leurs soucis lors des heures de bureau qui se déroulent dans la salle de classe servant aussi de mairie.

À cette époque, ceux des habitants qui sollicitent une carte d'identité doivent d'abord prouver qu'ils sont français. C'est le monde à l'envers. Certaines de ces personnes qui ont été déplacées en Allemagne par les nazis se retrouvent sans réelle identité ni existence légale. On leur a confisqué voire détruits leurs papiers officiels. Il leur faut obtenir un certificat de réintégration. Mais leur calvaire ne s'arrête pas là, car, pendant le conflit certains livres d'état civil ont été détruits. Dans notre commune, un ou deux volumes ont été brûlés, quelques autres malmenés et des tranches d'âge manquent à l'appel. De ce fait, cela devient souvent difficile de prouver que ces personnes sont de nationalité française. Toutes ces démarches alourdissent d'autant le travail de mon père. Comme le téléphone n'existe pas, que l'appariteur n'est pas toujours disponible, je sers de temps en temps d'estafette ou de coursier. Mission pas très agréable, car je ne suis pas toujours bien accueilli par les récipiendaires des messages ou des convocations que je leur transmets.

*Ma honte*

De cette période, je garde gravé au fond de mon cœur les stigmates d'une véritable torture que m'a infligée Alice, une femme très belle d'une trentaine d'année, la star du village. Elle a l'allure d'une princesse. Trop consciente de sa beauté, elle affiche un air supérieur et hautain. Un soir, mon père m'envoie chez elle, il l'attend à la mairie pour lui faire signer des papiers urgents. Je prends mon courage à deux mains et pars affronter la beauté. Arrivé devant elle, je me sens insignifiant. Alors que je suis essoufflé par la course, elle me jette un regard méprisant, dédaigneux, qui me paralyse sur le champ. Je reste muet comme une carpe. Malgré tous les efforts, aucune parole, ni le moindre son, ne sortent de ma bouche. Puis viennent par bribes quelques syllabes indistinctes, incompréhensibles. Ma bouche se contorsionne par l'effort d'articuler mais rien ne sort. C'est le bégaiement total, absolu, un coup d'apoplexie. Plus je fais d'efforts, plus j'accroche. La honte totale. Plus elle me sourit de son air moqueur et narquois et plus je me fige. Après cinq minutes de cet exercice, je n'ai toujours pas pu expliquer la raison de ma démarche.

— Écris, si tu sais écrire, ce que tu ne peux pas me dire, me lance-t-elle. Ha ! ha ! Tiens, voilà un morceau de papier et un crayon. Ha ! ha !

J'explose de colère, des larmes de honte inondent mes yeux, je suis écœuré et anéanti. Je réussis néanmoins à dire trois mots :

— Venir – mairie – urgent.

Je repars, écrasé, humilié au plus profond de moi-même. Je la haïs à partir de ce jour, décidé à ne plus jamais lui adresser la parole. Ce n'est que quarante ans plus tard, que l'occasion m'est donnée de la rencontrer.

Alice a perdu toute sa prestance, sa beauté n'est plus qu'un vague souvenir, mais sa langue de vipère reste toujours aussi venimeuse. Son premier mot a été :

— Je n'ai jamais compris, comment vous avez réussi à être médecin, alors que vous étiez tellement handicapé dans votre prime enfance ?

Je lui ai répondu :

— Chère Madame, vous voyez, tout arrive. Mais sachez que la beauté passe, l'arrogance aussi, et que seule la bêtise ne s'efface jamais. Je vous salue et vous souhaite bonne continuation !

Cela m'était sorti spontanément, sans le moindre effort et sans bégayer. Mon soulagement était réel. Cet épisode du passé m'avait fortement marqué et me hanta des années durant.

Le rôle de mon père a été primordial, dans la période post-conflictuelle, après 1945. C'était le temps de la reconstruction et des dommages de guerre. Problèmes excessivement délicats et épineux qui étaient sources de tiraillements, de jalousie, de disputes entre voisins. Chacun se sentait lésé et estimait que le dédommagement octroyé était ridicule par rapport à ce qu'il avait espéré. Les discussions avec les experts de la reconstruction ou les membres de la commission chargée de ce problème n'en finissaient pas. Naturellement les gens venaient pleurer dans le giron de mon père afin qu'il intervienne en haut lieu et qu'il les soutienne dans leurs revendications. Beaucoup d'entre eux étaient incapables de formuler correctement leurs demandes, c'était encore à lui de rédiger leur courrier. Les lettres et les demandes s'accumulaient. Mon père s'en plaignait de temps en temps surtout quand on l'accusait, à tort, dès le moment où les doléances n'aboutissaient pas. Monsieur le maire et le secrétaire devenaient obligatoirement les boucs émissaires, les responsables tout désignés. Mon père ne comprenait pas l'ingratitude de certains, il en était peiné et très amer.

Cette période de très grande tension voit naître de longues inimitiés, dont quelques-unes ont encore cours de nos jours. Le paysan n'oublie rien, ne pardonne que rarement et n'efface jamais. Des haines, des conflits ancestraux se transmettent ainsi de génération en génération. Alors, tout comme Roméo et Juliette, certains jeunes qui s'aiment ne peuvent envisager leur idylle. Le clan familial s'y oppose. Néanmoins l'amour de la terre, l'agrandissement du foncier sont les seuls arguments susceptibles de faire plier l'intransigeance des parents. Les sentiments passent largement au second plan.

Ainsi, le cas de Jean-Paul fou amoureux de sa Louise, leur union ne s'est jamais concrétisée. Pour leur grand malheur, les deux « vieux » se haïssent depuis leur jeunesse en raison de quelques ares de terrain qui peuvent rendre service à l'un, sans que l'autre ne soit franchement lésé. Mais ce dernier ne veut jamais rien lâcher. Ainsi, pour accéder à son champ, Louis doit faire un grand détour, Auguste préfère laisser ce lopin de terre en friche que de le céder à ce dernier. C'est ridicule, d'autant plus qu'il n'est d'aucune utilité en raison de sa petite superficie.

Ce n'est pas forcément le bon sens qui gouverne les relations entre les villageois. Le monde paysan est ainsi fait. Il y a parfois tant de haines et de jalousies accumulées que l'on frôle la vendetta.

Dans le lot, certaines victimes du conflit voient leur propriété prendre de la valeur. Le taudis d'avant-guerre se transforme en une coquette maison. Les jalousies sont exacerbées. Certains vont même jusqu'à regretter de ne pas avoir été bombardé, l'embellissement de leur demeure se serait fait sur le compte des dommages de guerre et de la reconstruction. Dommage ! Comme le dit le proverbe : « le malheur de l'un fait le bonheur de l'autre… ».

*Le rucher*

Afin d'assurer un petit revenu supplémentaire, mon père se lance dans l'apiculture. À une certaine époque, nous possédons une vingtaine de ruches, dont il faut s'occuper régulièrement. Elles sont très exigeantes. Dès mon plus jeune âge, elles font partie de mes activités favorites. J'étais à bonne école et je fais de rapides progrès, au point qu'à mon adolescence je pratique l'élevage des reines en vue d'obtenir la gelée royale. J'aime ce travail soigneux et passionnant. De temps en temps, je réalise de petites expériences. Pour suivre les abeilles quittant la ruche, je les asperge de rouge d'éosine ou tout simplement de farine et puis j'essaie de les retrouver sur les lieux de récolte. Je peux ainsi imaginer leur périple à travers la campagne. Elles en font des kilomètres les jours de beau temps. Je surveille l'apparition de nouvelles cellules royales et j'attends la naissance de jeunes reines afin d'éviter un essaim. Quand l'une d'elles voit le jour, elle devient la rivale de la maîtresse en place. Pour empêcher les affrontements, la plus âgée quitte la ruche emmenant avec elle quelques bourdons et surtout des ouvrières. C'est l'essaim. Le départ ou la perte d'une telle colonie appauvrit forcément la ruche. Ainsi, en supprimant une des deux reines nous augmentons la rentabilité et mettons un terme à la guerre intestine qu'elles se livrent.

Un jour, mon père, avant de partir surveiller les épreuves du certificat d'étude au bourg voisin, m'a vivement recommandé de surveiller de près la ruche n° 6. Il la juge prête à essaimer. J'ai donc tout intérêt à être vigilant. Je retourne fréquemment au rucher pour observer mes amies. Elles travaillent comme des folles et rentrent les pattes lourdement chargées de grain de pollen blanc ou jaune. Le temps est à l'orage, il fait lourd et chaud. Subitement vers une heure de l'après-midi, nous avons à peine fini de déjeuner, la ruche n° 6 commence à bourdonner d'une façon intensive. Et déjà une nuée d'abeilles en sortent avec précipitation en flux continu et s'écoule vers l'extérieur comme l'eau d'une fontaine. Une véritable armée prend ainsi son envol. Les lourds bourdons entourés de milliers d'ouvrières, tourbillonnent autour de la reine protégée par sa garde prétorienne. Mes deux seaux d'eau remplis à ras sont prêts, il ne me reste plus qu'à asperger les fugueuses. Le temps presse, car si l'essaim prend de la hauteur, il sera irrémédiablement perdu. Il ira se fondre quelque part dans la campagne, au gré et à la fantaisie de la reine. Si elle est jeune, pleine d'allant, elle peut parcourir plusieurs kilomètres avant de se poser.

En revanche, une reine âgée se contente volontiers du premier arbre rencontré et s'y accroche. D'où la nécessité d'arroser ces fuyardes avant leur envol définitif. Les abeilles n'aiment pas la pluie. Elle alourdit leurs ailes et rend leur vol pénible. Ainsi, l'apiculteur leur enlève-t-il toute velléité de fuguer en leur « coupant les ailes ». À l'aide d'une pompe manuelle, je les asperge en créant un nuage artificiel de pluie. Mon essaim a rapidement interrompu son vol et s'est fixé à la branche inférieure du grand pommier du jardin. Je continue de les arroser quelques instants encore, jusqu'au moment où la colonie se transforme en une grappe vivante et grouillante d'une bonne cinquantaine de centimètres de long. Sur ces entrefaites, mon copain Charles, attiré probablement par ma précipitation et mes gesticulations, s'est joint à moi. Il me propose de me donner un coup de main. Sa tenue, culotte courte et maillot de corps, ne convient guère à la situation. Je lui ordonne de se servir d'un de mes pantalons et surtout de se couvrir du chapeau de paille et de son filet finement tissé afin de protéger son visage. De mon côté, je ne crains guère les quelques piqûres que je m'attends à subir. Je suis resté en short et en petite chemise comme souvent. Maman m'a pourtant préparé le nécessaire, mais pris dans le feu de l'action, je n'ai pas le temps de m'habiller correctement. Tout en récupérant à l'intérieur du rucher une corbeille en paille tressée, je surveille d'un œil attentif cette masse vivante qui paraît calme et bien accrochée à sa branche. Il est exceptionnel que la reine décide d'un nouvel envol, mais il vaut mieux ne pas baisser la garde et intervenir rapidement.

Charles me ramène la planche en contre-plaqué sur laquelle je renverserai la corbeille une fois l'essaim récupéré. L'échelle est indispensable, la branche étant hors de ma portée. Avec beaucoup de précautions, nous l'approchons de la base de la colonie. Après une courte concertation, nous convenons du scénario suivant : Charles montera sur l'échelle et placera la corbeille sous l'essaim tandis que moi, je grimperai dans l'arbre, m'avancerai sur la branche tutrice que je secouerai violemment afin de faire tomber les abeilles. J'ai prévenu mon copain de maintenir fermement la corbeille et de ne pas se laisser surprendre par son poids une fois les abeilles recueillies. Le choc sera rude. Aussitôt dit aussitôt fait.

Je saute deux à trois fois sur la branche, l'essaim se décolle, et tombe en plein dans la corbeille tendue à bout de bras par mon ami. Ce dernier néanmoins, surpris par le poids, la laisse choir. Elle lui a échappé des mains. La catastrophe. Immédiatement, Charles est entouré de milliers d'abeilles déchaînées et se sauve à toutes jambes. Maman du haut de la fenêtre me crie de me mettre à l'abri. Mais c'est trop tard, elles m'assaillent de toute part et se vengent en m'infligeant je ne sais combien de piqûres sur tout le corps. Chaque dard devient une douleur brûlante. Pendant ce temps l'essaim se remet dans sa position initiale. Heureusement pour moi, car mon père n'aurait pas apprécié la perte d'une pareille colonie d'abeilles. Quand enfin je peux descendre de mon perchoir je me sens transformé en passoire. Je me réfugie à l'intérieur de la maison où Charles et ma mère m'attendent. Je suis rassuré pour mon copain, la protection a été efficace. Ma mère après inspection me retire exactement trente dards. Dans ce total je ne compte naturellement pas les nombreuses autres piqûres sans que l'aiguillon n'accroche la peau. Maman m'applique des compresses d'eau vinaigrée et me frotte doucement avec du persil frais cueilli au jardin. Il faut dire que le traitement est efficace, les brûlures et à un degré moindre les douleurs ont rapidement régressé. En revanche, les boursouflures, les rougeurs extrêmement urticantes naissent de partout, au point de me rendre méconnaissable. Pourtant il faut impérativement y retourner, si je ne veux pas m'attirer les foudres de mon père. Maman me console. Néanmoins je ne veux pas rester sur un échec. Nous repartons à l'assaut de nos féroces guerrières. Cette fois-ci, nous inversons les rôles. À Charles de secouer la branche, à moi de réceptionner l'objet du délit. La manœuvre réussit.

À son retour, dès qu'il m'aperçoit, mon père a compris le combat qui a eu lieu. En plaisantant, il me dit : « c'est bien mon fils, le métier rentre » ! Vingt minutes plus tard, nous avons transvasé la colonie rebelle dans sa ruche définitive que j'ai eu tout loisir de préparer en y plaçant des matrices servant de futurs rayons. Aux abeilles de construire les alvéoles et si possible de les remplir de miel.

Le travail de ces créatures laborieuses et leur organisation sociale me subjuguent. Leur instinct semble obéir à une sagesse et répondre à une logique. Chaque individu de la colonie remplit un rôle et une tâche précise pour le bien de tous. La communauté humaine pourrait prendre exemple sur elles. Nulle part ailleurs on ne travaille avec autant de zèle que dans la ruche. En période de grande miellée, elles consentent un tel d'effort qu'elles s'épuisent à la tâche et réduisent leur durée de vie presque de moitié. Nous étions loin de la philosophie des 35 heures !

Vers la fin du printemps et en été nous procédons à l'extraction du miel toutes les deux à trois semaines, en fonction de la météorologie, travail souvent fatiguant et astreignant. Père retire de la ruche les rayons lourdement chargés de miel et les remplace par des cadres vides. Je les ramène en salle de classe où, entre-temps, Maman a installé la centrifugeuse. Un cylindre dans lequel est adapté un axe vertical supportant trois grilles dans lesquelles j'insère les rayons. Dans un premier temps, à l'aide d'une espèce de fourchette aux dents très serrées et extrêmement effilées, Maman écarte la fine pellicule de cire recouvrant les alvéoles. Cette opération achevée, elle place trois rayons dans les grilles de la centrifugeuse que je fais tourner à grande vitesse. La force centrifuge achève le reste. Elle projette le miel vers la périphérie, il coule le long de la paroi et s'évacue vers l'extérieur à travers l'ouverture inférieure aménagée à sa base. C'est un moment de grande excitation et de gourmandise. La fine couche de cire récupérée devient un véritable festin. Elle est plus succulente que la gomme à mâcher. Quelques copains alléchés par les douceurs se précipitent pour nous donner un coup de main. Ainsi, cinq à six garnements tournent, comme des mouches, autour de cette friandise. Les plus hardis se jettent sur les brèches de cire pendant que les autres plus timides attendent leur tour pour se régaler. Cela amuse souvent nos parents. Le travail se poursuit ainsi durant deux à trois heures pour reprendre quelques jours plus tard selon l'abondance de la récolte.

Un autre moment fort apprécié et que je partage volontiers avec mon père se situe en automne quand il faut nourrir les abeilles et leur apporter les dernières calories nécessaires pour la réserve d'hiver. Tous les deux soirs, nous préparons une grande marmite d'eau sucrée légèrement chauffée sur la cuisinière. Mon père y ajoute souvent une ou deux gousses d'ail écrasées et quelques gouttes de citron. L'ail pour la désinfection, le citron pour l'apport de vitamine C. Dès le début de la soirée, nous transportons ce récipient au rucher. À l'aide d'un entonnoir nous transvasons deux louches de ce mélange dans un ballon en verre. Dans un geste rapide et précis nous renversons le ballon en l'adaptant dans le système fixé sur le couvercle de la ruche. Une fois en place nous le calons à l'aide de chiffons afin qu'il reste vertical et que l'écoulement se fasse lentement en gouttes à gouttes. Si par malheur le ballon se vide trop rapidement, l'eau sucrée s'écoule à l'extérieur aussi bien qu'à l'intérieur de la ruche et l'inonde.

Une ambiance particulière règne le soir dans la pénombre à l'intérieur du rucher. La température y est agréable, tandis qu'au-dehors le froid de la nuit tombe sur le jardin. Les ruches sont protégées, recouvertes de sacs, de vieilles couvertures, de journaux afin d'y maintenir une douce chaleur. Dans le silence, je perçois leur doux murmure, leur ronronnement fluet et régulier. L'atmosphère est calme, feutrée et sereine. Une agréable odeur de cire fraîche imprègne les lieux. Les abeilles ainsi préparées passent bien l'hiver et attendent tout comme nous les premiers rayons de soleil. Il arrive rarement qu'une maladie vienne décimer le peuplement. J'aime beaucoup m'occuper de mes amies, même si elles peuvent de temps en temps se montrer fort agressives.

Trois ans plus tard, j'ai développé une allergie sévère aux hyménoptères, la relation de cause à effet me paraît évidente, mon corps ayant été soumis à une charge impressionnante de venin. Heureusement que je ne l'étais pas le jour de cette attaque mémorable, sinon je n'aurais pas eu le plaisir d'écrire ces lignes.

*Les autres fonctions*

Parallèlement, papa s'occupe de la coopérative agricole dont il assure la gérance. Durant de nombreuses années, le préau de l'école sert de dépôt pour les engrais chimiques qui font leur apparition. Ou bien, ce sont différentes variétés de semence de blé ou d'avoine et de pommes de terre qui y sont entreposés. Les propriétés sont souvent très petites, les gens n'achètent donc pas forcément les produits par sacs entiers. Mon père pèse alors les quantités demandées, tantôt de phosphates, tantôt de potasse ou de chaux. C'est long et fastidieux. Il commande les semences auprès du dépôt principal de la coopérative agricole du coin qui vient les livrer. Encore un travail supplémentaire et qui n'est même pas rémunéré.

De plus, il gère les comptes du dépôt de lait. Il établit, une fois par quinzaine, la quantité de lait livré par chaque producteur. Ce qui se traduit par des soirées, voire des nuits entières, à additionner et à calculer le montant des gains en fonction de la quantité et du pourcentage de graisse déterminé dans le lait collecté. Assez fréquemment, un contrôleur assermenté prélève des échantillons afin de détecter les fraudes. Elles ne sont pas fréquentes, mais elles existent. Le paysan allonge la production en y adjoignant une certaine quantité d'eau !

*La tuberculose*

Ces contrôles ont été rapprochés et draconiens durant les années 1954-1955. Ils visaient essentiellement la qualité sanitaire du lait. À cette époque, notre village et la région étaient frappés par une endémie de tuberculose bovine. C'est pourquoi le vétérinaire chargé de contrôler le bétail était devenu la bête noire des paysans, sa visite vécue comme un cauchemar. Cette dernière se soldait inexorablement par le sacrifice d'une ou de deux vaches sur un cheptel de six à huit bêtes. On imagine le désarroi du brave propriétaire. Seules ces mesures drastiques ont rapidement permis de juguler l'épidémie.

Le médecin scolaire de son côté faisait de fréquents contrôles de la cuti-réaction. Il découvrit que quelques copains étaient en pleine primo infection et furent adressés au préventorium. Deux autres qui développaient une tuberculose pulmonaire avérée sont hospitalisés au sanatorium. Une de nos camarades ne put être sauvée et décéda le poumon dévasté par d'énormes cavernes. Je l'aimais bien la petite Marie. Je lui rendais fréquemment visite. Elle maigrissait et dépérissait littéralement. Son visage diaphane était d'une pâleur extrême et ses joues creusées. Les yeux cernés, profondément enfoncés dans les orbites, exprimaient une grande souffrance. Elle nous fixait d'un regard direct, suppliant, désespéré. Consciente de son état de moribonde, elle sollicitait beaucoup d'amour et de tendresse. De temps en temps une toux épuisante et pénible déchirait le pauvre corps. Elle transpirait énormément à ces moments. Ces accès se terminaient souvent par des crachats lourds, épais et chargés de sang. Elle « crachait » ses poumons. Elle attendait et aimait bien mes visites. Ma présence, j'en étais conscient, lui était d'un grand réconfort. J'étais d'ailleurs un des rares copains à venir la voir, les autres craignant trop la contamination. Je n'ai jamais ressenti cette crainte, ni à ce moment, ni plus tard, quand professionnellement je côtoyais des contagieux, contrairement à certains de mes collègues qui en étaient paralysés. Mes parents ne partageaient pas cet optimisme, ni mon inconscience. C'était alors souvent en cachette, mu par un sentiment où se mêlaient tendresse, affection et surtout une profonde compassion, que j'allais retrouver Marie. Je priais et suppliais la Madone qu'elle puisse guérir. Elle s'est endormie après une longue agonie et plusieurs séjours à l'hôpital sans que jamais le corps médical n'ait pu la soulager.

Aujourd'hui, une telle situation serait inimaginable et ne poserait plus aucun problème à condition que le diagnostic soit fait à temps. La découverte des armes thérapeutiques permit de juguler cette maladie ravageuse qui autrefois faisait beaucoup de victimes de tous âges. La chirurgie mutilante, lourde, était encore de rigueur. On sacrifiait volontiers un ou plusieurs lobes pulmonaires. Le pneumothorax initié en vue d'effondrer le parenchyme devait accélérer la cicatrisation des lésions, son indication restait courante. Par bonheur, le traitement médical est venu se substituer à tous ces traitements plutôt barbares. Après de longues tergiversations, les médecins ont établi un protocole efficace et salvateur grâce auquel on a pu obtenir une guérison totale, et surtout sans trop de séquelles. À telle enseigne que cette atteinte a été presque entièrement enrayée dans notre région. Un niveau de vie en constant progrès, une alimentation plus riche et plus équilibrée et bien sûr une surveillance médicale performante firent que cette pathologie, une des premières causes de mortalité, a été reléguée loin derrière les cancers et les affections cardiovasculaires. Mais malheureusement, depuis une dizaine d'années elle est réapparue liée à la précarité, à la pauvreté de certains milieux et entretenue par l'arrivée de nombreux émigrés. Ces tuberculoses récentes, sont en revanche souvent très virulentes, évolutives et pas toujours faciles à soigner. Le traitement par les tuberculostatiques s'avère inefficace en raison des résistances du Bacille de Koch. Ces dernières se sont développées à la suite de négligences, d'inobservances des doses ou d'interruption trop rapide du traitement.

Mon père devait tenir à jour un dossier sur chaque élève, ce qui représentait une lourde tâche administrative.

À côté, il est aussi « caissier » du club d'épargne local, précurseur du futur Crédit Mutuel. Les transactions se font fréquemment le samedi soir ou le dimanche après la messe. Les épargnants apportent leur pécule que mon père enregistre et dépose dans un immense coffre-fort placé dans le coin gauche de la salle de classe. Il passe ainsi des heures à faire les comptes et à tout vérifier. Les commissaires aux comptes et le conseil d'administration surveillent régulièrement les différents mouvements bancaires. Une fois par an, un inspecteur principal vient de la ville et passe ses écritures à la loupe. Mon père est toujours fier quand ce dernier, après quarante-huit heures de contrôle, ne peut que lui exprimer sa satisfaction et le féliciter pour la tenue des livres. Les gens abusent souvent de sa disponibilité en venant en dehors des heures de bureau. Dès qu'ils ont un besoin pressant d'argent ou une facture à payer, ils se précipitent chez mon père pour retirer la somme nécessaire. Combien de fois, lors de ces moments de grande détresse pour certains, ne fait-il pas une avance sur le compte en ajoutant la différence de sa propre poche ? D'après ses dires, il a toujours été remboursé, mais souvent avec beaucoup de retard ou en plusieurs échéances.

Pour charger un peu plus son emploi du temps, il seconde le maire pour les cérémonies de mariage, en général le vendredi soir. Le mercredi soir est réservé à la répétition de la chorale Sainte-Cécile, d'autant plus fréquemment qu'on approche de grandes fêtes. La séance dure généralement deux heures, voire plus s'il s'agit d'apprendre un nouveau morceau. Elle se déroule en salle de classe.

Mon père est très fier de sa chorale, quelques voix particulièrement belles rehaussent l'ensemble. Les choristes sont très enthousiastes et se prêtent avec conviction à l'exercice. Il leur arrive d'interpréter des chansons populaires lors des fêtes champêtres. Ils se taillent alors systématiquement un beau succès auprès de la population.

Les fonctions de mon père sont nombreuses et variées et son emploi de temps est surchargé. Heureusement que les vacances scolaires lui permettent de se tenir à flot. Un jour, au retour d'une conférence pédagogique, papa nous rappelle les propos le concernant tenus par l'inspecteur :

— Il y a un instituteur, il n'est pas le seul, qui après le secrétariat de mairie, la fonction d'organiste, de directeur de chorale, de responsable du dépôt agricole, de caissier du club d'épargne, d'apiculteur et d'arboriculteur, arrive encore à faire classe !

Cette boutade a fortement marqué mon père, même s'il ne veut pas le reconnaître. Le seul reproche que son fils pourrait se permettre de lui adresser, c'est qu'il n'avait que trop rarement le temps de l'écoute. Mais cette non-présence, car il n'était jamais absent, était compensée par une patience immense, une douceur et un amour débordant pour ses enfants et pour ceux des autres. L'enfant était sa passion, sa vocation, sa vie.

Certes, les instituteurs de cette époque avaient une philosophie et une pédagogie qui étaient à mille lieux des pratiques et des conceptions actuelles. Je n'ose, ni ne me permets de faire un parallèle entre ces deux approches éducatives. Ces enseignants coulés dans le même moule rigide imposé par l'École Normale étaient des travailleurs laborieux, des laboureurs de l'esprit et de la conscience des enfants. Ils jetaient les premières pierres d'un édifice solide, enraciné dans un socle riche et stable de connaissances. La notion de travail dominait largement celle de loisir et de laisser-aller. Alors, faut-il s'étonner que de nos jours les lycéens se sentent dépassés quand le professeur leur demande le moindre effort ? À qui la faute quand le système éducatif part à vau-l'eau ? On constate trop de démission à tous les niveaux. Où est l'ambition, cette marque d'une grande nation ? Devant l'augmentation actuelle de la délinquance, évidente et indiscutable, nous restons dubitatifs et nous nous posons la question : Pourquoi ?

Papa était considéré comme le notable du village. Je précise bien à l'époque. Beaucoup de gens enviaient sa situation, mais ne pouvaient imaginer le travail intense qu'il fournissait. L'instituteur était le soutien de tous et néanmoins, le plus jalousé. La moindre transformation ou amélioration de l'appartement de fonction devenait source de palabres et d'éternelles discussions.

Pourtant nous ne vivions pas dans le luxe. Un escalier rustique, étroit et branlant, dont chaque marche gémissait sous notre poids, menait au premier étage à l'appartement, trois pièces, un débarras et une cuisine. Il n'y avait ni salle de bain, ni toilettes, ni chauffage central, ni eau courante. Pour les commodités, il fallait descendre dans la cour sous le préau. C'était fort désagréable, en plein hiver, sous la neige et dans le froid. La cuisine faisait fonction de salle à manger, de séjour et servait de bureau à mon père. C'était la pièce dans laquelle nous vivions. Un évier en grès rouge grossièrement taillé servait de table de travail pour maman. Une cuisinière à bois, avec son four, permettait de chauffer l'endroit et la pièce contiguë aussi bien que de mijoter de bons plats. À côté de ce fourneau, un coffre pour la réserve de bois que nous les enfants montions régulièrement à l'étage. Prise entre l'armoire à linge dans laquelle maman entassait nos effets journaliers et la cheminée, cette caisse était mon endroit préféré. En hiver quand je rentrais trempé, transi de froid, les pieds à moitié gelés, je me réfugiais dans cet angle, les jambes allongées devant l'ouverture du four et me laissais envahir par sa douce chaleur. Je passais des heures recroquevillé dans ce coin, à lire de rares illustrés comme Spirou ou Bayard et à apprendre mes leçons. En traversant la cuisine, on débouchait dans la chambre de mes sœurs. Puis venait une chambre plus grande, celle des parents et enfin la salle à manger réservée aux visiteurs. Une table que l'on pouvait déplier attendait les convives. Des deux côtés, le long du mur, un dressoir et un buffet surmonté d'une impressionnante glace permettaient à maman de ranger la vaisselle. Plus tard un piano complétera le mobilier. En montant l'escalier, je débouchais tout droit dans ma chambre, un ancien débarras. Ce recoin était tout juste suffisant pour placer un lit et une étagère. Impossible d'y ajouter une table tant l'endroit était exigu. Néanmoins, je l'aimais bien cette chambre, car de la fenêtre j'avais une vue plongeante sur la rue où s'étalait la vie du village. De là, je pouvais aussi espionner longuement nos chères cigognes. Nous étions voisins.

La vie des parents était bien dure, comparée aux aises et aux facilités de nos jours. Combien de fois j'entendais maman se plaindre :

— Encore cette corvée d'eau. Émile, quand donc arriveras-tu à convaincre le conseil municipal et le maire de nous installer l'eau courante ? Je m'éreinte à monter des seaux à longueur de journée. Veux-tu ma mort à force de me faire trimer ainsi ?

Mon père, toujours très conciliant, prenait alors deux seaux, descendait au jardin et puisait l'eau. Travail épuisant, car le système d'aspiration de la pompe était défectueux et présentait de nombreuses fuites. Seul un faible filet s'écoulait par la bouche de cette vieillerie, véritable monument historique. De ce fait on se lavait comme au Moyen Âge. Maman installait une grosse bassine de fer-blanc à la cuisine, une énorme bouilloire sur la cuisinière et préparait l'eau de la toilette.

Voilà quelles étaient les conditions de vie spartiate de beaucoup d'instituteurs dans les petits villages de France. Nous n'étions ni riches ni pauvres, et avec le temps nos conditions de vie allaient en s'améliorant. L'atmosphère chaude et affectueuse permettait à chacun de s'émanciper même si de temps en temps une tornade venait perturber la sérénité du clan.

## Éducation spartiate

Je me rappelle notamment d'une de ces terribles tempêtes qui s'était abattue sur moi à l'âge de douze ans.

C'est en octobre, lors de la dernière année de classe chez mon père. Il est environ neuf heures du matin quand maman, de retour des courses, rentre en salle de classe, pâle, très excitée, avec des larmes dans les yeux. Elle chuchote quelques paroles au creux de l'oreille de papa. Il blêmit sur le champ et me fixe d'un regard méchant, incrédule, interrogateur. Il m'appelle immédiatement.

— Pierre, viens ici.

Je ne comprends pas trop ce qui m'arrive. Je m'avance vers lui, quand il me crie :

— As-tu volé ?

Abasourdi, je le regarde avec de grands yeux étonnés et je fixe aussi maman. Je ne sais pas ce que signifie cet interrogatoire. Devant mon silence, il répète la même question.

— Non, Papa, je n'ai pas volé.

Et vlan la gifle est partie, terrible, à me faire m'écrouler. Dans la salle de classe, règne subitement un silence de mort, plus personne ne bouge, chacun retient son souffle. Mon père paraît être de plus en plus furieux et me répète :

— As-tu volé ?

— Non, Papa, je n'ai jamais volé.

À ce moment maman me questionne à son tour :

— Alors, as-tu fumé ?

Elle a le même regard rempli de reproches et de colère. Je ne comprends toujours pas mais les gifles continuent à voler. Mon père redouble de violence.

— Tu es un menteur. Je pensais t'avoir donné une éducation correcte et voilà le résultat, tu mens et tu voles. J'exige la vérité.

Je ne sais toujours pas pourquoi mes parents m'accusent de tant de fautes. J'avais certes commis quelques menus larcins, chipé un bonbon par ci, un morceau de chocolat par là, mais sans commune mesure avec ces accusations. Mon père se fait de plus en plus menaçant, me prend par le collet, me secoue et me repose les mêmes questions en ajoutant :

— Même s'il faut que je te rosse, tu me diras la vérité, je te le jure.

Je n'ai rien à dire. Il me fait peur. Je ne l'ai jamais vu dans un tel état de violence. Il se retourne vers les élèves et commence à interroger les copains. Il ne rencontre que le silence. Personne ne m'a vu ni fumer, ni voler. À ce moment, comme pris d'un accès de folie, il saisit le bâton en noisetier qui lui permet d'indiquer un point sur une carte de géographie ou un mot au tableau noir, et m'inflige une fessée magistrale. Allongé sur le coin du bureau, les coups pleuvent sur mes fesses et sur mon dos. Je ne crie pas. Mes larmes roulent en silence. Une haine froide, terrible, monstrueuse, monte en moi, car je ne comprends toujours pas le pourquoi de cette correction. Maman qui était sortie, revient pour tenter de calmer mon père.

— Émile, arrête !

Il s'est enfin arrêté. Se retournant vers moi, avec toujours le même regard furieux, il me lance :

— Il y a quelques jours, tu as acheté un paquet de cigarettes et un tas de bonbons. Je pense que tu n'étais pas le seul. Qui était avec toi ?

Pas de réponse. Il interroge à nouveau les copains qui restent cois et bouche bée. Cette scène terrible dure bien une demi-heure, après quoi il me renvoie à ma place tout en me promettant la fin du monde pour midi. J'ai toutes les peines du monde à marcher et surtout à m'asseoir tellement mes fesses sont meurtries et endolories. Je m'enferme dans un mutisme total. Heureusement la récréation de dix heures est proche. Arrivé dans la cour, les copains compatissent à ma douleur. Les grands me préviennent que si je les dénonce, la punition serait pire encore.

Le mot d'ordre est : « Tu la fermes, sinon gare à toi ».

À la fin de la récréation, je monte dans ma chambre où je pleure en silence. Ma mère m'en veut tout autant que mon père et m'ordonne de ne plus bouger avant que l'on vienne me chercher. Je suis terriblement peiné. Cette punition est injuste et pas du tout méritée. Je n'ai, ni volé, ni menti, ni fumé. À midi, mon père reprend l'interrogatoire musclé encore rythmé par quelques gifles. Il me demande des explications et des justifications. Dans un premier temps, je ne veux rien dire, j'ai la conscience tranquille et je reste muet. Mais, comme les coups recommencent à pleuvoir, j'ai avoué mon « crime » !

— C'était jeudi, il y a quinze jours, peu avant midi, en rentrant de chez Grand-père accompagné de deux copains nous avons trouvé un billet de 5 F sur le petit pont. Nous l'avons ramassé. Je pensais vous le remettre, quand deux « grands » sont arrivés. Ils étaient surpris par notre état d'excitation et voulaient savoir pourquoi. Nous leur avons montré notre trésor. Nous étions tombés d'accord, ce billet était la manne tombée du ciel. Cet argent suffisait pour l'achat d'un paquet de cigarettes High Life (me semble-t-il) pour les grands, des Carambar et autre chocolat pour les jeunes. J'ai donc, tout innocemment, fait le commissionnaire. Voilà toute la vérité.

Mon père ne croit pas à cette histoire. Il continue à me traiter de menteur et de voleur tout en poursuivant les gifles. J'ai beau crier la vérité, c'est inutile. Je sens que ni le père ni la mère ne me croient. Je me tais, le cœur plein d'amertume et de rancœur. J'ai surtout honte d'avoir été corrigé devant toute la classe. Je me sens une fois de plus, méprisé, humilié, écrasé. Je suis profondément malheureux que mes parents ne me fassent pas plus confiance et qu'ils ne me croient pas. Cela me peine longtemps et au fond de moi-même je garde une rancœur vis-à-vis de mon père. À partir de ce jour, notre relation n'a plus été la même. Cette fessée magistrale est restée dans les annales de l'école, à tel point, que vingt ans plus tard, quand j'ai rencontré Ernest, un habitant du village, de dix ans mon cadet, il me dit :

— Tiens, je constate que la raclée filée par ton père il y bien longtemps n'a pas servi à grand-chose vu que tu fumes.

Je lui ai simplement répondu :

— Tu vois, c'est dommage pour les coups tombés à côté. Ils auraient peut-être été plus efficaces.

La mémoire collective est une chose bizarre.

À l'âge de 20 ans, j'ai enfin pu mettre un point final concernant cet incident. Un dimanche après midi, mon père, deux copains et moi discutions de l'opportunité de toujours dire la vérité. Paul prétendait, qu'un pieux mensonge valait souvent mieux et ceci d'autant plus si cette vérité pouvait être blessante. C'est alors que je lui ai répondu :

— Blessante, dans quel sens ?

J'ai relaté la correction magistrale que mon père m'avait infligée en son temps.

— À quoi cela m'a-t-il servi de dire la vérité ? Les coups continuaient de pleuvoir malgré tout. Alors quoi faire ? Personnellement, je pense que la meilleure solution reste le silence.

J'ai dit cela en fixant du regard mon père. Je l'ai senti gêné, un petit sourire embarrassé naquit au coin des lèvres, il m'a répondu :

— Oui, j'ai été un peu trop fort ce jour-là. Comprends-tu, j'étais fou de rage quand maman m'avait mis au courant. Mais, c'est du passé, oublié. Aujourd'hui, je suis convaincu que tu m'avais dit la vérité.

J'aurais bien aimé entendre, non pas un mot d'excuse, mais simplement de regret. Il n'est jamais venu. Serait-ce faire atteinte à l'autorité paternelle ? Je ne l'ai jamais mise en doute, qu'il me pardonne.

J'en voulais à l'épicière qui m'avait dénoncé auprès de maman. Les copains voulaient monter une expédition punitive à son encontre. Ils iraient voler, par poignées entières, des bonbons dans le bocal sur le présentoir. J'avais toutes les peines du monde à les en dissuader. Néanmoins, j'avais décidé que tôt ou tard je me vengerais, j'ignorais seulement quand et comment. Trente ans s'étaient écoulés, quand la brave épicière est venue me consulter pour une séance d'acupuncture. J'avais toutes les « armes » en main pour enfin assouvir mon besoin de justice et de vengeance. Mais devant sa douleur lombaire et ses troubles mnésiques importants, cela n'aurait eu aucun charme et ne m'aurait pas provoqué la jouissance que j'en attendais bien des années plus tôt. D'ailleurs je lui avais pardonné depuis fort longtemps. Je l'ai donc soignée de mon mieux. Sa fille, se rappelant cet orage, me consola en m'offrant gentiment un grand paquet de bonbons. Cette fois-ci, je ne les ai point partagés. On ne sait jamais !

## Dernière année du primaire et les premières années au collège

L'entrée en sixième se faisait en général à partir de onze ans. Mon père avait décidé de me garder sous sa houlette une année supplémentaire.

— Pour le collège, il faut des bases solides. Qui peut, mieux que moi, t'apporter ces données. Tu resteras chez moi une année de plus, elle ne sera pas perdue et tu seras d'autant plus mûr ! Dit-il.

Quelle année ! Les dictées pleuvent. Mais plus j'en fais et plus les fautes s'accumulent, au grand désespoir de mon père. Pourtant j'y mets tellement de bonne volonté, mais chaque mot devient une interrogation, un jeu de hasard, une loterie. Est-il bien orthographié ? Je m'applique sérieusement mais je me retrouve totalement inhibé. Je n'y arrive pas malgré mon application. Mon esprit plein de doute, submergé par une insurmontable appréhension est en proie à des pensées très négatives voire destructrices. Le sentiment d'échec m'envahit et je ne cesse de répéter :

« Je suis un cancre, je ne suis pas fait pour les études, je suis nul… ».

Voilà mon état d'esprit à cette époque. Mon avenir, je le vois comme vacher, paysan ou dans n'importe quel autre métier manuel. Tel oncle prophétisait d'ailleurs que je serais maçon ou légionnaire.

Je désespère mes parents, je suis leur souci permanent et ils ne peuvent guère être fiers de moi. Heureusement, dans d'autres matières et notamment, en calcul, je me débrouille plutôt bien.

Naturellement, je déteste de plus en plus l'école et je n'aime guère les études bien que je ressente un besoin de me cultiver, de progresser et de découvrir le monde. Une petite voix au fond de moi me dit :

« Accroche-toi, persévère et ne démissionne pas. »

Ma curiosité aiguisée, je m'obstine et ne lâche point. Psychologiquement je vis très mal cette année, un véritable calvaire. Animé par une intense soif de connaissances, certes nettement différente de celle que l'on me propose, je m'accroche. Mais à force d'entendre répéter que je suis nul, la blessure morale se creuse et laisse de profonds stigmates. Aujourd'hui, je suis convaincu qu'il y a des mots qui « tuent », aussi sûrement qu'un abandon, surtout à cet âge.

Dès lors, contrairement à d'autres enfants qui fréquentent l'école avec plaisir, je préfère travailler dans les champs avec mon grand père ou tout simplement courir la campagne. Je découvre les fleurs, les arbres, les oiseaux…, un monde merveilleux qui s'offre à celui qui se donne la peine de l'observer. Le chant des oiseaux, tantôt harmonieux et léger, tantôt agaçant et lassant, me subjugue. Je suis convaincu que ces créatures, filles du vent, s'interpellent et dialoguent ainsi entre elles. Leurs messages restent une énigme que pourtant j'aimerai tant pouvoir décrypter. Lors de mes fréquentes sorties en forêt, je me suis aperçu du rôle sentinelle du geai. En cajolant il signale, aux autres habitants des lieux, l'approche d'un intrus.

En automne, je sors souvent tard le soir dans l'espoir de surprendre le brame du cerf. Il m'arrive de l'entendre au loin comme un écho venant de nulle part. Il éveille ma curiosité.

À l'âge de douze ans, lors d'une de mes sorties nocturnes, j'ai enfin la possibilité de rencontrer le cerf après avoir localisé l'endroit où il se tient. Les traces de sa présence sont visibles. Les empreintes larges et profondes sont inscrites dans le sol humide et dispersées aux alentours, je remarque les « laissées » en amas ou en chapelet. Tout autour, les arbres portent des traces d'écorchures, « frottis ou abroutissement », fruits du frottement des bois contre le tronc. En effet, le cerf, au moment de la repousse des bois encore couverts d'une fine couche de velours, les frotte contre les jeunes troncs. Sur d'autres arbres l'écorce est écaillée et arrachée sur une certaine hauteur, « écorçage » où je note les marques laissées dans le bois par les incisives. Pour le guetter et le débusquer, il s'agit d'avancer dans la nuit sans faire de bruit. Le plus faible craquement d'une brindille alerte ses sens et le voilà en fuite. Dans la phase d'approche, je me place forcément face au vent, car le moindre effluve trahirait ma présence. Le silence de cathédrale tout autour de moi m'impressionne. Je ne perçois que le froissement, le léger plissement des feuilles mortes amassées en un épais tapis, un refuge pour les insectes et les petits rongeurs qui, la nuit tombée, sortent de leur cachette pour chercher leur subsistance. J'avance penché en avant et plié en deux, évitant de frôler les branchages des arbustes et des ronces. Je veille tout particulièrement à ne pas heurter les branches mortes et cassantes des sapins. J'interromps souvent mon pas. Je garde le pied suspendu un instant avant de le poser délicatement sans bruit. Quelques gouttes d'une pluie froide, que j'écarte avec ma langue, coulent sur mon visage et d'autres plus désagréables descendent le long de mon échine. Quand subitement un bruit énorme rompt le profond silence de la nuit et me fait sursauter. Le sang se glace dans mes veines. Un gros sanglier passe devant moi telle une flèche, écrasant fougères, buissons et branchages. Son grognement terrifiant signifie certainement qu'il est tout aussi surpris que moi de cette rencontre impromptue. La colère, d'avoir été dérangé dans sa quête nocturne, est manifeste. Une certaine crainte et une profonde angoisse nouent mon estomac. Pourtant j'aime cette atmosphère étrange. Une fine pluie martèle le feuillage et crée un bruit de fond monotone. Je hume à plein nez cette humidité pénétrante chargée d'odeurs, un mélange de moisissures, de bois mort en décomposition et de champignons.

Quatre biches et un faon broutent en toute quiétude l'herbe haute et tendre de la clairière qui s'ouvre devant moi. Je peux entendre les échos d'un combat que se livrent dans le proche sous-bois deux cervidés mâles cachés par le mur opaque de la nuit et de la futaie. Les chocs, les entrecroisements des bois font penser à la joute de deux chevaliers du Moyen Âge. Les longs râles désespérés, les contacts brutaux des cors qui s'entremêlent sont suivis de bruits courts et mats. De temps en temps, le craquement d'une branche morte écrasée par terre ou tombée brutalement d'un arbre témoigne de la fureur et de l'âpreté du combat. Les biches peu impressionnées par la lutte de leur futur champion continuent à brouter insouciantes. À l'affût du moindre danger, elles relèvent par instants leur tête, les oreilles dressées. Si la nuit n'est pas trop noire et si le hasard le permet, je pourrais peut-être entrevoir la bête qui me fait tant rêver.

Ce soir-là la chance me sourit. Les nuages courent accrochés à un ciel tourmenté qui par moment laisse entrevoir quelques rayons éphémères d'une lune perçant les ténèbres de la forêt.

C'est alors que le cerf apparaît traversant le mur opaque de la futaie. Il s'avance majestueux, la tête haute, fier de ses immenses bois. Un rayon de lune plus clair que les autres le cerne, le capte dans son faisceau tel un feu de rampe et le projette en avant de la scène. Son museau en l'air, ses narines fumantes dans le vent accrochent les odeurs attirantes d'une biche prête à l'accueillir. Il avance trottinant d'un pied sur l'autre. On aurait dit qu'il danse. Il s'arrête, renifle les environs et pousse un gros soufflement pareil à un long soupir, puis il gratte la terre humide de ses antérieurs. Il fait un ou deux demi-tours sur lui-même et lance sa tête en arrière. Ses bois touchent l'échine dorsale. Il allonge, autant qu'il peut, son énorme cou, puis ouvre grand son museau, tire sa langue en poussant à plein poumon son cri de mâle en rut. Sidéré par l'impression de force, de puissance qui émane de cette bête magnifique, je suis comme paralysé. Un spectacle fantastique et inoubliable.

Il fait quelques pas supplémentaires en direction de la clairière et je pense qu'il a disparu. Au passage, j'ai néanmoins réussi à distinguer l'andouiller, le merrain et l'impressionnante empaumure. Je compte dix cors, ce qui me permet d'estimer son âge entre trois à cinq ans approximativement.

Il réapparaît et son élégante silhouette émerge de la brume accrochée aux hautes herbes de la clairière. Cette fois-ci le rayon de lune est plus pâle, plus tamisé. Les contours de l'animal sont flous. En revanche, le brame m'arrive distinctement. C'est d'abord un râle court suivi d'un autre plus long qui semble ne pas finir, quand enfin il pousse son cri plaintif, langoureux, d'une puissance et d'une force extraordinaires. Grave et caverneux, semblable à celui d'une bête que l'on égorge, il semble émaner du tréfonds de ses entrailles. Ce râle me pénètre et me fige, non pas qu'il me fait peur, mais il m'impressionne par son timbre guttural et sa puissance. Il déchire le silence de la nuit, se répercute à travers la forêt comme s'il frappe un mur et s'éteint doucement tandis que la harde de biches se met à courir dans tous les sens pour se fondre dans les ténèbres. Peut-être le vent a-t-il changé de direction et ont-elles perçu mon odeur ? Ce spectacle magique et grandiose s'interrompt brutalement après la fuite des acteurs. Dommage. Je suis resté longtemps immobile, ému jusqu'à la moelle par ce spectacle que la forêt m'a offert.

C'est tout simplement la vie dans toute sa magnificence. Durant ces moments, je suis loin de la tyrannie de l'orthographe. Ce sont plutôt des questions existentielles, je n'ose dire philosophiques, qui me préoccupent. Dans le domaine spirituel ou intellectuel, mon esprit est en ébullition constante : que faisons-nous sur terre, quel est notre devenir, pourquoi tant de malheur, pourquoi… je passe des heures à m'interroger ainsi. Dans n'importe quelle circonstance, même devant la banalité de la vie courante et devant toute chose, la question, pourquoi et comment, est systématique. Je peux alors m'extasier devant les couleurs chatoyantes du coq de mon grand-père, devant la beauté et l'harmonie naturelle de l'énorme cyprès montant la garde à l'entrée du cimetière. Face à un artisan ou un travailleur manuel, je ne peux m'empêcher de questionner, d'analyser ses gestes. Mais je ne peux rester oisif ou rêveur. Je m'occupe, bricole, je suis en charge de la basse-cour et des lapins. Je donne régulièrement un coup de main pour le jardinage. J'aime travailler la terre. Biner, bêcher, râteler me procurent d'énorme satisfactions. Je suis très méticuleux. Au printemps, je guette l'apparition des premiers signes du renouveau. La vie qui sort ainsi de terre me subjugue. C'est miraculeux. Jour après jour je suis l'éclosion, puis la croissance de cette frêle touffe de verdure, j'assiste à sa mutation en radis, en carotte ou en autre légume. Qui donc, a donné le souffle de vie à cette minuscule graine, insignifiante poussière qui vient ainsi de voir la lumière ? C'est là, où se trouve mon interrogation première. Spontanément vient l'idée du Dieu créateur, du gérant du Monde, du gardien de la bonne marche de l'Univers. Resurgissent les paroles de la Genèse :

« Au commencement Dieu créa le ciel et la terre… »

Mon esprit est occupé par ce genre de questions qui m'interpellent davantage que de savoir si « parmi » se termine par un « s » ou non !

Je ne me souviens que de rares soirées studieuses, durant lesquelles ma sœur et moi, nous disputons la place à l'unique table de la cuisine. D'un côté, Papa corrige les cahiers, de l'autre, ma sœur le questionne souvent et sollicite volontiers un coup de main pour rédiger les devoirs. Moi, on me laisse faire et quand, à mon tour, je demande de l'aide, c'est la plupart du temps :

« Débrouille-toi, réfléchis. »

Enfin, le dernier coin de la table est occupé par maman. Elle fait des menus travaux de couture, de rapiéçage, plus rarement du tricot ou de la broderie ou tout simplement prépare le dîner.

À dix-neuf heures, chaque soir, c'est la corvée du lait pour Josiane ou pour moi. Nous nous rendons chez Grand-père qui nous procure quotidiennement le lait frais dont je déteste l'odeur. Je n'ai jamais pu en boire sortant tout chaud du pis, contrairement à tant de mes camarades qui s'en délectent. Je l'ai en horreur. En revanche, j'apprécie le lait caillé ou le fromage blanc, quand maman nous les sert, deux à trois fois par semaine, pour le dîner.

Après le repas du soir, papa descend en salle de classe. Elle sert aussi de bureau, pour ses heures de consultations du secrétariat de mairie ou pour s'occuper du bilan du lait livré par nos paysans. Ce sont des additions, des colonnes de chiffres à l'infini, sans machine à calculer. Il travaille au crayon et à la gomme. Il note toutes ces données dans un grand cahier de comptabilité. De temps à autre, je partage cette occupation avec lui. Je n'ai pas intérêt à me tromper, sinon la foudre des dieux s'abat sur moi sans prévenir. J'aime bien cette gymnastique de l'esprit. À la fin, nous faisons la compétition, à qui finit en premier. Il partage trop rarement avec nous ces instants particuliers de fin de journée. Lors de ces soirées il y eu trop peu de moments intimes et chaleureux. Maman, toujours occupée, se plaint souvent d'avoir trop de travail.

— Vous, les enfants, vous me fatiguez.

Cette plainte revient continuellement, comme un leitmotiv. Cela me peine, car je ne comprends pas en quoi je peux la fatiguer. Je ne veux, sous aucun prétexte, qu'elle soit dans cet état à cause de moi.

Je suis souvent mal à l'aise et enclin à une certaine mélancolie. J'ai toujours une impression de manque, de vide, une espèce de vague à l'âme. C'est un sentiment mal défini, que je ne peux ni cerner, ni décrire avec des mots. J'ai la désagréable impression d'être rabaissé, déprécié, discrédité, alors que je demande beaucoup de tendresse. J'ai soif d'affection, d'amour ou peut-être tout simplement de reconnaissance. Que l'on me fasse sentir que j'existe. Que l'on m'apprécie comme je suis et, non pas, comme je devrais être. Je ne me sens comblé et heureux que quand je suis tout seul dans la nature ou alors en train de courir à travers le village, entouré de copains. Je suis très souvent le meneur du groupe. Je commande et on me respecte, j'existe.

La dernière année d'école chez mon père a donc été très difficile et ne m'a pas laissé de bons souvenirs.

Au moment de l'inscription en 6e, combien de fois mon père ne m'a-t-il pas répété :

— Pierre, il faut travailler davantage. Avec ton orthographe, je me demande si cela vaut la peine que je t'inscrive ?

Le jour de l'examen d'entrée au collège, c'est en juillet me semble-t-il, il ne cesse de me faire de nombreuses recommandations tout au long du trajet :

— Réfléchis bien avant d'écrire le mot et à la fin relis deux ou trois fois. Ne me déçois pas.

Il n'y avait pas mieux que cette insistance pour me déstabiliser davantage. Après l'épreuve, père m'attend en compagnie de deux ou trois collègues instituteurs. Il est en possession du texte de la dictée et me questionne immédiatement :

— Comment as-tu écris « marché » ? La terminaison de « parcouru » à la deuxième ligne ?

Je n'ose répondre. Dans son regard j'ai pu lire une certaine amertume. Il craint la catastrophe à venir. Il est convaincu que je les ai mal orthographiés. Un de ses collègues lui fait la remarque :

— Émile, ne le tracasse donc pas. De toute façon, tu n'y changeras plus rien. Il se rattrapera en calcul et pourquoi pas en rédaction.

Dans l'attente des résultats j'angoisse au maximum. C'est mon premier examen et ma première réussite. Je suis fier de cette toute petite victoire.

Le premier trimestre de sixième a été laborieux. Je m'adapte difficilement au défilé des professeurs. Dans le lot, il y en a que j'aime bien, d'autres moins et naturellement le professeur de français, je le déteste dès la fin de la première semaine de cours. Voilà que la galère recommence. Le français est mon chemin de croix. Je suis un cancre. Cela doit être le fruit du hasard ou d'un accident, le fait de me retrouver ici. Il n'a jamais vu un élève aussi nul en orthographe, je bats tous les records… dit-il souvent. Je me sens de plus en plus démuni, désorienté, malheureux et désespéré en raison de ce boulet que je traîne depuis si longtemps.

À partir de la cinquième, un bus de ramassage, nous emmène tous les matins dès 6 h 45, et nous ramène le soir à 18 h 30. Dans ce bus je rencontre une jeune fille auprès de laquelle je me sens bien, à mon aise. Elle m'affirme que je lui plais car je suis très différent des autres garçons. Je ne chahute pas, je ne parle pas et je parais être très doux et avenant. Elle regrette pourtant qu'un air de tristesse assombrisse mon regard malgré mon éternel sourire !

Il est vrai que je me sens attiré par Marie-José promue à de brillantes études supérieures. Elle est à la tête de classe depuis l'école maternelle. Par sa douceur et sa présence elle comble le vide cruel que je ressens. Dès lors, je suis heureux d'aller en classe, rien que pour la rencontrer matin et soir dans ce bus du bonheur. Elle ne se moque jamais, même si je bégaie. D'ailleurs, en sa présence, je ne le fais qu'exceptionnellement. Elle ne comprend pas ma dysorthographie et compatit à ma peine. Nous nous apprécions, nous nous recherchons et notre relation est toute platonique. La perspective de ne plus revoir ou de perdre celle qui sans le savoir fait chavirer mon cœur, me rend malheureux. À la fin du jour de classe, une heure avant le départ du bus, nous nous retrouvons, près de la gare routière. Main dans la main, nous marchons dans une rue que nous montons et descendons cent fois, mille fois, en parlant et en faisant des projets d'avenir. Elle veut être écrivain ou professeur de français. Moi, mon objectif est plus modeste : décrocher le brevet, pour le reste on verra plus tard. Un monsieur d'un certain âge nous observe d'un œil moqueur. Au moment où nous passons à sa hauteur il affiche un sourire narquois et nous lance des remarques stupides et grossières.

— Vous commencez jeune vous deux. Vous n'avez pas honte de vous promener ainsi, au lieu de travailler…

Totalement indifférents à ses sarcasmes, nous ne l'entendons pas. Nous sommes sur notre nuage où nos deux cœurs se sont rejoints dans une douce fusion sentimentale. Je n'ai jamais ressenti un sentiment aussi fort. Au moment d'écrire ces lignes, je ressens encore sa main douce, aux doigts longs et graciles, placée dans la mienne en toute innocence. La douceur et la gentillesse de Marie-José me subjuguent, elle est mon rayon de soleil. Un sourire éclatant illumine son visage toujours radieux. Sa grâce et son charme, son regard tendre et profond m'ont conquis et font vibrer mon cœur. Elle est ma princesse. Durant les grandes vacances, Marie-José qui habite un village voisin vient nous rendre visite. Son premier passage coïncide avec l'acquisition de notre piano. Avec beaucoup de simplicité et de spontanéité, elle s'y installe et nous offre un magnifique récital. Elle nous divertit un long moment avec ses prestations éblouissantes en nous interprétant quelques morceaux choisis de Mozart. Je suis ravi, subjugué par la pureté et la légèreté de cette musique. C'est la première fois que j'ai l'occasion d'assister à une telle démonstration. Mais quand je revois Marie-José quelques semaines plus tard, elle a changé. Elle paraît triste et se dit très déçue par l'accueil distant que ma famille lui a réservé. Suite à cela, je la perds de vue et regrette son absence. Tout naturellement ma désagréable impression de vide, mon mal-être, reviennent au galop. En revanche, elle a fait jaillir en moi une étincelle qui rapidement se transforme en véritable flamme, l'amour de la grande musique. J'acquiers la conviction que la musique est source du bonheur. Je mets fin à mes sorties champêtres et maltraite quotidiennement mon pauvre piano. Je ne possède aucune notion de solfège mais je compense mon immense ignorance par une certaine facilité à mémoriser une phrase musicale. Ainsi, quand j'entends à la TSF une de nos chansons populaires, je l'accompagne sans grande difficulté. Le piano devient mon fidèle compagnon et mon meilleur ami. Il pleure et chante avec moi, c'est selon mon état d'âme.

Dès cette époque, nos parents sollicitent Mademoiselle L. la gouvernante et sœur de monsieur le curé, de nous dispenser, à ma sœur et à moi, les premiers cours théoriques et pratiques. Cette sympathique demoiselle, d'une grande courtoisie, d'une extrême gentillesse et d'une patience à toute épreuve, nous donne les premiers cours de solfège. Elle sait être exigeante, voire sévère, mais elle m'ouvre des horizons nouveaux tout à fait insoupçonnés. Tout comme Marie-José, elle me fait aimer la musique. Elle sait exciter ma curiosité et je fais des progrès rapides. J'apprécie et me nourrit des délices qu'elle m'offre. J'entre davantage dans ce monde merveilleux qui berce mon cœur et fait chanter tout mon être. Combien je peux être en extase et transporté quand cette merveilleuse femme interprète avec sa profonde sensibilité des mélodies de Mozart, de Schubert ou une valse de Strauss. Après la Méthode Rose, nous attaquons les Classiques Favoris. Avec ma sœur nous interprétons fréquemment des morceaux à quatre mains pour le plus grand plaisir de nos voisins.

Après le repas dominical, il est de coutume que je m'installe durant deux heures au piano. Tout y passe, de la chanson française à la Volksmusik allemande et aux cantiques religieux. Les chansons populaires sont inscrites dans la mémoire collective. Fernande, notre chère voisine, me demande régulièrement un des derniers tubes allemands. Si je ne le connais pas, elle le passe sur son gramophone qu'elle met à pleine puissance et très souvent le miracle se produit. Je peux le rejouer à volonté. La mélodie est acquise. Je me familiarise aussi avec bon nombre d'airs populaires en écoutant tel voisin pousser la chansonnette pendant qu'il effectue les travaux à l'étable. C'est ainsi qu'un voisin, m'apprend la Madelon, pendant qu'il cueille des cerises.

— Achille, que siffles-tu depuis tout à l'heure ?

— Pourquoi ?

En insistant un peu, il me répondit :

— C'est la Madelon, la chanson des soldats, celle qui m'a permis de calmer le cafard, les longues soirées en Algérie. Pour qui ? Pour quoi, tout ça ? Je me le demande. Il eût mieux valu que je ne la connaisse pas. Elle me rappelle tellement de mauvais souvenirs. Vois-tu mon garçon, j'espère qu'elle ne fera pas mon malheur... qu'un jour elle ne m'amènera pas là où il n'y a plus, ni musique, ni chanson. Tu sais là où...

Il se tait brusquement et son visage s'assombrit. Il descend de son échelle tenant dans sa main un panier plein de cerises. Il m'en offre et je me régale.

— Dis-moi Achille, que voulais-tu dire toute à l'heure quand tu disais : d'aller trop loin ? Pourquoi es-tu si amer quand tu parles de la guerre ? Tu sais, mon Grand-père quand il parle de sa guerre, il paraît toujours si fier. Il me fait frémir lorsqu'il me raconte ses exploits.

— Pierre, ne compare pas ce qui n'est pas comparable. Je me demande ce que nous faisons là-bas, dans ce guêpier. Tout ce que j'espère, c'est qu'elle finisse rapidement et que j'en revienne entier. C'est une sale guerre. À la grâce de Dieu.

Prémonition ?

Plus tard, au retour d'une permission, notre malheureux Achille a été mortellement blessé, quelque part dans le djebel algérien. Les propos qu'il m'avait tenus me revinrent alors à l'esprit. Le jour de son inhumation, j'étais excessivement triste et effondré. Je me souvins aussi des cerises mais leur goût était devenu bien amer. La Madelon refaisait surface obsédante et cruelle au fond de mon cœur meurtri. Les larmes coulaient sans que je puisse les retenir. La salve d'adieu tirée par la garde d'honneur, la sonnerie aux morts, oh combien déchirante, les pleurs d'une mère inconsolable, l'immense chagrin des autres membres de la famille, m'avaient profondément bouleversé. La pauvre maman avait déjà perdu sa fille, Marie, emportée par une tuberculose pulmonaire. Sa souffrance était inexprimable. Le recueillement était sincère, profond, sacré. Les villageois étaient accablés de douleur face à la mort brutale d'un des leurs, un jeune homme respecté et choyé de tous. Qu'il repose en paix en cette terre qu'il a tant travaillée.

Dès lors je me posai beaucoup de questions : Pourquoi cette guerre ? Dans quel but ? Quelle folie meurtrière a permis un tel malheur ?

# Livre V
# L'hiver

## Le berger

Dès le mois de novembre, avec les premiers froids, prémices de l'hiver tout proche, j'attends avec plaisir le jour où le berger et son troupeau nous rendent visite. Le village s'anime brutalement. Environ deux cents bêtes le traversent et s'installent pour quelques semaines à deux mois sur le ban communal. Tableau épique que cette marrée mouvante et trépidante qui avance bêlant tandis que deux énormes chiens tournent autour afin de la maintenir groupée. La silhouette du berger me paraît énorme. Il porte un immense chapeau de feutre noir enfoncé sur la tête. Deux à trois élégantes plumes de faisan plantées telle des antennes sur le côté droit de ce couvre-chef s'agitent au gré du vent. Une touffe de poils de blaireau me rappelle un chapeau tyrolien. Une longue pèlerine noire tombe de ses larges épaules, l'enveloppe et le recouvre jusqu'aux chevilles. Une paire de bottes, d'où dépasse une peau de mouton retournée, montent jusqu'aux genoux telles des guêtres et assurent une bonne protection des pieds. Il avance, maniant à bout de bras sa houlette tel un tambour major son bâton. Il ne cesse de siffler d'une façon intempestive. Des coups forts, stridents, d'autres plus chevrotants, plus doux, sont autant d'ordres transmis à ses auxiliaires. Les deux chiens obéissants répondent instantanément à ses injonctions. Plus tard, j'ai pu admirer ce langage particulier et l'extrême complicité entre le maître et ses chiens. Le troupeau avance en ordre serré. Les brebis occupent toute la largeur de la rue, trottinent, bondissent légères et capricieuses, les têtes dodelinant donnent à cette masse ondulante l'impression de vagues successives venant mourir sur une grève. Les bêlements ininterrompus, les ordres lancés par le maître de cérémonie, quelques aboiements ou les grognements hargneux des chiens toujours à l'affût d'incartades de l'une ou l'autre de leurs protégées, confèrent à ce tableau une tonalité particulière. Une véritable cacophonie. Le troupeau glisse le long de la pente de la rue principale qui le mène jusqu'au pâturage sur l'ancien terrain de football situé au milieu du village. Il atteint son but, son bivouac pour la prochaine nuit. Après le passage du troupeau, la rue reste maculée d'innombrables petites crottes, elles se répandent partout et noircissent la chaussée. Personne ne s'en offusque jamais. Au contraire, si la concentration de ces traces est importante, je peux assister à un autre ballet, celui des habitants armés d'un balai et d'une pelle. Ils s'activent avec frénésie, les ramassent pour les épandre aussitôt dans le jardin entourant leur maison. Ce riche engrais tombe du ciel comme autrefois la manne. Il est fort apprécié par les quelques rares villageois qui ne possèdent pas de bêtes et n'ont donc pas de fumier. D'une façon générale cet apport fait parti du contrat que les propriétaires terriens signent avec le berger. Les paysans mettent leurs prés et leurs champs à sa disposition, en contrepartie, ce dernier parque les bêtes sur les terres désignées afin de bien les engraisser. Le berger reçoit aussi le couvert et plus tard se fera rémunérer par certains. Pour la nuit, les bêtes sont parquées dans un enclos, une suite d'armatures, des barrières dressées avec des lattes plus ou moins serrées et fixées par des piquets en métal. En général, le berger passe la nuit dans sa roulotte spartiate et monte ainsi la garde, proche de son troupeau et prêt à intervenir dès le moindre problème. Pour cette nuit, il se contentera de la grange du voisin, le terrain de football n'est qu'une courte étape. Dès le lendemain matin il quitte le village et mène son troupeau à travers le ban, de champ en champ, de pré en pré, chaque fois qu'il en a épuisé le pâturage. La traversée du territoire communal dure ainsi quelques semaines, puis il part vers d'autres horizons. D'abord dans des communes voisines où l'herbe est plus grasse et plus abondante, pour plus tard aller toujours plus loin, jusqu'à quitter la région.

Il m'arrive, lors de mes sorties champêtres de côtoyer le berger. Je l'aime, malgré son air bourru. Il est peu bavard. J'ai toujours l'impression qu'il se sent mieux auprès de ses fidèles amies, entouré de la solitude de la campagne, qu'en compagnie des gens. Pourtant le personnage me fascine. Rien que sa silhouette impressionnante pousse au respect et à la considération. Je le surprends souvent penché en avant, le menton reposé sur les deux mains croisées, serrées sur la houlette, le regard perdu dans le lointain. Néanmoins, il enregistre le moindre écart d'une brebis fugueuse. L'ordre claque alors, court, précis, tonitruant. Le chien à ses pieds se lève et file tel le vent courir après l'incorrigible rebelle pour la ramener dans le bon chemin. Ou au contraire, si le chien traîne plus loin, qu'il s'est écarté du troupeau, l'ordre lui est transmis par des sifflements. Il l'exécute avec entrain et précision. Je suis certain qu'il comprend fort bien le rôle essentiel que son maître lui fait tenir. Au départ, ce chien, de race indéterminée, avec sa robe noire, son énorme moustache, sa forte taille, me fait peur. Il dégage une incroyable impression de puissance quand il poursuit une brebis, qu'il accroche ses crocs dans l'épais manteau laineux et, pourtant, il n'en a jamais mordu ni blessé. Son regard vif et brillant enregistre les moindres mouvements suspects du troupeau. Mais en fin de compte, je l'aime bien. Je pense que cet amour est partagé. Après la méfiance des premiers contacts, il me témoigne son affection dès mon approche et sollicite mes caresses dont je ne suis jamais avare.

Le berger m'apprécie fort, il aime mon silence, ma retenue, quand nous nous tenons cois côte à côte, chacun perdu dans ses pensées. Je l'observe, j'étudie et j'admire son visage allongé, anguleux, au menton carré, volontaire, sa peau ravinée par la pluie, le vent, la neige et le soleil. Il respire la santé malgré une barbe de plusieurs jours. Les cheveux hirsutes et crasseux dépassent de son large chapeau et lui donnent l'air d'un homme dur, un homme de la nature. Il est le reflet, à l'image de ce monde qui l'entoure. D'ailleurs, son regard droit, profond, direct, ses yeux brun foncé, ses énormes sourcils ébouriffés confirment le côté vrai et entier du personnage. Vue de loin, sa silhouette me fait penser à un arbre profondément enraciné. Il est planté là, tel un chêne en hiver au milieu de ses semblables pour les protéger et leur inspirer confiance. De temps en temps, il me raconte quelques anecdotes, souvent truculentes de sa vie pastorale, de son amour du grand air, du sentiment de totale liberté dont il est habité. Il insiste aussi sur le dur labeur que représente le fait de s'occuper de deux cents brebis. Il m'apprend que dès la fin du printemps, il est obligé de rechercher de grandes étendues d'herbes fraîches. Il part alors en transhumance, quitte la région par étapes successives et rejoint la Meuse où il séjourne en été. Plus tard, ce transfert se faisait par rail, ce qui lui évite de longues fatigues et représente des peines en moins. En revanche, à la fin octobre, il refait le chemin inverse pour que l'agnelage puisse se faire à la bergerie. Il se fait entre les mois de décembre et février, après cinq mois de gestation. Il tient à cette garantie pour que les mères et les jeunes retrouvent un toit et qu'il puisse les surveiller au mieux en intervenant rapidement dès le moindre problème.

Un jour, il me fait l'honneur d'une visite de sa bergerie. Dès l'entrée, je suis impressionné, subjugué par la vie qui s'étale à mes pieds. Les agneaux, fragiles, au regard étonné dans leur robe blanche, gambadent capricieux à travers le refuge. Les cris, les bêlements sont assourdissants. Je me demande comment toutes ces mères peuvent reconnaître leur rejeton. Monsieur Urban les maintient à l'abri, le temps du sevrage. Dans le lot, il y en a quatre ou cinq portant une robe noire anthracite qui jurent par rapport à leurs congénères de la race des mérinos de l'Est. Un peu plus loin, dans un réduit, la bergère s'occupe à fabriquer le fromage. Ce n'est pas la préoccupation première, il sert à la consommation personnelle et à quelques privilégiés de la famille.

De retour dans les champs, je plains souvent le pâtre dormant la nuit dans sa roulotte et le froid, tandis que je profite d'un lit chaud et bien douillet. Ou alors quand un orage s'abat sur le troupeau et paralyse les bêtes tétanisées par le tonnerre et la pluie battante ou encore durant ces longues périodes de pluie qui infiltrent hommes et bêtes. Mon courageux pasteur se retrouve trempé jusqu'aux os, malgré son immense manteau sensé le protéger. En hiver, il ne se permet que rarement de faire un feu auprès duquel il peut se réchauffer. Un jour, assis côte à côte autour d'un tel feu, nous partageons le déjeuner. Les tranches de lard, les saucisses de foie sont délicieuses et ont cette saveur particulière de la campagne.

Quant à sa philosophie elle se réduit en un mot, le travail. J'apprécie son discours quand il m'explique la beauté, l'immense générosité de la nature. Pour lui, il est évident que la richesse n'est pas à chercher dans le cumul des biens matériels, ni dans l'argent, elle se situe ailleurs, dans le cœur de chacun. Je me retrouve en totale harmonie avec lui qui vit plongé au sein de cette atmosphère silencieuse de la campagne profonde. Un brin poète, il s'extasie devant le soleil couchant au moment où il disparaît derrière une colline. Je garde dans ma mémoire cet instant magique où le carillon lointain nous annonce l'heure de l'Angélus. Sa mélodie douce et tendre est sa berceuse, me dit-il, en ôtant son chapeau pour la première fois de la journée, il se recueille un court instant. Ce roc a conquis mon cœur, par sa simplicité, la vérité de sa personnalité, tout en se cachant derrière une carapace rude, un caractère trempé, celui d'un meneur d'hommes. Par la suite, j'ai appris qu'il a été élu premier magistrat de son village natal. Cela ne me surprend guère. Ce n'est que justice !

Mais pour lui commence une période excessivement pénible durant laquelle il doit affronter, le froid, la neige et le terrible vent d'est qui fige tout sur son passage. Je songe souvent à ce berger qui affronte vaillant et stoïque les rigueurs de cette saison hiémale.

## La vie en hiver

Quand le général hiver prend quartier, notre village se transforme en dortoir. Les quelques pâles rayons de soleil n'invitent guère à sortir et à affronter le froid. Il tombe souvent entre cinquante et soixante centimètres de neige et le thermomètre affiche des températures de -10 °C. Toutes les activités sont arrêtées ou tournent au ralenti. Les hivers sont encore rigoureux. Naturellement le paysan continue à fourrager régulièrement les bêtes et la réserve de paille, de foin et de betteraves fond à vue d'œil. La traite se fait à heures fixes, mais de temps en temps la collecte du lait pose problème. Le camion de ramassage n'arrive pas toujours à se frayer un passage sur les routes enneigées et glissantes. Les cantonniers s'efforcent à grand renfort de schnaps et d'huile de coude d'aménager des passages pour les seuls piétons afin que les ménagères puissent aller au ravitaillement. Nous n'avons à notre disposition qu'une seule épicerie qui fait en même temps mercerie, voire quincaillerie.

### *Le pain de grand-mère*

Mais d'une manière générale les paysans font leur pain eux-mêmes et la plupart disposent d'un four à bois attenant à la cuisine. Celui de Grand-père est une construction en dur avec un foyer en pierres réfractaires. Lors des froids sibériens le four à pain peut servir de chauffage d'appoint.

Notre grand-mère décrète le vendredi comme la journée du pain. Je m'en réjouis, car c'est aussi l'heureux présage de futurs gâteaux et d'autres viennoiseries. Pour ce faire, elle dispose d'un grand pétrin en bois qu'elle place sur deux chaises à la cuisine. Aidée par Grand-père elle l'installe le matin et débute par le mélange adéquat de farine, d'eau, de sel et de levain, un reste de pâte de la précédente fournée. Elle incorpore, triture, pétrit tous ces ingrédients de base jusqu'à ce que la pâte ait belle allure. Travail dur, éprouvant et délicat, le brassage ne doit être ni trop fort ni trop mou. Seul un pétrissage subtil rend la pâte onctueuse, homogène et bien aérée. Pliée en deux, penchée par-dessus le pétrin, Grand-mère malaxe la pâte, la roule autour des poignets, la décolle du fond du pétrin pour la laisser retomber afin de bien l'assouplir. Elle ajoute de-ci de-là une pincée de farine ou plus rarement une giclée d'eau. La pâte est prête si elle se laisse étirer sans se rompre et qu'elle ne colle plus, ni aux mains ni au pétrin.

Les avant-bras, les bras, la colonne cervicale et le bas du dos supportent l'effort et les contraintes. De temps en temps, Oma se redresse, se penche en arrière et fait quelques mouvements d'assouplissement avant de retourner hardiment à la besogne. Puis elle laisse reposer durant quelques heures, la pâte dont l'odeur douce et insistante se répand à travers la maison. Quand elle juge que la pâte a assez levé, elle la découpe à l'aide d'un racloir pour confectionner les miches. Elle les répartit dans des corbeilles qu'elle a au préalable saupoudrées de farine et les recouvre individuellement d'un linge propre afin de leur conserver la chaleur. Il suffit d'attendre et de patienter. Le miracle se produit, la pâte lève à nouveau et la miche prend forme. Mais pour que tout se passe correctement il faut que la température de la cuisine reste constante. Gare à nous, si nous rentrons ou sortons trop souvent, et surtout, si nous oublions de refermer la porte derrière nous. Alors, Grand-mère fulmine et perd sa patience légendaire.

Quand elle est malade ou occupée à d'autres travaux urgents, elle passe le relais à Marraine. Cette dernière semble s'épuiser davantage à la tâche pour un résultat final souvent de moindre qualité, la pâte n'atteint pas le même degré de perfection. Problème de coup de main et de savoir-faire.

Pendant ce temps, Grand-père et moi allumons le four avec des brindilles et du petit bois que j'ai préparé. Opa ajoute des sarments de vigne, des fagots confectionnés lors de l'élagage des arbres fruitiers au printemps ou des restes d'une coupe de bois faite l'hiver précédent. Peu à peu le feu gagne en puissance. Puis Grand-père le ravitaille en grosses bûches qu'il place tout au fond et en périphérie du foyer. Grand-mère nous surveille d'un œil attentif, elle seule décide si la température du four est correcte ou non. J'ai noté son geste répétitif quand elle met sa main à l'entrée du four pour en apprécier la chaleur. Elle ne se sert jamais de thermomètre. Tout est dans le toucher et dans le regard. De temps en temps, à l'aide d'un ringard, elle attise les braises et les répartit d'une façon homogène sur le socle. Les grosses bûches se consument allégrement et de vigoureuses flammes lèchent le haut du four. Avec la montée en température, les pierres réfractaires changent progressivement de couleur et pâlissent au fur et à mesure qu'elles emmagasinent la chaleur. Une fois qu'elles ont la couleur de cire blanche, que la voûte brille et renvoie des reflets nacrés, la température adéquate est atteinte.

À partir de ce moment, il faut faire vite afin d'éviter une trop grande déperdition de chaleur. Oma se saisit du racloir accroché le long du mur et en des mouvements précis racle et ramasse les braises. Elle les fait tomber dans une bassine en métal placée à l'entrée du four et les asperge d'eau. Elles grésillent et dégagent de la vapeur d'eau en se transformant rapidement en un excellent charbon de bois. Tout aussi rapidement, à l'aide d'un écouvillon, un vieux manche à balai auquel elle a fixé un grand paquet de chiffons humides, elle nettoie le socle du four. Précaution indispensable si elle veut du pain propre non noirci par un restant de braise ou de cendre. Le four est enfin prêt à recevoir les miches. Elle se sert alors d'une grande pelle plate rectangulaire dont la tête prend appui sur le rebord du tiroir-cendrier et son manche sur un trépied. Elle la saupoudre d'une bonne poignée de farine avant d'y renverser les paniers où dort la pâte. Elle y place deux miches, les enfourne d'un geste rapide et précis en les projetant vers le centre du four. À partir de ce moment, elle en surveille la cuisson d'un œil attentif. À travers le gros judas en verre trempé incrusté dans la portière du four, je peux observer la métamorphose de la pâte en pain. La croûte gonfle, chante en se craquelant doucement et prend une belle couleur dorée. Toute la maison sent bon le pain frais. Un moment magique.

Le pain qui sort du four traduit parfois l'état d'âme de la boulangère. Le jour où tout va bien, la miche se présente haute et épanouie. En revanche, les jours de tension, où l'orage gronde et où tout va mal, le pain est moins réussi, plus pâle et plus dur. La mie reste compacte et n'a pas la souplesse ni le côté aéré de celle des jours heureux.

### *La tarte flambée*

Pour le repas de midi, Grand-mère nous prépare des tartes flambées avec une partie de la pâte qu'elle a mise de côté. Une fois la pâte roulée, aplatie très finement, amincie à quelques millimètres d'épaisseur, Grand-mère y étale du fromage blanc très crémeux ou simplement de la crème fraîche qu'elle couvre de rondelles d'oignons coupées en fines lamelles et d'une poignée de lardons. Puis le tout passe au four. La pâte durcit, le fromage blanc noircit par endroits, les lardons fondent et les oignons dorent. Après quelques minutes de cuisson, elle est servie, découpée en quatre ou en huit portions. Nous la mangeons sans fourchette ni couteau. On enroule la portion sur elle-même et on y mord à pleines dents. Tant pis si la crème en déborde et coule le long des babines. Le vin de l'année accompagne ce repas simple mais tellement bon.

Pour clore le repas, Oma sert des tartes sucrées. Elle remplace alors les lardons et les oignons par de fines tranches de pommes ou de poires qu'elle saupoudre de sucre en poudre. Parfois elle se contente d'ajouter une fine couche de cannelle en poudre mélangée au sucre-glace. Une première série est réservée aux adultes. Dès la sortie du four, elle les arrose d'un verre de kirsch ou de mirabelle et les flambe. Les flammèches bleutées éphémères dansent et se consument rapidement en dégageant de subtils arômes où se mélange l'essence de mirabelle et de pain grillé. La dernière série s'adresse spécialement aux enfants. Cette tarte a la douceur du nectar, une saveur de miel, le délice absolu. Ma brave grand-mère ne lésine jamais sur les portions, chacun peut se servir à volonté. Malheureusement, étant diabétique, elle est obligée de se priver de cette gourmandise. Mais de temps en temps, elle ne peut résister et en prend une bouchée en cachette. Je suis peiné pour elle et j'admire son abnégation.

Les tartes sont souvent l'occasion de remercier tel voisin ou telle voisine. Grand-père les invite alors à partager ce repas. De nos jours encore, les tartes flambées restent un mets de choix et un moment convivial sans pareil.

En clôture de cette journée du pain, elle prépare et confectionne les gâteaux du dimanche, tantôt un kugelhof, tantôt une couronne ou une brioche. C'est toujours excellent. Je suis privilégié d'être ainsi gâté et de pouvoir goûter à cette pâtisserie qui restera la meilleure pour la vie.

L'honneur d'entamer une nouvelle miche revient à Grand-père. Le rituel est toujours le même. Il la saisit de la main gauche, la colle contre sa poitrine et, de sa main droite, à l'aide d'un couteau à longue lame fine, la marque d'un signe de croix tout en disant :

« Donnez du pain, à ceux qui n'en ont pas », puis en coupe de fines tranches.

Un respect quasi religieux du pain nous a été inculqué tout autant par nos parents que par nos grands-parents. Il est interdit d'en gaspiller ou d'en jeter le moindre morceau.

D'ailleurs, ces derniers respectent une autre coutume issue de la nuit des temps. À chaque repas, ils ajoutent un couvert qui symbolise l'assiette réservée à l'inconnu de passage cherchant de quoi manger ou demandant l'aumône.

À ce propos, je me souviens d'avoir peiné ma chère grand-mère. Nous dégustons un lapin rôti ce jour-là. Trop paresseux pour me lever, je dépose les os sur cette fameuse assiette. La réaction d'Oma est immédiate :

— C'est ça que tu laisses à ceux qui ont faim ? Tu n'as pas honte ?

Effectivement j'en ai honte et jamais plus je n'ai refait ce geste. Elle était ainsi ma douce et adorée grand-mère.

En été, période de lourds travaux des champs, Grand-père rentre à neuf heures tapantes et se coupe une fine tranche de ce pain. Il y verse de la crème fraîche toujours disponible, y étale une bonne couche de sucre en poudre et l'arrose avec quelques gouttes d'eau-de-vie. Il la coupe en son milieu, la replie et la mange avec bon appétit :

« On mange comme on travaille… ». Affirme-t-il !

Après réflexion, c'est son kérosène à lui, son super. Il se sent revigoré et repart d'un bon pied à son travail. Les nutritionnistes de nos jours en feront une crise d'apoplexie. Mais Grand-père, rien qu'à considérer la pénibilité de son travail au besoin calorique conséquent, a de larges circonstances atténuantes.

Je ne pourrais les oublier, ces doux moments de convivialité autour des tartes flambées. Instants de bonheur simple et profond, ne fût-ce qu'à travers le formidable bouquet de saveurs. C'était un régal.

Chaque ménagère avait sa recette personnelle. Même si la base restait la même, le savoir-faire, la chaleur du four, bref beaucoup de détails faisaient que le goût et l'aspect changeaient d'une ferme à l'autre. Celle de Grand-mère était évidemment la meilleure du village !

## Les travaux d'hiver

### *L'atelier du grand-père*

L'hiver est la période où Grand-père s'adonne à différents travaux, ceux, non urgents, qu'il reporte l'année durant par manque de temps. Il vérifie et répare alors les harnais, les lanières en cuir, les diverses courroies de transmission. Ou bien, il découpe inlassablement des bardeaux dans des bûches de pin spécialement sélectionnées pour cet usage. Elles serviront à renforcer l'étanchéité des toits. Il passe donc ses journées dans son atelier. Je me trouve bien dans cette caverne d'Ali Baba où néanmoins chaque outil a sa place bien définie. Enfant, je suis subjugué par la diversité des marteaux, pinces ou ciseaux et rabots de toutes tailles et de toutes formes… Que d'outils et d'instruments divers. Tous les métiers s'y donnent rendez-vous, du menuisier au ferblantier, en passant par le cordonnier et j'en passe… Je suis un compagnon assidu et très intéressé. Je ne cesse de l'interroger :

— Pourquoi tu le fais de cette façon ? Pourquoi prends-tu ce ciseau et non pas l'autre ? Pourquoi ce marteau… et ainsi de suite…

Il ne m'a jamais rabroué ni renvoyé. Il accepte avec amour et grande patience toutes mes questions. J'éprouve un réel plaisir à bricoler et à me servir de certains outils. Je passe des heures inoubliables dans cet endroit magique. Je taille des personnages ou confectionne divers objets en bois. Certes, il m'arrive de me taper sur les doigts ou de m'écorcher les mains, mais sans jamais me plaindre, de peur que Grand-père ne me confisque mes « jouets ». Ces moments sont encore plus exquis, quand dehors il neige et qu'à l'intérieur règne une bonne chaleur. Pour chauffer les lieux, nous nous servons du foyer de l'alambic provisoirement recouvert d'une plaque métallique. Les flammes claires et vivantes dévorent les énormes bûches qui se consument trop rapidement. Une grande impression de calme se dégage de ce lieu magique. Les gros flocons battent contre la vitre sale à travers laquelle la clarté d'un jour d'hiver pénètre difficilement et n'apporte que peu de lumière. Un mélange subtil d'odeurs de graisse, de bois sec, de vieille ferraille a pris possession des lieux.

J'aime beaucoup quand Opa travaille le fer. Il commence par allumer la forge, quelques brindilles et un vieux journal suffisent pour embraser le charbon de bois que j'attise en maniant le soufflet. Plus je tire fort, plus le foyer crache ses étincelles. Je m'amuse à les faire décoller le plus haut possible. Grand-père n'apprécie pas toujours. Quand il juge la température du foyer adéquate, il enfonce au cœur des braises, le fer à cheval ou le soc de la charrue à façonner. J'observe avec curiosité comment ce métal chauffé vire du rouge à l'incandescence. À ce moment, à l'aide d'une grosse pince plate munie d'un manche très long il retire la pièce, la place sur l'enclume et à l'aide d'un lourd marteau tape et façonne le métal ainsi rougi. Il fait chanter l'enclume en y laissant rebondir le marteau. Il poursuit par d'autres coups toujours aussi puissants qui écrasent, et aplatissent le métal.

J'admire la précision et la force avec laquelle Opa travaille le fer. À plusieurs reprises, il le replonge dans le foyer. Quand la pièce a la forme et les dimensions requises, il la trempe dans un seau d'eau toujours placé à ses côtés. La pièce ainsi trempée et refroidie brutalement, gagne en résistance. Le soc de charrue terminé, il le passe à la meule à aiguiser. Elle est en grès rouge et a la taille d'un gros gruyère. Je la tourne à vitesse régulière, sans à coups, selon les indications de Grand-père. C'est fatiguant à la longue. Ainsi, le soc se transforme en véritable lame de rasoir prête à découper la terre durant le labour.

### *Le bois*

Tous les ans en hiver Grand-père renouvelle son stock de bois de chauffage. C'est en général vers la fin du printemps qu'une adjudication se tient dans une des auberges du village, l'occasion de se retrouver entre copains autour d'une chopine ou d'un verre de vin. De temps en temps, certains paysans des villages voisins tentent leur chance en espérant acquérir un lot pas trop cher. Lors des enchères, ils sont considérés comme des intrus, voire des concurrents. L'agent de l'ONF mène les débats et a souvent fort à faire pour calmer les esprits qui s'échauffent facilement, l'alcool aidant. Un tohu-bohu inimaginable règne dans le local trop exigu pour contenir tout ce monde excité et bouillonnant. Des discussions enflammées montent de certaines tables, elles peuvent devenir violentes. Certains consommateurs en viennent presque aux mains. Le motif de ce charivari est toujours le même : se mettre d'accord sur le prix à payer pour enlever et ramener le bois hors de la forêt. Les futurs bûcherons s'adressent de préférence aux paysans qui possèdent des chevaux. Ignace, avec ses deux percherons, est le plus sollicité. Quand bien même son rôle de débardeur ne lui convient pas, à cause du retard que prennent les travaux des champs, il peut difficilement s'y soustraire. La demande est si pressante qu'il peut imposer son prix et en l'absence de toute concurrence il fait la pluie et le beau temps. Et naturellement la somme exigée varie selon le client. Cependant le paiement ne se fait pas toujours en espèces sonnantes et trébuchantes mais en heures de travail. Les plus chanceux sont ceux qui peuvent lui prêter une machine dont il a besoin. Ainsi, quand Grand-père l'a sollicité, il lui suggère en échange de venir battre son blé à l'aide de notre batteuse. Un autre voisin s'est proposé de lui façonner son bois en contrepartie du transport. Je constate que les paysans peuvent être très durs entre eux et qu'ils ont le sens inné du commerce. Ce n'est pas forcément par ladrerie mais bel et bien par manque de sou. Certains peuvent posséder un patrimoine foncier important sans pour autant avoir de l'argent facilement disponible.

Dans le lot, quelques-uns profitent généralement de cette rencontre fortuite pour se chercher querelle et déterrer de très vieilles rancœurs. D'autres, par pure malice font des sous-entendus plus ou moins justifiés, plus ou moins vrais, pour attiser le feu qui couve. La haine entre les deux belligérants monte d'un cran. Les plus malins vont jusqu'à provoquer ce type d'incident pour en tirer parti, et pendant que d'autres s'attardent dans des discussions stériles, jouent au justicier et analysent le bien-fondé de ces querelles stupides, ils en profitent pour freiner l'envolée des enchères et acquérir un bois bon marché. À d'autres moments, un des participants surenchérit rien que pour embêter le concurrent qui a eu l'audace de le contrer lors d'une adjudication précédente. Le paysan n'oublie jamais ! À ce sujet, je me souviens d'une anecdote bien piquante et malheureuse survenue l'année où apparut le franc lourd. Ce cher Henry, un vieux garçon qui vit en dehors de son temps est un brave paysan. Incapable de faire la différence entre les nouveaux et les anciens francs, il acquit son bois à un prix exorbitant. L'incident a tellement interpellé les agents de l'ONF qu'ils ont failli annuler l'adjudication mais heureusement ils ont trouvé un modus vivendi acceptable pour tous.

Ces réunions se terminent souvent très tard dans la nuit et on se demande comment certains poivrots retrouvent le chemin du retour. Le vieux Louis est le plus habitué de ce genre de frasques. Une ou deux âmes charitables lui servent alors de soutien et de béquille jusque devant la ferme où elles l'abandonnent à son triste sort. Sa Louise armée du balai l'attend derrière la porte. Elle justifie le dérapage passager de son pauvre mari par son sens excessif de la bonne camaraderie : il ne peut jamais dire non à ses copains. Dès lors l'incident meuble les conversations des semaines durant, tandis que l'intéressé évite tout contact avec les collègues durant un bon bout de temps.

Les prix sont forcément toujours trop élevés. Les gens du village se montrent très solidaires, font bloc et tentent avec plus ou moins de bonheur de les maintenir au plus bas. Pour arriver à leur fin ils mettent en œuvre tous les moyens possibles. Les arguments sont nombreux et plus ou moins de bonne foi. S'ils ne critiquent pas la qualité du bois, ils se rabattent sur les difficultés qu'ils rencontrent pour accéder à la coupe. Ils mettent en avant l'état délabré des chemins d'accès rendant le débardage très difficile. Mais en règle générale, ils dénigrent la qualité du bois :

— Monsieur l'agent votre bois est pourri, il est criblé d'éclats de grenade et d'obus. De ce fait il devient impossible à travailler, nous détériorons trop de matériel. Les scies sont rapidement faussées et les haches systématiquement éraillées. À la limite c'est donc un service que nous vous rendons, car aucun professionnel ne viendra s'intéresser à votre coupe.

De temps en temps l'argument fait mouche. La coupe est déclassée et sortie du lot pour être vendue à part. La malice paysanne n'est pas un vain mot.

Durant les vacances scolaires de Noël, après deux jours occupés à distiller le schnaps, nous partons régulièrement en forêt pour bûcheronner. Dans son atelier, de longues heures durant, Grand-père prépare le matériel. Sa première préoccupation est d'affûter les scies. Travail long et fastidieux.

Il se sert d'une lime triangulaire en la maintenant fermement des deux mains puis se penche en avant afin de respecter le bon angle d'attaque et la passe d'un geste précis sur le côté de chaque dent. Ce faisant, il déclenche un bruit métallique pareil à celui d'un archet de violon malmené par un débutant. Je déteste ce crissement aigu. Il me transperce et me donne la chair de poule. Arrivé au bout de la lame il la retourne, la fixe à nouveau dans l'étau et poursuit les mêmes gestes. Le résultat est étonnant, chaque dent devient tranchante comme une lame de rasoir et scintille à la lumière. Ce travail exige un coup de main expert. J'ignore comment Grand-père a acquis une telle dextérité. Il ne suffit pas d'aiguiser, encore faut-il que la scie ne dévie pas de sa trajectoire, que le trait reste uniforme et le plus rectiligne possible. Pour ce faire, les dents de la scie doivent être parfaitement alignées et surtout qu'elles s'écartent de la ligne médiane selon un angle très précis et régulier, cette manipulation s'appelle : l'avoyage. Il se sert d'une pince spéciale pour orienter ainsi chaque dent. C'est un travail de haute précision. Néanmoins une scie bien affûtée et correctement avoyée facilite le travail.

Je vois mon grand-père très concentré sur sa besogne. Il parle peu, ôte et remet ses lunettes pour vérifier machinalement à l'aide de son pouce la qualité de l'affûtage.

Après les scies il prépare les haches, la machette, les coins et les masses dont le manche est examiné d'un œil critique. À mon tour j'entre en action pour tourner l'immense meule à aiguiser. À la longue, le travail m'épuise car la vitesse de rotation doit rester constante, malgré l'appui plus ou moins vigoureux qu'exerce Grand-père. Opa ronchonne systématiquement si je provoque des arrêts ou des soubresauts.

Vient enfin le grand jour du départ en forêt. Marraine prépare le ravitaillement. La corbeille est toujours bien garnie : lard, côtelettes, saucissons, épices, le cruchon de vin, la fiole de schnaps, des pommes, des quetsches séchées, l'énorme miche de pain frais bien croustillant. Pour moi, elle n'oublie jamais une ou deux friandises. Le café, un mélange de malt, de chicorée et de rares grains nobles, ne peut manquer. Elle le fait bouillir un long moment avant le départ, puis le verse dans une bouteille qu'elle place dans le bidon du lait, c'est notre bouteille thermos. Pendant ce temps, je ramasse de vieux journaux, prépare du petit-bois, une couverture et deux sacs de foin pour « Blanck » notre vache. Après une dernière inspection, Grand-père donne le signal du départ et notre fidèle Blanck démarre par un violent coup de collier.

C'est en 1954. Il fait froid cette année-là. Le sol est gelé, le vent du nord souffle fort laissant prévoir un travail dangereux. Nous n'avançons pas vite. Au bout d'une bonne demi-heure nous arrivons sur place. Mon premier souci est de protéger la vache du vent et du froid. Une fois dételée, je la recouvre de la couverture. Dans la foulée, j'étale une brassée de foin au pied d'un chêne, elle s'y précipite. Elle semble vivement apprécier la situation et se met à ruminer. « Waldi » ivre de liberté, tourne tel un fou, le museau collé au sol pour renifler les traces de gibier. Pendant que Père décharge la charrette, Grand-père débite à la cognée un jeune hêtre sec sur pied pour alimenter le futur foyer. À l'aide des journaux et du petit-bois, je réussis à allumer un grand feu. De belles flammes, hautes et claires, attisées par le vent dégagent les premières volutes d'une agréable chaleur. Le travail peut commencer. Mon père attaque un hêtre énorme au tronc large et rectiligne dont la couronne se déploie majestueusement. Il donnera un excellent bois de chauffage riche en calories.

La technique d'abattage obéit à des règles rigoureuses auxquelles il vaut mieux se plier par prudence et pour plus d'efficacité. En premier lieu, il s'agit de déterminer l'axe de chute de l'arbre à abattre. Dans le cas présent, la décision est évidente vu qu'il penche spontanément dans la bonne direction et qu'il ne risque guère d'accrocher d'autres cimes ou d'occasionner trop de dégâts au niveau de la repousse. En quelques coups rageurs de cognée mon père entaille rapidement la base du tronc. Les coups sont précis, la blessure franche et l'entaille de plus en plus profonde. Les copeaux se détachent, volent et dansent autour de lui. J'admire la dextérité de Papa qui semble en pleine forme, heureux de cette débauche physique. Une fois terminée, l'entaille a la forme d'un coin. Le moment est arrivé de mettre en place, à l'aide de Grand-père la « passe-partout », une grande lame armée d'énormes dents tranchantes. Elle se termine à chaque extrémité par un manche servant de poignée. Grand-père et Papa, l'un à droite, l'autre à gauche, se saisissent de la scie qu'ils placent au fond de l'entaille. Puis, pliés en deux, un genou à terre, ils commencent alors un va-et-vient hésitant et heurté avant de trouver le bon rythme. Pendant que l'un tire de toutes ses forces, l'autre se contente de guider la scie. Le mouvement alternatif devient rapidement synchrone et harmonieux. Grand-père lâche un « hun » régulier et donne la cadence. Ils ne parlent pas. La lame meurtrière qui mord l'épaisseur du hêtre parvient rapidement en son centre. Alors mon père enfonce, à l'aide de la masse, deux coins dans le trait de scie réalisé. Ces derniers empêchent la lame de se coincer sous le poids du tronc. Ils reprennent alors le va-et-vient régulier. De temps en temps, ils jettent un coup d'œil à la cime du hêtre blessé à mort qui commence à vaciller. Après quelques coups de scie supplémentaires, nos deux bûcherons se relèvent pour analyser la situation. Puis mon père reprend la cognée et continue à élargir l'entaille. Le vent aidant, l'arbre se déstabilise rapidement et penche de plus en plus dans la direction souhaitée. Des craquements se font entendre, semblables aux gémissements d'un animal à l'agonie. Après les derniers coups de cognée, il s'abat dans un énorme fracas. Dans sa chute il plie quelques jeunes hêtres graciles, écrase des pousses de charmes, des buissons et des haies de ronces sauvages envahissant le sous-bois. Le crime est consommé. Au moment de la chute, un bruit terrifiant envahit la forêt et couvre le soupir du vent courant à travers les cimes dénudées. La vache fort effrayée tire de toutes ses forces sur sa longe et lâche un meuglement craintif puis se calme rapidement.

Mon père décide de faire une petite pause afin de se réchauffer, s'installe près du feu et se sert un bol de café bien chaud. Grand Père en profite pour couper une tranche de lard qu'il avale en l'accompagnant d'une gorgée de vin de son tonneau. Il semble bien l'apprécier. De mon côté je commence par couper quelques branches mortes que j'ai repérées à la base du tronc. Elles alimentent le feu déjà bien vaillant. Les adultes se remettent rapidement au travail, élaguent le tronc à l'aide de la cognée. Arrivés à la croisée des grosses branches, ils les scient avec la « passe-partout ». Ce travail de nettoyage achevé, le tronc et les grosses branches dénudés, je les marque à l'aide d'un gabarit pourvu aux deux extrémités de pointes acérées pour faire la griffe. Ces repères facilitent le tronçonnage régulier des bûches. Nous continuons ainsi à scier, couper et fendre durant toute la matinée.

Vers midi, Grand-père me demande de préparer un deuxième foyer pour faire la popote, le premier étant nettement trop intense pour que l'on puisse s'en approcher. Je pars à la recherche de grosses pierres que je dispose en demi-cercle et à l'aide de la pelle j'y transvase quelques braises. Le feu repart rapidement et chauffe les pierres servant de réchaud. Je dépose par-dessus le foyer une plaque en fonte pour griller le lard et chauffer une marmite. Marraine nous rejoint à ce moment-là. Elle apporte un bidon rempli de soupe de haricots dans laquelle baignent quelques saucissons faits maison. Elle est satisfaite de mes préparatifs. Je l'aide à rouler trois gros rondins que nous disposons en cercle autour du foyer. Dix minutes plus tard, nous pouvons commencer à manger, la soupe est chaude. À l'aide d'une grosse louche, marraine nous la sert brûlante dans des bols en terre cuite. Du coup, les odeurs et les senteurs de la forêt s'effacent pour laisser place aux effluves agréables des haricots et des saucisses. Si au départ le bol brûle la paume des mains, rapidement son toucher me remplit d'une douce et réconfortante sensation de chaleur. Mais mes doigts gourds et gelés sont pris d'une désagréable et pénible onglée. Je ne me plains pas et cache ma peine. Mais ma chère marraine remarque ma souffrance. Elle prend mes menottes, les frotte avec vigueur entre ses mains et comme par enchantement toute gêne s'envole. Elle est douce, gentille et prévenante ma marraine. Opa alors me taquine gentiment et me rappelle avoir souffert davantage du froid sur le front russe. Il en a d'ailleurs gardé des séquelles douloureuses. À chaque pied deux à trois orteils ont gelé à tel point qu'il se retrouve au lazaret où le chirurgien a failli l'amputer. La soupe chaude fait merveille, une chaleur agréable parcourt le corps entier. Pendant que nous absorbons notre breuvage aux arômes exquis, Marraine découpe de fines tranches de lard qu'elle dépose sur la grille. Elles se mettent à chanter, à grésiller et à baver la graisse qui en coulant sur le foyer ravive les flammes. Grand-père demande à Marraine d'ajouter quelques œufs frais brouillés à la poêle. Le froid, le vent, l'air pur, l'impression de liberté, ont ouvert notre appétit. Au fond de moi reste un souvenir merveilleux de ces repas simples aux fragrances uniques et si particulières, impossibles à décrire. Celui qui n'a jamais eu le plaisir de partager un tel « festin » ne peut imaginer à quel point des aliments quelconques peuvent prendre de saveur. En écrivant ces lignes, je vois encore Grand-père installé sur un gros rondin, ses longues jambes allongées vers le foyer. De la main droite, il tient son inséparable couteau de poche et découpe en petits carrés une tranche de pain recouverte d'un morceau de lard dégoulinant de graisse. J'admire sa technique, aucune miette ne tombe par terre. Quand il discute, il porte souvent son couteau en l'air comme pour obliger Papa à accepter ses arguments. Du dos de la main ou du rebord de sa manche, il nettoie machinalement sa bouche avant de boire au goulot du cruchon sa piquette de l'année. Il en est fier. Combien de fois ne demande-t-il pas à mon père :

« Émile qu'en pensez-vous, c'est du meilleur n'est ce pas ? »

Papa acquiesce, bien sûr, bien qu'il n'aime pas ce vin trop fort, râpeux et qui au passage déchire le gosier. Arrivés à la fin du repas, nous sommes repus, Marraine sert le café brûlant que Grand-père allonge d'une lampée d'eau-de-vie de mirabelle. Papa en prend une petite gorgée qu'il semble apprécier par ce froid. Opa profite de ce moment de détente pour rouler une cigarette d'un geste machinal et sans trembler. Il sort de sa tabatière en fer-blanc, souvenir du temps de l'armée, une pincée de tabac gris qu'il étale sur un morceau de papier à cigarette « Job ». Avec deux doigts il le maintient plié, avec l'autre main il tasse les brins de tabac et les roule dans le papier tout en laissant libre un des bords qu'il humecte avec la pointe de la langue. Je dois dire que son habileté me laisse admiratif, car, malgré le vent, pas un brin de ce précieux trésor ne tombe à côté. La cigarette est prête à être savourée. Elle s'éteint fréquemment, ce qui fait que Grand-père ne fume pas beaucoup. Elle reste collée, durant de longs moments, à sa lèvre inférieure tout en prenant une couleur répugnante, un brun sale. Je ne comprends pas cette manie et naturellement je n'ose pas faire de remarque désobligeante. Je dois tout le respect à mon grand-père même si je compare souvent cette cigarette à une tétine. Qu'il me pardonne cette image osée.

Revigorés, nous nous remettons à la tâche avec ardeur et entrain. Les deux aînés continuent à tronçonner, à fendre et à découper. De mon côté, je confectionne les fagots qui serviront plus tard pour démarrer le four à pain et jette dans l'impressionnant brasier les restes de bois sans utilité. À ce moment Marraine nous quitte en nous souhaitant bon courage. Le chien jappe de plaisir et lui fait la fête tout en sollicitant des caresses dont elle n'est jamais avare. Plus tard mon père me permet de couper un bouleau bien droit et relativement grand. J'ai onze ans à l'époque. Je remarque qu'il me surveille d'un œil attentif tout en me laissant agir à ma guise et aller ainsi au bout de l'expérience. Je suis légitimement fier quand l'arbre se couche de toute sa longueur dans la direction espérée. Après l'avoir marqué, mon père me seconde pour le tronçonner.

Au courant de l'après-midi, le vent se met à souffler en violentes rafales. Grand-père est de plus en plus inquiet car à tout instant une branche morte peut tomber et nous blesser. Nous ne portons ni casque ni protection particulière. Mon père poursuit son travail. Il vient d'entailler profondément un élégant bouleau qui se déstabilise rapidement et, quelques coups de cognée plus tard, tombe. Mais poussé par le vent, il pivote sur son axe, sa trajectoire devient imprévisible et dans sa chute il s'encastre dans la cime d'un congénère voisin. L'instant devient délicat car il peut décrocher d'une façon soudaine et aléatoire. Après m'avoir ordonné de quitter le chantier, mon père armé d'un bras de levier et Grand-père d'un pied-de-biche tentent de déplacer le fût plaqué au sol. Mais en vain, il ne bouge pas. Exercice épuisant et dangereux. Mon père décide alors d'attaquer le tronc à l'aide de la cognée. Le travail est pénible. L'arbre suspendu dans le vide réagit tel un ressort en amortissant les coups de hache. Père insiste. Quand subitement le bouleau pivote un peu plus et s'écrase par terre. Le danger est écarté à notre grand soulagement. C'est l'incident classique et le plus craint par le bûcheron.

Opa appréhende une autre difficulté qui surgit de temps à autre, celui du coup de refend du hêtre. Il survient au moment où l'arbre blessé à mort penche sur le côté. Suite aux énormes tensions que subit le tronc il se déchire dans le sens de la hauteur. Le bout restant fait ressort et ainsi peut assommer le bûcheron imprudent placé trop près.

Avant que Grand-père ne décide de mettre un point final à cette journée, trois à quatre arbres sont encore victimes de notre zèle. Après avoir caché les outils sous un monticule de branchage et alimenté le feu avec une dernière bûche, je rassemble les cendres du foyer sur un tas. Ainsi, les braises restent vivantes jusqu'au lendemain, à moins qu'il ne pleuve. « Blanc » probablement transie de froid se montre fort empressée de rejoindre la chaleur réconfortante de l'étable. Le chemin du retour paraît nettement plus court et est parcouru en un temps record. La nuit noire tombe au moment où nous nous présentons fatigués, fourbus mais heureux, à la maison. Dès le lendemain nous irons nous remettre à la tâche en espérant que le temps se maintienne au beau fixe, avec le secret espoir que le vent se fasse moins violent.

Rendez-vous est pris pour le lendemain, sept heures. Cette fois-ci nous partirons à pieds, sac au dos.

À six heures papa vient me réveiller :

« Pierre il est temps, réveille-toi. »

Je suis encore ivre de sommeil. Je me retourne une fois encore, puis péniblement, je pends, l'une après l'autre, mes jambes hors du lit. En baillant je me lève, mon corps courbaturé par les efforts de la veille. Alléché par l'odeur du café frais, je me hâte en titubant vers la cuisine où Père prend déjà un copieux petit-déjeuner, café au lait et saucisson. J'avale le mien, lance un joyeux salut, fait une dernière bise à Maman, puis, plein d'allant, dégringole l'escalier. La nuit a été relativement courte mais un sommeil lourd et récupérateur a effacé la fatigue accumulée.

Dès l'aurore nous partons d'un pas alerte. Grand-père nous rejoint avec un peu de retard en raison d'un problème domestique incongru. Il paraît irrité. Les rues sont silencieuses. Le village endormi, enfoui dans une profonde léthargie, semble hiberner. Ici et là des colonnes de fumée bleuâtre s'échappent des cheminées et s'élèvent droites et légères dans un ciel limpide. Elles sont les seuls témoins d'une présence humaine. À la sortie du village, nous avançons sur un chemin gelé et le vent, par rafales, gifle nos visages. La campagne environnante repose sous un mince manteau de givre. Nous marchons en silence, courbés en deux, nos pas crissent sur le sol gelé. Subitement, Grand-père me désigne un lièvre fuyant à toute allure à notre approche. Waldi essaie en vain de le pourchasser. Le jour se lève. Au loin la forêt émerge doucement de la pénombre et commence à briller de mille feux sous l'effet du givre accroché à chaque brindille. À l'orée du bois, nous prenons un chemin forestier illuminé par les premiers rayons du soleil. Le spectacle est saisissant, féerique. Nous avançons dans une nef de cathédrale creusée dans la glace. Une image irréelle. En effet, à droite et à gauche du chemin s'engageant dans une jeune futaie de hêtres, les cimes des arbres chargées de givre se sont recourbées et se rejoignent tels des arcs-boutants. Malgré le peu d'ardeur du premier rayon de soleil pointant à l'horizon, la forêt se met à scintiller. Quelques instants plus tard, ces mêmes rayons se font plus puissants et prennent une couleur rougeâtre. Un tableau riche en couleurs et d'une luminosité incroyable. Le rouge se mélange au violet pâle et donne alors l'impression que la forêt s'embrase. Même Grand-père, pourtant habitué à observer les splendeurs de la nature, reste immobile, bouche bée et en extase. Il se retourne pour me dire :

« Petit prends-en plein les yeux, plus jamais tu ne revivras un tel instant magique. »

Mon père aussi semble subjugué par cette vision grandiose. Nous poursuivons notre marche, le pas léger, le cœur émerveillé par la magie du moment.

Dès notre arrivée à la coupe, ma première mission consiste à réanimer le feu. C'est aisé. Sous le tas de cendres de la veille, les braises attisées par le vent n'attendent qu'à être réveillées. Quelques brindilles et de fins rameaux font l'affaire. Grand-père et mon père débutent par élaguer les troncs et les grosses branches des arbres abattus la veille. Le travail reprend dans la bonne humeur, papa siffle, Opa pousse la chansonnette et Waldi se remet à flairer et à chasser le gibier. Arrive forcément un moment où toutes ces billes et branches débitées en portion de un mètre envahissent la surface de notre chantier. Elles traînent pêle-mêle et s'enchevêtrent en monticules désordonnés. Se déplacer devient hasardeux et dangereux. Pour mettre fin à ce champ de bataille, Grand-père et moi commençons à entasser.

Cela ne se fait pas n'importe comment, une certaine technique et quelques règles de base sont à respecter afin d'éviter que l'ensemble ne s'écroule ou se débande. Le stère étant l'unité de mesure de base permet non seulement de déterminer la quantité de bois façonnée mais représente le prix unitaire à payer. Grand-père est très attentif à la façon dont on entasse le bois. L'espace entre les bûches doit être le plus faible possible. Il exige de reprendre le tas si l'empilement n'est pas conforme. Seuls les rondins d'un diamètre inférieur à quinze centimètres sont ramassés. Les autres, à l'aide de la hache à pourfendre, sont fendus dans le sens de la longueur. Sans nœud, un morceau de hêtre, de chêne ou de bouleau se sépare facilement tandis que le charme, le frêne et les résineux se montrent nettement plus rebelles. Ma mission consiste à traîner et à disposer ces rondins afin que Grand-père puisse les attaquer correctement. De temps en temps l'opération devient plus ardue et nécessite le recours aux coins.

J'ai une grande appréhension quand Père ou Grand-père se servent de ces bouts d'acier pourtant indispensables.

Ce dernier s'est sérieusement blessé un jour en manipulant ces tranchants. En donnant un grand coup de masse sur le bord métallique du coin, un éclat s'en détache et se plante dans sa cuisse. Opa saigne abondamment mais heureusement ne semble pas trop souffrir. Il angoisse devant l'importance du filet de sang qui s'écoule de la plaie. Naturellement nous ne disposons d'aucune trousse de secours. À l'aide d'un morceau de tissu arraché du bas de sa chemise, mon père lui confectionne un pansement de fortune. Nous rangeons rapidement notre matériel et clopin-clopant nous nous mettons sur le chemin du retour. Grand-père est inconsolable. Il ne cesse de jurer, jusqu'au moment où mon père qui le soutient du mieux possible, l'interpelle en lui expliquant que Dieu n'est en rien dans cet accident. Pourquoi jurer comme un charretier, ce n'est pas digne d'un ancien grognard ? Vexé et piqué dans son amour-propre, il boude le reste du temps. Heureusement, à la sortie de la forêt, nous rencontrons un voisin en train d'épandre le fumier. Il nous propose spontanément d'installer le blessé sur sa charrette et de le ramener au domicile. Dès que Marraine nous aperçoit, elle prend conscience que son père s'était blessé. Le premier moment de panique dissipé, elle lui ordonne de s'allonger sur la couche à la « stub ». Elle lui lave sa plaie à l'eau savonneuse et à l'aide d'une torche électrique examine la profondeur de la plaie d'où suinte toujours un faible filet de sang. Sous l'effet de la lumière, un petit éclat métallique brille tout au fond de l'entaille. Avec une pincette elle le retire et poursuit la désinfection vigoureuse au schnaps. Grand-père se rebelle contre la douleur et ronchonne à cause du gaspillage de son eau-de-vie. Plus il peste et plus Marraine en verse. Elle termine les soins en appliquant une bonne couche d'un onguent réalisé à base de graisse de lapin mélangée avec de la sauge. Selon la tradition cette composition a des vertus cicatrisantes et désinfectantes. Un mouchoir propre et un morceau d'un vieux drap récemment lavé terminent le pansement. Dès le lendemain le blessé peut à nouveau vaquer à ses occupations.

Quand je pense aujourd'hui à cet incident, j'en ai froid dans le dos. Pas de désinfectant digne de ce nom, pas de compresses ni de pansements stériles, aucune notion sérieuse d'asepsie et encore moins de prévention antitétanique. C'est une erreur d'écarter l'éclat métallique sans connaître sa taille et sa localisation exacte. Je me rends compte à quoi notre infortuné Grand-père a échappé, notamment à cause du tétanos qui continue à faire des victimes. Ils sont bigrement résistants nos braves paysans.

Le lendemain nous retrouvons le chantier au point où nous l'avons déserté. Les bûches façonnées la veille attendent d'être empilées.

Une semaine durant, nous nous rendons quotidiennement en forêt et poursuivons notre tâche. Travail dur, souvent exténuant car nous n'avons pas de tronçonneuse. Ainsi, bûche après bûche, le tas de bois grandit mais aucun des trois acteurs ne se plaint. Notre fatigue et nos courbatures s'effacent rapidement devant la beauté de la nature, la sensation de liberté absolue. Nous faisons partie des privilégiés contrairement à ceux qui triment dans des ateliers d'usine exposés à la poussière et à l'air vicié. Ainsi, fin janvier, avons-nous entassé une cinquantaine de stères.

C'est au début du printemps, avant la reprise des travaux des champs, que nous rentrons généralement le bois à la ferme. Les dernières gelées nocturnes stabilisent les chemins forestiers et facilitent le transport. Au moment du débardage, je plaints les pauvres vaches qui fournissent un effort colossal pour tirer la lourde charge à travers des chemins creusés de profondes ornières. Dès la sortie de la forêt, une pente courte mais très raide attend nos bêtes, un obstacle presque infranchissable pour elles. Quand le sol est détrempé, il n'est pas rare qu'une des vaches glisse, perde pied et se mette à genoux, incapable de se redresser. Malgré un équipage renforcé, elles triment à mort. Parfois mon père décide de décharger une partie du chargement afin de les soulager. Nous le récupérons plus tard lors d'un autre passage. Une fois arrivé sur la route goudronnée la charrette avance sans trop de difficultés. Nous effectuons ainsi une bonne dizaine d'aller-retour répartis en fonction de la météorologie sur plusieurs jours. Par temps de pluie l'accès à la forêt est impossible et d'ailleurs interdit par le forestier en raison des dégâts que l'on occasionne aux chemins. De retour à la ferme nous déchargeons immédiatement la voiture. Nous entassons une partie du bois sous le hangar en rangées régulières à l'abri des intempéries mais exposé à tous les vents. Il sèche rapidement. Le chêne est empilé à l'arrière de la grange où Grand-père a un carré de terrain servant de dépôt. Il y reste ainsi sous la pluie une année entière. Au contact de la pluie, il perd son tanin et gagne en qualité.

Jusqu'avant la Deuxième Guerre mondiale, Grand-père sciait et fendait le bois à la main. Pour ce travail long et fastidieux, il appelait à la rescousse un valet ou un voisin qui charitablement lui prêtait main-forte, naturellement à charge de revanche. Après le conflit, l'acquisition d'un moteur électrique est vécue comme une petite révolution. Il permet d'effectuer des travaux polyvalents. Grand-père le branche indifféremment à la batteuse, au hachoir, à la scie circulaire… Ainsi le travail devient moins pénible et avance plus rapidement.

Donc le bois, une fois mis à l'abri, il faut le façonner pour alimenter les poêles, la cuisinière et le four à pain. D'une manière générale Grand-père coupe les bûches en quatre parties plus ou moins égales. Il effectue ce travail, dès qu'il a un moment de libre ou que le mauvais temps l'empêche de sortir dans les champs. Il sollicite souvent mon aide et celle de Marraine. À moi de lui tendre et déposer les bûches sur le plateau, il les tronçonne avec la scie circulaire. De son côté Marraine récupère les morceaux coupés et les dégage sur un tas. De cette façon le travail avance vite et la pile de bois fond à vue d'œil. Le sciage terminé Grand-père commence à fendre les bûches.

Il installe le billot taillé dans un immense et solide pied de chêne. De sa main gauche il maintient droit le morceau de bois, de sa main droite manie la hache tranchante et explose les rondins en quatre morceaux symétriques. J'aime ce travail et y participe avec enthousiasme. Chaque bûche devient un défi. Je me dis en moi-même :

« Toi je t'aurais en un seul coup. »

Cela se transforme en un jeu. Si le morceau est trop noueux, qu'il résiste à nos coups de cognée, nous le mettons de côté. Il sert à alimenter l'alambic. Une fois toutes les bûches fendues il m'incombe de les entasser sous le hangar. Grand-père exige un alignement impeccable. Ce mur artificiel construit bûche après bûche prend de plus en plus de hauteur. À chaque brassée il faut monter et descendre l'échelle. Travail long et ennuyeux. À la fin, le bois restant est jeté en vrac sous le toit du hangar. J'aime bien ce moment. Une bande de copains m'accompagne souvent durant cette tâche qui se transforme en jeu. Cela se termine de temps en temps en catastrophe quand l'un de nous, en jetant le morceau touche et fait éclater une tuile. Nous nous attirons la colère et les remontrances de Grand-père s'il le remarque. Or il le remarque toujours. Comment ?

Je me demande souvent pourquoi il faut dépenser tant d'énergie pour ranger ce bois. De toute façon on le redescendra pour alimenter les différents poêles les jours de froid. Que de courbatures, que d'ampoules et d'échardes douloureuses aux mains pour un peu de chaleur !

Je ne peux clore ce chapitre sur le bois sans insister sur le danger inhérent au travail de bûcheron. À l'époque l'accident était souvent dû à l'imprudence, à l'imprégnation alcoolique fréquente et chronique rendant les gestes et la démarche incertains.

De nos jours les accidents de tronçonnage ne sont pas rares, touchent autant les amateurs que les professionnels. Les conséquences chez ces derniers sont heureusement moins dramatiques en raison des mesures de prévention, port de casque à visière, tenue en tissu synthétique qui bloque rapidement la chaîne de la tronçonneuse en cas de coupure… En revanche, durant ma vie professionnelle j'ai été appelé à secourir des gens non initiés et mal formés pour ce type de travail. J'ai perdu ainsi deux de mes patients qui s'étaient fait écraser par leur tracteur. Il s'était renversé sur eux au moment du débardage malheureux, accident stupide et pourtant prévisible. En effet le type de tracteur conçu pour le travail des champs est tout à fait inadapté pour ce type d'intervention. Quand le paysan l'employait pour tirer une grume pesant le double ou le triple du poids du tracteur, il était forcé que si cette dernière se mettait à glisser sur une pente abrupte ou si elle se plantait brutalement dans la terre en accrochant un rocher ou une souche, le coup d'arrêt conséquent qui en découlait, déséquilibrait le tracteur, le soulevait par l'avant et le basculait en arrière. Le malheureux conducteur n'avait aucune chance de sauter à temps de son engin et se faisait écraser.

### *Distillation*

Dans l'atelier, Grand-père a fait construire un alambic dont l'énorme foyer maçonné en briques réfractaires occupe un des coins. Durant les congés scolaires, aux alentours de Noël, lui et mon père distillent les fruits cueillis en automne. Je ne comprends pas forcément le déroulement du processus mais c'est avec plaisir que je participe aux différentes étapes. La transformation des fruits réduits en bouillie brunâtre après trois à quatre mois de fermentation représente pour moi quelque chose de magique. Au début de l'opération, je note une certaine tension qui s'empare des deux acteurs. J'ai rarement senti Grand-père aussi tendu, il surveille faits et gestes de mon père tout en lui prodiguant de nombreux conseils. Mon père plus calme, ne s'en offusque pas, comprend l'enjeu du moment. J'aime beaucoup l'atmosphère feutrée et la chaleur humide qui règne dans cet endroit. En revanche, je déteste les odeurs et tout particulièrement celle du marc qui émanent de ces fruits. Elles sont irritantes et puent la pomme pourrie.

Au jour J, afin d'être en mesure de commencer le travail à la première heure, Grand-père a briqué et brossé à fond les différents éléments composant l'alambic. Pendant que Papa puise l'eau pour remplir la cuve réfrigérante, j'ai pour mission d'allumer le feu dans l'immense foyer. Puis, à l'aide d'un seau, les bouilleurs versent le moût dans la cucurbite placée au-dessus du foyer. Une fois remplie, ils y adaptent le chapiteau dont part un tuyau légèrement conique, le col-de-cygne, en forme de U renversé largement ouvert. Il s'emboîte dans le serpentin. Ce dernier, un tube plus fin, enroulé en spirale plonge dans un large cylindre rempli d'eau, le réfrigérant. Le bâti une fois assemblé, il ne reste plus qu'à en assurer l'étanchéité. Grand-père réalise alors un mélange d'argile et de cendres, le lut, qu'il applique sur les différentes jointures. La distillation peut débuter.

Il active le feu et fait monter progressivement la température jusqu'aux alentours de 90 à 100 °C. L'alcool devient volatil à partir de 78 °C, les vapeurs d'alcool montent en premier dans le chapiteau et s'y condensent en fines gouttelettes. Puis, après avoir traversé le serpentin, elles s'écoulent à l'extérieur dans un tonnelet conique en bois, en formant un maigre filet cristallin légèrement bleuté à la lumière ambiante. La température du réfrigérant, maintenue la plus basse possible, fait que l'alcool se condense rapidement. Selon la chaleur du foyer le flux est plus ou mois intense. Ce mélange d'alcool et d'eau encore impur et non consommable s'appelle « *Ablitterung* » en dialecte, le flegme. Sa concentration en alcool est faible par rapport au produit final.

De temps en temps, Grand-père ou mon père en vérifie son taux. Il se saisit d'un étui en fer-blanc toujours à portée de main et en tire un tube en verre semblable à un thermomètre dont le réservoir est plus évasé et lesté. Sa particularité est d'être à double graduation. L'une donne le degré d'alcool classique, l'autre l'indique en Öchsle unité de mesure germanique. Cet alcoomètre permet de faire une lecture directe de la concentration en alcool du mélange analysé. La tige s'enfonce proportionnellement à la densité du mélange et la lecture se fait au niveau du liquide. Le principe se base sur la loi de Gay-Lussac. La densité du produit étant fonction de la température, d'où la nécessité de se référer à des tables de conversions, la référence de départ est celle fixée à 15°Celsius.

Le premier jet coule en mince filet soutenu et chiffre un 28° Öchsle pour la mirabelle par exemple. Ce taux chute lentement, la distillation est interrompue quand il atteint 18°. Une autre méthode de mesure, certes très approximative, mais facile à mettre en œuvre, consiste à verser un peu de ce liquide sur le dos brûlant du chapiteau et d'y mettre une allumette. Immédiatement une belle flamme vive de couleur violette et jaune mauve se met à danser. Les anciens disaient alors « *Der het Geischt* », « Il a de l'esprit ». Vers la fin de l'exercice, la flamme se fait hésitante, fugace et sa couleur vire au bleu pâle, il est temps de tout démonter. En pratique, tout l'alcool est passé dans le flegme quand de liquide générateur a diminué du tiers.

Ce premier passage est une des étapes délicates du processus de distillation. En effet, si la chaleur du foyer est trop forte le moût de la cucurbite monte dans le chapiteau et sort par le serpentin sous forme d'un liquide ocre, nauséabond, inconsommable. C'est la catastrophe. Si ce sont des cerises on a la désagréable surprise de les voir tomber entières dans le tonnelet.

Cet incident était survenu le jour où Grand-père avait inauguré son nouvel alambic. Son foyer plus efficace avait permis, par rapport à l'ancien tout déglingué, une rapide montée en température. Ce coup de surchauffe avait alors surpris nos distillateurs. Il suffisait de calmer le feu, d'écarter ce premier jet et l'erreur était rattrapée.

Un autre incident craint par tous les bouilleurs de cru résulte aussi d'une température trop élevée et survient fréquemment avec le marc quand le moût colle au fond de la cucurbite et se carbonise. Cet accroc devient plus rare dès lors que la cuve de cuisson est à double paroi faisant fonction de bain-marie. Si néanmoins cela arrive, le mélange d'alcool prend un aspect violacé et sent fortement le brûlé avec un goût acre de métal impossible d'éliminer. L'unique solution consiste à recommencer à zéro. Il s'agit de défaire l'alambic, de prélever le moût, de nettoyer, brosser, racler la cucurbite jusqu'au moment où elle scintille à nouveau. Ces différentes étapes exécutées dans la précipitation sont sources d'énervements et souvent de brûlures, les différentes parties de l'alambic étant très chaudes. Cela représente non seulement une perte de temps mais demande un travail de forçat.

Les fruits une fois distillés, le liquide recueilli, un mélange d'eau et d'alcool, dégage des effluves forts agressifs irritant mes narines et me font éternuer. La mirabelle, la merise et la framboise sont les seules essences dont les parfums me sont agréables. Je bannis le marc et la poire. Cette dernière est un fruit impropre à la consommation, une variété indéterminée que Grand-père dénomme : « *wild beer* », « la poire sauvage ».

Il reste le seul à travers le village à la conserver. C'est une poire oblongue, dure comme de la pierre, aigre, mais relativement juteuse. Son aspect extérieur fort alléchant invite à y mordre à pleine dent. Mais le gourmand qui s'y hasarde se fait surprendre par son goût aigre et terriblement sûr, à faire crisser les dents. On est loin de celui, agréable et délicat, d'une poire William ou d'une Comtesse de Paris. Pourtant Grand-père la ramasse en vue d'allonger son marc. Je lui ai demandé pourquoi il conserve cet arbre aux fruits si mauvais ?

Sa réponse :

« Tu ne peux pas comprendre, mais sache que malgré le peu d'alcool qu'il produit, il donne au marc un cachet spécial que seuls les vrais connaisseurs savent apprécier. Ainsi mon schnaps aura quelque chose de plus, une divine subtilité que n'aura pas celui des autres. »

Il paraissait en tirer une certaine fierté. Je ne l'ai jamais goûté, je ne peux donc pas juger.

En revanche, j'admire ce poirier au moment de sa floraison. Il se dresse à l'arrière de la grange, élancé, immense et très touffu. De tous les arbres fruitiers des alentours c'est lui qui fleurit en premier. Le matin au lever du soleil, quand le premier rayon darde sur ces fleurs fragiles couvertes d'une fine couche de rosée, il se met à scintiller telle une pierre précieuse. Il me fascine. Sa splendeur et sa beauté me subjuguent.

Nos deux distillateurs font passer ainsi plusieurs cucurbites. La totalité de cette première distillation est versée et conservée dans un même tonnelet réservé à ce seul usage. Il faut la protéger et la maintenir intacte de toute odeur ou émanation parasite. Son contenu est un trésor qui se transformera bientôt en nectar. Si la quantité de flegme est suffisante, ils procèdent alors à la deuxième distillation qui permet d'obtenir une eau-de-vie parfaite.

Cette deuxième étape, la plus aléatoire, requiert une grande expérience et surtout une patience à toute épreuve. Grand-père nettoie à fond, une fois encore, l'alambic et la cucurbite avant de passer à cette seconde étape. Il se sert d'un mélange d'eau et de cendres, cure et frotte le plus méticuleusement possible. Il rince plusieurs fois le col-de-cygne et le serpentin afin d'en écarter la moindre odeur suspecte.

Nous ne disposons pas de l'eau courante. Nous la puisons, souvent sous la neige et dans le froid intense, au vieux puits. Un moment plutôt désagréable. La pire des situations survient par très grand froid quand l'eau de la pompe gèle. Cela devient un véritable calvaire. Même si Grand-père a protégé d'une épaisse couche de paille le tronc de la pompe il arrive que l'eau ne coule toujours pas. Il fait flamber la paille tout en surveillant la manœuvre, l'unique moyen de dégeler l'ensemble. Mais la propreté de l'alambic et la qualité de l'eau-de-vie sont à ce prix. Le récurage une fois terminé, mon père verse le fruit de la première distillation dans la cucurbite et la remplit jusqu'à un niveau précis qu'il ne faut jamais dépasser. Le processus se poursuit.

Le moment est angoissant car la bonne tenue du schnaps dépend de ce démarrage qui doit obligatoirement être très lent, même hésitant. S'il coule trop vite le résultat final est décevant. Afin d'éviter toute mauvaise surprise Grand-père s'installe, assis sur une chaise, devant le foyer, tandis que papa se tient près du cylindre réfrigérant et palpe régulièrement le haut du serpentin et en apprécie la température. Ils surveillent de très près la manœuvre. L'attente est longue et stressante. De temps en temps Papa lâche

« attention il est prêt… il monte… il va couler… »

Un court instant plus tard, la première goutte pointe à la sortie du serpentin. Grand-père ouvre la portière du foyer pour diminuer sa vigueur. Les gouttes se suivent hésitantes et lentes à tomber. Je suis impressionné par la précision et la minutie qu'ils mettent dans la façon de procéder. Le filet ténu qui coule du serpentin est exactement lié à l'intensité du chauffage, il obéit instantanément à l'ouverture ou à la fermeture de la portière du foyer. À l'aide d'un verre très propre, Grand-père recueille ces premières gouttes. Si elles sont cristallines, transparentes, totalement limpides, la satisfaction se lit sur son visage. Le schnaps serait bon. La distillation peut se poursuivre sans souci. En revanche, si un reflet bleuté apparaît à travers le verre, c'est la désolation. Grand-père retire systématiquement un litre de la première coulée, le « *Vorlauf* », qu'il conserve précieusement. Il réitère la même analyse. En général à partir de ce moment la pureté désirée est acquise. L'incertitude retombe d'un cran, mais la vigilance reste de rigueur. À tel point que Grand-père seul prend la responsabilité d'alimenter le foyer en grosses bûches. À partir de cet instant, il est impératif que le flux sortant du serpentin coule d'une façon continue, ni trop lente, ni surtout trop rapide.

Je ne comprends pas cette minutie, ni le fait de jeter les deux ou trois premiers verres. Grand-père m'explique que si ce produit a un aspect bleuté, non seulement il dénature définitivement l'eau-de-vie mais son absorption peut également être dangereuse pour la santé. Il prétend que le produit a une action fortement délétère au niveau des yeux. Quand je le questionne sur le pourquoi de cet effet, il ne peut me répondre.

« C'est ainsi » me dit-il.

Il précise que seuls les fruits à noyau ont cette particularité de sécréter la « *Blaeuesiere* » « cet acide bleuté ». Il est très sensible à cette notion, au point de prendre à témoin Hitler, le Führer, qui durant sa gouvernance interdisait aux paysans allemands de distiller des pêches. Du fait de la taille impressionnante de leur noyau ce fruit développait une forte quantité de ce produit dangereux. Si malgré tout on voulait prendre le risque, il fallait impérativement les dénoyauter. Vrai ou faux ?

Après réflexion, ces braves paysans réagissent d'une façon instinctive, intuitive et sont chimistes sans le savoir. En effet, lors de leur distillation les fruits à noyau produisent une quantité plus ou moins importante d'acide cyanhydrique ou prussique. Cet acide se concentre essentiellement dans le produit du début appelé, le flux de tête, tandis que le flux du cœur et la queue en contiennent moins. Ces acides et d'autres encore, sont à l'origine de la « *Blaeusiere* » et réalisent une pellicule en surface.

À ce sujet, j'ai noté les éternelles discussions entre Grand-père et mon père. Pour le premier, cela n'avance jamais assez vite, en revanche pour mon père, le schnaps coule toujours trop rapidement. Ce dernier estime qu'il faut du goutte à goutte ce qui améliore le produit final en lui conférant un meilleur goût. Une redistillation, l'affinage lent et progressif développe les parfums subtils et le rend plus onctueux.

— Laissons le temps au temps et aux essences la possibilité de s'exprimer, dit-il souvent.

Mais voila, officiellement la distillation est limitée à une durée théorique déterminée à l'avance. Les contrôles sont fréquents et gare aux bouilleurs de cru qui dépassent le temps imparti. Il en est de même si la quantité d'alcool obtenue est supérieure à celle prévue. Si on se fait prendre en cas d'infraction, les amendes sont salées. Rien d'étonnant si mon Grand-père a la hantise de ces contrôles inopinés.

Cette deuxième distillation ainsi obtenue se divise en trois parties : le flux de tête, le corps ou le cœur et enfin la queue. Mon père les recueille séparément ce qui lui permet de faire de savants mélanges. En revanche, Opa ne fait pas de distinction. Il laisse couler sans interruption, de la première à la dernière goutte, après en avoir éliminé la « *Blaeusiere* ». Au moment où ils finalisent la qualité du schnaps en y ajoutant de l'eau, ils sont à nouveau de connivence pour ne pas se servir de l'eau de notre puits. Père part recueillir la quantité nécessaire à la Source Celtique qui fait la renommée de la ville thermale proche. Cette eau d'une pureté et d'une douceur remarquable garantit la qualité inégalée de notre eau-de-vie.

J'assiste à la confrontation des deux conceptions. La première, germanique, pour Grand-père, favorise la quantité par rapport à la qualité. La Française, pour mon père, caractérisée certes par une quantité moindre mais d'une finesse et d'un parfum nettement supérieur. L'eau-de-vie ainsi obtenue titre tout de même 40 à 45° d'alcool voire plus.

Les paysans conservent cette boisson diabolique dans des bonbonnes en verre de quarante à cinquante litres, chacune protégée par une corbeille en osier. Elles sont entreposées et cachées au grenier. Certains d'entre eux mettent facilement 100 à 150 l en réserve. Qu'en font-ils ?

Pour les plus grands buveurs cela suffit à peine à couvrir leur propre consommation. D'autres, l'offrent à gauche ou à droite et enfin d'autres encore en font commerce. Heureusement la loi limitant l'activité des bouilleurs de cru a réussi à canaliser cette production sauvage dont les effets secondaires sont ravageurs. Ce n'est pas pour rien que dans nos villages on rencontre fréquemment un débile, un aliéné mental profond, fruit d'une imprégnation alcoolique chronique et soutenue. Le schnaps y contribue très certainement.

Comme nous l'avons vu, Grand-père conserve dans une ou deux bouteilles hermétiquement fermées le fruit de la première distillation, nommé « *Vorlauf* ». Il appelait cette réserve « l'eau de Lourdes ». En effet, d'après la vox populi cette eau-de-vie avait des vertus curatives. Beaucoup de petits bobos et même des atteintes plus graves pouvaient être soulagés instantanément par l'application de compresses ou de cataplasmes imbibés de cette eau « miraculeuse ». Ainsi en cas de bronchite sérieuse, de congestion ou de fluxion pulmonaire comme disaient les paysans, la maîtresse de maison frictionnait énergiquement le dos et la poitrine du malade à l'aide du *Vorlauf*. Elle poursuivait le traitement par des applications ou des enveloppements chauds préalablement trempés dans cette eau magique diluée selon certains critères propres à chacune des soignantes. Son application se faisait à température élevée, à la limite de la brûlure. On enveloppait le malade dans un drap molletonné d'où seules dépassaient la pointe du nez et la bouche. Si le patient se mettait à transpirer abondamment c'était le signe que le mauvais génie de la maladie reculait et quittait la victime, élément rassurant. À tort ou à raison ? Le malade restait ainsi plongé dans cette étuve et parallèlement, le poêle chauffé au rouge répandait sa chaleur suffocante. En aucun cas la victime ne devait prendre froid. C'était mortel. Quand la transpiration s'épuisait, la soignante frictionnait énergiquement le patient à l'aide d'un drap propre et posait alors des ventouses tout au long de son dos. Plus elles tiraient de sérosité, plus la maladie était grave et plus le soulagement était incertain.

L'exécutant était exceptionnellement une infirmière, car le plus souvent c'est l'ancienne sage-femme qui s'en chargeait. Dans notre famille le mérite en revenait à Grand-mère et plus tard à Marraine.

Pour les plus spartiates, le soignant pratiquait des petites scarifications avant de poser les ventouses. C'étaient alors des « ventouses hémorragiques » car le liquide qu'elles généraient était fortement teinté de sang. Le malade sortait totalement épuisé de cette épreuve et n'aspirait plus qu'à un peu de repos. D'autres poursuivaient l'opération en appliquant des cataplasmes d'argile ou des feuilles de choux ayant la renommée d'avoir une action antiphlogistique. Pour compléter le traitement on conseillait au malade de boire du lait très chaud additionné de trois à quatre cuillerées à soupe de miel. Ce remède aurait une action antitussive et anti-sécrétoire. Au moins avait-il l'avantage d'être naturel et bon marché. Le miel était censé calmer les toux grasses productives. Si cela n'était pas suffisant, ce qui devait souvent être le cas, Grand-mère préparait une infusion de fleurs de Molène (Verbascum densiflorum) ou bouillon-blanc qu'elle avait cueillies et séchées durant l'été. Parallèlement, elle gardait en réserve un sirop confectionné à base d'eau-de-vie dans laquelle macéraient, des mois durant, de jeunes pousses de sapin. Il était de couleur vert-pâle et très agréable à boire. Nous l'appelions le sirop des Vosges ! Très efficace, il soulageait rapidement la toux irritative, quinteuse et sèche, celle qui faisait mal dans la poitrine.

En cas de maux de gorge ou d'angine, Grand-père avait son traitement personnel. Il faut dire qu'il était rarement malade et qu'il était très dur à la douleur. Le soir, après son travail, il s'installait alors à la table de la cuisine, versait un grand verre de schnaps dans une assiette creuse dans lequel il ajoutait quelques morceaux de sucre, puis le flambait. Le brûlot. Dès que les flammes étaient éteintes il avalait rapidement le reste d'alcool brûlant. Le résultat était immédiat. Il se couvrait d'une transpiration profuse et salvatrice puis se mettait au fond du lit préchauffé à l'aide d'une brique placée quelques instants dans le four. Le lendemain au réveil il allait bien et retournait à ses occupations habituelles

Le « *Vorlauf* » faisait des miracles pour les sciatiques, le tour de rein ou autre lumbago et en cas de poussées rhumatismales. Dans ces indications il n'était pas dilué. De temps en temps le paysan le remplaçait par des poches en lin remplies de son et chauffées au four. Leur effet antalgique, décontracturant et anti-inflammatoire est rapide.

À propos de ces pratiques, je ne puis passer sous silence un incident dont j'ai été témoin. Il m'avait énormément bouleversé. J'avais 17 ans à l'époque. J'ai pu noter l'absurdité de certains de ces remèdes dits « de grand-mère » surtout s'ils étaient mal appliqués voire contre-indiqués.

M. Xavier G. souffre, d'une façon chronique et de longue date, d'un ulcère gastrique rebelle. Il se réveille au printemps et en automne et se rappelle ainsi au bon souvenir de notre malade qui est en train de distiller ses fruits. Profitant de sa première distillation il suit les conseils médicaux de la brave paysanne sa voisine. Elle lui dit :

— Xavier en t'accrochant bien fort et en buvant un verre de « *Vorlauf* » tu brûleras ton ulcère. Dans un premier temps tu auras très mal, mais cela ne durera pas, et puis, tu verras, le traitement est radical, tu seras définitivement guéri.

Le pauvre Xavier vide consciencieusement un verre de ce breuvage explosif et incendiaire. Le résultat est immédiat. Une douleur fulgurante le plie en deux. Il se met à transpirer abondamment et se trouve à la limite de la perte de connaissance. Quelques instants plus tard la douleur devient intolérable et l'infortuné malade se roule par terre en se tort dans tous les sens telle une bête touchée à mort. Heureusement M. Edmond B. son voisin a le bon réflexe. Il l'allonge, aidé par deux solides gaillards, sur la banquette arrière de sa voiture et l'amène en urgence à l'hôpital proche. Dans la foulée le chirurgien pratique une gastrectomie totale en raison d'un ulcère perforé et d'une hémorragie digestive cataclysmique. Après de longs mois de convalescence, notre Xavier se remet péniblement de cette expérience malheureuse. D'après ses propres commentaires :

— Albertine avait raison, l'eau-de-vie m'a brûlé mon estomac et moi avec. Je ne souffrirai certainement plus de cet ulcère.

Toutes ces considérations, ces gestes thérapeutiques semblaient innés pour certains et faisaient parti d'une médecine traditionnelle de la campagne.

Il fut un temps où les paysans sollicitaient l'aide des guérisseurs, qui étaient nombreux dans nos campagnes profondes. Ces femmes ou ces hommes qui n'avaient aucune formation médicale spécifique étaient censés posséder un « don » qui se transmettait de génération en génération au sein d'une même famille. Nous faisions appel à la Marie comme aujourd'hui on décroche le téléphone pour alerter le médecin. Il faut dire que le hasard ou la providence faisaient souvent bien les choses, car après son passage ou sa consultation le malade se trouvait soulagé et allait mieux.

Certains de ces « magiciens » avaient une spécialité et de ce fait drainaient une clientèle fidèle venant souvent de très loin. Leur renommée dépassait largement le canton. Les sportifs avec leurs entorses de la cheville ou d'autres atteintes ligamentaires suite au match de foot dominical faisaient la queue chez Antoine le rebouteux. Il avait le don de remettre en place les articulations démises et ressentait du bout des doigts les micro-déplacements de la colonne vertébrale par exemple. Très souvent, après avoir manipulé et fait « craquer » le segment atteint, le soulagement était immédiat.

Jean-François qui sévissait non loin de la ville était connu comme radiesthésiste. Il était chargé d'une bonne énergie qu'il transmettait à ses patients en leur imposant les mains. Preuve de son efficacité, son « aura » énergétique était si puissante qu'il n'avait même pas besoin du contact physique pour la transmettre. Le traitement des migraines, des douleurs rebelles et chroniques était sa spécialité. Il prenait aussi en charge les cas de stérilité chez des femmes où la médecine classique avait échoué. Son savoir-faire était reconnu à travers la région. Il arrivait à induire une grossesse en imposant ses mains sur la région ovarienne et utérine, qu'il débloquait en y amenant l'énergie là où elle manquait. Sans vouloir me faire le critique ou le juge de ces pratiques on ne peut que constater la grande crédulité et la naïveté des gens qui consultaient ces guérisseurs.

## La veillée

Les longues soirées d'hiver étaient essentiellement réservées aux veillées. En l'absence de télévision et de chaîne hi-fi, c'étaient des moments privilégiés pour nous les enfants. Nous assistions à une pièce de théâtre dans laquelle les acteurs et conteurs hors pair nous emmenaient dans un monde imaginaire fait de rêves et de magie. Les contes se succédaient, tantôt gais et tendres, tantôt tristes et angoissants.

Histoire merveilleuse, quand la petite paysanne pauvre, pieds nus dans ses vilains sabots mais belle comme un rayon de soleil rencontre et épouse le prince charmant. Nous en rêvons, nous l'envions. Elle est bénie des dieux celle qui avait pu trouver la perle de son cœur qui la protégeait de la misère et du besoin. Histoire angoissante, quand l'ogre ou le grand méchant loup venaient dévorer les petits enfants perdus en forêt. La bouche grande ouverte, les oreilles pointées, les yeux pleins de larmes, j'écoutais et je buvais les paroles de Grand-mère ou plus rarement de Grand-père. La scène se déroulait à la « stub », le séjour, dans une ambiance chaleureuse imprégnée d'effluves de hêtre ou de chêne et de l'odeur parfumée et insistante du tabac de Grand-père. Il roulait de temps en temps une cigarette qu'il fumait d'une manière quasi-religieuse. Je l'observais et constatais combien il appréciait son goût et le bien-être qu'elle lui procurait. Sachant que je l'observais, il rejetait la fumée en faisant des ronds qui montaient aspirés par la chaleur de la lampe dans laquelle ils se perdaient. Je l'admirais. Plus tard, quand je serais plus grand je ferais pareil. Dommage !

La maison alsacienne réalisée en colombage et torchis est relativement basse. Le torchis, un mélange de paille et de terre glaise, a l'avantage d'être un excellent isolant, retenant la chaleur en hiver et la fraîcheur en été. Afin de réduire le volume de chauffe, le plafond de la « stub », aux poutres souvent apparentes, est relativement bas et confère à ce lieu une réelle impression d'intimité. L'unique petite fenêtre, s'ouvre vers la cour et laisse pénétrer l'air et le soleil. En rentrant dans la chambre, sur la droite trône un immense poêle en fonte, recouvert d'une céramique brune. Il repose sur une grande dalle en grès poli, protégeant le plancher en bois des braises rebelles tombant du foyer. Il est à trois étages. Le premier, le foyer, construit en pierre réfractaire, est cerclé d'un coffrage métallique, recouvert d'une épaisse plaque de fonte. Le deuxième étage, fermé par deux portières finement décorées, permet de faire un peu de cuisine. Grand-mère y maintient régulièrement une bouilloire pour humidifier l'atmosphère tout en tenant prête l'eau pour la tisane ou plus rarement pour le café. Le troisième étage est recouvert d'une plaque amovible aux nombreux trous servant de décoration. La chaleur y est atténuée, Oma y fait cuire des pommes ou d'autres fruits. Elle y dépose souvent une pomme de pin ou une branche de sapin qui parfume l'intérieur de la maison. Immédiatement à côté du poêle, une grande caisse en chêne décorée d'une sculpture champêtre sert de réserve de bois. Je pourvois au ravitaillement. C'est mon coin préféré, l'endroit le plus intime de toute la maison. Je m'y cale, quand dehors il gèle à pierres fendre, je me laisse envahir par la douce chaleur du poêle. Plus loin, la couche, sur laquelle Grand-père vient s'allonger l'après-midi pour sa sieste, occupe le coin. Lui fait face, le lit du seigneur de la maison. C'est encore un de ces vieux lits à l'ancienne. Pour nous les gamins, y accéder tient de l'exploit, il faut au minimum être alpiniste ! Son cadre repose sur quatre pieds de quinze centimètres de haut. Le pied et la tête du lit découpés classiquement en chapeau de gendarme sont en noyer. Le matelas, en crin de cheval, est moelleux à souhait. Le sommier, lui aussi très épais, formé de nombreux ressorts impressionnants et spiralés à la main, nous sert de trampoline ou de toboggan. Très souvent, notre grand-mère fait semblant de ne pas voir ni d'entendre nos ébats. Cependant si nos cris et nos rires deviennent trop forts, que les ressorts grincent à l'agonie et gémissent à plein poumon, elle nous chasse d'un air décidé, mais jamais méchant. Grand-père n'apprécie absolument pas que nous maltraitons son lit. À la tête de ce dernier, la table de chevet monte la garde, surmontée d'une ancienne lampe à pétrole prête à servir en cas de panne de courant. Ce qui n'est pas rare. Il suffit à Opa de craquer une allumette pour que la lumière jaillisse et qu'il puisse jeter un coup d'œil aux alentours. Caché dans la table, son pot de chambre, ce qui lui évite pour les commodités, de sortir la nuit et de traverser la cour.

À côté, un bahut cache la moitié du mur. C'est un très joli meuble en chêne massif sculpté avec des colonnades et des frises dans le style de l'époque d'avant-guerre. Il abrite une partie de la précieuse vaisselle de la famille. La soupière et les autres pièces en porcelaine trouvent leur place dans sa partie basse. Ce bahut représente mon trésor, car derrière la soupière, une petite coupe de porcelaine cache les friandises que Grand-mère nous achète de temps en temps. Même en pleine nuit, sans lumière, je suis capable de dénicher ces douceurs : porte de droite, deuxième étagère. Dans la partie supérieure Oma a rangé des verres en cristal, un héritage de sa mère, des bibelots de grande valeur sentimentale. Elle est surtout fière d'un lot de six très beaux verres de couleurs différentes : un rouge foncé, un bleu écarlate, un vert tendre… Ce style de service est à la mode en ce temps. J'en ai retrouvé plus tard dans d'autres fermes des environs. Enfin, dans le coin et face à l'entrée, près de l'unique fenêtre, une table en chêne massif attend les convives. Le banc d'angle capitonné de coussins confectionnés par Grand-mère semble attendre les hôtes. Grand-père trône au bout de cette table, près de la fenêtre, ce qui lui permet de jeter un regard circulaire vers l'extérieur et de surveiller l'entrée de la cour. Une lampe suspendue au plafond jette son rayon de lumière en plein centre de la table. Son abat-jour, en vessie de porc aux décorations naïves représentant des scènes de travaux champêtres, fait penser à un autre âge. De fines perles multicolores enfilées les unes au-dessus des autres tombent sur son pourtour. Ce ne sont pas des vraies perles, bien entendu, mais du verre teinté. Elles carillonnent et chantent en cas de courant d'air et remplissent la stub d'une douce et harmonieuse musique. Cette lampe me fascine, d'autant plus qu'elle est la seule source de lumière du lieu. Au-dessus de l'abat-jour, une boule ovale en céramique contient un système d'enroulement. Il permet, par simple traction, de la faire monter ou descendre. Donc le soir, quand Grand-père veut lire le journal ou l'almanach de l'année, il tire sur la lampe et l'abaisse pour profiter d'un large halo de lumière. Grand-mère fait de même si elle entreprend des travaux de rapiéçage ou de crochet. Les « Vieux » se poussent gentiment, chacun cherchant à gagner le maximum de clarté. Par souci d'économie ils se contentent d'une faible luminosité semblable à celle d'une grande bougie. Elle permet à peine à déchiffrer les mots. Cette lampe dans toute sa rusticité confère à l'ensemble de la chambre une ambiance feutrée, tamisée, propice aux rêveries. Quand dehors la neige tombe à gros flocons et que le vent lugubre pleure en s'engouffrant entre les différents bâtiments de la ferme, la chaleur rayonnante de la stub nous pénètre et réchauffe tout autant les corps que les cœurs. Le clair-obscur adoucit la forme des objets et des meubles qui se fondent dans la pénombre. Leurs limites s'effacent et deviennent floues. À force, mon esprit se met à gambader et part vers des rêves fantastiques, merveilleux, faits de forêts impénétrables habitées d'animaux tantôt sympathiques tantôt monstrueux. Si la chaleur devient trop lourde, je pique du nez et je m'enfonce dans un petit somme récupérateur.

Le soir de la veillée dès dix-neuf heures, Grand-mère nous demande de nous préparer et ajoute :

« Les enfants, débarrassez la table, les amis ne vont pas tarder. »

Que de fois, les soirées d'hiver n'ai-je pas entendu ces paroles magiques. Le signal pour moi de me blottir dans mon coin sur la caisse à bois à côté du poêle. De là, sans être vu, je peux observer tout ce qui se passe dans la chambre et je ne perds pas un mot de ce qui se dit. Ce sont des moments agréables, pleins de tendresse et de convivialité. Je me laisse bercer par les murmures des conversations. Je n'ai qu'une hantise c'est d'entendre la phrase cruelle de ma mère qui dit :

« Pierre il est temps de rejoindre ton lit. Demain il y a école. » Des mots terribles.

J'ai des souvenirs très vagues des toutes premières veillées auxquelles j'ai pu assister très fortuitement, je devais avoir cinq ou six ans. Grand-mère était entourée de plusieurs femmes qui travaillaient les unes au fuseau, les autres au rouet. Celles qui manipulaient le fuseau ramenaient avec elles un sac en toile dans lequel elles avaient entassé de la laine brute, nettoyée, lavée et cardée. D'une main elles tournaient avec une légèreté et une facilité déconcertante le manche sur lequel venaient s'enrouler les fils de laine naissant entre l'index et le pouce de l'autre main. Quant à Grand-mère, elle travaillait au rouet. Je la vois encore assise devant cet engin précieux qu'elle manipulait avec mille précautions et qu'enfant je n'avais même pas le droit d'approcher de peur de le détériorer. Un large tablier enroulait le bas de son corps, couvrait ses genoux et tombait jusque par terre. Seules ces deux images ainsi que l'ambiance feutrée, quand deux ou trois rouets mêlaient entre eux leur doux ronronnement et créaient une musique de fond sur laquelle glissaient les paroles chuchotées de nos laborieuses fileuses, restaient vivantes dans ma mémoire. Je n'arrive plus à me remémorer comment Oma travaillait au rouet. Je regrette de ne plus pouvoir assister aux mêmes soirées mais me réjouis de celle qui s'annonce.

Grand-père, deux cruchons en main, un gros châle autour du cou, la casquette plantée sur sa tête, les sabots aux pieds, sort au cellier pour tirer le vin de la soirée. Marraine remplit de pommes, de poires et de quetsches séchées, une première corbeille en osier. Une deuxième déborde de grosses noix que nous avons gaulées, Grand-père et moi, en automne. Étalées après la récolte sur de grandes maies placées au fournil, elles avaient eu tout le temps de sécher.

Une grande carafe d'eau et sa bouteille de sirop de fruits fabriqué maison attendent sur le rebord de la fenêtre derrière les volets. Enfin, un magnifique kugelhof et une couronne tressée placés dans la niche du bahut me font saliver. « Mon Dieu je vais encore pouvoir me régaler ce soir » !

Dehors les toc-toc de sabots que l'on frappe contre la marche de l'escalier signalent avec certitude l'arrivée des premiers convives. Ce sont nos voisins, Joseph et son épouse, Albertine. Comme d'habitude ils ne viennent jamais les mains vides, ils apportent quelques « *bredele* ».

Encore un délice ! Les autres invités se présentent rapidement les uns après les autres. Après un échange de quelques paroles chaleureuses en guise de salutations, chacun trouve sa place selon ses affinités, l'un sur le banc près de la table, l'autre un peu en retrait sur une chaise. Dehors dans le corridor, le porte-manteau grince et ploie sous la lourde charge des manteaux d'hiver. À ses pieds, les sabots alignés lui tiennent compagnie telles des sentinelles immobiles. Les premières conversations s'engagent, comme souvent autour des conditions météorologiques, le froid, la neige et surtout le vent d'est qui tel un blizzard pétrifie la campagne. Joseph se plaint notamment de ce vent qui forcément balaie la neige recouvrant son champ de blé trop exposé et soumet de la sorte les jeunes pousses fragiles à la terrible rigueur hivernale.

« J'espère qu'il résistera » dit-il.

Les hommes se regroupent à un bout de la table et entourent le « Lange Vater », « un homme grand et svelte », le surnom de Grand-père.

Les femmes prennent position à l'autre bout sur deux ou trois chaises récupérées à la cuisine. Maman et Marraine font de temps en temps le service en leur présentant les corbeilles de fruits ou des morceaux de gâteaux. Les invités consomment peu car se restaurer n'est pas le but de la soirée. La parole est reine. Ils passent en revue les derniers cancans du village. Les commentaires vont de la vache d'untel qui a vêlé la veille à la santé de cette pauvre Joséphine qui semble bien malade. J'ai remarqué que les femmes sont très friandes de ces commérages et de ces nouvelles piquées sur le vif. Les conversations se poursuivent à bâtons rompus tout au long de la soirée. Tous se souviennent de tel ou tel épisode épique inscrit dans la mémoire collective et le retracent si fréquemment lors des veillées.

Ils se rappellent aussi leur jeunesse. Comment le Joseph, paysan et poète, faisait la cour à la Marie, belle et jeune fleur à peine éclose à l'époque de leur mariage. Il retrouvait fréquemment sa bien-aimée au pâturage en automne où ils gardaient ensemble leurs bêtes. Joseph prolongeait leur tête-à-tête en venant déclamer des poèmes ensorceleurs et enflammés au pied de la fenêtre de sa belle Marie. Elle les recevait discrètement et rougissait de plaisir, le cœur brûlant d'amour. Ses parents acceptaient la romance avec philosophie et peut-être avec un brin d'orgueil devant l'originalité et la poésie de cette cour romantique sortant de l'ordinaire. Joseph se faisait souvent taquiner par ses copains, mais il n'en avait cure, le cœur de Marie lui était acquis, le reste ne pouvait le toucher. Chacun va de son commentaire et de ses remarques qui changent au fil des soirées. L'amour de Joseph et de Marie est magnifié. Au fil du temps ils sont devenus les Roméo et Juliette ou les Tristan et Yseult du village, tout en ayant eu la chance de voir leur amour se concrétiser par une nombreuse progéniture. Dans leur cœur, la flamme reste vivante comme au premier jour et l'amour illumine une existence laborieuse. Tous semblent jalouser ce couple heureux qui se contente du bonheur que leur procure l'humble vie de paysan.

Le cas du pauvre Isidore, mari éconduit fait systématiquement partie de ces soirées. Les détails de cette tragédie changent là aussi d'une soirée à l'autre. Un jour, le niais Isidore rentrant tard de son travail des champs s'était retrouvé devant une porte close. Au pied du perron, devant sa maison, une charrette l'attendait chargée de son matelas et d'autres affaires disparates qui lui appartenaient. À force de tambouriner contre la porte d'entrée et d'insister, sa femme, un vrai dragon, lui ouvrit pour le sommer de s'effacer à jamais de sa vue. Elle le traita d'impuissant, de fainéant, d'ivrogne incapable d'entretenir son honnête épouse qui pourtant lui avait tout sacrifié. Qu'il disparaisse de la surface de la terre. Isidore le couard partit sans demander son reste, traversa le village tête basse et retourna auprès de sa mère. Naturellement, des années durant, le pauvre fut la risée de tous.

Seule Grand-mère n'aime pas que l'on se moque de ce pauvre bougre et demande que l'on respecte au moins sa mémoire. Elle plaint cet être faible et sans défense.

Grand-père et les autres hommes parlent plutôt de leurs campagnes soldatesques sur le front russe ou de la Deuxième Guerre mondiale. Les femmes tout en papotant gaiement occupent leurs mains. L'une tricote, l'autre crochète, Oma rapièce un gilet d'Opa. À cet instant j'admire tout spécialement Louise tricotant des chaussettes à son mari. Elle domine, avec une agilité et une dextérité déconcertantes les cinq aiguilles, les manipule l'une après l'autre, sans y prêter attention. Je suis surpris de la longueur ajoutée à la chaussette quand arrive la fin de la soirée et qu'elle dépose les aiguilles. C'est fabuleux. Louise a une autre manie. Je suis convaincu qu'elle aime les aiguilles car elle en a un cornet plein. De temps en temps, au courant de la soirée, elle en saisit une de sa réserve et se gratte vigoureusement son cuir chevelu. Il lui arrive alors de l'oublier. L'aiguille reste donc plantée dans sa chevelure sans qu'elle ne le remarque. Ainsi en fin de la soirée j'en ai compté quatre qui s'accrochent dans ses cheveux telles des plumes d'Indiennes. Il va sans dire que les moqueries et l'hilarité du groupe sont sans retenue. Les plus spirituels la traitent de belle et d'élégante « squaw ». La sympathique Louise ne s'en offusque jamais. Aujourd'hui, je conclurais qu'elle a dû être acupuncteur dans sa vie antérieure !

De leur côté, les hommes se lancent dans des parties effrénées de belote ou de skat. Plus rarement, ils partagent avec les femmes, une partie de moulin, de jeu de dame ou de ne te fâche pas. Grand-père est mauvais perdant et honnit les tricheurs. Il peut se montrer très désagréable à leur égard. Mais ils reviennent inlassablement à leurs exploits guerriers. Bien entendu, Grand-père est mon point de mire. Il a livré les plus grandes, les plus belles, les plus hardies et les plus dangereuses batailles. S'il était encore en vie, c'est parce que la préparation guerrière et la formation de la garde impériale, ont été pertinentes et efficaces. Le combattant se sait protégé par son savoir-faire et la discipline de fer qu'exigent leurs chefs.

Je pense que de temps en temps Opa exagérait un peu. À l'écouter, et si j'ai bien compris, les soldats de la garde étaient tellement bien entraînés, qu'à la limite ils devenaient invincibles, voire intouchables.

D'un autre côté, il se plaint de la rigueur de cet entraînement, tant physique que moral. Les longues marches exténuantes sous la pluie et la neige, le paquetage écrasant le dos et trop souvent le ventre criant famine rendent la vie du soldat dure et pénible. Les punitions sont fréquentes contrairement au courrier qui est toujours en panne. Les missives qu'il attend désespérément sont sensées lui apporter des nouvelles de sa chère Madeleine ou du village qui lui manquent douloureusement. Ce preux chevalier des temps modernes a une âme sensible et reste très attaché à sa terre natale. Mais il ne manque jamais de courage. Il aime raconter l'épisode d'un soldat blessé à la jambe et qui pris sous un feu croisé appelle au secours. N'écoutant que son courage, grand-père s'avance vers lui en rampant, le saisit comme il peut et le ramène en zigzaguant, plié en deux, jusque dans leur ligne. Les balles sifflent autour d'eux, heureusement aucune ne les avait touchés. Il déteste les boucheries, les morts inutiles, les embuscades où les coups partent sans que le fantassin ne puisse distinguer réellement la ligne de feu. Ce n'est pas la guerre, ce sont des affrontements de lâches. Il ne cesse de répéter :

« On ne tire jamais dans le dos d'un soldat. »

Comme s'il pouvait y avoir une guerre propre. Chevaleresque mon Grand-père ! Quand il narre les défilés et les revues militaires où la troupe marche au pas, en ordre serré, je devine son respect et son amour de l'uniforme. Il en frémit de fierté. Son âme musicale chavire aux rythmes majestueux et solennels de la musique militaire. Je l'entends toujours s'exclamer devant la plénitude des airs martiaux, enthousiasmants, où les fifres et les tambours marquent le pas. Toutes les fibres de son corps vibrent du souvenir de ces instants pathétiques. Son émotion arrive à son paroxysme quand il relate la venue du vieil empereur, qui avance avec majesté sur son cheval blanc pour passer sa garde en revue.

Arrive aussi le moment d'une grande sentimentalité quand « Opa » et maman chantent en duo et a capella. Un instant magique. Le répertoire est étendu. Défilent alors, les comptines extraites d'une riche mémoire, les chansons populaires françaises et allemandes dont les thèmes favoris restent, l'amour, l'appel du large et toujours et encore la nostalgie, le mal du pays, « das Heimweh ». Les chansons à boire ou paillardes sont bannies du répertoire. Grand-mère l'interdisait. Maman a une voix de fée, d'une pureté cristalline et d'un timbre exquis. Grand-père de sa voix chaude de ténor fait merveille. Avec ses pieds, il bat la mesure et fait le tambour en tapant dans les mains ou sur la table. Le cantique « Grosser Gott » et la berceuse de Brahms m'émeuvent tout spécialement. Le voisin Louis, qui joue merveilleusement bien de l'harmonica, partage trop rarement ces instants avec nous. C'est alors un moment grandiose et sublime qui me plonge dans une profonde mélancolie. Mes yeux mouillés par quelques larmes d'émotion brillent d'admiration. Dommage que ces instants enchanteurs soient trop courts.

Le mot final revient souvent à Grand-mère sous l'impulsion de laquelle nous disons une courte prière d'action de grâce, plus rarement l'angélus. Ces réunions se terminent en général entre vingt-trois heures et minuit, rarement plus tard.

Les invités remettent leur lourd manteau, chaussent leurs sabots réservés aux sorties et aux jours de fête. En effet chaque membre d'une famille en possède deux paires, une pour le travail, l'autre pour les sorties. Ces derniers, souvent décorés et sculptés, sont soit cirés, soit peints généralement en noir. Pour les plus fantaisistes ils deviennent polychromes. Les heureux possesseurs sont source de plaisanteries et de clins d'œil moqueurs sur leur passage. Pour protéger les pieds, les plus riches portent des charentaises. Les autres découpent des morceaux de chiffons dans des chemises ou des draps usés qu'ils enroulent autour des extrémités. Certains se servent tout simplement de paille. Dans leur esprit rien ne se perd.

C'est ainsi que nos villageois passaient les longues soirées d'hiver dans l'intimité de la stub. Ces réunions permettaient de tisser ou de conserver de solides liens d'amitiés et d'entretenir l'esprit communautaire. La richesse n'était pas là où on pouvait l'attendre, matérielle et pécuniaire, mais bien dans le cœur de chacun, dans l'amour du prochain et dans le respect d'autrui. La pauvreté unissait plus nos braves paysans que la richesse et l'abondance des biens. Ils se serraient les coudes et affrontaient l'adversité avec courage et abnégation. Parallèlement dans le cours de leur vie, ils savaient prendre le temps et vivre au rythme de la nature. Ils étaient à mille lieux de la vie trépidante d'aujourd'hui. « Le temps ouvre la porte à qui sait attendre… »

N'est-ce pas une grande vérité ?

Aujourd'hui, en repensant à ces merveilleux moments passés à la « stub » je suis conscient qu'ils m'auront marqué et fortement influencé dans ma façon d'appréhender la vie. La philosophie de ces braves gens était simple. Ils ne se perdaient guère dans des considérations intellectuelles ou métaphysiques. Leur opinion et leur raisonnement s'appuyaient sur deux choses fondamentales : le vécu proche de la nature, l'amour du travail et de la terre.

« Travaillez et prenez de la peine… » disait LA FONTAINE.

La plus part étaient mus par des sentiments nobles et purs, tels l'honnêteté, le respect de la nature tant humaine qu'animale… Cette vision de l'existence, empreinte d'une certaine naïveté, était fortement ancrée en eux. Le monde moderne avec ses travers aura toutes les peines à les en éloigner. Ne soyons ni idéaliste ni utopiste et ne les considérons pas béatement comme irréprochables. Ils avaient bien sûr leurs défauts, mais leur mentalité tranchait tant par rapport au matérialisme propre à la masse des travailleurs dont Zola a fait le portrait. Ils m'ont permis de comprendre, que devant l'adversité seuls le courage et la ténacité pouvaient faire avancer les choses. Les obstacles nous ne pouvons pas forcément les enlever mais nous pouvons les contourner et surtout nous pouvons vivre avec, en nous adaptant, en nous corrigeant et en comptant plus sur nous-mêmes que sur les autres.

De ces veillées je garde un souvenir ému empreint d'une certaine nostalgie car je n'ai plus jamais retrouvé l'ambiance chaleureuse, conviviale et simple de telles réunions.

## Les jeux d'hiver

En hiver, la vie est au ralenti quand un lourd manteau neigeux recouvre notre village et sa région. Mais notre excitation est à son comble. Les batailles de boules de neige font rage et n'en finissent pas. Les enfants de l'école et, certains soirs, les jeunes gens et jeunes filles se livrent à de folles parties de luge et de patinage. Nous profitons de deux pistes naturelles privilégiées : la rue principale et une colline à la sortie sud du village. La rue principale très en pente se prête bien à nos ébats et nous profitons au maximum de cette aubaine vu que le chasse-neige n'y passe pratiquement jamais. Des voitures, il n'y en a guère.

Les plus riches possèdent des luges achetées et prêtes à l'emploi. Chaussées de deux lames de fer bien rodées elles atteignent de grandes vitesses. Ceux qui n'en possèdent pas les convoitent d'un air envieux et se contentent alors de fabriquer eux-mêmes leur traîneau, ce qui, en fin du compte, n'est pas plus mal. Ils peuvent laisser libre cours à leur imagination et Dieu sait si elle est débordante. Cela devient alors des similis bobsleighs ou des traîneaux sur lesquels nous nous agglutinons à plusieurs. Plus l'engin est long, plus il est difficile à manier et à maintenir sur la piste. Du fait de sa conception en deux parties distinctes, sa prise en main est meilleure et plus sûre. La partie de tête faite d'une luge très courte ressemble à une caisse de bois retournée de très faible hauteur, la deuxième partie correspond à une luge classique. Une planche relie l'une à l'autre. Pour piloter ce « bob » rudimentaire, un axe vertical traversant la luge de tête et la planche de liaison fait fonction de volant et en même temps rend l'ensemble solidaire. En général, nous nous servons d'un volant récupéré sur une vieille voiture, le plus souvent les restes d'un véhicule militaire abandonné ou tout simplement de deux morceaux de bois fixés en croix. La vitesse prise par un tel ensemble est vertigineuse et grisante d'autant plus que l'on s'y agglutine souvent à cinq ou à six, voire davantage. Mais alors, gare aux accidents, aux rencontres malencontreuses, quand le pilote perd le contrôle. La percussion d'un mur ou bien du calvaire situé dans le virage serré au bas de la côte est classique. Combien de fois, ne nous sommes-nous pas relevés, groggy, contusionnés et pleins de bosses ? Les fractures de membres sont plus rares, mais non exceptionnelles. Les accidents les plus sérieux ont été de vrais traumatismes crâniens ou de graves commotions cérébrales.

Yves, un de mes copains, est victime d'un tel accident, en fonçant la tête la première dans le calvaire. Une énorme bosse bourgeonne instantanément sur le haut de son crâne. Après qu'il se soit relevé, il se plaint de forts maux de tête et perd connaissance. Les premiers gestes instinctifs sont de lui frotter vigoureusement la tête et de la recouvrir de neige. À l'arrivée de sa maman, il émerge doucement de sa torpeur et se met à vomir. Il tient des propos incohérents, parle de noirs qui dansent, de chevaliers engagés dans des tournois… Il ne cesse de se plaindre d'importantes céphalées, de répéter qu'il voit des étoiles rouges scintiller dans le brouillard. La maman, aidée par un voisin, l'allonge sur la luge et le ramène à la maison. Le médecin passe le lendemain et diagnostique un traumatisme crânien avec suspicion de fracture du crâne. Ce n'est que trois jours plus tard qu'une radio est réalisée à l'hôpital le plus proche. Elle confirme l'existence d'une fissure de la boîte crânienne au niveau de l'os frontal. Yves reste allongé une huitaine de jours et tout est oublié. Il s'en tira bien.

Quand je songe, aujourd'hui, à toutes les complications vitales auxquelles il était exposé, j'en ai froid dans le dos. De nos jours, c'eût été l'urgence absolue avec la mise en place d'une perfusion, d'une sédation, voire l'intubation et l'évacuation impérative par hélicoptère à l'hôpital en neurochirurgie.

Le mardi et le jeudi soir, quand il y a de la neige et, à l'époque il y en avait souvent et beaucoup, le village s'anime brutalement. Ce sont les « anciens », les « vieux » qui assistent aux cours du soir. Après le certificat d'étude, donc à quatorze ans et plus, ceux qui le désirent peuvent suivre une instruction complémentaire de vingt heures à vingt-deux heures appelée « *Nachtschuel* », l'école de la nuit. Ils se réunissent sous la direction de mon père et font des exposés, des commentaires de texte ou approfondissent leurs connaissances en histoire et en géographie, ou bien révisent les notions d'arithmétique tout en s'excitant sur le calcul du débit d'un robinet qui fuit. Cet enseignement non obligatoire se solde par un examen. Ils sont ainsi mieux armés pour affronter la vie active. Pour préparer son programme, mon père tient compte des matières exigées aux différents concours auxquels ces candidats se présentent. Ses élèves lui sont toujours très reconnaissants car leur préparation ne peut être meilleure. Pour l'un, c'est le concours pour la Poste, pour l'autre l'entrée à la SNCF, ou pour un autre, le concours de l'administration et j'en passe… Naturellement, par temps de neige, ils ne peuvent s'empêcher de raccourcir la durée des cours et s'adonnent à des parties de luge. Ils en profitent, non seulement pour s'éclater dans des jeux de glisse, mais aussi pour courtiser leurs copines. Assis l'un derrière l'autre, ils se collent et se serrent sur une luge qui leur semble toujours trop longue pour eux. Les premières amourettes naissent dans la nuit hivernale, dans le froid et dans la blancheur immaculée de la neige, avec comme unique témoin les myriades d'étoiles qui leur font tourner la tête et peut-être perdre le Nord ? Si ce n'est pas autre chose ! Heureuse époque ou chacun dans son insouciance espère et pense pouvoir trouver le bonheur. Les enfants ont rarement le droit de rester sur la piste jusqu'à vingt heures.

J'ai souvenir d'une telle soirée épique organisée par les grands et qui s'est terminée par un accident. C'est Théophile, le fils du charron, qui est l'instigateur de cet épisode catastrophique. Son père était en train de construire un impressionnant traîneau prévu pour un attelage de deux chevaux et permettant de transporter jusqu'à six personnes. L'ossature est faite, le châssis terminé. Il ne reste plus qu'à l'habiller de planches pour qu'il soit opérationnel. Théophile avec ses copains, Achille, Gustave et Charles, ont la lumineuse idée de s'en servir comme luge. Comme un seul homme, ils l'ont traîné en haut de la colline. Le problème crucial est de savoir comment piloter ce mastodonte ? Ils pensent qu'en fixant solidement deux cordes à l'avant, une de chaque côté et qu'en y exerçant une forte traction cela suffit à guider l'engin. Des essais concluants ont été faits sur un monticule. Encouragés par les premières réussites et sans trop se poser d'autres questions, ils s'installent sur ce bâti. Les voilà lancés, à tombeau ouvert, dans la pente vertigineuse de la rue principale. L'engin accélère de plus en plus et avale la déclivité à une vitesse foudroyante. Le hasard a bien voulu maintenir rectiligne la trajectoire comme celle d'une balle du fusil. Cette descente les a grisés. Ils jubilent, ils sont exaltés et fous de joie. Leur exploit a fait le tour du village à la vitesse d'un feu de savane. Du coup, toutes les lumières des chaumières se sont allumées et les badauds, agglutinés aux fenêtres veulent assister à cette démonstration époustouflante. Après avoir tiré, poussé, halé le traîneau jusqu'en haut de la pente, les voilà repartis dans une nouvelle et folle descente. Cette fois-ci, deux jeunes filles plus hardies que les autres se sont jointes à eux. Elles veulent tenter l'expérience et partager les mêmes frissons. Le haut du parcours se déroule sans incident. Les bravos, les hourras des spectateurs médusés et admiratifs les accompagnent et les encouragent. Mais au schuss final, le traîneau devient incontrôlable. Les filles se mettent à hurler et appellent au secours. Un des caïds abandonne le théâtre en sautant de l'engin, heureusement sans se blesser. Les autres, s'agrippent de plus en plus fort à l'armature jusqu'au bouquet final. Le traîneau explose et se désintègre totalement en heurtant à pleine vitesse le calvaire situé au bas de la rue principale. La partie haute du calvaire, la croix et la sculpture du Christ, basculent sur la tête de Théophile. Le résultat des courses : deux bonhommes sur le tapis et inconscients, deux filles choquées, paralysées autant par la peur que par la surprise d'avoir survécu à cette rencontre inattendue. Les trois autres garçons se plaignent de contusions multiples et décrivent en des termes fleuris la peur de leur vie. Les témoins de la scène se précipitent sur Théophile et Gustave qu'ils frottent vigoureusement avec de la neige. Le voisin de mon grand-père leur verse quelques gouttes de schnaps sur les lèvres, « pour les réveiller », dit-il. Le remède a été à la hauteur de ses espérances car deux minutes plus tard, les voilà en phase de réveil. Ils s'ébrouent en se tenant la tête, se lèvent chancelants et titubants, mais ils sont debout. La bouteille de schnaps fait le tour des « impliqués » et le tout se termine dans une franche partie de rigolade. Mon père n'est pas content. Il les sermonne, leur reproche leur manque de bon sens. Il leur a parlé d'un certain Einstein et d'une formule bizarre, mystérieuse. Je n'y comprends rien, mais j'ai retenu quelque chose comme le carré de la vitesse.

La plus malheureuse est la très bigote Odile qui parle de sacrilège et de punition divine.

— Vous, vous rendez compte, ils ont renversé la croix du Christ et blessé la Sainte Vierge ! Ces jeunes devraient tous être bannis et envoyés au diable.

Le cœur déchiré et la larme à l'œil, elle les condamne au feu de l'enfer. Après les hourras et les bravos, c'est pour nous le moment de la grosse désillusion. L'hystérie de la pauvre Odile est contagieuse et la jeunesse est soumise à la vindicte populaire. Cet incident meuble toutes les conversations des commères des jours durant. Ce n'est qu'après le sermon de notre cher curé, le dimanche à la messe, que les esprits se sont à nouveau calmés. Il a parlé d'accident, d'insouciance de certains jeunes, mais il interdit que l'on prononce les mots de blasphème, de sacrilège ou autres bigoteries. Il faut que jeunesse se passe. Disons merci à l'ange gardien qui a su leur éviter des blessures plus graves et les a préservés d'un malheur plus grand.

## Les contraintes hivernales

Lors de forts enneigements, le facteur représente souvent le seul lien avec le monde extérieur. Il fait sa distribution de courrier à pied et emprunte un raccourci le menant à travers champs et forêt pour arriver jusque chez nous. C'est en général lui qui trace et ouvre la voie après les chutes de neige fraîche. Il dépose son paquet de lettres chez mon père à l'école et, pour se réchauffer, profite d'une bonne tasse de « café avec » toujours prête. Il nous incombe alors, à ma sœur ou moi, de les acheminer. Leur nombre n'est jamais très important, pas même une dizaine de lettres certains jours. Les villageois connaissent et apprécient plus ou moins cette pratique officieuse. Pour la distribution des pensions ou des mandats, cela est plus compliqué. Le facteur fait du porte à porte et prend beaucoup de retard. Mais enfin, les gens s'en accommodent de bon gré. Personne ne lui en tient rigueur et il est fort apprécié et pardonné d'avance, d'autant qu'il rend volontiers des menus services aux personnes âgées. Très souvent, il joue le rôle de commissionnaire en ramenant à l'un les médicaments, à l'autre une commande de la droguerie du bourg voisin. Nous admirons son courage et sa détermination quand il traverse la campagne en affrontant le mauvais temps.

Quand le tapis neigeux atteint cinquante à soixante centimètres, le ramassage du lait devient problématique voire impossible ce qui contrarie fortement les braves paysans. Si le camion de la laiterie tarde plus de vingt-quatre à quarante-huit heures, ils manquent souvent de récipients et la conservation du lait devient malaisée sinon hypothétique. Certes, la coopérative laisse quelques bidons de cinquante litres en réserve, mais cela n'est pas toujours suffisant. Dans l'attente du futur ramassage, ils ressortent les anciennes jarres en terre ou les tonnelets empoussiérés et oubliés depuis longtemps au fond du cellier.

La boulangère, elle non plus, n'est pas toujours ravitaillée. Cependant, je note que les produits d'épicerie de première nécessité ne manquent que rarement. Pour le pain, cela n'est guère un problème puisque la plupart des paysans le font eux-mêmes et que la voisine dépanne volontiers la fermière imprévoyante.

L'urgence médicale reste l'unique problème crucial. En tout état de cause le médecin n'est sollicité que dans les situations extrêmes. Il met souvent une demi-journée pour venir. En période de fortes précipitations neigeuses, il se déplace fréquemment avec un traîneau tiré par une belle jument alezan. Elle a fière allure et fait chanter les colliers de grelots accrochés autour de sa bride. Ainsi, nous l'entendons venir de loin. C'est une bête pleine de vitalité, robuste, très agile mais un tant soit peu fougueuse. Elle aime à être caressée sous le menton et qu'on lui parle doucement aux creux de l'oreille. Elle relève sa tête d'un air altier et secoue sa crinière tout en frémissant de tout son corps. Je suis persuadé que cette jument est heureuse, qu'elle a des ailes pour traverser ces paysages blancs immaculés. Légère, élégante et rapide elle sillonne la campagne au trot. Nulle congère accumulée par le vent et barrant la route n'est pour elle un obstacle.

Le problème se corse d'autant, s'il faut évacuer un blessé ou une personne gravement malade. J'ai plus ou moins assisté à plusieurs évacuations scabreuses. Ainsi, le vieux monsieur Auguste, emmitouflé dans une masse de couvertures, étouffé par des couches superposées de châles, est évacué en traîneau jusqu'au carrefour de la grande route départementale éloigné de cinq kilomètres. De là, il est transféré dans l'ambulance qui l'achemine jusqu'à l'hôpital le plus proche, situé à vingt kilomètres. Installé en position semi-assise il a toutes les peines du monde à respirer. Sa fille, inquiète, affirme que c'est le cœur qui ne veut plus. Nous craignons tous sa mort au cours du transport, son cœur ne supportant pas l'effort demandé. C'est mal le connaître. Ce vieux « chêne » n'a nulle envie de nous quitter. Trois semaines plus tard, il est revenu, un grand sourire aux lèvres, en pleine forme, plus vert et plus vigoureux que jamais.

Les futures mamans, prêtes à accoucher, se heurtent aux mêmes difficultés. La plupart des naissances se font à la maison. La sage-femme se déplace par ses propres moyens. On peut imaginer les moments d'angoisses et de paniques générés quand survient un incident ou un accident de délivrance. Heureusement ces situations sont rares, souvent prévisibles, la future maman est alors amenée à l'hôpital au moment opportun et dans les délais. C'est encore notre père qui, avec sa 202 Peugeot, emmène souvent d'une façon précipitée les parturientes jusqu'à la maternité. La future maman le prévient, quelques jours avant le terme, de se tenir prêt. Comme le téléphone n'existe pas, c'est la gouttière passant près de la fenêtre de la chambre à coucher des parents qui sert de relais, d'appel au secours. C'est notre tam-tam à nous.

Malheureusement pour nous, le progrès et l'évolution de la société ont eu raison de nos parties de luges. Les ponts et chaussées ont été dotés de chasse-neige, des « monstres ». Pour nous les jeunes, ce fut le sacrilège. C'était insupportable, cela nous arrachait le cœur. Nous nous rebellions contre ces infâmes intrus en les bombardant d'une pluie de boules de neige. Certains d'entre nous en pleuraient de dépit. Mais en vain. Leurs passages enterraient, à tout jamais, ces nombreuses et pétillantes parties de luge.

Il fallait trouver une autre piste. Nous jetons notre dévolu sur une colline plus pentue, donc plus rapide, située à la sortie du village. Elle a deux inconvénients majeurs. Elle est nettement moins longue et ne présente pas de zone de freinage. Dès sa descente, après vingt mètres de plat, coule parallèle à l'étang, le ruisseau. Pas de chance ! Naturellement, s'il a beaucoup neigé et qu'il a bien gelé, nous disposons quelques bottes de paille afin de niveler le lit du ruisseau. Le passage de la luge se fait sans difficultés. Lors de la descente nous traversons donc le ruisseau pour se retrouver sur l'étang gelé où la glissade se poursuit. Ces jeux excitants durent jusqu'au jour, où un accident se produit. La glace se brisa sous le poids de trois camarades qui faillirent se noyer. Le propriétaire de l'étang décida de clôturer le site avec du fil de fer barbelé. Une fois encore, nous étions lésés et chassés. On avait mis fin à nos belles escapades.

Aujourd'hui les jeunes de ce village n'ont pas forcément conscience de leur chance de pouvoir pratiquer du vrai ski de fond dans ce paysage pentu et vallonné à souhait. La plupart possède des skis, mais actuellement la neige leur fait cruellement défaut et ne sont donc pas forcément plus gâtés.

À l'époque chacun avait sa spécialité. Pour l'un c'était le « rodler », pour l'autre la luge ultra rapide. Ma spécialité consistait à combiner le traîneau et la glisse avec les sabots, mes patins à moi. Au départ, je me mettais assis sur mon traîneau, je prenais de la vitesse et arrivé vers mi-pente, je le retirais de dessous mes fesses, me relevais et finissais en glissade pure dans mes sabots. Exercice d'équilibriste et de haute voltige, les chutes étaient fréquentes, souvent douloureuses. Mais il n'y avait pas mieux, pour éblouir Jeannine ou Christiane admiratives. J'étais le meilleur. Mais malheureusement, à cette époque, j'étais trop timide pour toucher les dividendes. Peut-être un petit regret de ne pas avoir su m'exprimer plus librement, plus spontanément.

## La veillée de Noël

Nous étions encore pris par nos longues parties excitantes de luge que déjà s'annonçaient deux moments merveilleux : la fête de St Nicolas et de Noël. À cette époque, le patron des écoliers ne semblait guère avoir la cote ni auprès des enfants ni auprès des parents car on ne l'honorait pas comme nous le faisons de nos jours. À la limite, nous avions droit à un maigre pain d'épice avec l'image du vénérable Saint Nicolas collée sur le sucré glacé. Le calendrier de l'Avent faisait timidement son apparition. À chaque jour sa friandise. La coutume de la couronne de l'Avent n'avait pas vraiment cours dans notre communauté. Les rares familles qui s'y pliaient, la tressaient, selon leur fantaisie, en anneau, en croix, en triangle… Quelques branches de sapin entremêlées avec des rameaux de houx et ornées de boules colorées ou de pommes de pin dorées, supportaient quatre bougies représentant les dimanches de cette période d'espérance. Quand le dernier dimanche, les quatre bougies se consumaient lentement et illuminaient nos cœurs, nous savions que l'avènement de l'Enfant Jésus était proche. L'impatience nous gagnait de plus en plus.

À cette époque, il est rare que la neige ne soit pas au rendez-vous. Le froid est vif, les nuits claires remplies d'étoiles. J'attends avec impatience le crépuscule pour assister au coucher du soleil. Si la chance nous sourit, l'horizon bleu azur s'embrase lentement. Le ciel rougeoyant étend son manteau de pourpre sur lequel se détachent les masses sombres des nuages épars. Le soleil se transforme en une boule de feu avant de disparaître derrière les crêtes des lointaines collines. Quel heureux présage ! Dans nos cœurs d'enfants, et nous en sommes fermement convaincus, cela signifie que « *Christkindel* », l'Enfant Jésus, chauffe son four céleste et nous prépare des « *Bredele* » et d'autres douces délicatesses pour le soir de Noël. Nos parents discutent fréquemment entre eux à voix basse. Nous les épions, attentifs à leurs moindres faits et gestes afin de deviner ce qu'ils nous cachent. Ils préparent en toute discrétion le cadeau qu'ils dissimulent avec plus ou moins de réussite. Nous brûlons d'impatience et sommes, à cette période, obéissants et serviables. Un regard de maman ou de papa suffit pour que nous nous précipitons et exécutons leurs désirs.

C'est aussi le temps du courrier et des nombreuses demandes adressées avec insistance et naïveté au Père Noël. Avec mes deux sœurs la compétition est ouverte, à qui réalise le plus beau dessin ornant notre demande. Monsieur Brickel, le facteur, se montre très avenant. Il emporte nos lettres en nous promettant de les déposer en forêt près du gros chêne. Ce dernier est non seulement le point de rencontre des sorcières, mais sert, à ce moment de l'année, de boîte aux lettres et de centre de tri. De laborieux lutins placés là pour faire la sélection, vérifient que toutes les missives arrivent à bon port. Le facteur se plaint alors du surcroît de travail et se dit écrasé par l'énorme responsabilité que représente l'acheminement de notre précieux courrier. Il souffre souvent du froid. Papa le réconforte avec un bon café bien chaud et un grand verre de schnaps. Quand j'y pense, combien de fois ne devait-il pas rentrer le soir sérieusement éméché après sa longue tournée ? Mais à l'époque, ce n'est guère notre souci. Il faut être très gentil avec lui. Il est notre ambassadeur chargé de représenter nos désirs et nos espoirs. La prévenance et l'ardeur de certains de mes copains sont telles qu'ils accompagnent le facteur en lui portant, l'un un paquet, l'autre une partie du courrier. Au fil de la distribution ses pas deviennent plus lourds et plus lents. Il lui arrive aussi de s'irriter quand nous l'agaçons avec nos nombreuses questions.

— Facteur, comment faites-vous pour rencontrer le Père Noël ? S'il n'y a pas de neige, comment fera-t-il avec son traîneau ? Croyez-vous qu'il nous apportera nos jouets…

Cette litanie continue tout au long du parcours.

Enfin, à partir du 20 ou du 21 décembre, notre excitation monte encore d'un cran. Il faut songer à préparer le sapin. C'est habituellement, le dernier après midi de classe, avant de nous quitter pour les vacances, que l'instituteur fête avec nous ce symbole de Noël tant attendu. Quelques jours auparavant, le garde champêtre « *de Schang* » et le maire en personne, sont allés hache et scie sur l'épaule, couper un sapin dans la forêt toute proche. La cime d'un épicéa récupérée d'une coupe faite par les bûcherons a été le plus beau spécimen qu'ils ont ramené aux cours de ces années.

Mon père plante ce sapin dans un grand bac à sable placé au centre de la salle de classe. Secondé des « grands », il s'évertue à le décorer de fils argentés, d'étoiles taillées dans du bois de toutes les couleurs. La pointe porte fièrement une étoile massive d'où part une épaisse chevelure de fils d'or. Quelques belles pommes rouges, des noix enveloppées dans du papier argenté, rehaussent la parure du roi de la forêt. Enfin, de petites bougies multicolores achèvent sa mise. Quelques bâtons magiques attendent de lâcher leurs étoiles. Quand enfin, vient le moment de rentrer en classe, l'instituteur tire les rideaux et plonge la salle dans l'obscurité tandis que chacun de nous rejoint sa place. Nous ne voyons que le sapin qui brille de mille feux. Des senteurs subtiles de conifère et de pommes mariées à celles de la cire fondue envahissent la classe. Nous sommes en admiration, comme hypnotisés par la beauté magique du moment. Dans le noir, nos yeux, pareils à des boules incandescentes, pétillent de bonheur. Papa s'installe à l'antique harmonium et nous interprète quelques chants de Noël. Puis, tous ensemble, nous entonnons avec ferveur le « Beau Sapin » pendant que l'aîné de la classe a l'insigne honneur d'allumer les baguettes magiques. Des milliers d'étoiles tombent alors en cascade et rendent le moment plus féerique et plus mystérieux encore. Quelques larmes roulent sur les joues des plus jeunes, éblouis, submergés par l'émotion et la beauté mystique de l'instant. Durant le restant de l'après-midi, mon père raconte des histoires ou des contes plus ou moins en rapport avec le mystère de cette fête. Il nous explique avec force et conviction le sens à donner à la crèche et à la naissance de l'Enfant Jésus venu sur terre pour nous apporter joie, bonheur et paix. Le maître selon son humeur nous lit des contes de Grimm ou d'autres auteurs. Les plus jeunes assis bouche bée, yeux écarquillés, oreilles tendues, ne perdent pas la moindre syllabe. Ils boivent ses paroles et laissent échapper de temps en temps, un ho d'admiration, de désappointement ou de crainte quand le grand méchant loup montre ses énormes crocs et se fait menaçant. Le temps passe très vite. Le dernier cantique, le « Stille Nacht » chanté en allemand, que nous interprétons tous en chœur, marque la fin de cet heureux moment. Quelle émotion.

Les copains une fois partis, nous nous retrouvons en famille, soit pour monter à l'étage le sapin de l'école, soit pour mettre les dernières touches au nôtre que père a acquis au marché de Noël. Il est certes plus petit, mais tout aussi beau. Nous attendons, mes sœurs et moi, le cœur plein d'impatience et d'angoisse le passage du père « fouettard » et du « *Christkindel* ».

Tous les ans, c'est la même attente. Le noël de 1953 ne déroge pas à cette habitude. Cette année-là l'hiver est rude et la température a chuté vers le vingt décembre. Dehors il fait froid et la neige tombe à gros flocons. Une brise glaciale fait claquer au loin un volet mal accroché ou un battant de la grange du voisin. À chaque fois, l'inquiétude grimpe d'un cran. Depuis bien deux heures déjà nous sommes à l'affût des moindres bruits suspects. À tour de rôle, ma sœur aînée ou moi descendons, l'angoisse au ventre, explorer les alentours de la maison d'école à la recherche de traces de pas sur l'épais manteau neigeux. Papa et maman tiennent conciliabule sur le palier et nous ont interdit l'accès de la salle à manger. Nous avons beau insister, la réponse est toujours non :

— Vous irez toute à l'heure, après le passage du « Hans Trapp ».

La tension monte de plus en plus et nous tournons en rond, inquiets, quand soudain nous percevons les notes grêles d'une clochette et les cliquetis métalliques, paralysants, d'une chaîne. Une voix féminine, fluette et angélique, nous appelle par nos prénoms :

— Josiane, Marie-Catherine, Jean-Pierre, nous arrivons !

Au même moment, une autre voix, gutturale, profonde, menaçante se fait entendre. Le « Hans Trapp » monte nous rejoindre en tapant des pieds et en faisant un énorme vacarme. L'escalier en bois grince, vibre et gémit sous son poids. Nous nous réfugions dans l'arrière-fond de la cuisine. Ma jeune sœur pleure, la cadette affiche un sourire crispé et moi, absolument pas rassuré, je me terre derrière le buffet, le cœur battant la chamade.

— S'il est au courant de toutes mes bêtises, me dis-je, je passerai un bien mauvais quart d'heure.

Je n'ai pas la conscience tranquille. On frappe de grands coups dans la porte de la cuisine. Papa dit : « Entrez ».

Le voilà devant nous, ce couple craint et tant espéré à la fois. Le « Hans Trapp » apparaît en premier. Une épaisse barbe lui mange le visage. Son nez aquilin proéminent, ses yeux noirs, méchants, au reflet d'acier, lui donnent un air effrayant. Une énorme capuche en laine d'un gris sale cache une longue chevelure blanc-argenté et confère à ce personnage d'un autre temps un aspect menaçant. Je suis choqué par le vieux manteau rapiécé et usé qu'il porte. Sur son épaule droite est accroché un énorme sac en jute rempli à moitié de paquets. Dans sa main droite, il tient une grosse chaîne et un fouet tressé avec des branches de genet séchées et de noisetier. À ses pieds, une paire d'énormes bottes noires montent jusqu'aux genoux et lui permettent d'avancer facilement dans la neige épaisse. Ses grognements sont terrifiants. Avec sa voix éraillée, profonde comme si elle sortait d'un tonneau vide, il nous interroge, nous demande si nous avons été des enfants sages et obéissants, si nous avons bien travaillé à l'école et si nous sommes serviables envers nos parents. Unanimement nous lâchons le cri du cœur :

— Oui, père fouettard, nous avons été sages.

Ma sœur aînée accrochée au pantalon de papa lui répond une fois encore, tout en prenant ce dernier à témoin et en le regardant d'un air suppliant :

— Oui, j'ai été sage, n'est-ce pas papa ?

Ma petite sœur, pleure et tremble de peur. Elle se cache et se réfugie derrière maman. Moi, je pointe ma tête de derrière le buffet, intérieurement rassuré, car je sais depuis longtemps que le « *Christkindel* » n'est qu'une légende. Et pourtant sait-on jamais ? Et si par hasard, il y avait quelque chose de véridique là-dessous? À vrai dire la peur me paralyse. Le père fouettard fait alors un pas dans ma direction, frappe avec son fouet contre le buffet et agite très violemment sa chaîne:

— Pour cette fois-ci, je veux être clément. Vous m'avez dit que vous avez été obéissants l'année durant. Je veux bien vous croire. On verra ceci l'année prochaine. Je ne vais donc pas sévir. Restez sages et soyez studieux en classe.

Alors, c'est au tour de la fée, *Christkindel*, d'intervenir. Elle est tout de blanc vêtue et un voile diaphane cache son visage. La clochette accrochée à sa main gauche tinte harmonieusement. Les fils d'or dans sa chevelure tombent sur ses fines épaules. À ses pieds, elle porte des petites chaussures blanches de communiante. Elle s'adresse à nous:

— Les enfants chantez-moi « Il est né le divin enfant ».

Entre deux larmes, nous voilà transformés en « Petit chanteur à la Croix de Bois ». Nous y mettons tout notre cœur. Puis, la belle dame nous fait mettre à genoux et nous demande de réciter le « Je vous salue Marie... ». Nous prions les mains jointes, nos voix vibrant d'émotion.

— C'est très bien mes enfants, vous avez bien mérité vos récompenses. Allez voir sous le sapin et découvrez vos cadeaux. Le Père fouettard et moi avons encore un long chemin à parcourir. Il y a d'autres enfants qui nous attendent. Joyeux Noël à tous.

Comme par magie, le temps de nous retourner, ils ont disparu. La porte d'entrée claque, ils sont définitivement partis. Ouf! Puis c'est la course jusqu'au sapin illuminé sous lequel les cadeaux s'entassent. Mais pour prolonger cette terrible attente nos parents exigent que nous chantions encore un ou deux cantiques. L'impatience grandit de plus en plus, jusqu'au moment où papa donne le signal libérateur. Avec précipitations nous arrachons l'emballage des cadeaux. Maman à grands cris nous demande de nous calmer et d'ouvrir tranquillement les paquets sans déchirer le papier qui peut servir à d'autres occasions.

Quelle belle surprise! Le père Noël m'a offert un train, non pas électrique comme on les fait aujourd'hui, mais à ressort. Il faut le remonter très fréquemment. Quant à ma sœur cadette, elle ne peut retenir sa joie en découvrant le jouet de ses rêves, une poupée magnifique aux grands yeux bleus et à la chevelure argentée. L'autre sœur reçoit un ensemble de cuisine pour jouer à la maîtresse de maison. En supplément, le Père Noël ajoute, pour chacun, une orange et une tablette de chocolat. Nous sommes aux anges. Chacun prend possession de ses cadeaux, se réfugie dans son coin et commence à jouer.

J'ai rapidement monté le circuit. Il y a six bouts de rails à assembler, la locomotive à remonter et les deux wagons à accrocher. Le voyage peut commencer. L'imagination aidant, les tours se font de plus en plus longs, dans mon esprit les paysages deviennent de plus en plus exotiques. Des images du livre de géographie me reviennent en mémoire et m'aident à composer des tableaux des plus fantastiques. Mais déjà la question : « comment ça marche » me taraude. Il faut que je comprenne le fonctionnement intime de cette locomotive. Je pars à la cuisine à la recherche d'un tournevis, d'un couteau et, sans hésitation, poussé par une force irrésistible, je commence à démonter cette belle machine. Une fois la carcasse ôtée, je découvre le ressort qui ne prend pas beaucoup de place, une fois remonté. Au fur et à mesure qu'il se déroule, les roues tournent, le châssis avance sur la table et le ressort finit par se déployer dans sa totalité. J'ai compris le mécanisme. Je suis ravi et satisfait. À ce moment, mon père rentre à la cuisine. Il pousse un cri d'horreur à la vue de la locomotive en deux ou trois morceaux.

— Pierre, que fais-tu là ?

Je lui explique que je voulais voir comment elle était faite à l'intérieur et, surtout comment cela fonctionne. Papa est désespéré et très en colère.

— Tu n'auras plus jamais de jouet. Te rends-tu compte, ce que cela nous a coûté ? Et en l'espace d'une demi-heure, tu as tout cassé. Tu es ignoble, tu ne respectes donc rien !

Je pleure. Je jure de la remonter et que cela n'est pas grave. Je n'ai rien cassé. Alarmée par les éclats de voix, maman arrive à son tour et à la vue des dégâts, elle se met elle aussi à crier et pleurer de dépit. Un vrai mélodrame auquel je ne comprends toujours rien.

— Mais, maman ne pleure pas, je vais la refaire ma locomotive.

— Fils, tu me désespères.

C'est sa réponse. J'ai le cœur gros, je suis très peiné, car je ne veux pas faire mal à maman. Elle me fait sortir de la cuisine prétextant de préparer le dîner et m'avertit que je suis privé de messe de minuit si d'ici là je n'ai pas réparé mes bêtises. Je m'installe dans mon coin et une demi-heure plus tard, mon train roule à nouveau à vive allure. L'incident est clos. Mais, pendant le repas papa rappelle qu'à l'âge de quatre ans, j'avais fait la même bêtise, avec des résultats catastrophiques. À l'époque, le Père Noël m'avait offert un très beau cheval à bascule en bois. On eût dit un vrai cheval, tellement sa robe blanche et noire était bien dessinée. Grand-père l'avait déniché lors d'une de ses visites au marché de Noël de la grande ville voisine. Tout le monde avait été très fier de son choix. Cependant, ce cadeau magnifique qui me fit un plaisir fou avait un petit défaut. Une fois que j'avais enfourché la bête et que je la faisais basculer elle émettait un bruit bizarre. Quelque chose bougeait et roulait à l'intérieur de son ventre. Je m'étais juré que j'en découvrirais l'origine. Le lendemain, jour de Noël, profitant de ce que les grandes personnes étaient occupées à préparer le repas de midi, j'ai fait un tour à l'atelier. J'ai emprunté un ciseau à bois, un marteau et une petite scie et je me suis transformé en vétérinaire, prêt à explorer les entrailles de mon cheval. J'avais à peine réussi à écorcher le bas de la sangle abdominale quand Grand-père me surprit. Oh ! L'expression d'horreur sur son visage !

— Que fais-tu là ? Es-tu devenu fou ?

— Non, je veux voir ce qu'il y a dedans et qui fait du bruit.

— Malheureux, c'est un morceau de plâtre qui s'est probablement détaché lors du transport. Cela ne valait pas la peine que tu détruises un si bel objet. Pose les outils et sors d'ici.

Tout penaud, je regagnai la maison suivi par mon grand-père qui portait l'objet du délit. À la vue du traitement infligé à mon cheval, la gifle de mon père partit instantanément. Je ne suis plus remonté sur ce cheval. Je crois, que mes parents l'ont offert, plus tard, à un enfant pauvre et moins gâté que moi. Seule, ma marraine Lucie avait pris ma défense. Elle expliqua qu'il m'était permis d'avoir une certaine curiosité et, qu'il ne fallait pas me punir pour si peu. Que, plus tard, cet esprit curieux pourrait me servir.

Mes sœurs ne finissent pas de se chamailler durant tout le repas, chacune veut avoir le plus beau cadeau. Puis la tension retombe rapidement. Papa se prépare à remplir sa fonction de directeur de chorale et d'organiste. Il nous annonce des chants merveilleux, comme on ne les aurait jamais entendus. La chorale est fin prête, les répétitions ont été un succès. Je remarque une grande fierté dans le regard de maman. Elle dit simplement

— Je n'en doute pas.

Papa part en premier. A 23 h 45 les cloches se mettent à sonner pour appeler les fidèles à la prière. Alors une longue procession d'ombres furtives se met en route. De chaque maison les gens sortent, les uns plus emmitouflés que les autres, enveloppés dans d'énormes cache-col. Le froid est saisissant. La neige crisse sous nos pas. Personne ne parle. Nous avançons courbés en deux, le vent frappe avec violence nos visages. Des milliers d'étoiles scintillent au firmament. Nous nous blottissons tout contre maman. Cette marche nocturne prend un caractère irréel et sacré. Je me hâte pour rejoindre l'église, car ma fonction de servant de messe ne tolère aucun retard.

J'aime ces cérémonies solennelles et grandioses durant lesquelles toute la paroisse est réunie dans un même chant et une même prière. Arrivés à la maison de Dieu, les lumières sont éteintes et seule la crèche placée à gauche à l'avant de la nef, est éclairée. Les « grands » et quelques bénévoles l'ont mis en place durant l'après-midi. Maman et mes sœurs s'y rendent pour un court instant d'adoration. Je n'ai guère le temps de m'y arrêter. L'office débute aux douze coups de minuit. Après avoir fait le tour de l'édifice par l'extérieur, monsieur le curé, précédé par le suisse et une dizaine d'enfants de chœur, s'avance en procession par la nef centrale. Je suis fier de passer devant maman et mes sœurs dans mon aube rouge et mon surplis blanc en tissu finement brodé. Je porte avec respect un énorme cierge, seule source de lumière à cet instant. Les retardataires se bousculent et cherchent à la hâte de rares places encore libres. L'église est bondée. L'organiste joue fortissimo

« Des anges dans nos campagnes ».

À la fin du cantique, une lumière vive et chaleureuse jaillit de tous les candélabres et éclaire l'église. L'encens monte par nuages successifs et embaume généreusement l'atmosphère. Le ton est donné et la communion des fidèles totale. Un profond recueillement semble s'être emparé de l'assistance, l'ambiance devient de plus en plus mystique et mon cœur bondit d'allégresse. La chorale entonne l'introït en latin « Puer natus est… ». Malgré l'heure avancée de la nuit, je ne ressens nul sommeil. Le temps s'écoule même trop vite. Comme chant final, l'assemblée soutenue par la chorale, entonne le « Stille Nacht » à deux voix, tandis que les lumières s'éteignent à nouveau et que seuls quelques cierges envoient un faible halo de clarté. Le cœur des fidèles vibre, l'harmonie est totale, le message d'amour et de paix fait son œuvre. Après un court passage devant la crèche, je rejoins les parents et mes sœurs qui m'attendent au-dehors.

Tout en avançant rapidement dans la nuit, papa me montre la Voie Lactée et me situe l'Étoile Polaire et la Grande Ourse. Il insiste sur le fait que l'étoile de Bethléem était encore plus grande et plus lumineuse. Elle était tellement belle, que les bergers et plus tard les rois mages n'avaient aucune difficulté à trouver l'étable où était né l'Enfant Jésus. Une fois à la maison, nous avons le droit de boire un thé chaud ou de manger notre orange, de nous jeter sur les délicieux *Bredele* confectionnés par maman. Il y en a de toutes sortes, les uns meilleurs que les autres. Un régal. Un dernier baiser pour chacun et tout le monde se retire pour une courte nuit de sommeil, la tête pleine de rêves. Encore tout retourné par cette merveilleuse soirée, je sombre rapidement dans le sommeil.

Il nous arrivait parfois de passer la veillée de Noël chez Grand-père. La soirée se déroulait à l'identique, encore que l'ambiance y était plus chaleureuse, plus feutrée. Toute la famille se réunit alors dans la « stub ». Je m'y sens bien. Le grand poêle à bois dégage une chaleur agréable. Je me coule dans la douce atmosphère de cette pièce faiblement éclairée par les seules bougies du sapin. Les objets, les meubles cachés dans la pénombre prennent des contours flous et souvent déformés. Quand quelqu'un se déplace, nous avons l'impression d'ombres chinoises projetées contre le mur du fond. Grand-père nous demande d'interpréter des chansons de Noël, souvent en allemand et nous accompagne de sa belle voix de ténor, tout comme maman, une soprano à la voix douce et chaleureuse. Que ces chants sont beaux et poignants, notamment les anciennes berceuses à deux voix. Blottis dans mon coin, je suis attentif aux murmures des conversations, au chant du poêle et à son ronronnement régulier, pendant que dehors le vent pleure et gémit. De temps en temps, Waldi, allongé tout de son long entre la caisse à bois et le fourneau, sa tête reposant sur ses pattes de devant, pousse un grognement de plaisir. Ou bien est-il en proie à un mauvais rêve ? Avant de partir à la messe, Grand-père se rend systématiquement à l'étable. Il tient à cette présence pour dire quelques mots aux vaches, leur témoigner son affection et leur faire une caresse. Elles semblent d'ailleurs l'attendre. Je l'accompagne avec beaucoup d'intérêt. Il m'explique que la nuit de Noël est un moment privilégié, très spécial, même pour les animaux. Les bêtes sont censées parler entre elles et si on est capable de comprendre leur langage et de surprendre leur conversation, on peut savoir qui de la communauté villageoise nous quittera au cours de l'année à venir. Il fait le tour de la porcherie, du poulailler, passe devant le clapier, afin que toutes nos bêtes soient rendues attentives à cette nuit extraordinaire. De retour de la messe de minuit, il y retourne pour une dernière salutation. Il ramène à ses bêtes, tantôt un morceau de sucre, tantôt un « *Bredele* », avant de retourner à la « stub » où Grand-mère a préparé un vin chaud. Nous les enfants, nous n'avons pas le droit d'en boire. Mais en douce, à l'insu de Papa, Grand-père, avec un clin d'œil complice, me permet d'y tremper mes lèvres ou un doigt. Une divine douceur, un nectar plus doux et plus parfumé que du miel. C'est, tout simplement délicieux. Peut-être parce qu'il y avait un interdit ? Toute la pièce est alors remplie d'arôme de cannelle, d'odeurs de pomme et d'effluves d'alcool. Ces senteurs particulières, on ne les retrouve que durant cette nuit magique.

Certaines années, il nous arrive de réveillonner. De retour de la messe, grand-mère sert son incomparable jambon en croûte au fumet délicat. Elle le prépare au courant de la journée après avoir cuit le pain et quelques pâtisseries. Plus tard, quand notre chère grand-mère nous a quittés pour des cieux meilleurs, marraine prend le relais. Je n'ai plus jamais eu l'occasion de déguster un jambon en croûte aussi savoureux que celui de notre regrettée grand-mère.

## Le théâtre

Aux environs de Noël, très souvent le soir de la Saint Étienne « *Stafesdaa* » le village se réunissait pour un moment récréatif toujours fort apprécié tout autant par les jeunes que par les vieux : la soirée théâtrale.

Il est surprenant, que dans un village de deux cent dix habitants, l'esprit communautaire était tel, qu'il permettait la survie, des années durant, d'une équipe de foot, d'une fanfare, d'une chorale et surtout d'une équipe théâtrale qui organisait deux à trois représentations par hiver. Leur répertoire était peu varié.

Ce sont des pièces comiques, souvent très burlesques, toujours en dialecte dans lesquels l'auteur se moque autant des anciennes coutumes paysannes que de leurs vieux travers. En général, le thème se résume à un riche paysan menant une vie enviable mais débridée. Pendant qu'il badine et qu'il fait une cour assidue à la plus riche ou la plus belle fille du village, ses métayers ou ses larbins s'occupent des gros travaux fermiers. Son épouse, très bigote, fait semblant d'ignorer le côté volage de son époux et s'abrutit dans les travaux ménagers, tout en ayant une armée d'employés de maison et de bonnes. Il faut respecter le standing ! Chacune de ces servantes a sa fonction. L'une repasse, l'autre racle, frotte et cire le parquet. Une autre s'occupe des enfants, aide aux devoirs et participe aux séances de lecture. Les filles se spécialisent, soit dans les travaux de broderie, de couture ou de tricot. Elles sont rarement orientées vers des distractions intellectuelles, et ne font pas d'études.

Plus rarement, le thème est un vrai mélodrame. J'ai souvenir d'une pièce représentant la passion du Christ, du jardin de Gethsémani à la montée au Golgotha. La soirée est d'une tristesse et d'une mélancolie douloureuse poussée à l'extrême. Les spectateurs en larme plissent et déplissent leurs mouchoirs, les reniflements dominent le bruit de fond. Une ou deux de nos spectatrices bigotes participent si intensément à la scène qu'elles oublient qu'elles se trouvent au bistrot et se mettent à prier à hautes voix. Nous sommes tous retournés par ce spectacle mené de main de maître par Gérard notre acteur favori. Pour finir, les acteurs et les spectateurs décident de ne plus réitérer ce type de scénario. La vie est déjà assez difficile sans qu'il faille en rajouter au malheur.

Nous sommes unanimement revenus au théâtre burlesque où enfin tout le monde s'éclate, rit à gorge déployée et oublie les soucis, ne fût-ce qu'un court moment.

Ces représentations ont lieu à l'auberge du village où les anciens ont monté une scène. Les spectateurs s'entassent les uns sur les autres, l'espace vital est plutôt très réduit. Les acteurs sont des villageois exerçant diverses professions. Même le valet de ferme y participe et le rôle le plus simple, toujours le plus comique, le plus couard lui revient d'office. Trop souvent, il n'arrive pas à retenir le texte. Nous les gamins, nous attendons avec délice, que Georges se plante, qu'il accroche, qu'il cale. C'est alors le fou rire général dans la salle. Le pauvre ne se rendait même pas compte de sa situation ridicule voire grotesque et se contente des éclats de rire qu'il génère. On entend le souffleur, caché dans son trou, devenir fou à force de répéter le même texte mais, comme notre ami Georges est dur d'oreille, c'est peine perdue.

Les rôles les plus relevés, les plus intellectuels sont réservés à André, clerc de notaire, ou à Antoine du bureau d'étude de l'usine de la région. Gérard, autre acteur né, d'une grande sensibilité, avec sa voix de baryton, sa belle prestance, don juan de ces dames, tient en général le premier rôle. Nous sommes tous unanimes à décréter : « c'est lui, le meilleur. » Il avait les atouts nécessaires pour faire carrière dans le monde du spectacle.

Il est curieux de constater, que durant les longues soirées de préparations, de répétitions, les membres de la troupe font abstraction de leurs différends. Ils font bloc. La hache de guerre est enterrée. Durant cette période, les haines, les disputes entre voisins, séculaires pour certaines, se poursuivant depuis des générations, sont mises entre parenthèses. La réussite de la prestation est leur unique objectif à atteindre. Il faut en assurer le succès final.

Le problème le plus épineux et, certainement le plus difficile à résoudre, est de trouver l'actrice principale, le premier rôle féminin. La concurrence est rude, chacune voulant être la plus belle, la plus professionnelle, la plus savante. Une année, quand Yvette est choisie comme Prima Dona, elle refuse de monter sur scène, une demi-heure avant le lever de rideau, prétextant que sa robe a un défaut. Elle n'est pas assez cintrée, lui efface sa taille mannequin. Elle est décidée à faire capoter la représentation parce qu'elle apparaît trop grosse aux yeux du public. C'est l'adjoint au maire qui, in extremis, trouve la solution. Il enserre Yvette la bougonne dans l'écharpe de maire, qu'il serre très fort, ce qui permet de faire réapparaître la taille enviable et svelte de cette caractérielle.

Elle ne se rendait pas compte, du côté grotesque, ridicule de cette ceinture qui n'avait pas sa place dans le thème de la pièce. Jusqu'où peut aller la vanité !

La renommée de notre troupe dépassait largement les limites du canton. Il y avait des hivers où elle devait jouer trois à quatre samedis d'affilée.

L'ambiance dans la salle est en général très conviviale. Un énorme poêle en fonte, chauffé à blanc, contribue à réchauffer cette atmosphère bonne enfant. Ceux des spectateurs qui ont la malchance d'être placés près du poêle, suffoquent de chaleur, quand les autres placés au fond ou dans les extrémités grelottent de froid. On assiste à des scènes ubuesques, les uns en bras de chemise, voire en maillots de corps, les autres en manteau, emmitouflés et portant casquette ou chapeau. Les invectives volent bas, les taquineries sont constantes. Le spectacle est alors dans la salle, il suffit d'observer et d'écouter le brouhaha des spectateurs. Naturellement, au premier rang se tiennent Monsieur le curé au centre, le maire à sa gauche et l'instituteur à sa droite. Les enfants sont, pour la plupart du temps, assis par terre, au pied de la scène ou entassés sur les côtés. La présence du maître d'école, les empêche de trop chahuter. Un seul regard de ce dernier les remet en place.

Une année, j'avais alors 9 ans, M$^{lle}$ L., la gouvernante du curé, a monté un spectacle animé essentiellement par les enfants. J'ai souvenir avoir été un papillon. Cela demandait des heures de travail aux mamans ou aux autres bénévoles, à tailler, à découper, à coudre, à confectionner nos costumes de scène. Je me rappelle avoir trouvé l'idée d'un fil de fer relativement rigide, pour me confectionner l'armature des ailes du papillon. Une fois recouverte de papier coloré, cela était d'un réalisme extraordinaire, devenait plus vrai que vrai. Yvonne et Gaby, une soprano et une alto, nous accompagnaient par leurs chants mélodieux, doux et tendres. Leurs voix faisaient merveille. Il n'était pas rare, que nos parents ou les autres spectateurs sortaient leur mouchoir pour sécher leurs lames. C'était attendrissant et j'adorais, d'autant plus que je n'avais qu'à danser et à chanter.

## Noël 1969

Afin de prolonger cette ambiance de fête, je ne peux oublier Noël 1969 où je tenais l'orgue et faisais fonction de directeur de chorale. Nous habitions déjà à Eckartswiller. Il faisait, là aussi, très froid. Le ciel était clair, sans nuage et la neige atteignait cinquante centimètres de hauteur.

Je rejoins l'église de la paroisse voisine distante d'environ cinq kilomètres. Impossible de m'y rendre en voiture, il faut y aller à pied. Dans le silence, la solitude et le froid glacial, j'avance à travers la campagne enneigée. Je suis habité d'une grande sérénité et me sens léger, comme si je flottais dans cet air pur. Au loin, la fumée bleuâtre des nombreuses cheminées monte en volutes, vers un ciel pur. Tout aux alentours, les cloches sonnent de concert et m'accompagnent de leurs doux carillons. C'est comme si elles se répondaient les unes aux autres. Et puis, subitement plus rien, le silence absolu. C'est magique. Pas de bruit nulle part, même pas un aboiement de chien ne vient perturber cette atmosphère sereine. Je reste immobile un long moment, à écouter ce silence qui me saisit et qui me submerge. Je n'avais jamais ressenti cette sensation, non de vide, mais d'une quiétude absolue, née du silence et de la luminosité blême de cette nuit bénie entre toutes. Une clarté bleuâtre reflétée par le manteau neigeux recouvre la campagne environnante. Au loin, se détache sur la ligne d'horizon, le relief flou des collines couvertes de forêt prise sous la glace et le givre. Je ne ressens nullement le froid vif. Mon esprit vagabonde et mes pensées se fondent dans la profondeur du ciel. Les distances s'effacent et je songe, tout autant aux marins qui se trouvent encore quelque part en pleine mer, qu'aux pauvres déshérités grelottant dans le froid et la neige. Mon cœur étreint d'un sentiment de culpabilité, je me pose la question : que faire pour partager un peu de cette joie de Noël ? L'esprit plein de mélancolie et de pensées tristes, j'avance seul dans la nuit.

C'est dans cet état d'âme, après une marche de trois quarts d'heure, que j'arrive à la porte de l'église, un édifice de style roman, très sobre, avec une acoustique extraordinaire. Un orgue Silbermann d'une tonalité rare et d'un toucher exceptionnel m'y attend. C'est un privilège de pouvoir y jouer. Je grimpe à la tribune où je prépare les différentes partitions. Les premiers enfants arrivent en ordre dispersé. Je suis tendu et légèrement inquiet. Cela va être notre première. Nous allons interpréter des chants polyphoniques, notamment le Kyrie, le Sanctus… arrangés pour être chantés sur des mélodies de Noël. Pour les jeunes choristes cette messe correspond à un véritable examen de passage. La chorale, celle qui a animé les offices des années durant, a démissionné en bloc. Par esprit d'opposition à monsieur le curé qui voulait imposer la nouvelle liturgie, les anciens, récalcitrants à toute innovation, ont déserté leur poste. Nous avons donc pris le relais. La prise en main demande beaucoup de travail et de bonne volonté. Je reviens fréquemment de la ville pour la répétition du mercredi soir, une autre le samedi et la dernière tous les dimanches après la messe. Les enfants se montrent enthousiastes, pleins de ferveur et de courage.

Durant l'office, l'émotion de l'assemblée est à son comble quand le jeune Laurent interprète en solo le Sanctus sur l'air de « Douce Nuit, Sainte Nuit » pendant que les autres voix l'accompagnent bouche fermée. Les mouchoirs sortent des poches et quelques larmes se mettent à couler. À la communion, Monsieur le curé a dû patienter un long moment avant de poursuivre les prières. Je me suis « oublié » dans une improvisation débordant largement le temps imparti. Elle traduit mon état d'âme en cet instant merveilleux. Après l'office, de nombreux paroissiens sont venus nous féliciter. Je suis fier et heureux pour mes jeunes qui ont déployé tant de bonne volonté durant la longue et laborieuse préparation. Les anciens membres démissionnaires sont jaloux de notre succès. Quelques-uns, nous félicitent néanmoins. À partir de ce soir, beaucoup réintègrent la chorale et se tiennent à nos côtés dès le dimanche suivant. Dans mon for intérieur, je suis encore sous le charme de mon improvisation, mais une fois de retour à la maison et installé devant le piano, il m'est impossible d'en retrouver le thème musical. Le charme et la magie étaient rompus, dommage ! L'année suivante, j'ai dû interrompre cette fonction, en raison d'un patron du CHU qui m'empêchait de me libérer les dimanches de fête, en m'infligeant systématiquement la garde ces jours-là.

« Il faut choisir entre la médecine et les simagrées » disait-il.

Je suis convaincu qu'aujourd'hui on ne pourrait plus m'imposer une décision aussi arbitraire. Mais à l'époque, le mandarin avait tous les droits, il était tout puissant.

# LIVRE VI
# MA VICTOIRE… JE SERAI MÉDECIN

## La naissance de mon frère

En 1956 nous avions remarqué que maman était à nouveau enceinte. C'est durant le repas dominical que papa nous fit part de l'heureux événement en route. Cela me réjouissait et j'espérais fermement que ce soit un garçon et non une fille. Je remarquais, par contre, que maman était très fatiguée, qu'elle paraissait inquiète. Je ne sus jamais pourquoi. Entre deux soupirs, je surprenais quelques larmes, qu'elle essayait de cacher, lui rouler sur ses joues pâles.

C'est fin janvier, par un froid glacial, qu'est né mon frère Dominique Emmanuel. Quelle joie ! Quelle grâce notre Seigneur nous fit en nous offrant un nouveau rayon de soleil. Un bébé, beau, gentil, toujours souriant, d'une grande vitalité qui n'a jamais créé de souci aux parents. Il était choyé de nous tous. Il reste mon petit frère préféré, même s'il traverse le monde dans tous les azimuts et que nos rencontres, trop rares, deviennent le fruit du hasard ou sont le résultat des ordres et contrordres de ses supérieurs. Nos retrouvailles sont d'autant plus chaleureuses.

Sa naissance bouleversa l'équilibre et la routine familiale.

L'appartement que nous occupions était devenu trop exigu pour une famille de quatre enfants. En toute logique, mon père demanda sa mutation dans l'espoir de nous loger mieux. Il tenait aussi à se rapprocher de la ville pour nous assurer une scolarité plus aisée, en raison de la proximité du lycée. Nous avons donc déménagé dans notre nouvelle demeure dès la rentrée 1957. Le changement a été radical, surtout pour mon père nommé directeur de trois classes dans un village de basse montagne proche de la ville.

Avec un grand pincement au cœur, j'allais quitter les amis et l'ambiance rurale de mon petit village loin de toute vie culturelle. Le fait d'abandonner Grand-père, Marraine et la ferme me peinait énormément. Le jour du départ, Opa pleura tout autant que moi. Il avait beau me répéter que je resterais pour toujours « son futur petit garde impérial », j'étais inconsolable. L'émotion de la séparation était trop dure. Il me promit que l'on se reverrait bientôt et qu'il penserait tous les jours à son petit garçon. Je l'aimais tant mon grand-père.

Pour me consoler, mon père m'explique les avantages de vivre près de la ville, avec son cinéma, ses magasins et son ambiance très différente de celle de notre village. La séparation est d'autant plus pénible que nous devons abandonner maman, Dominique et Catherine restés auprès de Grand-père. Les travaux de réfection du nouvel appartement censé nous recevoir n'ont pu être achevés à temps. Après quatre mois de séparation et de vie de bohème nous sommes enfin définitivement réunis. Notre nouveau logis est plus spacieux et chacun de nous a enfin sa chambre.

Le village compte cinq cents habitants. Deux maisons d'école placées à angle droit donnent sur la place du village où coule, été comme hiver, une belle fontaine. Son abreuvoir offre une eau claire, douce et très fraîche aux rares bêtes venant s'y désaltérer. Le presbytère, un grand bâtiment au style incertain, nous fait face et sa minuscule cour s'ouvre sur le parvis de l'église. Mon père a enfin son bureau tant espéré. Le temps du courrier administratif rédigé au coin de la table de la cuisine est définitivement révolu. La mairie située au rez-de-chaussée du second immeuble côtoie la salle de classe de la maternelle. Au premier étage, à côté du logement de l'institutrice, une deuxième salle accueille les enfants des cours élémentaires et préparatoires.

Nouveau poste, nouveaux copains, nouveau style de vie et comme dit papa « enfin une large ouverture sur des horizons nouveaux ». Nous voilà devenus des pseudos citadins. Je dis adieu aux vaches, chevaux et basse-cour et j'oublie les travaux des champs, les labours et les moissons. Je découvre un autre monde où tout est précipitation, bousculade et tumulte. De ma vie, je n'ai jamais rencontré des gens aussi pressés. Ils se précipitent à l'usine, au bureau ou au potager. Il me semble qu'ils sont comme pris d'une énorme frénésie et que le monde tourne plus vite. Quel changement par rapport à la vie de la campagne profonde où le temps paraissait souvent suspendu.

Au premier contact, ces nouveaux villageois donnent l'impression d'être plus fortunés et de mener une vie plus aisée. La plupart travaillent à l'usine, dans le commerce ou dans le secteur tertiaire de la ville proche. À côté, et secondés par leur conjoint, ils cultivent un potager leur permettant un revenu d'appoint non négligeable. Seuls trois paysans pratiquent encore la polyculture et possèdent quelques bêtes. En revanche ils sont tous arboriculteurs. Nous sommes dans le pays de la mirabelle, cerise, quetsche et autres fruits à noyau. Les fruits à pépins ne sont que très faiblement représentés, le terroir ne convenant pas. La distillation de ces fruits est leur occupation principale durant les journées d'hiver. Alors, en traversant le village, il n'est pas rare que de doux effluves de mirabelles, de framboises ne viennent chatouiller les narines du passant. La renommée de leur eau-de-vie dépasse largement le secteur.

La situation géographique du village se prête aussi à la culture maraîchère. Accroché au flanc d'une colline, il s'étire tout en longueur de part et d'autre de l'unique rue principale. Les maisons, comme toujours dans les régions de montagnes, sont accolées les unes aux autres et se protègent mutuellement des froidures hivernales. Entre les bois et l'habitat, une large bande de terre sablonneuse profite d'une exposition plein sud. Très fertile, elle jouit d'un microclimat. La forêt emmagasine la chaleur la journée pour la restituer le soir venu. De ce fait, ces maraîchers craignent beaucoup moins les dernières gelées du printemps souvent dévastatrices et peuvent ensemencer et mettre en terre les nouveaux plants facilement quinze jours à trois semaines avant les autres. Le mardi et le jeudi matin, dès les premières lueurs du jour, une longue file de paysannes se met en route en poussant des charrettes débordant de fruits et de légumes frais. Arrivées place du marché, chacune installe son emplacement réservé et retrouve sa clientèle plus ou moins fidèle. Entre elles, la concurrence est souvent rude. Ainsi Joséphine, la plus maligne et certainement la plus ladre, part toujours en dernier et espère récupérer les quelques poireaux ou carottes tombés par mégarde d'une des charrettes qui la précède. C'est toujours cela de gagné sans effort !

Seule notre maman souffre et se plaint d'une certaine nostalgie de son village. Le reste de la famille s'adapte facilement et avec bonheur à cette nouvelle existence.

J'y rencontre trois copains avec lesquels je me lie rapidement d'amitié. Nous formons un groupe très soudé, à la vie, à la mort. Nous faisons souvent les quatre cents coups et notre cri de ralliement « tous pour un, un pour tous » ne manque pas de prétention. Toujours prêts à rendre service, nous donnons un coup de main à l'un ou à l'autre. Nous fendons, dans la bonne humeur, le bois pour telle veuve, ramassons le foin pour tel autre en manque de main-d'œuvre. Parallèlement nos parents nous soumettent à une éducation stricte. Tout écart est condamné et forcément puni. Notre prise en charge spirituelle et religieuse est rigide et très encadrée. Notre curé nous surveille de près, nous espionne sur le chemin du lycée en nous suivant en « Vespa » pour voir si nous ne nous égarons pas sur les chemins de l'école buissonnière. Notre présence aux différents offices dominicaux est obligatoire. Gérard, l'aîné du groupe est sacristain, Paul et Richard font partie de la chorale. Les offices se succèdent : grand-messe à 10 heures, vêpres à 14 heures et complies à 18 heures. Aucun de nous ne se permet de les manquer. Celui qui oublie d'y participer s'attire automatiquement la foudre des dieux tout autant de la part des parents que de monsieur le curé.

J'apprécie de plus en plus la qualité de vie de ce village si différent de celui que j'ai connu précédemment. La succession monotone des prairies et des champs labourés fait place à de nombreux vergers. Chaque printemps quand tous ces arbres fruitiers sont en fleurs, je suis au paradis. De même la forêt dense et profonde se différencie totalement de celle que j'avais tant aimée. Le nouveau massif forestier s'étale à perte de vue. Les creux et les vallons encaissés, bordés d'impressionnantes collines, se succèdent pour se perdre à l'horizon. Le promeneur curieux découvre de magnifiques rochers, tel le Rocher des Dames, celui de l'Empereur et bien d'autres encore. Tourmentés, façonnés par une lente érosion, ils se dressent là comme autant de météorites tombés du ciel. Je passe des heures et des heures à courir les sentiers. J'ai besoin d'explorer, de découvrir. Les essences sont variées avec néanmoins une nette prédominance de résineux. Le pin sylvestre, omniprésent, couvre essentiellement les versants sud. Les versants nord ou est sont peuplés de belles futaies de hêtres ou de chênes souvent centenaires.

J'adore les sorties hivernales quand un épais manteau neigeux recouvre la région et que le froid intense fige la nature. Lors d'un tel hiver sibérien où le thermomètre affiche -30 °C, la couche de neige atteint cinquante à soixante centimètres. Je m'y enfonce jusqu'aux genoux. Une impressionnante pellicule de glace la recouvre, craque et s'effondre sous chaque pas. En compagnie de mon chien Lassy, je m'aventure sur les pentes verglacées. La progression étant trop pénible, il abandonne rapidement la partie et fait demi-tour. Je poursuis en solitaire ma course à travers les bois sous un ciel éclatant d'un bleu azur sans nuages. Un vrai « blizzard » soutenu anime et fait chanter ces milliers d'arbres figés par le froid et recouverts de givre et de glace. Les grosses branches s'entrechoquent en un bruit sourd et mat de bois mort, tandis que les fines brindilles scintillent au soleil et tintent comme des milliers de clochettes. J'avance péniblement, chaque pas demande un réel effort. Mais le charme enchanteur du paysage compense largement ma fatigue, j'en suis émerveillé et ravi. À un moment précis, passant à côté d'un entassement de branches mortes de sapin, j'y donne un grand coup de bâton. Quelle n'est pas ma surprise ? Une souris s'en échappe et file rapide comme l'éclair sur la couche de glace recouvrant la neige. Éblouie par les réverbérations du soleil, elle a perdu tout sens d'orientation et se met à tourner en rond comme une folle. Je l'observe durant quelques longues minutes. Elle m'offre un spectacle digne du meilleur Walt Disney. À deux ou trois reprises, elle butte dans un tronc d'arbre, se remet sur ses quatre pattes et puis repart dans la direction opposée. De temps en temps, elle freine sa course et part en glissade assise sur son céans et sur ses pattes postérieures. Le dérapage est non contrôlé. Image inattendue, saisie sur le vif. Au bout d'un moment elle quitte, fatiguée, la patinoire improvisée et disparaît entre quelques touffes de hautes herbes écrasées par la glace.

Poursuivant mon chemin, j'arrive enfin au bout de mon expédition : le rocher des Dames. C'est un impressionnant mur rocheux qui émerge d'un jeune peuplement de pins et se dresse telle une muraille sur une hauteur de trente mètres. Sa composition est classique pour notre région, un mélange de grès rouge incrusté de cailloux appelé « poudingue ». La pluie, le vent, la neige y ont laissé de nombreuses traces d'érosion qui font sa beauté. Une étroite faille, telle un coup de hache, le scinde en deux. Elle monte escarpée, tortueuse jusqu'à son sommet et permet ainsi au promeneur d'accéder au plateau supérieur sans qu'il soit obligé de faire un grand détour. En été, ce passage est régulièrement emprunté par le gibier en quête de nourriture. Je m'en approche à pas de loup. Seuls les crissements de mes grosses chaussures sur la neige gelée témoignent de ma présence. De nombreux glaçons accrochés, telles des stalactites, aux aspérités de la roche, brillent sous les généreux rayons du soleil. Un peu plus haut, une coulée de glace descend dans les lacis de la faille et réalise une mini mer de glace. Tout à coup, une harde de chevreuils, ils sont quatre ou cinq, apparaît entre les jeunes pousses de pins transformées en autant d'igloos enfouis dans ce paysage polaire. Les cervidés avancent péniblement, par sauts successifs et s'enfoncent à chaque fois dans l'épais manteau blanc. Leurs narines fument, leurs museaux crachent des nuages blancs de condensation, des volutes de sueur les enveloppent, pendant que leurs pieds graciles plient et disparaissent dans la neige. L'équilibre est impossible. À l'évidence, mes effluves et le crissement de mes pas m'ont trahi. Les chevreuils ont repéré ma présence et se sentant menacés tentent désespérément de fuir. Le premier s'engage résolument dans la faille, la seule issue de secours possible, rapidement imité par ses congénères. De concert, ils s'engouffrent et avancent à la queue le leu dans cette trouée. J'admire leur agilité et leur puissance. Je ne bouge plus. Je reste figé tel un tronc, de peur de les effrayer davantage. Je crains qu'ils soient pris d'un mouvement de panique. Je les suis facilement du regard et observe la débauche d'énergie qu'ils déploient durant leur lente progression.

Le spectacle est magnifique. Tout à coup, c'est l'accident. Le premier de cordée s'avance sur la partie totalement prise par la glace et dévisse. La chute est inéluctable et le retourne sur le dos. Précipité ainsi dans le boyau, il entraîne dans sa descente vertigineuse le reste de la harde. Je suis ébahi à la vue de ce spectacle surprenant et insolite. Cet instantané reste gravé dans ma mémoire. Ah, si j'avais pu disposer à l'époque d'une caméra pour fixer et immortaliser cet épisode rocambolesque. Après leur chute, les chevreuils atterrissent au pied de la falaise pour disparaître entre les jeunes pousses. Satisfait et comblé par ces merveilleuses images, je fais demi-tour et rejoins le domicile. Un délicieux bol de chocolat m'y attend pour me réchauffer. Maman me reproche d'avoir entrepris une telle aventure en solitaire :

« Te rends-tu compte si tu avais fait une chute et si tu t'étais fracturé une cheville ? Tu es inconscient mon fils » dit-elle.

Elle n'a pas tout à fait tort !

Notre forêt me fascine d'autant plus qu'elle n'est séparée que d'une cinquantaine de mètres de la maison d'école. De ma chambre, je peux la sentir s'animer, vivre et respirer. À chaque changement de saison, elle réagit différemment et offre une image particulière. Rarement brutales ou explosives, les modifications et les évolutions se réalisent, la plupart du temps, par petites touches ou d'une façon subtile et insidieuse.

Ainsi, mes longues nuits d'hiver sont fréquemment déchirées par le fracas d'une grosse branche qui casse sous le poids de la neige. Craquement court mais intense, suivi par un grondement sourd de la masse de neige dégringolant de la cime. À d'autres moments, quand le vent s'engouffre entre les troncs, je perçois le bruit sourd et mat des branches qui s'entrechoquent. Ou alors ce sont les longues complaintes déchirantes d'Éole qui s'épuise. Blotti au fond de mon lit, bien emmitouflé dans la chaleur de mes couvertures, la fenêtre été comme hiver toujours grande ouverte, j'écoute et épie ces bruits nocturnes souvent angoissants. Il n'est pas rare que je sois arraché brutalement de mon sommeil ou d'un rêve quand un des arbres fatigués ou morts casse en son milieu, écrasé par la masse de neige à laquelle il ne peut résister plus longtemps. C'est un immense craquement suivi de plusieurs autres. J'en frissonne.

En automne, le vent pleure et gémit quand il traverse les branches et les cimes dénudées. Les violentes bourrasques les entraînent dans une danse frénétique, les ballottent dans tous les sens comme pour les arracher. Les glands et les châtaignes tombent en rafales sur le tapis de feuilles mortes. Les « ploc » se succèdent telles de grosses gouttes de pluie s'écrasant sur la surface de l'eau. Mais, quand, dans le silence de la nuit, le vent se tait, mes oreilles exercées et attentives perçoivent le léger frémissement des feuilles mortes tombant une à une.

En été, la forêt, malgré le soleil ardent, nous offre sa douce fraîcheur. L'air toujours en mouvement dispense des caresses voluptueuses et rafraîchissantes au promeneur. En revanche, ce dernier suffoque au débouché d'une clairière exposée plein sud. C'est la fournaise, les jeunes taillis souffrent, les rameaux plient et crient de soif, les feuilles se ramollissent et donnent l'impression d'être à l'agonie. Seules les hautes herbes montrent fièrement leur vigueur et plient à peine leur échine sous l'effet d'un souffle brûlant. De-ci de-là, un pied de digitale pourpre se dresse dans toute sa beauté. Il arbore sa magnifique grappe de fleurs où des dizaines de clochettes violettes en forme de doigts de gant, d'où son nom, sont régulièrement visitées par des bourdons et des abeilles. J'ai toujours beaucoup aimé cette plante, une scrofulariacée, qui occupe nos clairières et dépassent, fière et hautaine, le maigre tapis végétal. De la hampe partent de courtes tiges se terminant par une corolle verte foncée enveloppant une belle clochette blanche pour la laineuse, violette pour la pourprée dont l'intérieur est maculé de taches d'un violet plus sombre. Ce jeu de couleurs est accentué par le degré de maturité progressive des inflorescences qui à la base sont déjà tombées tandis que les clochettes de la cime sont encore enroulées et à peine perceptibles. Une fois tombée, la fleur laisse apparaître un long pistil dont l'extrémité se termine en trompe. Plus tard, elle donnera un fruit sous forme de capsule. Cette magnifique plante protégée est non seulement ornementale et faite pour le plaisir des yeux, elle est avant tout un don de la nature offert aux cardiaques. Son application médicale remonte à l'année 1850 où l'on reconnut ses vertus toniques cardiaques. De nos jours, elle reste un médicament fort utilisé en cardiologie où elle renforce, régularise et ralentit le cœur défaillant. Comme souvent à l'état naturel cette plante est hautement toxique. Les feuilles une fois séchées sont préparées, travaillées par l'industrie pharmaceutique avant d'être l'arme que l'on connaît. Dans la clairière, la vie semble arrêtée, le temps suspendu, même les abeilles et les bourdons se font rares et butinent probablement sous des cieux plus cléments. Seul un immense pin majestueux étale sa magnificence. Sa cime en parasol n'arrive pas à créer la moindre tache d'ombre, le soleil accroché au zénith étant trop ardent. Cet arbre représente l'unique survivant d'un feu qui a ravagé, une dizaine d'années auparavant cette parcelle de quelque deux hectares. Dans le ciel profond, d'un bleu d'azur, un petit nuage blanc cotonneux semble s'accrocher immobile à sa cime. Au pied du conifère, la chaleur montant du tapis d'aiguilles s'évapore en colonnes ondoyantes presque invisibles qui se perdent dans l'atmosphère surchauffée. L'image est belle, saisissante et le contraste frappant avec la fraîcheur agréable du sous-bois. C'est comme si cette chape de plomb devient visible aux yeux du promeneur et se matérialise pour être palpable.

Au printemps, cette même forêt, a un aspect tout différent. Le vent la fait faiblement frémir en soufflant en brise légère mais soutenue. Les couleurs ternes et tristes de l'hiver s'effacent et laissent place au vert tendre des premières feuilles et bourgeons. Je sens comme la vie reprend. Identique au dormeur sortant de son sommeil le matin au réveil, elle s'ébroue, s'étire pour sortir de sa léthargie. Les insectes, scarabées et chenilles, les petits rongeurs grattent la terre molle et encore humide. Le petit et le gros gibier quittent leurs cachettes hivernales. Les biches broutent avec avidité l'herbe tendre tandis que les sangliers à la recherche de glands et de larves se montrent plus actifs encore en laissant derrière eux de grandes étendues de sol labouré de leur groin. La vie reprend, la nature explose et la forêt remet sa robe des beaux jours.

Souvent nos sorties dominicales nous amènent à la chapelle St Michel. Elle est érigée sur un immense bloc rocheux qui marque la fin de la colline et tombe verticale dans la vallée. La plaine d'Alsace s'étend à nos pieds et par beau temps nous apercevons au loin la flèche élégante de la cathédrale de Strasbourg se détachant sur la ligne d'horizon. La vue circulaire permet de découvrir, au loin vers l'est, les contreforts de la Forêt-Noire, vers l'ouest ceux des Vosges où le Donon et plus proche, le Haut-Barr, symbole de la ville de Saverne, émergent des brumes. Sous ce rocher une grotte, à l'entrée de laquelle la roche est creusée et fait fonction de baquet pour certain, de sarcophage pour d'autre. La légende veut que ce soit le lieu de rendez-vous des sorcières et que ce trou, « le rond des sorcières », leur permette de faire des ablutions.

De toute évidence ce coin du parc régional des Vosges du nord a un passé singulier et semble avoir été le refuge d'ermites. Un escalier grossièrement taillé dans son flanc permet de monter ou de descendre cette lame rocheuse. Une foule de randonneurs s'y retrouve le dimanche et jouisse d'une vue panoramique imprenable sur toute la plaine et le piémont alsacien. C'est le lieu des mille promesses, des rêves échafaudés par les couples d'amoureux qui s'y promènent main dans la main. Ils se laissent bercer par la magie de cet endroit propice à la naissance des plus douces idylles.

J'apprécie de plus en plus l'ambiance, la convivialité et la joie de vivre des gens de mon nouveau village. Je m'épanouis et sors enfin de ma coquille tout en prenant de l'assurance. Je suis heureux de constater que mon bégaiement s'estompe sans néanmoins disparaître totalement. La franche amitié qui nous lie, basée sur le respect et la confiance réciproque, y est certainement pour quelque chose. Des liens forts, indélébiles se tissent entre les quatre « mousquetaires » que nous sommes. C'est toujours avec le même plaisir que nous nous retrouvons, trop rarement à ma guise, et que nous revivons ces moments chaleureux marqués par une profonde fraternité. La musique, le piano et l'orgue que je pratique assidûment me permettent de trouver la paix intérieure et une sérénité jamais connue jusqu'alors. Quand un moment de cafard ou de vague à l'âme me submerge, j'ai enfin trouvé l'arme absolue pour le combattre. Je m'installe au piano et comme par enchantement toute pensée douloureuse disparaît.

# Les années de Lycée

À cette époque, je fréquente le lycée. Avec mes sœurs nous nous y rendons d'abord en vélo, puis plus tard en mobylette, ce qui nous facilite le trajet tout en pente sur cinq kilomètres.

Au début, je m'y sens mal à l'aise et je trouve difficilement mes marques. L'ambiance en classe est bizarre, nettement différente de celle que j'avais connue dans le premier établissement. Au début de l'année scolaire, la classe est divisée en deux clans bien distincts. Il y a d'un côté, les citadins dont certains très snobs affichent ostensiblement leur différence sociale et se conduisent comme des privilégiés se croyant être les plus intelligents et les plus cultivés. De l'autre, les « paysans » qui se différencient par leur manque de culture et de savoir vivre. Nous nous faisons remarquer rien qu'à cause de notre tenue vestimentaire loin du dernier cri à la mode. Mais heureusement, au fil du temps, cette désagréable impression s'atténue. Ainsi je mets longtemps à trouver un bon camarade.

Mon cher Eddy est issu d'une famille protestante de la région. Il a perdu son père à la guerre et sa maman s'occupe seule de ses deux enfants, lui et sa sœur. Ils sont protestants, d'ailleurs comme beaucoup de mes camarades d'alors. À croire, que je suis attiré par eux. Leur façon d'être et leur mentalité nous rapprochent très certainement.

Le fait d'appartenir à une confession différente reste source de zizanie et de discorde, non pas au lycée où nous avons dépassé ce stade, mais entre les gens des villages. Les protestants et les catholiques, sans s'égorger mutuellement, se livrent néanmoins à des querelles intestines et mesquines ou s'ignorent ostensiblement. Les rares contacts entre les deux communautés sont plutôt ténus et l'idée d'œcuménisme n'est guère à l'ordre du jour, loin de là. En revanche, les quolibets et les sobriquets, même entre voisins sont légions, du style : « tête de bois » « *Holzkopf* » pour les uns, « mignon du curé » « *Pfarrerhuschler* » pour les autres. Par exemple, le vendredi Saint et le jour de l'Assomption de la Vierge, le 15 août, deux jours de fêtes autant pour les uns que pour les autres, diffèrent dans leur tonalité selon les uns et les autres.

Pour les protestants, le vendredi saint est un jour de grand recueillement et de fête. À dix heures du matin ils se réunissent endimanchés au temple, personne ne manque à l'appel, et célèbrent la mort du Christ. De retour à la maison, la table est mise, les invités et la famille se retrouvent souvent jusque tard dans la nuit. Le repas reste sobre, on écarte la viande pour se rabattre sur les laitages, fromage blanc, des *« Mahlknepfle »*, quenelles de farines ou « *Greessknepfle* », quenelles de semoule et les pommes de terre. Dans certaines familles, la maîtresse de maison se débrouille pour trouver du poisson. C'est souvent l'unique fois dans l'année où elle le sert. Ainsi la truite sauvage ou le brochet se retrouvent en haut de la carte, le poisson de mer étant inaccessible.

Pour les catholiques, la fête est moins somptueuse, l'office ne débute qu'à 15 heures et a une tonalité plus triste. Ils vénèrent la Sainte Croix et célèbrent la Passion et mort du Christ. D'un point de vue culinaire, la journée est tout autant maigre, le jeûne et l'abstinence respectés au pied de la lettre. Durant la matinée, le catholique vaque à ses occupations habituelles. La ménagère en profite pour faire le nettoyage de printemps de sa maison. Tandis que le paysan à l'esprit tordu s'empresse de sortir fumier et purin rien que pour embêter le voisin en train de festoyer. À titre de revanche, ce dernier adopte la même conduite toute aussi désobligeante le 15 août. Ces mesquineries et chamailleries ne vont en général pas plus loin.

Je n'ai jamais compris un tel état d'esprit. Cette intolérance et cet ostracisme, je ne peux les accepter ni les défendre.

# La Réforme

**les sources : Nouvelle Histoire de la France par Jacques Marseille Éd. Perrin*

Sans vouloir faire l'exégèse de la Réforme, il est peut-être intéressant de se rappeler pourquoi historiquement nous nous retrouvons dans une telle situation. Il faut se projeter à l'époque où, après les années 1515 le royaume de France était sous forte obédience catholique. La future France était déjà « la fille aînée de l'église » et les sujets avaient la même religion que le roi, l'adage « une foy, un roy, une loy » avait force de dogme. Le pape régnait de son côté en maître absolu, intervenant tout autant dans le domaine religieux que temporaire. L'inquisition et ses malheurs, les indulgences léonines, frappaient les esprits. Au point que certains membres du clergé, des moines et autres humanistes n'acceptaient plus ce règne des différences et d'injustices. Le privilégié, à la bourse pleine, pouvait acquérir des indulgences distribuées ou plutôt vendues par l'église contre des espèces sonnantes et trébuchantes. Il achetait et monnayait ainsi des années de purgatoire voire d'enfer en moins ! Comment pouvait-on accepter un tel marché ? Le paradoxe, ce même pape s'insurgeait contre les protestants réunis à Montpellier et s'élevait avec véhémence contre l'édit de Nantes signé le 30 avril 1598 par Henry IV et affirmait :

« La liberté de conscience à tout un chacun est la pire chose du monde… »
Les thèses de Luther, d'un Lefèvre d'Etaples et peu après de Jean Cauvin dit Calvin trouvèrent le terreau favorable à leur enracinement et à leur développement dans les esprits angoissés et tourmentés par tous les malheurs. Ces gens sortaient d'une guerre de Cent ans, avaient subi la peste noire et étaient ballottés entre différents seigneurs dont chacun essayait de détruire et de dominer l'autre. Le clergé inculte dans sa médiocrité, laxiste, trop préoccupé par des choses matérielles, n'arrivait guère à répondre à une vague de piété qui traversait le royaume de France. C'était l'époque des mises aux points, de la rupture avec un certain passé. La réforme naissante balbutiait et prenait néanmoins de jour en jour de la vigueur. Cette soif de piété, ces interrogations spirituelles étaient entretenues par des humanistes tels qu'un Érasme qui fit en 1516 la traduction du Nouveau Testament à partir de l'original grec. Cette nouvelle version sera publiée par Lefèvre d'Etaples en 1523 en version française et fit apparaître les nombreuses erreurs, les interprétations personnelles, voire fantaisistes du texte officiel de Saint Jérôme ayant cours dans l'Église.

Parallèlement, l'accent était mis sur l'étude de la parole de Dieu et non sur les rites et le cérémoniel religieux perçus comme trop théâtral et enclin à une grande sensiblerie avec notamment une dévotion maritale outrancière que les calvinistes rejetèrent. Luther puis Calvin voyaient dans les écritures

« Le seul miroir que Dieu a donné aux hommes pour y découvrir la Révélation… l'homme esclave du pêché est devenu inapte au bien et penche naturellement vers le mal. Ainsi tout ce qui se fait par lui est abomination et pollution. »

Du côté catholique, les consciences bougeaient elles aussi, au point que certains prédicateurs, tels les « bibliens » de Meaux, abondaient dans le même sens. Toutes ces interrogations, toutes ces initiatives étaient autant de manifestations légitimes et témoignaient d'une recherche spirituelle avec un retour aux sources. Les bonnes volontés de part et d'autre essayaient d'aplanir les différences. C'était ainsi qu'en 1561 se tenait à Poissy un colloque réunissant les théologiens des deux confessions. Théodore de Bèze qui conduisait la délégation protestante y fit une déclaration fracassante, inacceptable pour le clan catholique, une véritable déclaration de guerre et mettait fin à toute discussion constructive ou à une quelconque possibilité de compromis en déclarant :

« Le corps du Christ est éloigné du pain et du vin autant que le plus haut ciel est éloigné de la terre ».

Il reniait ainsi en bloc la Sainte Eucharistie.

À partir de ce moment, la cause était entendue, la messe était dite et les catholiques présents ne pouvaient admettre une telle idée schismatique. Les « chiens genevois » furent renvoyés à leurs idées blasphématoires et ce fut le début des hostilités. Des deux côtés les exactions furent nombreuses à travers le Royaume de France. Je ne reprendrais qu'un seul exemple celui du curé de Bressols près de Montauban, qui a été arraché de l'autel pendant qu'il disait la messe et installé de force, à l'envers la tête tournée vers la queue sur un âne, une hostie collé sur son front et fut promené ainsi à travers le bourg dont il devint la risée.

Période trouble par excellence, les croyances concurrençaient les superstitions, la variole rivalisait avec la peste noire qui ne finissait de couvrir certains fiefs. La légende veut que le 24 août 1572 une aubépine, au cimetière des Saints Innocents de Paris, depuis longtemps déjà flétrie et desséchée, venait de refleurir. Pour beaucoup de vilains, ce fut le signe de Dieu, l'indication formelle de « nettoyer » le royaume des hérétiques, réformistes et divers huguenots. La chasse aux sorcières pouvait commencer. Nous étions loin de l'esprit de l'Édit de Nantes. Nous connaissons la suite, la Sainte Barthélemy et ses milliers de morts…

La répartition géographique des villages protestants et leurs limites étaient fonction du fief, du comté auxquels ils appartenaient et selon que le duc ou le comte avait à l'époque de la réforme épousé ou non la religion luthérienne ou calviniste. Ce qui illustre bien le manque de liberté et des consciences de cette époque. Le « cujus regio, eius et religie », le maître de ma région est aussi celui de la religion, était considéré comme véritable dogme.

En prenant l'exemple du Comté de Hanau-Lichtenberg, limitrophe de ma région, nous pouvons suivre cette évolution à travers le temps. Le site de Bouxwiller ainsi que des villages des environs, notamment Baerenthal avec le château du Grand-Arnsberg est donné aux sires de Lichtenberg dès le Moyen Âge. L'expansion du comté se poursuit par la construction de la Wasenburg sur les hauteurs de Niederbronn, au milieu du XIVe siècle. En 1540 le Comte Philippe IV de Hanau épouse la protestante Éléonore de Furstenberg et la Réforme est introduite. Automatiquement les villages de ce comté basculent dans le protestantisme. Entre-temps, la Révolte des Paysans faisait rage depuis 1525, les exactions religieuses firent de nombreux morts et de nombreux dégâts, on assiste à la destruction de l'abbaye de Sturzelbronn, de Gräfinthal et de Herbiztheim. En 1572, le duc de Lorraine voit tous ces changements d'un mauvais œil et, pour mater la révolte, occupe le comté et rétablit la religion catholique sauf pour la moitié du village de Baerenthal et de Philippsbourg qui resteront protestants. Pourquoi que la moitié du village ?

En conclusion, nous pouvons nous rendre compte à quoi tenait la croyance religieuse en cette époque bien trouble. Sans que l'on sollicite votre avis vous voilà du jour au lendemain catholique ou protestant selon le bon vouloir du Maître !

De ce long périple dans le passé proche et lointain, quels sont les stigmates laissés par ces luttes fratricides ? L'histoire, comme dit Cicéron n'est-elle pas la maîtresse de la Vie « magistra vitae », alors comment vivons-nous et comment notre mémoire collective a-t-elle assimilé ce schisme ?

C'est un des signes distinctifs de certains de nos villages, deux églises, avec chacune son clocher, l'un surmonté d'un coq, l'autre d'une croix, regroupant deux communautés fréquemment rivales et concurrentielles. D'après les anciens, les protestants souvent plus fortunés ont un esprit de groupe plus marqué et se soutiennent mutuellement davantage que les catholiques, plus individualistes et plus pauvres. Au niveau de la pratique religieuse, je suis frappé par la rigueur, la sobriété de leur office, l'importance réservée aux lectures et aux saintes paroles. Leurs temples me paraissent très austères et nus, par rapport au faste, aux dorures, au luxe souvent tapageur des églises catholiques. Sans parler des offices, d'une grande solennité, où il y a débauche d'encens, de faste, de mise en scène, souvent emprunt d'une grande sentimentalité.

Les problèmes les plus cruciaux surgissent aux moments où deux jeunes de confession différente se fréquentent. C'est toujours source de graves problèmes et de tension au sein des familles. Deux de mes camarades ont ainsi vu se briser leurs rêves de bonheur dès le jour où ils présentent leur petite amie protestante aux parents. Mon ami Pierre doit, pour ces raisons inimaginables, impensables de nos jours, rompre une idylle naissante avec sa chère Christine. Son choix est cornélien et pourtant sans équivoque : soit il lâche Christine, soit il prend la porte et quitte définitivement la maison. Pour son père, il n'y a pas d'autre alternative. Pierre reste bien triste et malheureux des mois durant. Le temps passant, la cicatrisation s'opère lentement, mais il me parle, longtemps encore, de sa tendre Christine. Le drame est pire encore si la fille est enceinte. La situation devient ingérable. Dès lors, la rupture totale, irrévocable avec la famille est le prix à payer.

Cette distinction entre catholiques et protestants, exista encore jusqu'en 1973, l'époque de mon installation en médecine libérale. Une de mes premières surprises a été quand on me rapporta certaines déductions plus ou moins scabreuses ayant cours dans notre cité. Il est de notoriété publique que lorsque sonne le glas du temple cela signifie le départ d'un malade de mon confrère protestant. À l'inverse le glas de l'église catholique enterre un de mes malades. Cette distinction se retrouve au niveau des embauches, où à formation égale le patron tranche selon ses convictions religieuses.

Cela ne fait que depuis quelques années qu'au niveau scolaire les enfants sont regroupés en un et même établissement interconfessionnel. L'école primaire unique mixte où catholiques et protestants se retrouvent n'a été définitivement instaurée qu'en 1980. Avant cette époque, les enfants allaient, soit à l'école protestante le maître étant de même confession, soit à l'école catholique où les filles étaient prises en charge par des sœurs religieuses enseignantes. Les anciens aiment narrer leurs exploits guerriers tout au long de la route de l'école. Les catholiques avancent sur un trottoir, les protestants sur l'autre. Chaque écolier a les poches pleines de cailloux pour faire face à une attaque adverse et pour juguler les mauvaises intentions des frères ennemis. Les « caillassages » sont réguliers tout comme les bagarres. Un œil au beurre noir, les genoux écorchés, les bosses et autres éraflures sont autant de signes de bravoure pour celui qui les affiche fièrement et fait l'admiration des plus timorés. Ces joutes, somme toute classiques à cet âge, sortent de l'ordinaire car elles naissent et sont entretenues sur fond de rivalités religieuses et de vieilles idées reçues et transmises par les anciens. Les taquineries et les chamailleries sont courantes. Ainsi un groupe de jeunes filles protestantes a été enfermé dans le cagibi à charbon par les catholiques le jour où elles sont venues suivre les cours de travaux manuels chez la seule maîtresse responsable de cet enseignement. Cette dernière s'est inquiétée de l'absence du groupe et ce n'est qu'après une demi-heure de recherche que les pauvres protestantes ont été délivrées de leur obscurité. D'après les commentaires des anciens, les plus virulents, les plus intransigeants et sectaires ont été les sœurs enseignantes et Monsieur le curé qui interdisaient aux enfants de jouer avec leurs voisins protestants ! Je pourrais multiplier les exemples, la liste n'est pas exhaustive.

Voila jusqu'où mènent la mémoire collective et les nombreux tabous conservés à travers les âges.

Ce passage nous renvoie forcément aux guerres de religions qui n'ont jamais finies de se tarir. Proche de nous, les Irlandais qui se sont déchirés des décennies durant, plus loin de nous (tout est relatif) les musulmans durs, les islamistes, qui ne cessent de prôner le djihad, la guerre sainte, contre les infidèles d'occident. Mais arrêtons-nous en là, ce sujet est hors de propos. Avant de conclure ce chapitre je ne peux m'empêcher de me poser une question.

Ne nous retrouvons-nous pas dans la même configuration que lors d'une Saint-Barthélemy ? Nous l'avons simplement exportée sur un plan planétaire. Nous retrouvons la même haine, la même soif de sang dans tous ces sectarismes, dogmatismes et autres « ismes » du même genre. Les prétextes, les causes de tels conflits sont connus, mais comment faire pour les arrêter ?

## Les doutes

Mon cher Eddy a été mon meilleur camarade de classe tout au long du secondaire jusqu'au BAC. Dès lors nos chemins se sont définitivement éloignés. Eddy se lança dans des longues études d'ingénieur tandis que moi, je restais encore dans le flou, dans l'incertitude, même si dans mon fort intérieur mes aspirations se mettaient en place et devenaient plus claires, plus solides. En attendant le choix définitif, les premières années du collège et puis du lycée furent une période d'immense doute et d'interrogations. Je me posais la question :

Que faire de ma vie ? Poursuivre les études ou bien me lancer dans un métier manuel ?

Mon rêve de pilote s'était brisé le jour où, en raison d'une myopie sérieuse, on m'obligea au port de verres correcteurs. C'était une nouvelle et très grande déception de ma vie d'adolescent. Le pilote représentait l'image du preux chevalier moderne. Dans mes rêves, je me voyais accroché au manche, dominer ma machine, voler comme un oiseau et fendre l'air tel une flèche. J'étais grisé par l'idée de vitesse et j'occultais totalement les dangers inhérents à un tel métier. Seule ma mère était ravie de mon changement d'orientation forcé.

Parallèlement, je me sens attiré par tout ce qui est création et fait appel à l'imagination. J'aime regarder les artisans de mon entourage au travail. Les tâches manuelles ne me rebutent pas, tout au contraire. Ma curiosité toujours aux aguets, j'observe l'artisan et analyse ses gestes. Systématiquement je pose la même question : « Pourquoi faites-vous ainsi » ? Je suis intuitivement un manuel. Au point qu'un jour, je devais avoir entre douze et treize ans, je ne peux m'empêcher de passer à l'acte. La commune avait engagé une entreprise de construction pour refaire le mur en pierres de taille de la cour d'école.

Durant la pause de midi, les ouvriers ont déserté le chantier, je saute sur l'occasion et poursuis, sur quelques mètres, la maçonnerie. Après le déjeuner, le chef d'équipe remarque que le tas de mortier a disparu et que le mur a été rallongé de quelques pierres. Furieux, il se demande quel est l'intrus qui leur a saboté le travail ? Mon père, tout juste de passage, remarque sa mauvaise humeur et interroge le chef. Ce dernier lui fait part de sa surprise au retour du déjeuner. Immédiatement mon père m'interpelle. J'avoue mon « crime » tout en essayant de prouver au maçon que mon travail est parfait. À l'aide d'un fil à plomb et d'un niveau je lui fais la démonstration que le travail a été exécuté selon les règles de l'art. Il ne peut qu'acquiescer. L'incident est clos. Mon père très en colère me punit et m'interdit de reprendre une truelle en main. Le lendemain, en l'absence de ce dernier le chef d'équipe me laissa faire, tout en s'excusant du mouvement d'humeur de la veille. J'apprends que lui-même avait débuté la maçonnerie à mon âge sous la surveillance de son père. Il est fier de voir que je m'intéresse tant à son travail.

J'ai, à plusieurs reprises, l'occasion de voir travailler un menuisier ébéniste dans sa « *Bütik* », sa menuiserie. Je suis fasciné, quand il crée un montant d'armoire ou un pied de bureau à partir d'une planche brute, après l'avoir dégauchie, rabotée, sciée et soumise aux lames acérées de la toupie. Je suis en admiration devant le tourneur sur bois quand il prend dans ses mains expertes une bûche et que dix minutes plus tard, elle se transforme sous mes yeux, en pied de lampe. Avec quel amour il travaille, caresse, tourne et retourne son morceau de bois. Au finish il me dit :

— Pierre regarde. Il faut d'abord poncer avec du papier de verre de gros calibre, pour finir avec du tout fin et polir au chiffon. Dès lors la création prend forme et le travail devient un réel plaisir, voire une jouissance. Le bois, vois-tu, réagit, vibre, frémit, devient vivant sous mes doigts. Au toucher il est doux et lisse comme une peau de femme ! De plus, sa senteur est subtile et agréable. Sens combien cette odeur de pin ou de sapin est pénétrante et forte. Celle du chêne est différente mais reste très agréable. Arrivé à ce stade, il s'agit d'habiller l'objet créé comme une femme, le vernir pour l'embellir et le mettre ainsi en valeur. À ce moment, l'œuvre prend vie, respire, interpelle et devient un objet animé d'une âme.

Un tel langage révèle son grand amour du métier. Mon cher Joseph est un passionné, un artiste.

J'hésite à me lancer dans cette voie, car, en même temps, je suis animé d'une grande soif de connaissances et je tiens à découvrir le monde. Toujours poussé par la même curiosité, je ne cesse de m'interroger. La nature me fascine. Cette fleur multicolore avec ses beaux pétales, pourquoi attire-t-elle autant les abeilles ? Je me suis vite rendu compte, que je ne trouverais la réponse que dans les livres et au contact de mes professeurs au lycée.

Mû par cette envie, j'ai donc poursuivi les études. Les mathématiques m'ont procuré beaucoup de plaisir. Il suffisait de réfléchir et de comprendre. Une fois la logique du raisonnement assimilée cela devenait un jeu fort agréable. Les sciences naturelles répondaient à mes nombreuses interrogations. J'ai souvenir de ces longues heures de botanique où notre professeur, une femme charmante mais très rigide, nous expliquait les fondements de la classification des plantes, des fleurs, et nous fit découvrir ce monde merveilleux dans toute son intimité. Mais quel calvaire ce fut quand il s'agissait de dessiner et de reproduire les coupes microscopiques. Je me servais d'un crayon comme d'un manche à balai et les résultats n'étaient guère brillants, malgré mon application.

Je n'aimais pas les langues étrangères, elles me rappelaient trop mes difficultés à m'exprimer. Encore qu'en allemand et en anglais ma diction était paradoxalement correcte et je n'accrochais pas trop. Mes origines firent que l'apprentissage de l'allemand était chose naturelle voire évidente. En revanche, je détestais l'anglais, de ce fait son étude était plus ardue. Que de moments pénibles passais-je pour assimiler, tant le vocabulaire que la grammaire somme toute relativement facile. Cela ne m'intéressait pas, au grand désespoir de notre bonne vieille Mademoiselle D.

— Pierre, tu es pourtant un beau garçon, pourquoi ne tires-tu pas la langue pour prononcer « the » correctement. Pourquoi tu n'aimes pas ? Tu le regretteras et tu penseras encore à moi, mais il sera trop tard.

Si la pauvre savait combien de fois j'ai pensé à elle en me disant qu'elle avait raison, elle se retournerait dans sa tombe. Mais c'est trop tard. Mea culpa.

Le français me posait de sérieux problèmes. J'avais certes quelques circonstances atténuantes sans que cela ne justifiât mon manque d'intérêt. Pourtant j'aimais et j'aime toujours notre littérature et notre langue. Elle est chantante, rythmée, rigoureuse, mais c'est une maîtresse difficile à conquérir et dont je ne parvenais pas à obtenir les faveurs en raison d'une dysorthographie sévère. La période romantique m'avait beaucoup inspiré. Combien de poèmes n'ai-je appris que pour mon propre plaisir ? Les classiques me fascinaient. Les études de textes m'enchantaient, quand notre professeur nous permettait de laisser libre cours à notre imagination et à nos délires. Parallèlement, le français me servait aussi de thérapie.

L'Histoire en général, mais tout particulièrement le Premier Empire et les temps modernes me passionnaient. En terminale, les sciences physiques et un peu moins la chimie me firent passer d'excellents moments tant durant les travaux pratiques que durant les cours théoriques.

Ma grande timidité était un réel handicap et m'exprimer en public avait toujours été un calvaire. Le bégaiement me complexait à l'extrême. Je me sentais ridicule, réduit à un petit rien et fus souvent la risée de mes copains. Je ne leur en voulais jamais quand ils riaient et qu'ils en profitaient pour prendre un moment de détente, durant les heures austères de cours.

C'est à ma professeur de français de troisième, que je dois tout car elle m'a aidé à surmonter ce défaut d'élocution. Elle m'a permis de me retrouver et m'a remis sur les rails. Je ne pourrai jamais assez remercier cette femme charmante, au sourire lumineux et aux cheveux d'un noir d'ébène. La douceur se lisait sur son visage. S'étant vite rendu compte de mon handicap, elle me retint un jour après le cours.

— Jeune homme, vous viendrez me voir à la sonnerie, nous avons à causer.

L'heure de cours ne passa pas assez vite. Que me voulait-elle ? Je n'avais pourtant pas fait de « connerie ». Pourquoi veut-elle me parler ? Vraiment, je n'avais pas ma conscience tranquille. Je ne pouvais plus attendre la sonnerie annonçant la fin du cours. Quand tous mes copains furent sortis, nous nous retrouvâmes seuls.

Depuis quand avez-vous ce problème de bégaiement ? Me demanda-t-elle.

— Depuis toujours Madame.

— Cela vous gêne-t-il beaucoup ?

— Oh oui Madame, je me sens souvent la risée de tout le monde. Cela me paralyse de plus en plus. Quand je constate que l'on se moque de moi, je voudrais ne plus exister. J'ai tellement honte et pourtant je n'y peux rien.

— Mon garçon, tu es beaucoup trop complexé. Voilà ton problème. Vois-tu, ton défaut d'élocution n'est même pas une vraie maladie. Cela traduit, tout simplement, que tu te sens mal dans ta peau. Pour te consoler, je peux te dire que les bègues ont souvent un coefficient intellectuel supérieur à la moyenne. Mais ils ne savent pas gérer leurs émotions. Quand ils s'expriment, il faut que cela sorte aussi vite qu'ils pensent, or cela est impossible. Il arrive à tout un chacun d'accrocher. Nous respirons un bon coup, nous reprenons et cela sort tout seul, sans précipitation. Es-tu conscient de cette avalanche de mots qui se bousculent en toi ? Quand il faudrait se calmer, toi, tu t'affoles, les idées s'emballent et plus rien ne vient. J'ai vu aussi que tu avais des problèmes d'orthographe. C'est le même phénomène qui se produit dans ton cerveau mais à un étage différent. J'ai remarqué lors des dictées, je sais que tu n'aimes pas ça et pour cause, tu ne fais que très rarement des fautes de grammaire. Réfléchis un peu à ce que cela signifie. Tu connais les fondements de notre belle langue, tu en possèdes les bases, tu les utilises très correctement, mais pour les mots courants tu hésites, tu as peur, tu doutes. Et surtout, j'ai l'impression tu es un peu tête en l'air et que ces fautes ne te font guère réfléchir. Je ne veux pas dire que tu t'en fiches, car tu es un garçon trop sensible pour cela, mais tu devrais t'en soucier davantage. Ta dysorthographie et ta dyslexie sont à peu de chose près du même ordre. Je ne comprends pas pourquoi tes parents, je crois bien que ton père est instituteur, n'aient jamais soulevé le problème devant le médecin de famille.

— Si, si Madame, papa lui en a déjà parlé.

— Et qu'a-t-il répondu ?

— Cela s'arrangera peut-être avec l'âge, le jour où il arrivera à se dominer. Quant à l'orthographe, il n'a qu'à lire beaucoup, cela l'aidera.

La professeur paraît un peu médusée devant cette réponse. Elle poursuit :

— Que faire pour s'en sortir ? Beau garçon comme tu es, je ne voudrais pas

que tu sois malheureux ta vie durant en raison d'un tel problème.

La cloche sonna et mit fin à cet entretien. J'ai les larmes aux yeux, de bonheur et de reconnaissance. C'est bien la première fois qu'un adulte me parle d'une manière aussi respectueuse. Je me sens aimé et surtout reconnu. Mon ego est flatté. Et encore, elle me fait remarquer que je suis beau gosse ! On ne me l'a jamais dit. Elle me posa une main sur l'épaule et avec un grand sourire plein de tendresse me renvoya en me promettant de poursuivre cette conversation après le prochain cours de français. Nous aurons plus de temps.

Mon copain Eddy s'était inquiété, ne me voyant pas sortir aussi rapidement qu'il l'eut espéré. Mais devant mon air transformé et radieux, il ne me posa qu'une seule question :

— Cela s'est bien passé d'après ce que je constate. Dis-moi ?

Je lui savais gré de ne pas avoir poussé plus avant son interrogatoire. Je me suis dit, voilà un vrai ami, il respecte mon silence et partage ma joie. Toute la journée, je ressens le contact de cette main protectrice sur mon épaule. Je plane, je suis sur un nuage, je suis heureux et me sens léger.

Pour la première fois quelqu'un s'intéresse positivement à moi, à ma petite personne. Les journées ne passaient pas assez vite. Que pouvait-elle encore m'apprendre ?

Quand nous nous sommes retrouvés en fin du cours, la première question a été :

— Comment te sens-tu ? As-tu réfléchi un peu à notre entretien ?

— Oh oui, Madame, je n'en ai pas dormi la première nuit. Même maman m'a demandé, pourquoi j'étais tellement gai. Je chantais et je sifflais toute la soirée.

— Tu vois Pierre, tu es bien conscient de ton problème. Et loin d'être un boulet, j'aimerais que cela devienne une arme, une de tes forces. Que cela aide à te forger ton caractère. Tu ne dois pas vivre enfermé dans ce carcan. Il faut que tu t'en libères et cela est possible. Sache-le, il n'y a pas de médicament pour ce problème, seule ta volonté, ton courage, te tireront de ce mauvais pas. Comment faire ?

Apprends d'abord à respirer correctement. Avant de parler, tu prends une grande bouffée d'air et, tu y vas lentement, sans précipitation. Tout est dans la respiration, il ne faut pas la subir, mais la contrôler. Si tu accroches, tu stoppes tout. Tu respires un bon coup et tu repars. Fais quelques courses de fond. Tu habites près de la forêt, cours dans les bois en respirant à plein poumon. Une fois la bonne respiration acquise, apprends des poèmes ou d'autres textes qui te plaisent et déclame-les à haute voix tout en te promenant. Tu peux même les chanter si tu veux. Tu sais bien qu'en chantant tu ne bégaies pas. Alors profites-en. Tu les réciteras très lentement mais d'une voix forte et dès que tu accroches, tu recommences, jusqu'au jour où tu auras la divine surprise de l'avoir fait sans accroc. Je te promets, ce jour-là, je te ferai réciter devant la classe mais, seulement si tu le désires. D'ici là, je ne te le demanderai pas, nous sommes bien d'accord ? Je veux qu'à la fin de l'année, tu puisses éblouir tes copains, trop contents à l'heure actuelle d'avoir un souffre-douleur et une victime pour leurs plaisanteries souvent indignes. Ne prête pas attention aux autres et ne les écoute pas. À ce niveau, il faut penser à toi et les copains tu les oublies. Si tu as le moindre problème, si tu ressens le besoin de me parler, ne te gêne pas, tu viens me trouver. Mais j'insiste, travaille et fais tes devoirs, apprends tes leçons. Je te fais confiance.

Je me sentais soulagé, heureux et très ému. Elle me serra la main d'une poignée ferme et amicale, me fit un grand sourire. Et comme elle avait dû remarquer que l'envie de l'embrasser me brûlait les lèvres, elle se pencha vers moi pour me dire :

— Tu es un brave garçon, viens, je te fais la bise et sauve-toi.

Ses lèvres étaient du feu, un volcan en ébullition. Je me suis retourné et je suis parti le cœur en fête.

« Une professeur qui me fait la bise, a-t-on jamais vu ça ? Je suis un privilégié ! Personne ne l'apprendra jamais. Ce sera notre secret ».

À partir de ce jour, ma vie changea radicalement. Lamartine, Musset, Chateaubriand et bien d'autres… étaient devenus mes amis de promenade. Systématiquement, tous les jeudis, je me rends en forêt, avec ou sans mon livre. Je crie, je déclame, je récite à tue-tête mes poèmes préférés. Au début, notre fidèle chien Lassy, un Spitz blanc, ne comprend pas. Il part loin devant. Puis au fil des sorties et selon son humeur, il lui arrive, si je ne chante pas ou si je ne déclame pas, de marcher serré à mon côté en jappant et je dirais presque en pleurant. Il est gai et joyeux quand il m'entend parler à haute voix. Au hasard des rencontres, il arrive qu'un promeneur m'interpelle, avec toujours la même question :

« Pierre qu'apprends-tu ? C'est beau ce que tu récites ».

Certains doivent se dire, encore un fou, encore un qui a un grain.

Pourquoi crie-t-il en pleine forêt ? Cela ne me dérange pas, au contraire, j'en ris.

Les progrès sont sensibles et rapides. J'arrive de mieux en mieux à me contrôler et j'accroche beaucoup moins. Ma professeur de français me demande de temps en temps comment je me sens et si je vais mieux. Un beau jour, durant un des derniers cours, elle me fait avancer sur l'estrade et face à mes copains je récite la mort du loup d'Alfred de Vigny :

« Ah si je t'ai bien compris, sauvage voyageur,
et ton dernier regard m'est allé jusqu'au cœur !
il disait : "si tu peux, fais que ton âme arrive,

à force de rester studieuse et pensive,
jusqu'à ce haut degré de stoïque fierté
où, naissant dans les bois, j'ai tout d'abord monté.
Gémir, pleurer, prier est également lâche.
Fais énergiquement ta longue et lourde tâche.
Dans la voie où le sort a voulu t'appeler.
Puis, après, comme moi, souffre et meurs sans parler." »

Sans me reprendre une seule fois et sans accrocher. Je suis heureux et même fier de ma professeur. Elle partage visiblement ma joie. Sans attendre, elle nous tient un discours que l'on sent très travaillé et dont chaque mot est juste et porteur d'un message. Elle parle du respect du prochain, de l'amour et des blessures que l'on peut causer à autrui par des mots acérés ou des moqueries, même sans intention de faire du mal.

À partir de ce moment, je prends conscience que je pouvais facilement dépasser cette gêne et je me suis ouvert au monde. Je l'ai laissé me pénétrer. Seules quelques rares personnes, qui m'impressionnent, réveillent mon handicap.

Ce fut le cas de mon professeur de français de première. Il était convaincu que mon bégaiement était volontaire et voyait en moi un excellent comédien. Il prétendait que c'était ma façon de faire diversion et de cacher ma fainéantise. J'étais révolté par cette ineptie. Cette année-là, dans ma classe, nous étions trois élèves à avoir ce problème, Christiane, Roland et moi. Il autorisait les deux premiers à rédiger la récitation sur une feuille de papier. Quant à moi, il me réservait un traitement personnalisé. Il m'invitait à me placer à ses côtés sur l'estrade, à me tourner vers la classe et déclamer à haute voix. Si le passage était facile, je pouvais m'en sortir. En revanche, à d'autres occasions, la situation devenait non seulement cocasse mais dramatique. Ainsi, le jour où le professeur me demande de réciter la tirade du Cid :

« Oh rage, Oh désespoir, Oh vieillesse ennemie… »

face à mes copains, dont certains, déjà pliés en deux par un fou rire sachant pertinemment ce qui allait arriver, je me retrouve totalement paralysé, presque muet. C'est un moment terrible et cruel. Le premier vers devient forcément : « oo oh- rarraraRaggge oo… oohhh dés… es… poir ».

Je n'arrive pas jusqu'à la fin. Je suis pétrifié comme tétanisé. Seuls quelques sons gutturaux sortent péniblement. Mon visage se contorsionne, se déforme, par l'effort que je déploie. Je veux absolument « expulser » le mot. Je force. Qu'il sorte enfin. Non rien. Plus je pousse, je presse, plus je m'étrangle.

Le seul qui partage ma gêne, mon désespoir et le mot n'est pas trop fort, est mon ami Eddy. Il se retourne et tente de calmer les copains qui rient à gorge déployée. Mais en vain, rien n'y fait, bien entendu. Le professeur, du haut de son autorité, décrète que je n'ai rien appris et pour me punir, il me gratifie de deux heures de colle pour le jeudi matin suivant. À ma grande surprise mon ami Eddy se permet d'intervenir en ma faveur. Il lui fait remarquer l'injustice du traitement qu'il m'inflige vu qu'il a dispensé Christiane et Roland de réciter à haute voix. Il est normal que je puisse bénéficier de la même faveur. Mal lui en prend, car il est condamné à partager cette colle avec moi. J'aimerais faire une remarque, mais elle ne sort pas. Le professeur me met à la porte illico presto, pour soi-disant effronterie et insoumission. En conséquence, la colle est à renouveler quinze jours plus tard. Je suis fou de rage. J'ai une envie irrésistible de le frapper, de cracher, de hurler. La haine plus que l'injustice dont je suis victime me fait monter les larmes aux yeux. Je suis révolté d'avoir été ainsi ridiculisé et anéanti. Je me sens réduit à l'état de larve. Il m'écrase. Je sors dans le corridor sans ronchonner. Une fois seul avec ma honte, je laisse couler un flot de larmes. Elles viennent intarissables, tel un torrent. Je bouillonne, quand le surveillant général me surprend en train de soliloquer.

— Que fais-tu là, mon garçon ?

— On m'a mis à la porte, c'est injuste. Je n'en peux plus. Je me vengerai, ce prof me hait, tout comme moi, je le hais !

— Qu'est-ce donc que cette histoire ? Venez, accompagnez-moi. Nous allons régler ce problème.

J'ignore sur le champ où il m'emmène, mais je le suis. Arrivé à son bureau, il me demande de m'asseoir et me fait patienter quelques secondes. Je le vois frapper puis rentrer dans l'antre sacré de monsieur le proviseur. Je suis ahuri. Il en parle au proviseur pourquoi ? Deux minutes plus tard, je suis introduit auprès de ce haut personnage, un dieu moderne. C'est l'image que je me fais d'un chef d'établissement. Je lui dois, obéissance, respect et soumission. Le proviseur me fixe d'un regard pénétrant. J'ai l'impression qu'il scrute le fond de mon cœur. Mais curieusement, il ne m'inspire aucune crainte, au contraire. Il y a une étincelle de douceur, de gentillesse au fond de son regard.

— Alors raconte-moi ton problème. Qu'est-il donc arrivé, pour que ton professeur t'ait mis à la porte ? Il me semble, que toi, tu n'as jamais eu de problème de discipline. Dis-moi la vérité et n'essaie pas de broder ou de tricher. C'est la vérité que je veux.

Voilà Monsieur... et je narre mon histoire en n'omettant aucun détail. Pendant que je raconte, il se lève de derrière son bureau, regarde d'un air étonné le surveillant général qui me fixe d'un regard incrédule.

— C'est ignoble, lâche tout à coup le proviseur.

— Tu me dis vraiment la vérité ?

— Je vous certifie, Monsieur, chaque mot est la pure vérité.

Je le vois pâlir. J'ai l'impression, qu'il est, lui aussi, envahi par une colère noire. Le surveillant général ne cesse de secouer la tête, en répétant :

« mais dites-moi que ce n'est pas vrai, ce n'est pas possible ! »

Le proviseur m'ordonne :

— Viens avec moi. Nous réglons le problème ipso facto.

Je le suis, tel un toutou, me disant :

« dans quelle galère tu t'es encore fourré ? »

Arrivés devant la salle de classe, le proviseur, qui n'a prononcé le moindre mot durant tout le trajet, se retourne, me redemande si j'ai bien dit toute la vérité. J'acquiesce. Il frappe et rentre immédiatement. Comme un ressort, tout le monde se lève. Le professeur paraît surpris de me voir et surtout d'être confronté à monsieur le proviseur. Ce dernier commence à hausser le ton et demande au professeur où il avait acquis la pédagogie. Il lui dit sur un ton autoritaire :

— Vous venez de ridiculiser un élève devant toute la classe, c'est inadmissible. Ce n'est pas de cette manière que l'on encourage un jeune en difficulté. Et j'espère qu'une telle situation ne se reproduira plus.

Il ajoute que l'incident est définitivement clos et que, bien entendu, « la colle » est supprimée. Le professeur est resté coi.

Le proviseur retira effectivement la punition. Cela représentait pour moi une grande victoire, car mon père n'aurait pas appréciée cette retenue. J'aurais eu à me justifier, une fois de plus. Un silence glacial règne en salle de classe, plus personne ne rigole, plus personne ne bouge, même les plus hilares et les plus chahuteurs se sont tus. Le maître paraît abasourdi, incapable de parler et de poursuivre l'étude de texte en cours. Il me fusille du regard pendant que je rejoins ma place. D'un coup, il se redresse et me crie :

— Quitte immédiatement cette table et mets-toi au fond de la classe, le dernier banc à droite est libre. Cette place, tu l'occuperas jusqu'à la fin de l'année et sache-le, pour moi, tu n'existes plus.

Et durant les six mois de cours restants, je n'ai plus jamais été interrogé ni questionné. Je n'avais plus l'occasion de réciter, ni de répondre à une question, même en sollicitant son attention. Je ne m'en portais pas plus mal. Je haïssais ce professeur. Une seule idée me tenait à cœur, la vengeance !

— À toi, je te montrerai ce que je vaux. Je ne suis pas le cancre pour lequel tu veux me faire passer.

Je retrouve cet enseignant l'année de mon bac. Dès que je rentre en salle, je m'installe au dernier rang, dans le coin. Je ne crois pas avoir échangé deux mots l'année durant avec ce professeur. Les notes en dissertation s'en ressentent. Elles sont lamentables à un point tel que le proviseur me convoque à deux ou trois reprises afin que je justifie mes résultats peu glorieux. À plusieurs reprises, il me demande mes copies afin de les étudier. Mais il ne fait jamais de commentaire. En revanche, je suis surpris que, malgré la note minable de français, je sois toujours inscrit au tableau d'honneur. Je ne comprends pas. Un ange gardien m'aurait-il pris sous ses ailes ? Mon père me sermonne très souvent. J'ai beau lui expliquer et demander qu'il parle à cet enseignant le jour de la réunion des parents professeurs, la situation ayant assez duré. Il ne veut ou n'ose intervenir par respect de la fonction. Un simple instituteur ne peut contredire les propos d'un professeur. En effet, mon père, a toujours eu, à mon goût, un sens trop marqué de la hiérarchie, contrairement à moi qui suis arrivé à la conclusion qu'il pouvait y avoir des imbéciles à tous les niveaux. Cette épreuve, loin de me décourager me renforça dans mon opinion et me donna la force de lutter. Au fond de ma pensée j'avais toujours la même volonté, la même hargne : « je me vengerai. Je lui démontrerai ma vraie valeur ».

Le jour du bac, ce même professeur, nous attendait à la sortie des épreuves. Sans se soucier de moi, il interroge différents camarades. Après quelques minutes de palabres avec le premier il dit :

— Oui, tu as bien fait. C'est très bien ça, tu verras tu auras une bonne note.

À un autre :

— Non tu n'aurais pas dû développer ce thème, tu risques fort d'être hors sujet…

Pourtant, alors qu'il ne m'a jamais adressé la parole, je lui dis au bout d'un moment :

— Contrairement à mes copains, j'ai pris le commentaire de texte et j'en suis ravi.

Il se retourne et me dit sur un ton cinglant de mépris :

— Cela ne m'étonne pas de toi. Que peux-tu espérer avec ta moyenne de l'année ? En général, ce sont les cancres qui choisissent le commentaire de texte. Ils ne savent pas développer leurs idées et sont incapables de suivre un raisonnement.

Mon ami Eddy, placé à mes côtés, lance :

— Et vlan prends ça en pleine figure.

En s'adressant au professeur :

— Ne croyez-vous pas, Monsieur, qu'il est prématuré de faire un pronostic quant à la future note de mon copain ?

Monsieur le professeur part dans un grand rire narquois, en disant que cela fait bien longtemps qu'il ne croit plus au père Noël. Qu'il ne se fait aucune illusion, ma note ne peut être que minable.

Le jour des résultats, un hasard inouï me place à côté de lui. Inquiet comme tous les autres, j'essaie de me localiser sur la liste. Enfin, me voila : une note bien au-dessus de la moyenne en français. Le professeur, les yeux exorbités, me regarde d'un air ahuri comme touché par la foudre. Il pâlit et tremblant de haine ou de colère me crie :

— Cela veut dire, que tu t'es foutu de moi deux ans durant.

Je lui réplique, sur un ton calme et très détaché :

— Tout comme vous, Monsieur. Voilà la réponse du cancre. Je vous souhaite de très bonnes vacances. Les miennes seront excellentes.

Il me répond :

— Petit morveux tu me le payeras.

Je ne sais vraiment pas comment il pourra encore m'embêter, vu que je ne l'aurai plus en cours.

Bien sûr d'autres situations se présentaient dans lesquelles mon handicap refaisait surface d'une façon brutale ou cocasse. Mais j'arrivais plus facilement à dépasser l'incident. Le jour où j'ai voulu m'adresser à notre surveillante des classes de terminales, une jeune femme élégante au charme ingénu, j'ai perdu tous mes moyens. Un profond trouble m'avait envahi. Ses cheveux couleur paille qui tombaient en cascade sur ses fines épaules, son regard un tantinet provocateur, son sourire engageant et son harmonieuse silhouette d'Aphrodite faisaient chavirer nos jeunes cœurs. Je suis persuadé qu'elle n'ignorait pas qu'elle faisait tourner la tête à ces jeunes mâles que nous étions et qui lui faisions la cour sans jamais l'avouer.

Autrement la vie au lycée se déroule d'une façon tranquille et je m'y sens bien. Il y a bien des moments plus agréables que d'autres, cela dépend des matières enseignées.

Mais globalement, les études me plaisent de plus en plus, ma curiosité intellectuelle s'affûte au fil des découvertes et il m'en faut toujours davantage. Les auteurs modernes, tout comme les classiques, me passionnent. Je commence à apprécier la littérature, mais j'aime davantage les mathématiques et la physique. C'est donc tout naturellement que je suis orienté en sections mathématiques élémentaires. Ce n'est pas comme de nos jours. Ce sont les professeurs qui orientaient, même si leur décision ne correspondait pas forcément aux goûts de l'élève.

## L'année de terminale et choix

En classe de terminale, au contact avec les premiers cours de philosophie, mon état d'esprit évolue rapidement. Ma façon de penser devient plus rationnelle et le raisonnement plus cartésien. Bref, je deviens adulte et tourne sans nostalgie les pages de ma vie d'enfant.

*Quel avenir ?*

Une question récurrente me tourmente et revient lancinante : que faire de ma vie ?

Je suis dans le brouillard, dans une expectative pénible. Différents chemins s'ouvrent à moi mais d'une façon très confuse. Cette interrogation devient encore plus délicate et plus obsédante, quand je prends conscience de l'importance de la dimension sociale de la vie. Il faut que j'aille vers les autres. Ce sentiment est à la limite de l'obsession. Me mettre à leur service, les aider et partager avec eux joies et peines, deviennent ma raison d'être. Il s'en suit une période d'une grande activité spirituelle. Je réfléchis avec insistance sur le sens de notre devenir. Le mystère de la mort me fascine et d'ailleurs me fascine toujours. Je suis certain de l'existence d'un Dieu créateur universel qui gouverne toute chose. Je vais jusqu'à penser qu'une mauvaise ou une bonne note étaient le fruit de son œuvre. Il nous guide et nous trace la route. Par moments, je suis convaincu de son appel :

— Viens suis-moi, laisse tout…

Puis, après réflexion, je me dis :

« Non, cela ne tient pas la route. Tu es beaucoup trop nul, trop mauvais pour songer au sacerdoce. As-tu pensé au poids d'une telle charge ? Quel prétentieux. »

Toutes ces considérations me laissent dans une profonde incertitude.

— Laisse tout et suis-moi ? Pourquoi pas !

— Qu'en diront mes parents, mon frère et mes sœurs ? Je ne peux pas les laisser. Ce n'est pas possible.

Alors, je me traite de lâche et d'incapable. Je dois passer le Rubicon et pourtant je n'y arrive pas.

— Pourquoi ne puis-je faire ce pas ? Me dis-je souvent.

Après une longue méditation, la réponse m'apparut, simple et limpide. Toujours en quête de chaleur humaine et de tendresse, je crains trop la solitude et l'isolement dans lequel vit le prêtre. Le célibat va contre ma nature. Je me sens au fond d'un abîme, totalement démuni, spirituellement délaissé et en plein désarroi.

— À qui parler ?

Avec notre curé, la discussion est impossible. Pour lui, la solution est facile, voire évidente. Je dois m'inscrire au séminaire, faire des études, de préférence philosophiques et Dieu me guidera. Ce raisonnement ne me convient pas, d'autant plus que mon ami Richard vient de quitter le séminaire après son bac et se tourne vers l'enseignement. Lors d'une de nos nombreuses discussions à bâtons rompus, je m'ouvre à lui. Il me répète que je me trouve dans le même état d'esprit que lui quelques années auparavant. Moi seul, peux apporter une réponse à mes interrogations. En revanche, il me donne l'adresse d'un monial de la congrégation des Pères Rédemptoristes, du côté de Miribel-les-Echelles. Ainsi, tout timidement, je me mets à correspondre avec le père Emmanuel. Une profonde amitié épistolaire est née qui durera quelques années. J'apprécie ces échanges de lettres. C'est avec impatience que je guette le facteur afin de pouvoir découvrir le courrier qui souvent m'apporte une réponse à mes nombreuses interrogations. Le moine ne me pousse jamais, ni dans un sens, ni dans l'autre. Il m'ouvre des horizons, génère des réflexions, me donne des idées, des titres de livres à lire et à découvrir.

C'est une période d'une intense activité intellectuelle et spirituelle. Je reste certes très indécis, mais je suis heureux. Satisfait non seulement de découvrir le monde qui m'entoure, mais aussi de pouvoir apprécier la force de la pensée et du raisonnement. En outre, j'ai découvert les bénéfices que l'on peut tirer de longs moments de méditation. Moments privilégiés où, seul, face à moi-même et à mes interrogations, je laisse parler mon cœur. C'est ainsi, qu'après de longues promenades dans notre belle forêt dont le silence invite au recueillement et à la réflexion, que le miracle se produit : la lumière jaillit et la question qui me préoccupait trouve sa réponse.

Alors, de retour d'une telle sortie, je décide de combiner les deux intérêts primordiaux : l'ouverture vers autrui et le développement de mes connaissances. Je serai donc médecin. Peut-être pourrais-je, de ce fait, soigner tout autant le corps que l'esprit ?

« Mens sana in corpore sano » Mais aussitôt je me traite d'inconscient, d'orgueilleux et de mégalomane. Cette mission est largement au-dessus de mes moyens. Je me dis :

— Non, c'est trop difficile, tu es trop nul pour un tel avenir, une telle responsabilité. Que diront les parents ?

Je me sens, une fois de plus totalement déstabilisé. Néanmoins, en mon for intérieur, une voix me dit :

— Fonce, n'abandonne pas.

Le premier auquel je parle de ce projet, et tout à fait par hasard, est notre curé. À l'époque, je suis organiste, le suppléant de mon père. Je tiens de plus en plus fréquemment les orgues. Le dimanche après-midi, il n'est pas rare que je m'entraîne deux à trois heures durant. Ce sont des moments privilégiés de ma jeunesse. Quel plaisir ! Un fameux dimanche après-midi, ayant épuisé toutes les partitions sacrées et, poussé par une certaine curiosité, j'interprète PLAISIR d'AMOUR. Je varie les registres. Les basses profondes et puissantes combinées aux aigus de la flûte et de la trompette, forment une orchestration sublime. Je le joue une fois et subjugué par le mariage de ces différents jeux, je le reprends de plus en plus tonitruant quand j'entends des pas précipités dans l'escalier qui mène à la tribune. Il est là devant moi, notre cher curé, la face en feu, les yeux exorbités par la colère. À bout de souffle il me crie d'arrêter immédiatement ce sacrilège. Dorénavant, il m'interdit de toucher l'orgue. Je laisse passer l'orage et sur un ton tranquille, nullement impressionné par cet ouragan, je réplique :

— Monsieur le curé, cela ne peut pas être un blasphème, ni un sacrilège, ce n'est que de la musique. À vrai dire, une suite de notes placées d'une certaine façon, un point c'est tout.

— En plus, tu es effronté, tu n'es qu'un mauvais garnement, tu verras. J'en parlerai à ton père.

— Monsieur le curé, permettez-moi de rectifier. Je n'étais pas effronté. Je ne comprends pas votre agressivité à mon égard. Apparemment, ignorez-vous l'histoire de la Vierge de Notre Dame de Paris ?

Il se calme d'un seul coup, pour me lancer :

— Raconte, on verra.

Je lui narre alors cette histoire d'un musicien, violoniste dans les boîtes de nuit parisiennes, qui n'a jamais prié la Madone. Un jour, lors d'une visite impromptue à la cathédrale, il se retrouve face à la statue de la Sainte Vierge. Il est saisi d'un sentiment de piété irrésistible et veut prier. Il est confus. Ignorant tout de l'Ave, ne sachant donc comment faire, il sort son violon, se place devant la Madone et joue PLAISIR d'AMOUR. Il l'interprète avec tant d'amour et de sensibilité que la Vierge en est touchée et, pour le remercier, elle lui fait un large sourire.

Je poursuis, à l'adresse de notre cher curé :

— Voyez-vous, Monsieur le curé, la seule différence qu'il y a entre ce musicien et moi, c'est que la vierge ne m'a jamais souri.

Surpris par cette histoire mon curé fait demi-tour et descend de la tribune aussi rapidement qu'il était monté. J'entame alors, dans toute sa splendeur et allégresse, l'Alléluia de Haendel, sans savoir s'il comprend le message. Je ferme notre orgue et rentre chez moi. Naturellement, sans intention de révéler cet incident à mon père, qui n'aurait pas apprécié. En sortant de l'église, je suis surpris, le curé m'y attend en faisant les cent pas.

Que me veut-il encore ? Va-t-il reprendre son sermon sur le blasphème ? Apparemment il l'a oublié car il se met à discuter du manque de vocation chez les jeunes. Il m'entraîne sur un terrain où je sais pertinemment que je risque de le heurter, mais cette fois-ci pour de bon. Il déblatère sur les avantages d'être curé de campagne et d'être à la tête d'une paroisse. La responsabilité est grande, les satisfactions énormes et l'on peut être fier du statut de curé de village.

— Comprends donc, dans un village comme le nôtre, il y a trois personnages importants et irremplaçables : le maire, le curé et l'instituteur.

En moi-même, je me dis encore heureux qu'il n'ait pas cité le curé en premier. Ne chipotons pas ! Je le laisse parler. Nous poursuivons notre discussion tout en marchant autour de l'église. Je ne saurais dire le nombre de tours ainsi accomplis. À un moment précis de notre débat, je lui dis brutalement :

— Monsieur le curé, j'ai pris une grande décision. Je vais faire médecine, voilà ma voie !

Silence, puis :

— Mais, comment peux-tu envisager des études aussi difficiles et aussi longues, sans savoir si tu y arrives ? Te rends-tu compte des sacrifices que tu seras obligé de consentir ?

Je lui réponds :

— Pour la prêtrise, la durée des études est la même et je ne sais pas si j'ai vraiment la vocation ? C'est un grand point d'interrogation. Mais ce dont je suis certain, c'est que le prêtre devrait quitter ses souliers de satin et marcher dans de gros sabots, trimer et porter les lourds fardeaux de ses protégés. Voilà sa vraie mission. Tandis que vous venez de le rappeler, le prêtre fait parti des dignitaires d'un village. Un notable classé en deuxième position, tout juste après le maire. Vous voyez, c'est là, où je ne suis plus d'accord. Je ne veux ni donner de leçon, ni vous paraître effronté, mais le Christ parle de « Serviteur de Dieu ». Pour moi, cela veut dire se mettre au niveau des plus pauvres, non pas pour les gouverner ou les dominer, mais bien pour les servir. C'est ainsi que je conçois le sacerdoce et le rôle du prêtre. Il faut descendre du piédestal sur lequel la tradition vous a placé. J'ai l'impression que trop souvent, et je ne le dis pas pour vous, certains curés de campagnes se prennent pour des petits seigneurs, et se plaisent dans leur tâches honorifiques. Ils oublient l'essentiel et se laissent prendre au piège d'une certaine vanité : « Vanité des Vanités » si astucieusement repris par l'Aigle de Meaux. Non ! Ce n'est pas pour moi. C'est pour cette raison que je choisis la médecine, elle me rapprochera certainement davantage des simples humains que nous sommes. L'homme n'est ni tout bon ni tout mauvais mais chacun suit la route tracée par le destin ou la Providence. Les uns évoluent sur un boulevard sans aspérités et sans obstacles, tandis que d'autres avancent sur un chemin tortueux semé d'embûches. Il s'agit d'être présent et de leur tendre une main secourable lors de la chute afin qu'ils puissent se relever et ceci à tous les niveaux. Je ne crois pas être meilleur que d'autres. Je crois et je suis convaincu, qu'en tant que médecin je pourrais faire du bien et donner un peu d'amour à ceux qui en manquent.

Monsieur le curé semble abasourdi par mes propos. Je le sens bouillir. Il est rouge de colère et me rétorque :

— Tu n'es qu'un jeune prétentieux pourri d'orgueil. Tu oses me donner une leçon, me dicter ma conduite. J'en parlerai à ton père, tu verras, il te remettra tes idées extravagantes en place. Il te rabaissera le caquet. Pierre, tu m'as déçu. Je te laisse.

— Monsieur le curé, ne soyez pas vexé, je n'ai nulle envie de vous blesser. Je ne suis pas un donneur de leçons. J'ai confiance en vous au point de laisser parler mon cœur, un point c'est tout. Mais je sens que je vais le regretter. Quant à mon père, vous pouvez toujours lui en parler, cela ne changera rien.

Quelques jours plus tard, ce dernier me demande de quoi j'avais parlé avec monsieur le curé. Il paraît fort en colère contre toi et de plus, tu lui aurais manqué de respect ?

— Non, je lui ai simplement dit, ce que je pensais de la fonction et du rôle d'un prêtre. Qu'il était grand temps qu'il descende de son piédestal et qu'il devienne le serviteur des démunis.

— Quoi ! Tu lui as dit ça ? Tu as employé ces termes. Mais mon fils, que fais-tu du respect de la soutane ?

— Mais papa, je la respecte tout autant que toi. Peut-être d'une façon différente.

Mon père me jette un regard dubitatif et me laisse repartir à mes occupations.

Ce n'est que vingt ans plus tard que je peux reprendre cette discussion avec notre cher curé, muté entre-temps à un autre poste. Il avait grimpé dans sa hiérarchie.

C'est un jeudi après-midi, je m'apprête à débuter ma tournée des visites quand on frappe, d'une façon décidée et impérative à la porte du cabinet. Tiens une urgence. J'ouvre et énorme surprise, voilà mon ancien curé qui se tient devant moi.

— Pierre, aide-moi. Je crois que je vais mourir.

— Calmez-vous, Monsieur le curé. En voilà une surprise. Que vous arrive-t-il ?

— J'ai mal sur le thorax, j'ai le cœur qui bat très vite. J'ai une gêne dans la poitrine.

— Vous prenez place sur le lit, enlevez votre chemise. Je vous examine. La TA est à 240/130, le cœur ne bat même pas trop vite. Mais il est très fort. Vous faites une poussée hypertensive, avec peut-être une petite angine de poitrine. Avez-vous déjà ressenti ce type de douleur ?

— Pas de douleur, mais la même impression. Cela m'arrive quand je m'énerve ou quand je suis en colère.

— Mais, Monsieur le curé, il ne faut pas vous mettre en colère, c'est un péché. Je ne pourrais pas vous donner l'absolution.

— Toi, tu n'as toujours pas changé. Tu sais, quand je me suis présenté à ta porte, j'ai pensé à la discussion de ce fameux dimanche après-midi. Je dois dire que tu m'as fait beaucoup plaisir en tenant ta promesse. Je te félicite. Tu es médecin comme tu le désirais, c'est bien. Que me donnes-tu pour me soulager ?

— Monsieur le curé croquez ce comprimé. Vous vous allongez. Vous arrêtez de discuter. Il faut impérativement vous calmer.

Vingt minutes plus tard, la douleur a totalement disparu. La TA est retombée à 14/8.

— Voilà Monsieur le curé, c'est tout, vous pouvez vous sauver. Cela m'a beaucoup touché de vous rencontrer et d'avoir pu vous aider. Dès demain, retournez chez votre cardiologue. Il faut qu'il majore votre traitement et surtout ne vous énervez plus. Au fait, quelle a été votre épine irritative ?

— Pierre, je préfère ne pas en parler. C'est une grosse discussion que nous avons eu entre-nous au sujet de Vatican II. Il y a encore des prêtres qui sont radicalement contre.

— S'il vous plaît arrêtez. Je sens que votre tension va encore grimper. Au plaisir d'une prochaine rencontre lors d'un de vos passages dans la région.

Il est parti rassuré, peut-être pas tout à fait serein.

## Je serai médecin

Après mon BAC, section Mathématiques Élémentaires, je n'ai qu'une envie, m'inscrire en médecine. Mais je me heurte à un écueil qui me semble infranchissable, le refus de mes parents. Il est cinglant, définitif, cela ne se discute pas. Dans leur projet, je suis destiné au professorat, soit de physique, soit de mathématiques. Mon père insiste et se montre intraitable. Il était souhaitable et normal que le fils dépasse le père, qu'il progresse sur l'échelle de la hiérarchie sociale. Lui instituteur, moi professeur ; cela s'inscrit dans sa logique. Je suis à court d'arguments face à cette évidence. Je mets un peu d'espoir dans les tests psychopédagogiques que notre lycée a organisés pour les élèves de terminale. Par ce biais, je pense peut-être trouver de nouveaux arguments afin de convaincre mon père. Les conclusions me laissent pantois :

« dons pédagogiques certains, très grande sensibilité, une imagination et un esprit créatif débordant… »

Ces remarques vont tout à fait à l'encontre de mes espérances. Elles me desservent au plus haut point, mais en revanche, rassurent entièrement mon père, conforté dans son opinion. Il n'y a plus à discuter. Je me plie à leurs exigences.

Contre mon gré et tout à fait à contrecœur, je m'inscris à la faculté des sciences en MPC : mathématiques-physique-chimie, section ainsi dénommée à l'époque. Non que les mathématiques et la physique me répugnent et que l'enseignement ne m'intéresse guère, au contraire, j'aime bien partager mes connaissances ou les transmettre, cela ne me pose pas de problème. C'est probablement génétique. Mais je nourris un rêve différent.

Ma première année de faculté est moralement et psychologiquement très pénible voire épuisante. Les résultats s'en ressentent évidemment. Je fonce tout droit dans le mur. J'ai néanmoins réussi à terminer l'année, ce que je considère aujourd'hui, a posteriori, comme un réel exploit.

Je me rebelle. Mais les nombreuses discussions, souvent tendues et véhémentes avec mes parents ne changent rien à leur détermination. Je suis prêt à interrompre mes études. Les arguments de mon père restent immuables. Quand je l'accule dans ses derniers retranchements, il argumente et met en avant les difficultés financières.

— Mon fils, ce sont des études longues et coûteuses. Comprends, vous êtes quatre enfants, je dois donner les mêmes chances à chacun d'entre vous. Je ne peux pas privilégier l'un au détriment des trois autres.

Je comprends, bien sûr, mais cela ne change rien, ni à ma détermination, ni à ma conviction.

— Père, l'argent ne doit pas intervenir ici. En aucune façon, il ne doit être un élément de sélection. J'en trouverai, je travaillerai. Non, cela ne doit pas jouer. Je ne vous demanderai rien.

L'argumentation de maman se situe à un autre niveau. Plus sentimentale, elle prétexte que le travail d'un médecin est difficile et trop astreignant. Qu'il faut trimer jour et nuit et que sa responsabilité est immense.

— Je ne veux pas, que tu te sacrifies pour les autres. On ne discute plus.

Durant les grandes vacances, je recherche un petit travail, dans l'optique de me faire un peu d'argent de poche. Je m'adresse à l'hôpital, où on me propose un poste d'aide-soignant ou de garçon de salle. Indirectement, je voulais être confronté aux malades et à leurs exigences, être plongé dans l'ambiance médicale, me tester pour savoir si effectivement c'est ma voie.

## L'hôpital

Mon premier contact avec l'hôpital se fait d'une curieuse façon. J'ai rendez-vous avec le dentiste un mercredi matin à onze heures ayant une rage de dent folle et qui me martyrise depuis quelques jours. Toujours très précis pour les rendez-vous, cela fait un bon quart d'heure que je transpire de peur en salle d'attente. Impressionné par le silence des lieux, je me retrouve seul devant mon angoisse indescriptible de ce moment. J'essaie de feuilleter une des revues entassées parmi tant d'autres sur une petite table trônant au milieu de la pièce. En vain, j'ai trop mal, je suis trop crispé pour pouvoir me concentrer et m'oublier dans la lecture. Après avoir « lu » les images d'un Paris Match, je n'insiste pas. Je me lève et fais les cent pas, tel un condamné à mort dans la salle des pas perdus. Je commence à m'inquiéter, l'heure du rendez-vous est dépassée au moins d'un bon quart d'heure. M'a-t-il oublié ? Non, cela n'est pas possible, car malgré les épais murs de cette grande maison bourgeoise, Place du Château, des cliquetis répétés d'instrument que l'on dépose sur un plateau en verre, entrecoupés par les sifflements désagréables de la roulette et quelques murmures et bribes de conversation parviennent à mes oreilles aux aguets. Je perçois même de gros éclats de rires qui loin de me rassurer m'intriguent davantage. Comment peut-on rire dans un lieu aussi sinistre qu'un cabinet dentaire ? Les bribes de conversations se précisent, quand subitement, une porte s'ouvre et me laisse admirer une magnifique « vamp » blonde, trop maquillée à ma guise, mais impeccable dans sa mini-blouse blanche négligemment déboutonnée du haut, décolletée « jusqu'au fils » comme dirait mon copain Richard en se référant au signe de la croix. Elle me fait un sourire à pleine bouche aux lèvres voluptueuses marquées par un rouge flamboyant et m'invite à entrer.

— Jeune homme, c'est à vous.

J'ai beau regarder cette créature hollywoodienne, mon angoisse monte d'un cran. Je salue respectueusement le dentiste qui me tend sa main ferme et amicale. C'est la première fois que je le rencontre. Mon coup de main doit être désagréable tant mes mains sont moites. Homme d'une soixantaine d'année, donc avec une expérience certaine, sympathique, paraît doux et affable, mais cela me rassure à peine. Il affiche un éclatant et franc sourire devinant à l'évidence ma peur et me demande de m'installer dans l'immense fauteuil placé face à une large fenêtre à travers laquelle j'aperçois le clocher de l'église proche.

Il me dit d'une voix chaude et tranquille :

— Alors jeune homme cela fait quelques jours que vous avez mal, pourquoi n'êtes-vous pas venu plus tôt et avez-vous attendu si longtemps ?

— Docteur comprenez, je suis en classe, je ne voulais pas louper des cours.

Pendant qu'il se lave et se brosse consciencieusement ses mains, il continue à m'observer à travers le miroir, tandis que son assistante tourne autour de moi se déplaçant d'une façon déhanchée toujours un sourire aux lèvres. Sourire que je trouve de moins en moins charmant, totalement mécanique, inexpressif. Elle m'accroche une bavette sur ma poitrine d'un geste précis mais brusque. Le dentiste examine ma situation buccale et au moment où il tapote contre une de mes molaires j'ai failli lâcher un cri tant la douleur est foudroyante et vive, au point que s'il m'avait arraché la tête cela n'eut pas été plus douloureux, j'en suis persuadé.

— Voila nous avons trouvé la responsable de tous vos maux. Voyons ça !

Je me cale davantage au fond du fauteuil, m'agrippe désespérément aux accoudoirs, tel un naufragé qui s'accroche à sa planche de bois au milieu d'une tempête. Après un tour d'horizon, une étude plus précise de ma dentition, il lâche les mots fatidiques que je redoutais le plus :

— Il faudra l'extraire, je ne peux pas la sauver.

En moi-même je me dis, voilà le chemin de croix, le calvaire qui débute.

— Jeune homme, ne craignez rien, je ne vous ferais pas souffrir. Nous allons anesthésier cette misérable.

Sur ces mots qui résonnent dans ma tête comme des coups de marteau, son assistante, toujours avec le même sourire devenu équin en ce moment dramatique, aspire dans une grande seringue en verre deux ampoules d'un liquide transparent. À la vue de la longue aiguille, une envie folle et irrésistible de fuite me prend. Je dois faire un réel effort pour ne pas sauter du fauteuil et me sauver. Sur le coup, la douleur s'est volatilisée comme par enchantement. Les ordres sont courts et précis.

— Ouvrez la bouche, mettez la tête bien en arrière et décontractez-vous. Vous êtes trop crispé.

En moi-même je me dis : il a beau dire, j'aimerai le voir à ma place !

Il me pique d'un geste précis et rapide. L'impact n'est pas trop douloureux, mais je pense qu'il atteint mon cerveau, qu'il me fait une trépanation. Stoïque, je ne bronche pas. Ce serait difficile, car je suis littéralement tétanisé comme pétrifié. Il attend un court instant et quand il réitère son tapotage de la vilaine dent, c'est avec grand soulagement que je constate l'absence et la disparition totale de la douleur. Je suis sauvé.

Ce cher dentiste tripatouille, tire, appuie, tourne et change sans cesse d'instrument de torture. J'ai l'impression qu'un marteau-piqueur creuse ma cervelle, tellement les bruits bizarres et forts désagréables se répercutent à mon étage supérieur, des craquements sinistres, des crissements de dérapage, mais rien de conséquent ne se produit. Si, je salive et je saigne. Il me demande à plusieurs reprises de me rincer la bouche. Mes crachats sont rouges de sang. Je suis convaincu que je fais une hémorragie, je suis en train de me vider de tout mon sang ! Et puis le bruit de cet aspirateur inefficace m'énerve de plus en plus. L'assistante a beau le changer de position, me tenir fermement mon épaule gauche, je continue à déglutir de plus belle.

— Dans quelle galère tu t'es encore mis ? C'est ma question.

Au bout d'un moment qui m'a paru immensément long, une éternité, un quart d'heure à vingt minutes, je remarque le dentiste s'énerver, s'exciter sur cette dent rebelle. Quelques gouttes de sueur commencent à perler sur son front. Le mien ruisselle, la transpiration me colle au fauteuil, ma chemise doit être à essorer !

— Comment allez-vous ? Ça va ? Est sa question.

— J'ai des difficultés à extirper cette fichue dent. Dans toute ma carrière je n'ai jamais vu ça. Vous avez des amarres en acier à la place de racines. Encore un essai et puis je vous ferais une radio. Vous voulez bien ?

Je trouve l'assistante, de moins en moins charmante et son aspirateur qui me laboure ma bouche m'empêche de parler. J'acquiesce de la tête. Le docteur reprend son travail de plus belle. Encore un craquement, puis brutalement, comme un morceau de bois sec qui se brise, il me montre un morceau de ma dent explosée. Je me dis le travail avance, je serais bientôt libéré. Un autre coup de trocart gros comme un tournevis, je me crois à la menuiserie de mon ami André en train d'extirper un clou pourri d'une épaisse planche de chêne. Le travail me paraît tout aussi archaïque et difficile, encore qu'il s'agit de mon maxillaire. Bref le « cirque » a duré une bonne demi-heure et j'ai toujours les mêmes chicots figés à leur place… Devant l'air dubitatif du dentiste à la vue des radios et l'inefficacité des manœuvres il me dit :

— Jeune homme nous n'allons pas poursuivre ce massacre, je vais téléphoner à mon ami chirurgien à l'hôpital. Il vous prendra en charge. Êtes-vous à jeun ?

Bien entendu je le suis, car depuis deux jours je ne peux plus rien avaler, cette foutue dent me faisait trop souffrir.

Le dentiste se rend dans la pièce voisine. J'entends qu'il compose un numéro de téléphone suivi de quelques mots d'une conversation décontractée où les « cher ami » se bousculent en une longue litanie.

« Bien, bien cher ami, je vous l'envoie immédiatement, le temps de héler un taxi ».

Me voila dans de beaux draps ! Je pars, certes la peur au ventre, pour rejoindre un dentiste et je me retrouve à l'hôpital et pourquoi pas à la morgue tant qu'on y est ? Enfin laissons venir.

Un instant plus tard, le dentiste m'informe qu'un taxi m'attend au pied de l'immeuble, que le chirurgien se fera un plaisir de me tirer de ce mauvais pas et qu'il est tout à fait désolé de cette mésaventure, qui pour lui, est la première du genre. Le cœur battant la chamade, un peu vacillant sur mes jambes j'ai le plaisir, je m'en serais bien passé, de m'accrocher au bras ferme de l'assistante, toujours avec son sourire goguenard, tout en descendant les escaliers. Un quart d'heure plus tard, un jeune chirurgien très jovial et avenant m'attend devant la salle d'opération où m'a gentiment amené mon chauffeur. On m'allonge sur le billard, une sœur religieuse m'explique qu'elle va me mettre un masque pour m'anesthésier et qu'enfin mon calvaire trouvera une fin heureuse. Je plane, je ne sais plus trop où je suis, la situation me dépasse largement. Fataliste, je me laisse faire. Ai-je le choix ? Beurk, c'est désagréable ces gouttes d'éther qui tombent sur le crâne comme autant de coups de marteau. Rapidement, je me trouve très loin, plongé dans un monde de silence. Même pas de rêve, c'est le néant. Je reprends mes esprits tout lentement. J'avais oublié la notion du temps. Les envies folles de vomir me taraudent, je me sens mal et pas bien du tout. Remettant mes idées bout à bout, je me souviens que je me retrouve dans ces lieux à cause d'une malheureuse dent. Oh la divine surprise. Elle a disparu. Ma langue ne retrouve que le vide, un trou à la place de cette misérable. Ouf je suis sauvé !

Le chirurgien et la sœur viennent me consoler. Il précise qu'il a rarement vu des racines aussi crochues et recourbées, lui-même avait des difficultés à les extraire et il comprenait fort bien le désarroi du dentiste. Après quelques conseils d'hygiène, il me salue en me souhaitant bon courage tout en précisant que j'aurais encore quelques douleurs durant vingt-quatre heures, mais tout s'arrangera rapidement.

C'est donc ainsi que je fis la connaissance du milieu hospitalier. J'y suis plongé malgré moi.

Quand enfin je reprends contact avec ce milieu, cette fois-ci de plein gré, au mois de juillet, je suis un jeune homme heureux et épanoui. Je pars de bon matin, gai comme un pinson, pour rentrer tard, et souvent, très tard le soir, fatigué mais comblé. J'apprécie le contact des malades et du monde médical. Rapidement, le chirurgien en chef me donne quelques petites responsabilités paramédicales. La sœur Laure-François, religieuse d'une énergie débordante, d'une énorme douceur, m'apprend à faire les injections IM. Je participe aux menus travaux du service et aux petits soins. Elle m'initie à la notion d'asepsie et aux renouvellements de pansements. Au bout d'un mois, je passe mes matinées en salle d'opération. Je participe, à un moindre niveau, au travail de l'équipe intervenante.

Je me souviendrai toujours du premier contact avec ce lieu énigmatique, presque sacré, à la fois endroit d'espoir et lieu de malheur. Cela faisait une heure que j'étais au service quand, Georges l'infirmier m'appela.

— Le chirurgien aimerait que le jeune étudiant soit à ses côtés durant l'intervention en cours.

Naturellement, je laisse tout tomber et je me précipite à la suite de Georges. Il me surveille pendant ma préparation, un lavage et brossage des mains, des bras, une asepsie draconienne. Il m'aide à enfiler les bottes, la blouse, des gants stériles et me prie de ne pas oublier le calot. Ainsi préparé, je me présente dans l'antre sacré. Mon séjour est d'une très courte durée, le temps d'un éclair.

En ouvrant la porte, je découvre une patiente dans une position complètement déroutante, en position gynécologique. Le chirurgien, en train de couper dans la chair vive, ne lève pas les yeux, le sang coule en filet impressionnant. Devant cette vision cauchemardesque je commence à transpirer, mes jambes se dérobent et me voilà parti. Je perds connaissance. Je me rappelle, Georges, placé derrière moi, me rattrape dans ses bras fermes et vigoureux. Puis ce fut le noir total. J'ai vaguement entendu des rires venant de très loin, les paroles indistinctes du chirurgien. Au réveil, je suis allongé sur un brancard dans la salle de réveil. La sœur me fait boire une tasse de café tout en me taquinant gentiment :

— Et vous, vous voulez être médecin ? Voilà qu'à la première goutte de sang, vous tombez dans les pommes !

Je ne fais pas de commentaire. Je suis trop honteux de ma mésaventure. Une autre infirmière, d'ailleurs très mignonne, renchérit :

— J'étais prête à lui faire du bouche-à-bouche s'il ne s'était pas réveillé à l'instant.

La sœur la remet sèchement en place, tout en affichant un beau sourire moqueur.

— Anne, s'il vous plaît, cela suffit. Il y a du travail qui nous attend.

Je me relève et je retourne à mes occupations premières au service. Vers midi, le chirurgien chef me fait venir à son bureau et me demande si je me sens mieux tout en me tapant amicalement sur l'épaule.

— Alors jeune homme, c'est le premier contact avec la chirurgie ?

Je me suis excusé de ma lamentable conduite.

— Ne vous excusez pas. Vous aurez découvert, disons, plutôt entre aperçu un monde nouveau. Il est vrai, j'aurais dû choisir une intervention moins sanglante, une appendicite par exemple. Je suppose, en plus du sang, la position de la patiente vous aura fait flipper. Sachez, on s'y fait rapidement. N'en tirez surtout pas de conclusions hâtives ! D'après les dires, de sœur Laure François, vous vous débrouillez bien. Le contact avec les malades se passe très bien. Dans un premier temps, c'est l'essentiel. Elle pense qu'il y a de la graine de médecin en vous. Sur ce, je vous souhaite bon appétit. Reposez-vous cet après-midi. Ne venez pas au service, je donnerai les consignes en ce sens. À demain. Surtout, n'y pensez plus, si vous pouvez !

En m'adressant cette dernière remarque, il affiche un large sourire et part dans un gros éclat de rire. Je ne suis pas fier de moi.

De retour au domicile, ma mère me trouve relativement pâle et fatigué. Elle n'est pas contente de mon job. Elle trouve que ma rémunération n'est pas à la hauteur des nombreuses heures de travail. D'ailleurs, elle ne se rend pas compte du style de travail exigé. Elle pense que j'occupe un poste administratif ou que je fais du nettoyage. Je ne suis jamais rentré dans ces détails avec elle. Je préférais me taire et la laisser dans l'ignorance par crainte de représailles. Mon job de vacances prend fin le 29 août. Il m'a permis d'asseoir ma conviction. Ma décision est irrévocable : je serai médecin.

Le mois de septembre est très dur. La tension à la maison est palpable. Les deux camps restent figés sur leur position. Entre-temps, j'ai discuté avec des amis de ma situation inextricable dans laquelle je me trouve. La rentrée et donc l'inscription à la fac approchent à grands pas. Par la force des choses et pour la première fois, je me vois dans l'obligation de tricher effrontément et d'une façon complètement éhontée avec mes parents. Je m'inscris à la faculté de médecine, en cachette, mes amis m'ayant obligeamment avancé un peu d'argent. Officiellement je prends l'inscription en fac de sciences.

Ce n'est que le vendredi saint suivant que mes parents découvrent la supercherie. En effet, en rentrant du train ce vendredi matin, j'étais d'ailleurs étonné que l'on ne vienne pas me chercher à la gare, mon père m'accueille à la porte, l'air furibond, visiblement en colère et très énervé. Dans sa main, il tient un morceau de papier et me demande d'un ton intransigeant :

— C'est quoi, ce papier ?

Je suis confus. J'ignore absolument de quoi il retourne.

— Je ne sais pas ?

Il me le tend. À ma grande surprise, c'est la convocation pour la médecine préventive de la fac de médecine. Mon père me fixe droit dans les yeux, un regard terrible.

— Alors, je te repose la question, c'est quoi ça ?

Je ne sais quelle stratégie employer. Faut-il mentir ? Inventer une histoire ? De toute façon je suis coincé. Dire simplement la vérité me paraît être la meilleure solution.

— Comme vous le voyez, depuis la dernière rentrée je suis inscrit en médecine et je ne le regrette pas. Je m'y sens bien.

— Quoi ? Tu nous as menti tout ce temps ? Tu nous auras menés en bateau et tu oses encore te présenter devant moi ? Tu veux notre perte, pourquoi cette ingratitude ? Monte, nous réglerons le problème sur le champ.

Arrivé devant ma mère, je me sens plutôt mal à l'aise. Elle ne me salue pas et affiche un air indifférent, hostile, plein de dédain. Le père nous rejoint et c'est la tempête et une pluie de questions :

— D'où as-tu l'argent pour l'inscription, pour l'achat des livres… Il me semble que tu nous as déjà créé assez de soucis. Pourquoi continues-tu à t'obstiner de la sorte et à nous faire souffrir ?

Après un long moment de silence, tendu, lourd, plein de menaces, je réponds :

— Pour l'argent, ce sont des amis qui m'ont avancé le complément nécessaire. Mais, entre-temps, je les ai tous remboursés. Quant à mon choix je le maintiendrai contre vents et marées. C'est mon avenir qui se joue. Je n'ai pas envie, pour le restant de mes jours, de faire un travail qui ne me satisferait pas et dans lequel je ne pourrais pas m'épanouir. Maintenant, si vous pensez que je suis un fils indigne, mettez-moi à la porte. Mais n'en parlons plus.

Mon père me demande de me retirer dans ma chambre tandis que ma mère pleure toutes les larmes de son corps. En raison de mon obstination, toute la famille passe un week-end pascal sous haute tension. En moi-même, je me sens soulagé d'avoir régularisé et éclairci la situation. À partir de ce jour, la relation avec mes parents ne sera plus jamais la même.

## Vie d'étudiant

Je poursuis avec endurance, plaisir et bonheur, mes études qui me prennent tout entier. A posteriori, je regrette de m'être interdit les loisirs, les sorties, comme le faisaient les autres étudiants et copains. Deux films en dix ans de vie estudiantine, je ne crois pas avoir exagéré ! Je me transforme rapidement en rat de bibliothèque, les recherches livresques me fascinent et je complète mes cours magistraux à l'aide de la littérature médicale. Heureusement, je me rends rapidement compte que ce n'est pas productif. Lors des examens, je suis systématiquement pris de court, le temps me manque pour exposer mes connaissances. Il m'arrive de ne pas savoir discerner l'essentiel du détail sans importance. D'ailleurs, les maîtres n'en demandent pas tant. Heureusement, mon professeur d'histologie, que j'apprécie, me rend attentif à cette débauche d'effort et m'encourage à adopter une manière différente de travailler. À partir de ce moment, mes résultats s'améliorent nettement et je suis un étudiant épanoui.

Certes, il m'arrive d'avoir des moments de cafard. Je me plains très souvent de la solitude. Elle est paradoxale. Comment peut-on se sentir seul dans une grande ville où les distractions et les loisirs ne manquent pas ? Perdu dans la foule, anonyme dans la froide indifférence, le sentiment d'isolement est plus marqué et devient pire encore, un véritable un boulet. Lors de ces moments d'amertume, je trouve ma force auprès des malades. Je les visite fréquemment après le service, jusqu'à des heures tardives. J'y puise courage, réconfort et envie de poursuivre ma route et mon engagement. Cette solitude me taraude fréquemment. J'ai beau m'enfermer, m'oublier dans les livres, je ressens, au fond de moi-même, un sentiment de vide et de frustration. J'aurais tant aimé avoir une présence à mes côtés afin de pouvoir partager mes sentiments et mes états d'âme. Je recherchais la tendresse, une compagnie, j'en aurais eu besoin. Après les cours, je me retire et me cloître durant les longues soirées d'hiver dans ma chambre où je travaille souvent très tard.

Je loge chez une charmante dame âgée, veuve d'un fondé de pouvoir. Elle me loue une chambre très confortable, ensoleillée, bien chauffée, ayant l'immense avantage d'être située en face de la faculté. Je me lève à 7h45 pour être au cours à 8 heures, n'ayant qu'une rue à traverser. Pour me rendre à l'hôpital, deux minutes suffisent. En contrepartie, ma chère logeuse m'intercepte, de temps en temps, au retour du restaurant universitaire. Je sais alors qu'elle a besoin de parler. Qu'elle aussi se sent seule et abandonnée. Ce sont souvent de longs et pénibles monologues. Elle me narre sa vie, ses joies et ses peines partagées avec son mari qui l'a laissée, après son décès, toute seule et à l'abandon.

Plus tard, au moment de l'intégration aux services hospitaliers ma vie change radicalement. Nous sommes obligés d'effectuer des stages de médecine et de chirurgie. Je sollicite respectivement la Med. B et la Chir. A. Chaque séjour dure environ six mois et est couronné par un examen sous forme d'entretien avec le grand patron assisté du chef sous la tutelle duquel nous sommes placés. La notation se fait selon des critères précis et multiples : sur nos connaissances théoriques, sur le travail au service, le relationnel…

***La médicale B***

C'est en Médicale B que j'ai vraiment appris ma médecine sous la houlette du maître, le Professeur Stahl. Je me suis rarement senti aussi heureux et aussi épanoui qu'à cette époque. Ce sont, Prof. Francis K., le Dr Pierre H. et un autre chef de service le Dr M. qui sont mes « précepteurs », mes formateurs et mes confidents. Le Dr M. a une façon simple et directe pour nous transmettre et nous apprendre la sémiologie. Il cherche systématiquement des comparaisons et nous donne des exemples concrets. Ainsi, quand il nous décrit les « crépitants », signe stéthoscopique fondamental en pneumologie, il nous dit :

— Le crépitant, c'est comme le bruit d'un grain de sel déposé sur une plaque de cuisinière chauffée à blanc. Ou alors, le bruissement émit par le frottement d'une mèche de cheveux entre les doigts. Il joint le geste à la parole et ainsi l'oreille enregistre ce signal. Trente ans plus tard, instinctivement, ce moment de formation et le crépitant reviennent en surface dès la moindre sollicitation.

J'y rencontre Gilbert La. qui demeure jusqu'à ce jour un de mes amis des plus fidèle. Nous partageons nos joies, nos peines et nos angoisses d'un avenir incertain. Gilbert est un étudiant sérieux, bûcheur, fidèle à ses convictions et heureux de vivre. Tandis qu'il m'arrive d'être enclin à la tristesse de la solitude, il s'éclate, se lance corps et âme dans le « Rythme & Blues ». Véritable homme-orchestre, il domine tout aussi bien la trompette que le saxophone et la guitare électrique, se défoule sur la batterie dans un rythme endiablé. Il terminera sa médecine en tant qu'éminent réanimateur. Notre relation n'a jamais pris de ride.

Je me lie aussi d'amitié avec le docteur Pierre H. qui finit sa quatrième année d'internat. Cette amitié est encore intacte à ce jour même si nous ne nous voyons pas régulièrement et que trop rarement. Je lui suis redevable de beaucoup de bons conseils. Contrairement à d'autres chefs de service ou de clinique il reste un très grand humaniste. Pour lui, l'essentiel consiste à prendre en charge le malade dans toutes ses dimensions humaines tant psychologique que biologique et, non pas dans les titres universitaires. Il n'hésite jamais à passer de longs moments auprès d'un mourant à lui dispenser aide et réconfort. Je n'ai jamais plus rencontré un médecin d'un tel charisme, d'une telle carrure, d'une telle disponibilité tout en étant une encyclopédie ambulante. Comment fait-il pour être aussi fort théoriquement et intellectuellement malgré le temps consacré à ses malades ? D'autres chefs s'enferment des matinées entières dans leur bureau, étudient, lisent et approfondissent leurs connaissances. Il est toujours inopportun de les déranger ou de solliciter des explications ou des conseils. En revanche, Pierre est toujours disponible.

Chaque étudiant est « responsable » d'un malade. Il s'agit, avant tout, de rédiger son observation, collationner toutes les données le concernant, classer les résultats, être à l'affût des changements, tant symptomatiques qu'évolutifs.

On peut participer aux soins. Cette décision est souvent laissée à la discrétion de l'infirmière-chef. Tout dépend, si elle vous fait confiance ou non.

À partir de la troisième année de l'ancien régime, l'étudiant participe aux gardes, sous la responsabilité, d'un interne ou d'un senior. Pour moi, ce sont les moments les plus riches, les plus bénéfiques, les plus épanouissants de ma vie d'étudiant. C'est là, que le métier rentre. Avec un peu de chance, on retrouve et l'on peut appliquer dans l'immédiat les données nouvelles acquises aux cours. Après un examen méticuleux, en tirer les premières conclusions, suivre le cheminement théorique qui mène à une hypothèse diagnostique puis, attendre les résultats complémentaires, pour enfin l'asseoir d'une façon définitive. J'assiste régulièrement aux discussions entre les différents intervenants, elles sont formidablement enrichissantes. Combien de fois je prends quelques notes griffonnées rapidement sur un morceau de papier, pour le soir venu, soit à la bibliothèque, soit à l'aide des cours, me plonger dans un livre, vérifier et compléter les données et les dires du chef. Je note les zones d'ombres, les notions non comprises, ou nouvelles et non assimilées, afin de pouvoir le lendemain matin poser les questions en conséquence.

Dès cette époque, je m'implique totalement dans le travail du service. Je suis volontaire pour réaliser et apprendre les différents gestes techniques même s'ils ne sont pas forcément de notre ressort. En général, je viens un peu plutôt le matin faire les prélèvements de sang et les sondages urinaires. Certains de mes collègues s'en moquent et taquins me demandent :

« veux-tu faire médecin ou infirmier ? »

Raisonnement que je ne peux comprendre. Il n'est pas déshonorant d'acquérir et de se former aux gestes forcément utiles un jour ou l'autre. Aujourd'hui, plus que jamais, je serais partisan que chaque étudiant en médecine soit intégré, à part entière, aux soins d'un malade. À commencer par faire les toilettes, les écouter, accéder si c'est possible à leurs demandes, bref à réaliser les gestes simples de la vie. Leur apporter un verre d'eau ou refaire un lit si quelques plis d'un drap rebelle devaient le gêner.

Toucher un malade, le frotter, le laver c'est déjà le connaître un peu. L'appréhender avec sa susceptibilité, son abnégation et sa souffrance, c'est le connaître mieux. Le respecter, le soulager de ses peines, tant physiques que morales, c'est le soigner avec amour et conviction. C'est le rôle du médecin dans toute sa noblesse. À quoi sert le fait d'être une encyclopédie vivante, un puits de sciences, si le cœur n'y est pas ?

Durant ces moments de haute complicité, combien de confidences me sont ainsi faites ? Choses qui n'ont pas été dites, ni verbalisées au médecin, par gêne ou par peur du ridicule. Certains des malades n'osent les exprimer se sentant trop timides, trop prudes pour étaler des détails de leur vie privée.

Une année plus tard, les gardes sont obligatoires. Nous sommes « lâchés » seuls, devant l'inconnu et le hasard des pathologies qui affluent. Tout comme de nos jours, le problème récurrent est déjà de trouver un lit. On passe des heures à téléphoner à gauche, à droite, pour en quémander. J'ai souvenir d'un week-end de garde où cinq lits d'urgence sont prévus. En fin de compte nous enregistrons quinze admissions. Cette inadéquation est classique. Quelques malades, des habitués connaissent les difficultés. Ils ont leurs habitudes et leurs astuces pour éviter de passer la nuit sur un brancard inconfortable. Les uns se réfugient sur le divan d'une des salles d'attentes, les autres se contentent d'un lit de la réserve placé provisoirement dans le couloir. Cela prenait des tournures souvent dramatiques, mais chacun avait son système D.

L'avantage de la structure hospitalière par rapport à la médecine de ville, est qu'en cas de grosses difficultés, de panique ou d'ignorance, ce qui arrive de temps en temps, on peut faire appel, soit à un ami, soit au chef d'astreinte. En général on évite. Mais si cela devait arriver, j'ai toujours eu une oreille attentive. Je n'ai jamais ressenti de réticence ni essuyé un refus de la part d'un chef quand je l'ai appelé au secours. Au contraire, c'est un moment de grande complicité, d'échange, oh combien instructif, riche en enseignements. Leurs remarques restent gravées à jamais dans la mémoire.

Comme exemple, je citerai un homme de 70 ans adressé pour un diabète grave, qui en fait, est un coma hyperosmolaire. Je suis surpris par l'absence d'acidocétose, je ne comprends pas trop pourquoi. Pierre me rappelle en quelques mots les éléments de ce coma particulier. Cette expérience a été plus enrichissante et plus profitable que la lecture de dizaines de questions d'internat. Jamais plus je n'oublierai ses recommandations. Je peux citer maints et maints exemples de ce type. Dans un langage un peu trivial je dirais, ce sont les ficelles du métier qui rentrent. Merci, à ceux qui avec leur gentillesse et leur savoir faire ont si humblement partagé leurs connaissances et leurs expériences. Quelques-uns sont restés de grands amis, d'autres des correspondants réguliers toujours prêts à intervenir en cas de nécessité.

Plus tard, mon ami Pierre est nommé au Centre Paul Strauss. Il poursuit son perfectionnement et devient mon cancérologue de référence. Une fois installé en médecine libérale, c'est encore à lui que je m'adresse quand tout va mal, quand je me sens dépassé, quand je sollicite un avis, un détail d'un traitement. Bref, sa compétence est sans limite, son écoute sans faille. Je ne peux que le remercier pour tout ce qu'il m'a apporté, son dévouement pour mes malades en me donnant des conseils toujours judicieux et éclairés d'un réel bon sens. Certains d'entre eux lui doivent leur survie ayant écouté et suivi ses conseils et s'étant mis sous sa protection. Merci cher ami du fond du cœur.

La cardiologie est ma pathologie préférée. Un médecin généraliste se doit d'être au meilleur niveau dans ce domaine. Le simple bon sens veut que dans les atteintes aussi étendues de la médecine omnipraticienne, il y a un domaine privilégié, vital, où aucune approximation ni hésitation n'est permise, c'est bien l'urgence en cardiologie. En psychiatrie, en rhumatologie, même voire en endocrinologie on peut se laisser un temps de réflexion sans hypothéquer grandement l'avenir d'un malade. En cardiologie d'urgence cela n'a cure. Il faut réagir vite, fort et juste. Les secondes perdues en hésitations peuvent être dramatiques. Dès la 3e année, je participe le plus possible aux consultations de policlinique de cardiologie. Il m'arrive régulièrement « d'emprunter » les électrocardiogrammes enregistrés au courant de la journée, de les ramener dans ma chambre, de les interpréter en détail avec l'aide des notes de cours ou d'un livre. Je connaissais par cœur la brochure concernant l'interprétation des électrocardiogrammes éditée par le laboratoire Geigy. Elle est mon livre de chevet des années durant. Je note mon interprétation et le lendemain quand le cardiologue ou le chef de clinique fait les commentaires, je peux corriger mes erreurs. Il m'est arrivé en 4e année de ne pas être d'accord avec les conclusions d'un cardiologue. Il est surpris de mon interprétation de l'ECG. Une discussion longue et constructive s'en suit. Il pense à une embolie pulmonaire, moi, j'avance le diagnostic de nécrose du myocarde, chacun ayant des arguments. À chaud, la différence n'est pas toujours évidente. Il est difficile de trancher. De nos jours, cette discussion n'a plus lieu d'être. Les moyens diagnostiques sophistiqués mis à notre disposition apportent un éclairage rapide et très souvent sans faille. À l'époque s'était encore la clinique avec la sémiologie qui primait. Nous étions orphelins de l'arsenal des examens complémentaires. À cette occasion, j'ai toujours admiré le « flair », l'intuition, le sixième sens du grand patron. Je ne l'ai jamais vu pris à défaut. Il lui arrivait d'hésiter. Alors, son regard devenait sombre et son visage inexpressif se fermait. On sentait combien il réfléchissait et combien il était concentré. Quelques instants plus tard, il décrétait de lancer les recherches dans une certaine direction. Nous étions souvent surpris car il partait dans une voie que nous n'eussions jamais suspectée. L'évolution du malade confirmait, presque toujours, son approche diagnostique.

Quel grand clinicien, quel grand pédagogue n'a-t-il pas été pour des générations de jeunes médecins ? Son exigence n'avait de limite que la grandeur de la tâche.

La « grande visite », une fois par semaine, est l'élément marquant, le branle-bas du service. Immuable cérémoniel. Nous sommes tous tendus, nous préparons avec assiduité les observations, les cas cliniques. Elles sont relues, retravaillées, rien ne doit manquer. L'infirmière en chef, l'interne, les étudiants toutes années confondues, se réunissent au bureau du service. Le grand patron se présente à 9 heures précises, accueilli par le chef de service. Après quelques mots d'accueil et un sympathique bonjour adressé au groupe, le grand patron nous mène de chambre en chambre, de lit en lit. Certains malades sont fort impressionnés devant cette dizaine de personnes. Leur regard traduit la surprise pour l'un, l'appréhension pour l'autre. L'interne ou un étudiant de 3$^{e}$ ou 4$^{e}$ année qui lui est attaché expose le cas. Les antécédents sont passés en revue. Puis le pourquoi de l'hospitalisation, en décrivant son histoire récente, les signes cliniques, souvent on fait, si elle existe, lecture de la lettre du médecin traitant. L'interne nous communique la liste des examens complémentaires entrepris ainsi que les premiers résultats biologiques et le traitement en cours. C'est alors que le maître pose ses questions.

— Cher ami, pourquoi avez-vous demandé cet examen ? Qu'en attendez-vous ?

En s'adressant à un autre étudiant :

— Vous, Monsieur, quelle année ? Auriez-vous demandé un autre examen et pourquoi ?

C'est ainsi que l'on rentrait dans une intéressante discussion. Les différentes hypothèses diagnostiques sont systématiquement passées en revue, avec chaque fois, argumentation du pour ou du contre. Quand il interroge un étudiant il demande toujours son année d'étude. La question est modulée selon. Si la réponse est satisfaisante, il n'est jamais avare en compliments. Si, en revanche, l'étudiant ne sait pas répondre il a droit à des remarques fort piquantes, mais jamais méchantes, ni dégradantes. Il fixe du regard le groupe, en choisit un, lui demandant son niveau d'étude et repose la même question.

— Et vous Monsieur, quelle année ? Qu'avez-vous à répondre ?

Si la réponse venait, le patron la complète, la module ou la corrige. En se retournant vers le premier étudiant, il lui demande fréquemment :

— Avez-vous compris ? Y a-t-il encore une question ?

C'est avec certitude que ce dernier peut s'attendre à un nouvel interrogatoire, au courant de la semaine, lors d'une rencontre fortuite dans le couloir. Mais alors, si la réponse ne vient pas spontanée, rapide, l'orage éclate. Il s'attire la foudre des dieux !

De cette façon, l'étudiant peut se faire interroger une à deux fois d'une manière tout à fait impromptue. Ce sont des moments qui marquent, qui ont leur utilité pédagogique, on ne les oubliera jamais plus. Ainsi, en deuxième année, le patron me demande :

— Dites-moi, que savez-vous sur la manœuvre de Valsalva ? Quelle année ?

— Deuxième, Monsieur. Je ne sais pas.

Aux quatrième année à mes côtes :

— Vous Monsieur, vous devez obligatoirement connaître cette manœuvre ?

— Non Monsieur, je l'ignore.

On sent alors la déception dans le regard du maître. Il n'est pas satisfait. Il nous l'explique. Dans la semaine, je suis réinterrogé. Voilà la façon qu'avait ce grand mandarin pour faire passer et transmettre le message. Il faut dire qu'il passait bien. Merci à lui.

### *La chirurgie A*

Mon stage de chirurgie en Chir. A me permet de me familiariser avec la petite chirurgie, suture, confection d'un plâtre d'immobilisation, nettoyage, détersion de plaie et pansements divers. Je ne fréquente que rarement la salle d'opération. Si cela m'arrive, j'admire la dextérité de nos chirurgiens. Je considère que ce sont des femmes et des hommes à part. Il faut avoir la capacité de concentration, la force physique de pouvoir rester des heures durant penché sur un thorax ou un abdomen ouvert. Leurs connaissances en anatomie sont sans faille. Je suis perplexe de la façon avec laquelle ils arrivent à se situer et à se localiser dans un champ opératoire, somme tout, très étroit. Je trouve leur coup de bistouri d'une sûreté, d'une précision diabolique pour certains.

Un dimanche après-midi de garde nous sommes brutalement submergé par l'arrivée de deux à trois urgences vitales, suite à un accident sur la voie publique. Le chirurgien de garde me demande de téléphoner au chef d'astreinte, de solliciter sa présence en urgence. Pendant ce temps, l'anesthésiste et l'infirmière préparent la salle d'opération, le patient et introduisent la prémédication. Il s'agit d'une hémorragie interne chez un jeune homme de dix-sept ans victime d'une chute à moto. On suspecte une rupture de rate. J'assiste à l'intervention comme nième écarteur. Le patron à peine rentré, l'anesthésie induite, voilà que le premier coup de bistouri est donné. En un temps record il confirme la rupture de la rate. La splénectomie réalisée, l'interne de 4$^{e}$ année peut tranquillement refermer l'abdomen. Je n'ai jamais assisté à une telle intervention, aussi rapide, aussi efficace. Le chef, le Prof. Kieny a été d'une virtuosité inégalée, d'une sûreté d'exécution renversante. La localisation du point hémorragique n'a pas durée cinq minutes. L'hémostase acquise, l'ablation de la rate n'est plus qu'une formalité. Il était temps, le jeune homme se vidait de son sang.

Ce dernier récupère rapidement et peut refaire de la moto comme avant. Je suis admiratif devant un tel succès.

À cette époque, je suis externe au service de chirurgie pour enfants. Je suis heureux d'avoir été nommé dans ce service. J'aime bien m'occuper d'eux. Je trouve chez ce petit être, une vérité simple pas toujours décelable chez l'adulte. Il est très nature. Il ne triche pas, il se montre comme il est. Il ne fait pas semblant même s'il a mauvais caractère et qu'il est totalement « gâté » par des parents esclaves. Ces jeunes patients ont certes leurs angoisses. La séparation avec la maman est en général très douloureuse. Mais je suis surpris par leur réaction face à la douleur, leur courage face à la souffrance et la détresse dans laquelle ils se trouvent. Il suffit de leur témoigner de l'amour, de consacrer le temps nécessaire pour des explications, claires, nettes, simples et tout se passe bien. Ils acceptent leur situation fréquemment mieux que certains adultes. De l'affection, de la tendresse, leur « nounours » et les voilà aptes à affronter les pires ennuis, à condition de rester vrai et loyal avec eux.

Un cas dramatique, un jeune enfant de deux ans et demi à trois ans, brûlé à 70 % de surface corporelle m'a fortement bouleversé et a été pour moi source de conséquences insoupçonnées au départ. Le grand patron le condamne dès l'admission, dès le premier bilan :

— Ses jours sont comptés. Malheureusement, il va beaucoup souffrir avant de mourir malgré tout ce que nous allons entreprendre pour lui, dit-il.

Je suis effondré. Je ne peux pas admettre la perspective d'un tel échec. Non, pas le petit Gérard, il est trop beau, avec ses yeux noirs profonds, ses cheveux bouclés et sa belle frimousse. Le patron décide de faire de l'oxygénothérapie. Il faut stériliser une chambre avec sas, on y place la petite victime sous tente à oxygène. Les parties brûlées sont régulièrement désinfectées, détergées, la perfusion de réhydratation et d'antalgique coule en continu. Il n'y a que quatre personnes qui ont accès à la chambre : une infirmière, le chef de clinique, l'interne et moi et ceci après avoir pris toutes les mesures d'asepsie draconienne. On met obligatoirement des gants, un masque et une blouse stérile. Au bout de dix jours, Gérard est toujours en vie, mais il semble souffrir énormément. Je le veille deux nuits d'affilée afin qu'il ne se sente pas abandonné. L'infirmière prend le relais, elle est sa soignante attitrée. Le chef lui a attribué ce rôle d'une grande responsabilité. Elle doit lui rendre compte personnellement de l'évolution de la situation. J'admire beaucoup cette jeune femme qui se montre douce, avenante, compétente et semble partager mes convictions quant à nos rôles respectifs face au malade.

— Alors, M^lle^ Jund. comment va votre protégé ce matin ?

C'est M^lle^ J. par-ci, M^lle^ J. par-là, elle court, elle exécute les ordres, toujours avec le sourire et la bonne humeur. À partir du douzième jour la situation de notre brûlé se dégrade rapidement. La fin paraît imminente. Je le veille autant que je peux, dès la sortie des cours. Il m'accapare tout entier. Je ne peux toujours pas, ni croire ni accepter l'issue fatale, qui survient au matin du quatorzième jour, un jeudi, dans des souffrances atroces. Son corps est parcouru de soubresauts de douleurs, il a une hyperthermie incontrôlable. Il s'éteint dans mes bras dans un tableau de défaillance cardio-respiratoire aiguë. Je suis effondré, j'en pleure à chaudes larmes. La maman anéantie se montre ingrate, très violente à l'égard de l'infirmière et de moi jusqu'à l'instant où le grand patron la remet vertement en place.

Elle nous traite d'assassins et d'incapables. Je ne peux lui en tenir rigueur. Je lui ai déjà pardonné son agressivité que je mets sur le compte de l'énorme chagrin d'un cœur de mère meurtri.

En revanche, je suis surpris, voire indigné, par les propos du patron. Il ne s'est pas retenu et semble exploser de colère. Il insiste, en lui disant, que ce n'est certainement pas la faute ni de l'infirmière ni du jeune médecin que son fils soit mort. Il aurait fallu mieux le surveiller et ne pas le mettre dans la baignoire, où forcément, le gamin ira trafiquer les robinets. Malheureusement pour lui, il a ouvert, en grand, l'arrivée de l'eau chaude. Pourquoi éveille-t-il un sentiment de culpabilité chez cette jeune mère suffisamment anéantie par la perte de son enfant ? Elle doit s'en vouloir de l'avoir abandonné sans surveillance, ne fusse qu'un instant. Je suis vidé, effondré, abasourdi. Devant la situation dramatique, le patron nous remet, à

M$^{lle}$ Jund et à moi, un billet nous priant de prendre un café et nous signifie la mise au repos jusqu'au lendemain matin.

— Reprenez vos esprits. Vous avez bien mérité ces quelques heures de détente après le calvaire que vous venez d'endurer.

Je suis surpris par ce geste sympathique et magnanime, d'autant que ce n'est pas dans ses habitudes.

Ainsi, je me retrouve, en tête à tête, avec M$^{lle}$ J. que j'admire tant, à boire un café et à discuter, très, très longtemps. Notre patron, tout en l'ignorant, a joué le rôle d'entremetteur. Quelques six années plus tard, cette souriante et douce infirmière de chirurgie est devenue mon épouse. Sans regret de sa part, je l'espère ! Cette rencontre a complètement changé le cours de ma vie. J'ai enfin connu celle dans les bras de laquelle je trouve la tendresse, l'amour tant recherché des années durant.

La vie hospitalière s'écoule laborieuse, heureuse, épanouie et pleine de promesses. Nous nous côtoyons quotidiennement au service où personne n'est au courant de notre idylle. De congé, je téléphone souvent au service et demande à parler à M$^{lle}$ J. L'infirmière-chef, circonspecte, ne comprend pas cette persévérance. Officiellement, je m'informe de la situation d'un de mes malades ou sollicite une quelconque requête en rapport avec le service !

Je poursuis, avec passion et zèle, mes études. Avec acharnement et assiduité je prépare le concours de l'internat, tout en sachant que probablement je ne le présenterai pas. Mais dans mon esprit, il fallait passer par là pour amasser, assimiler et approfondir les nombreuses connaissances. Travail gigantesque, mais ô combien riche, indispensable, qui se montrera éminemment gratifiant par la suite.

Je fais plus de gardes que celles imposées. Ma philosophie : le métier s'apprend sur le terrain, « c'est en forgeant… ». La garde reste l'élément pédagogique fondamental, majeur, la plus formatrice pour le jeune médecin. C'est l'endroit où l'on réceptionne toute la misère humaine. C'est là où se concentrent les urgences et où se pratiquent les gestes salvateurs. Le lendemain matin, le malade est soit décédé, soit va mieux ou au minimum, est stabilisé. Pour l'étudiant, il n'est plus le « cas » que l'on doit débrouiller, le diagnostic est fait, le traitement en cours. Il manque forcément le côté psychologique du stress de l'admission, de la découverte, des incertitudes, des interrogations en chaîne déclenchées devant l'urgence de la situation.

Enfin, est venu le temps du choix et de l'orientation définitive de la carrière. C'est un moment de grande réflexion, de grande incertitude et de doute. Chacun, avec sa sensibilité, ses connaissances et ses propres ambitions, peut donner une direction à sa future carrière. Ce choix est forcément individuel, mais l'avis d'un collègue ou d'un patron compte souvent pour beaucoup. Selon le tempérament, le classement, il devient facile, voire évident pour certains, ou alors, reste indécis, aléatoire pour d'autres. Se dessine et se mette en place le profil des futurs professeurs, chefs de service ou des spécialistes.

C'est l'époque où l'on décide de rester hospitalier ou non, d'avoir la volonté ou le courage d'assumer seul les responsabilités qui nous attendent hors du milieu protégé hospitalier. En ce temps, nous avions plus ou moins le choix et la liberté de décision. Tandis que de nos jours, il est tributaire du nombre de places vacantes et du classement au concours de l'internat. Combien de jeunes confrères ont ainsi la main forcée à se lancer dans un domaine qu'ils n'ont pas choisi, leur poste tant désiré et convoité étant enlevé par un copain mieux classé. Quelle amertume, quelle désillusion, doivent-ils ressentir à ce moment? Pour moi, ce choix était facile, voire évident, c'était la médecine de terrain, être en première ligne: la médecine générale.

Le jour où le Professeur René Fontaine. me convoque pour me faire part de la note de stage de chirurgie, nous entamons la discussion quant à mon avenir, en ces termes:

— Si je vous juge pour le travail effectué au service, la note sera excellente. En revanche, si je me base sur votre fréquentation du bloc opératoire elle sera nettement moins glorieuse. Pouvez-vous me dire pourquoi?

Après un long moment de silence et de réflexion, je me dis tant pis, je dévoile le fond de ma pensée, on verra bien:

— Monsieur, la réponse est toute simple. Je n'aime pas la chirurgie. Je m'oriente vers la médecine générale.

L'expression de son visage se fait dure, son regard pénétrant semble étonné. Il paraît ahuri. Il est à l'évidence surpris de ma réponse ou de ma franchise. Peut-être ai-je été impertinent ? D'après son air interloqué, je suis certain qu'il n'a jamais entendu de tels propos. À la limite, c'est faire injure à son éminente chirurgie. Dire que l'on n'aime pas la chirurgie à un tel patron, cela ressemble à de la provocation et frise l'injure ou tout simplement l'inconscience.

— Mais alors, pourquoi êtes-vous chez moi ?

— Monsieur, en premier lieu parce que c'est un passage nécessaire, un stage obligatoire certainement d'une grande utilité. En second lieu, je suis ici pour apprendre devant certains cas cliniques à distinguer ce qui est chirurgical ou pas. En face d'une symptomatologie, telle une douleur abdominale par exemple, elle n'est pas forcément du domaine chirurgical, elle peut et doit être traitée médicalement. C'est, pour appréhender cette différence que je suis ici. Une fois l'indication opératoire posée, que le chirurgien coupe cinq centimètres à droite ou cinq centimètres à gauche, cela n'est plus de mon ressort. Je pense, à chacun ses compétences, à chacun son savoir-faire. J'admire les gens qui ont des doigts d'or, qui ont l'art du bistouri. Moi, je ne m'en sens pas capable, pour moult raisons. Et en troisième lieu, je suis là pour apprendre les petits gestes chirurgicaux que je serai amené à pratiquer lors de ma vie de médecin généraliste. Dans ce sens, je peux affirmer que ce stage a été très bénéfique.

— Monsieur, j'apprécie votre franchise. On m'a rarement parlé aussi directement et spontanément. Je vous félicite. Honnêtement, je partage tout à fait votre choix. J'ai l'impression que vous êtes fait pour ce type de médecine. Mais sachez, si le hasard veut qu'un jour je vous retrouve une blouse de chirurgien sur le dos, je vous écraserai, je vous détruirai, je vous anéantirai. Rassurez-vous, vous aurez une bonne note de stage parce que vous avez été travailleur, honnête et j'ajouterai courageux. C'est une qualité digne de respect. Alors, vous n'aimez pas la chirurgie, dommage ! Bonne chance.

Quatre ans plus tard, en passant devant le pavillon de gynécologie, le hasard voulu que je rencontre cet éminent maître dont l'aura dépassait largement l'hexagone. Il m'a reconnu, je n'en croyais pas mes oreilles. Il m'interpella :

— Alors cher ami, que devenez-vous ?

— Je suis installé comme médecin omnipraticien depuis deux ans.

Ses yeux, malgré de grosses lunettes, ont pétillé, je pense de satisfaction et un large sourire sur ses lèvres, il m'a dit :

— Je vous l'avais toujours dit, vous êtes fait pour ça.

Après ces stages obligatoires, il fallait entamer la tournée des spécialités : dermatologie, ORL, ophtalmologie, neurologie, etc..

Le stage de gynéco-obstétrique m'embêtait. Je ne savais pas où le placer dans mon emploi de temps, ayant postulé pour un poste d'interne au mois de juillet, dans un établissement thermal de la région, afin de renflouer le compte bancaire complètement à sec. Les parents ne me donnaient même pas le minimum vital. Ce n'était pas grave, je me débrouillais.

## Premier poste d'interne

Il était prévu que je commence le 1er juillet à mon poste de médecin thermal. La faculté m'avait donné le feu vert dès le mois de juin. Je me suis donc présenté à mon nouveau directeur le 26 juin. Il me reçoit avec grande convivialité, me fait visiter l'établissement et fait taire mon appréhension devant l'inconnu de la tâche qui m'attend. J'assiste à ses consultations une matinée durant. Je suis très surpris de la façon dont ce médecin examine et approche les différents cas cliniques. Je suis perplexe. Cela change radicalement de la manière avec laquelle nous travaillions en Med B.

Le médecin directeur a fort apprécié ce moment. Ses paroles de présentation sont restées gravées dans ma mémoire.

— Cher collègue, sachez que je suis avant tout architecte, entrepreneur en construction, grand chasseur devant l'éternel et accessoirement, je pratique un peu de médecine !

Je reste bouche bée. La rhumatologie et la rééducation fonctionnelle n'ont pas été abordées dans les cours magistraux ou que très succinctement. Je m'attelle à combler mes lacunes et complète mes connaissances par un important travail personnel. Dès le lendemain, je me mets à sa disposition et remplis ma fonction d'interne.

Le 1er juillet, à neuf heures du matin, je suis en plein travail, quand le médecin directeur m'annonce au téléphone, sur un ton très détaché et désinvolte.

— Cher collègue, j'espère que tout va bien pour vous. Je regrette beaucoup de ne pas pouvoir être à vos côtés. Ne vous tracassez pas trop, tout ira bien. Vous avez toute ma confiance. Je vous rejoindrai prochainement.

Je reste sans parole. C'est ainsi que je me retrouve tout seul avec cent-vingt malades sur les bras, ignorant tout du fonctionnement de cet établissement, tant du point de vue pratique que médical. Heureusement, le directeur administratif et le personnel sont d'une compétence et d'une efficacité louables. Ce mois de juillet a été un mois d'excitation, de travail, de soucis, d'angoisse extrême. Avant de quitter la faculté, j'avais signalé à mon ancien chef de service Dr M., mon nouveau point de chute et je sollicitais la permission de lui téléphoner, dès le moindre souci d'ordre médical. Moi, qui aimais la médecine de terrain, m'y voila immergé entièrement, seul, sans tutelle d'un patron. En fin de compte, je suis ravi de cette expérience. Elle me permet de me donner de l'assurance. Je peux organiser le travail à ma guise, me sentir seul responsable des malades. Le contact avec le personnel soignant est excellent. Les hydrothérapeutes m'acceptent gentiment avec mon ignorance la plus totale. Ils expliquent en quoi consistent leur travail, les dangers et les contre indications. Mme P. forte de son expérience de vingt cinq années de balnéothérapie me prend sous sa bienveillante houlette. Je suis ravi de pouvoir travailler avec une femme d'une telle énergie, d'une telle expérience, débordante de gentillesse, toujours à l'écoute de ses malades. Au début, la relation avec les kinésithérapeutes est plus difficile et plus délicate. Leurs connaissances pratiques sont nettement supérieures aux miennes. En revanche, je peux aisément me rattraper quant au savoir théorique en anatomie et surtout en neurophysiologie. Les réunions hebdomadaires deviennent de plus en plus intéressantes, leur niveau ne cesse de prendre de la hauteur au fur et à mesure de mes études livresques. Pour les connaissances médicales pures, je me sens bien armé, la Med. B. m'avait bien formé.

Ce mois de juillet passe trop rapidement. Je suis enchanté, enthousiaste par le travail que je fais. Je sens que l'on me respecte de plus en plus. À la fin du mois, je ne suis plus le jeune apprenti sorcier, on reconnaît mes compétences médicales et mon savoir faire. L'expérience professionnelle durant ce mois a été excessivement riche et fructueuse. À part la pathologie rhumatismale classique, l'arthrose, les arthrites ou autres spondylarthrites ankylosantes, nous prenons en charge des malades récemment opérés tantôt des hanches, tantôt des genoux, plus rarement des hernies discales lombaires. Ces malades sont transférés en postopératoire immédiat des différents services d'orthopédie de la région. À l'époque la technique des prothèses totales de hanche est toute à son début. On commence à peine à envisager la mise en place de prothèse du genou. La majorité des gens opérés, ont subi des ostéotomies, du type Mac Murray ou Pauwels. La technique de Voss dans le traitement de la coxarthrose est en phase d'être abandonnée. À côté de cette pathologie chronique, s'y greffent les urgences.

Durant ce mois, je traite : deux infarctus du myocarde, deux phlébites dont une avec embolie pulmonaire. Les cas les plus dramatiques ont été une tamponnade cardiaque et une maladie de Waldenström. Cette dernière est une entité médicale relativement rare. Le hasard a voulu que, dans le cadre de mes révisions de l'internat, je l'ai étudiée à fond la semaine précédente. Je n'ai plus jamais rencontré un autre cas durant toute ma carrière professionnelle. La tamponnade me fait beaucoup plus de soucis. C'est un homme de 70 ans qui est rapidement pris d'un essoufflement important, allant jusqu'à l'asphyxie. L'infirmière me prévient que M. K. au deuxième étage ne respire pas bien, qu'il est assis dans son lit, couvert de sueur et cherche désespérément de l'air. Je m'y rends le plus rapidement possible. Le diagnostic est fait dès l'ouverture de la porte de sa chambre, à la façon dont le malade respire. Il est installé en prière mahométane, assis sur les talons, le tronc penché en avant la tête appuyée sur l'oreiller. Seule façon qui lui reste pour prendre de l'air, la dyspnée est impressionnante, dramatique. Je n'avais jamais vu un tel tableau et n'en reverrai plus. C'est dans cette position que nous transférons en Med B au CHU. Je suis très inquiet et surpris qu'il arrive vivant à l'hôpital. Je crains qu'il ne fasse un arrêt cardiaque en cours de route. L'oxygène pleine dose a été utile et efficace. Le geste salvateur a été pratiqué dans la soirée. Mon chef de service lui retire de son péricarde, 150 ml d'un liquide fortement inflammatoire. Cette pathologie est la traduction d'un œdème qui se développe à l'intérieur du sac péricardique, membrane qui entoure le cœur. Il est facile à comprendre, que si la quantité de liquide augmente rapidement, le cœur ne peut plus « pomper », comprimé qu'il est. Sa cinétique perturbée, la fonction d'éjection n'est plus assurée, d'où dyspnée importante, dramatique, avec arrêt cardiaque imminent. L'étiologie de cet épanchement m'est restée inconnue. Quelques jours plus tard, mon chef de service, m'a remercié de lui avoir adressé un cas aussi intéressant.

De son côté, le médecin directeur a réintégré son poste le 31 juillet. Il m'avait abandonné un mois durant. À sa demande, la faculté me permet de prolonger mon séjour de quatre mois. J'en suis ravi.

Le premier août, le médecin adjoint est revenu de son congé annuel. Le contact avec ce confrère, compétent et très ouvert, est immédiatement très sympathique et chaleureux. J'apprécie l'ambiance familiale qui règne à ce moment au sein de l'établissement. Du simple agent jusqu'en haut de la hiérarchie, au directeur administratif, le personnel forme une grande famille. Chacun donne le maximum selon ses compétences et ses propres capacités. Je me lie rapidement d'amitié avec le chef cuisinier. Ses plats mijotés avec raffinement, font la renommée de notre établissement. De temps en temps, il me gâte avec un plat spécialement conçu pour mon plaisir. Des croquettes de volailles, les rognons sauce madère, je n'en ai jamais mangé d'aussi délicieux. Je me rappelle des petits-déjeuners pris en compagnie du personnel de cuisine et des femmes de ménage. Je refuse d'être servi en seigneur, au réfectoire réservé aux médecins, comme le veut la tradition. Je ne tiens pas à me retrouver tout seul et à être traité comme un pacha. Ce sont des moments d'une grande décontraction, un partage de la bonne humeur, une relation humaine enrichissante dans toute sa simplicité et sa convivialité. Antoinette me ramène tous les matins, le petit pain frais sortant du fournil. Comme je suis hébergé dans l'établissement même, le soir le chef me fait l'honneur de m'accueillir à sa table. Nous dînons très régulièrement ensemble. Il me narre sa carrière professionnelle, hors du commun. Elle lui a permis de faire plusieurs fois le tour du monde. Il était cuisinier en second sur le Queen Mary, durant quelques années. Quel prestige, quelle référence, une belle carte de visite, sa discrétion l'empêche à en faire étalage. Nous discutons souvent autour d'un café, de sa période militaire durant la Deuxième Guerre mondiale. Il était incorporé de force à dix-huit ans. Là encore les campagnes, dans les panzers, l'ont conduit de Norvège, sur le front russe et au sud de la France, avant qu'il ne déserte de l'armée allemande. Il est très peu prolixe quant à cette période cruelle de sa vie. Il se plaint de la dureté, de la discipline intransigeante qui régnait dans cette armée et surtout du côté ambivalent de son engagement. Psychologiquement, tant qu'il combattait en dehors du territoire national, il supportait les contraintes. Mais le jour où il s'était retrouvé dans le sud-ouest de la France, cela devenait moralement insupportable. Il avait une chance inouïe d'avoir pu ne pas participer au massacre d'Oradour-sur-Glane, le 10 juin 1944 où sous le commandement direct de Heinz Barth, la colonne de SS massacrait tout le village. Heureusement la section dont faisait parti mon ami, avait été consignée et ne participait pas à cette barbarie. Il en était malade. Il me dit que la nuit, il cauchemardait souvent devant la cruauté infligée à ces villageois par des chefs barbares et des fous. Lui français de souche portant l'uniforme de l'ennemi, cela lui donnait de l'urticaire et la nausée, comme il disait. Il en a énormément souffert, j'en suis profondément convaincu.

Notre amitié est devenue tellement forte et profonde que très souvent, ma fiancée et moi, passons des soirées conviviales et agréables chez lui en privé. Son épouse et lui-même sont toujours prêts à nous rendre service. Leur porte nous est toujours grande ouverte. Ils ont longtemps été notre refuge, notre havre de paix, à l'occasion de problèmes.

Aux environs du 15 décembre, l'établissement fermait durant un mois pour la trêve de Noël. Il ne restait plus qu'une vingtaine de malades. J'en profite pour faire mon stage de gynécologie resté en suspend. Période durant laquelle je réalise cinq accouchements, sous la surveillance d'une sage-femme et de Betty, une amie chef de service. J'admire leur travail. C'est toujours un moment de grande émotion quand ce petit être sort du sein de la mère, se met à crier et à exister. Je me sens angoissé et tendu devant chaque parturiente et j'imagine toutes les complications possibles. Mon amie, par sa présence rassurante, m'encourage et me calme. Je suis trop interventionniste et j'ai tendance à vouloir bousculer les choses. Combien de fois ne me répète-t-elle pas ?

— Pierre, laisse faire la nature. Ce bébé viendra quand il l'aura décidé. Ne sois pas pressé.

Une des parturientes devinant mon air peu rassuré, me dit :

— Jeune homme, vous êtes apprenti-médecin. Ne vous inquiétez pas. J'en ai l'habitude, je suis à mon onzième accouchement. Je sais donc de quoi je parle !

— Oui Madame, je vous félicite. Vous n'avez jamais eu de problème ?

— Non Docteur, jamais de problème. Êtes-vous fort en basket ?

Je ne comprends pas le sens de sa question. Je jette un regard dubitatif à mon amie Élisabeth qui affiche un grand sourire complice.

— Je te laisse faire, Mme W. te guidera, elle en a l'expérience et pour le basket elle a tout à fait raison.

La patiente la regarde avec un sourire entendu. Quelques instants plus tard le travail avance rapidement. Subitement elle me dit :

— Docteur faites bien attention. Quand je vous dirai prêt, préparez-vous à réceptionner mon 11$^{e}$ enfant. Je vous l'expédierai plus rapidement qu'un ballon.

À peine a-t-elle fini de me donner les instructions que la tête du bébé apparaît, l'expulsion est ultra rapide. Son 6$^{e}$ garçon s'est mis à hurler et à prendre la vie à plein poumon. Je n'ai strictement rien fait. Je n'ai pas eu le temps d'intervenir. Je réceptionne simplement ce petit gars et coupe le cordon ombilical. Si tous les accouchements pouvaient se dérouler ainsi, je ferais sur le champ gynéco-obstétricien à vie. Telle est ma conclusion.

Après ce stage, je choisis la dermatologie pour une durée de quatre mois. C'est une autre pratique, une autre approche du malade. Discipline souvent difficile, tant pour le diagnostic que pour le traitement. J'aime bien. Il faut un sens d'observation bien affûté et une curiosité aiguë. Très souvent les atteintes cutanées se ressemblent tant, que la différence ne peut se faire qu'à partir de détails infimes orientant le diagnostic dans un sens ou dans l'autre. C'est une discipline souvent ingrate, l'évolution est en générale longue et les résultats lents à se dessiner. Au départ on ne sait jamais si on est dans le vrai. La pommade préparée sera-t-elle active ? Il suffit que le malade soit allergique à un des composants et voila que les lésions s'aggravent et se mettent à flamber. Il faut recommencer à zéro et envisager une approche thérapeutique radicalement différente.

Je suis fortement impressionné par un cas spectaculaire chez lequel nous n'arrivons guère à un résultat tangible. C'est un chef d'entreprise de 45 ans, qui du jour au lendemain, est atteint d'un eczéma psoriatiforme, suintant par intermittence, étendu de la tête aux pieds. Les diverses pommades, les onguents essayés sont sans résultat. De guerre lasse, notre patron nous demande de le badigeonner à l'éosine ou au violet de gentiane. Du coup le voilà devenu multicolore, une jambe peinte en rouge, l'autre en bleu violet. Une longue hospitalisation de deux mois ne l'a guère soulagé. Il est notre déception et notre désarroi. Seules les consultations répétées en psychiatrie l'ont moralement et psychologiquement soulagé. Cela est notre unique et piètre consolation. Il accepte mieux sa situation. Nous avons quitté le service le même jour. Notre « écrevisse », sobriquet dont il s'est lui-même affublé, me fait bien mal au cœur. Une année s'est écoulée, je passe devant la chirurgie A quand un monsieur, jovial, chaleureux, très expansif m'interpelle. Apparemment il me connaît bien. Je n'arrive pas à le remettre, ma mémoire est totalement défaillante.

— Vous ne me reconnaissez pas ? Et pour cause, c'est moi « l'écrevisse » !

Je suis perplexe. Il a à l'évidence retrouvé une peau toute à fait normale. Il n'y a plus de trace d'eczéma au niveau des parties découvertes.

— Je suis heureux de constater que vous allez bien. Dites-moi depuis quand et qu'avez-vous fait ?

— Cher Docteur, c'est toute une histoire. J'ai dépensé une somme d'argent monumentale en radiesthésiste, en phytothérapie. J'ai consulté en

Allemagne, en Suisse, j'ai vu de nombreux charlatans, des « heilpraktiker » toujours sans résultat. Je désespérais. Vous vous rappelez certainement qu'à l'époque je vous avais signalé le procès en cours en raison des difficultés liées à mon entreprise. Vous, vous rappelez ?

— Oui, je me souviens bien. Vous craigniez ce procès. C'était votre obsession.

— Et bien, savez-vous que je l'ai gagné ? Du coup, quarante-huit heures plus tard, ma peau a commencé à desquamer. C'était comme des pellicules qui tombaient. Les suintements se sont taris et me voilà guéri. Cela tient du miracle, ne croyez-vous pas ?

— Le patron, le Professeur H. avait donc raison. Il prétendait toujours que votre affection était d'origine psychosomatique. Il ajoutait que vous guérirez le jour où vous retrouverez votre équilibre psychique et surtout votre joie de vivre.

— Oui, il avait raison. Je ne l'aurais jamais cru !

Nous poursuivons longtemps encore notre entretien. Il tient absolument à partager « un verre de blanc » avec moi à titre de remerciement pour nos vains efforts. J'ai toutes les peines du monde à refuser, tellement grande est son insistance. Apparemment il a retrouvé toute sa joie de vivre et son tempérament extraverti.

Les stages d'ophtalmologie et d'oto-rhino-laryngologie ont passé rapidement. En ophtalmologie, j'ai remarqué les dégâts souvent dramatiques occasionnés par quelques confrères inconscients ou qui survenaient à la suite d'auto médication mal adaptée.

« Docteur, la voisine m'a donné ces gouttes. Ce ne sont que des gouttes, ce n'est donc pas dangereux ! »

Le résultat, une cécité totale irréversible, en quelques jours. À en pleurer ! La jeune fille était âgée de 12 ans !

La date des épreuves finales approche à grands pas : les examens cliniques. Examen de passage obligé, la hantise ! Chaque étudiant passe, individuellement, devant un chef de service, assisté d'un professeur d'une spécialité quelconque, en médecine le premier jour, en chirurgie le lendemain. À nous d'examiner le malade « cobaye », faire un diagnostic, établir un traitement et puis répondre à des questions orales balayant large le programme de la pathologie. Pour être admis, la moyenne est requise sinon le candidat malheureux reprend un stage là où il a été insuffisant. Des candidats recalés, il y en avait régulièrement.

Mes examens en poche, je retourne à l'établissement thermal avec plus d'assurance et beaucoup d'enthousiasme. C'est l'année du départ à la retraite du médecin directeur. J'espère de ce fait être nommé médecin adjoint, l'ancien prenant la place du directeur. Le calcul s'avère exact. Mon avenir est assuré du point de vue matériel, le ciel se dégage des sombres nuages. J'ai presque le salaire d'un chef de clinique, je suis logé, nourri, chauffé et n'ai pas de charge à payer. Je poursuis assidûment ma formation en rééducation fonctionnelle et en rhumatologie. Mais rapidement la médecine interne me manque, notamment la cardiologie, je suis orphelin de beaux cas cliniques. La CRAM (caisse régionale d'assurance-maladie) dont notre établissement dépend, me propose de financer ma spécialisation en rhumatologie. J'en suis honoré. Je la débute à Nancy vu que Strasbourg n'avait pas de chaire de rhumatologie à l'époque. J'aurais pu être l'homme le plus heureux du monde, s'il n'y avait pas eu l'incompréhension de mes parents, tant dans ma vie sentimentale que professionnelle. Ils n'acceptent toujours pas mon choix. Ils me reprochent avec insistance de ne pas avoir choisi l'enseignement, tel qu'ils l'avaient décidé. Quant au choix de ma fiancée ce fut un désastre total. Une fois de plus, c'est le veto catégorique. Ma fiancée et moi sommes forcément très malheureux. Nous avons vécu quelques années pourries par la tension, le harcèlement continu et incompréhensible.

## La thèse

Nous sommes en 1972, bien installés, incrustés momentanément dans le monde du thermalisme, je poursuivis allégrement mon travail de formation, de perfectionnement dans cette discipline en pleine mutation. Notre projet, au niveau local, est de décrocher la qualification d'« hôpital thermal » ce qui aurait radicalement changé l'évolution des thermes. L'administration n'a pas suivi. De mon côté je présente une publication dans la revue spécialisée de rééducation fonctionnelle. J'ai énormément travaillé le sujet : l'arthrose cervicale et la prise en charge par la rééducation. Je réunis de nombreux documents issus d'horizons divers. Je me rappelle le trac terrible qui me prenait au creux de l'estomac au moment où je devais prendre la parole devant un parterre de spécialistes, les uns plus compétents que les autres. Mais en fin du compte, l'exposé une fois passé, j'ai beaucoup apprécié les propos tenus par mon ancien maître le Prof. E. S... orthopédiste au CHU. Il semble apparemment partager les idées avancées. Il me suggère qu'il est temps de soutenir ma thèse.

« Cher ami, je vous encourage de faire un travail identique à celui que vous venez de présenter, je le cautionnerai volontiers. Faites-en votre thèse. Je serais honoré si vous vous lanciez dans cette direction ».

Je suis fier de cette remarque. Ces quelques mots m'encouragent vivement dans cette préparation. Après quelques semaines de réflexion, de recherche, d'hésitations, je me jette à l'eau et je débute la rédaction de ce document indispensable sans lequel je ne peux accéder au titre de docteur en médecine. Le titre et le sujet tombent tout à propos, à savoir :

« La rééducation fonctionnelle en milieu thermal de la hanche rhumatismale opérée ».

Monsieur le Prof. J.G. K..., notre éminent professeur d'anatomie normale, me fait l'immense honneur de bien vouloir présider ce travail et réussit le coup de force de réunir autour d'une même table les chirurgiens orthopédistes du CHU. En effet, à l'époque les opinions sont très divergentes, chaque orthopédiste a sa propre approche quant à la prise en charge postopératoire du patient opéré. À travers ce travail je passe en revue les différentes techniques opératoires. Les chirurgiens préconisent encore le recentrage de la tête fémorale selon le type de coxarthrose à traiter. Ils envisagent soit une varisation soit une valgisation avec ou sans translation de la tête selon les techniques décrites par respectivement Pauwels ou de Mac Murray. Actuellement, ces dernières sont presque totalement abandonnées ou réservées à des indications très précises, donc limitées. L'ère des prothèses totales était venue. Nous sommes au début de leur exploitation qui par la suite a rapidement supplantée toutes les autres techniques. C'était l'apogée de la prothèse de Muller Charnley. Par la suite les progrès rapides, les avancées technologiques ont permis l'introduction de prothèses non cimentées et les matériaux employés ont eux aussi progressé, de la céramique on est passé au titane beaucoup plus résistant et qui confère à la prothèse une durée de vie plus longue. Ajoutons à cela les avancées de la technique opératoire réduisant le temps d'intervention et voila une intervention, exceptionnelle à l'époque, qui s'est banalisée au fil du temps. Ni le rhumatologue, ni le chirurgien n'attendent plus la destruction totale de l'articulation coxo-fémorale, le critère retenu étant la douleur. Si cette dernière devient nocturne et handicapante, il faut opérer.

En 1972 on discutait encore de la nécessité d'une rééducation postopératoire. Certains chirurgiens pensaient qu'elle était inutile voire délétère sur une hanche fraîchement opérée. D'autres étaient partisans d'une simple mobilisation pour éviter une trop grande fonte musculaire, et c'est avec grande parcimonie qu'ils envisageaient un réel travail actif du paquet musculaire en mobilisant la hanche fraîchement opérée. Dans mon travail je démontre le bien fondé de la rééducation postopératoire immédiate, tant à sec qu'en milieu hydrique, en l'occurrence l'eau thermale. Ce qui est devenue une réalité, était loin d'être acquis à l'époque. Je me rappelle d'une remarque mesquine d'un des chirurgiens farouchement opposé à la rééducation quand il exprima des réserves lors de l'analyse des résultats statistiques que je fournis :

« Jeune collègue, je ne mets pas en doute la sincérité et la compétence de votre travail, mais aux statistiques on peut leur faire dire n'importe quoi. Regardez le soir des élections, les candidats s'affrontent avec des chiffres et en les entendant ils ont tous gagnés » !

Je n'accepte pas cette comparaison qui est plutôt désobligeante et mal venue. J'ai failli lui répondre mais, mon directeur de thèse, par un regard très expressif m'en dissuade.

J'ai conclu ma thèse par les commentaires suivant :

« Le jour où les chirurgiens orthopédistes seront acquis à l'utilisation de la rééducation fonctionnelle primaire, le malade passant du lit chirurgical à la piscine de mobilisation dès la cicatrisation de la plaie, un grand pas sera franchi. Le résultat global et définitif de l'acte thérapeutique comprenant la technique chirurgicale et la rééducation fonctionnelle ne pourra être que meilleur. Le chirurgien et le rééducateur auront l'impression d'avoir pleinement rempli leur mission. »

Je suis fermement convaincu par mes propos qui me paraissent logiques. Par la suite la chose ne se discutait même plus. Mais rien n'est simple.

La remarque de ce professeur je ne pouvais l'oublier. Quelques mois plus tard, lors d'une réunion, l'occasion m'est offerte pour lui rendre la pareille. Il présente, à son tour, des résultats statistiques d'une étude qu'il a menée. Et c'est avec les mêmes termes, mot pour mot, qu'il avait employés le jour de ma thèse que je lui présente les mêmes objections. Bien sûr il n'a pas du tout apprécié.

Que faut-il en penser aujourd'hui ? Avec les techniques opératoires récentes et le nouveau matériel mis en place, une rééducation assidue n'est plus nécessaire. L'atrophie musculaire devenue moindre car l'intervention se faisant plus précocement, la meilleure stabilité du système prothétique mis en place et surtout la mise en charge immédiate de la hanche, font que la rééducation se fera spontanément à travers la simple marche. Une période de dix ans a suffi pour contredire les propos concluant ma thèse. Ainsi va la médecine et ses progrès. Ce qui est vrai aujourd'hui, ne l'est plus forcément demain et, a priori encore moins après demain. Voila la beauté de la médecine où tout est mouvement et mise en cause perpétuelle. Que nous réservera l'avenir ?

Après ce glorieux mois de juin, la soutenance de ma thèse passée, je suis nommé médecin adjoint, ce qui me permet d'avoir une indépendance médicale totale. Je peux soigner les malades comme je l'entends, personne ne peux m'en empêcher. Les seules contraintes auxquelles je suis soumis sont d'ordres administratifs. Après six mois dans cette fonction, la direction me fait remarquer que le budget pharmacie avait « explosé », notamment en ce qui concerne les médicaments à visée cardiologique et de médecine interne. Lors d'une visite de routine du directeur de la CRAM, il me rappelle gentiment que nous ne sommes pas un hôpital thermal comme le prouveraient mes dépenses pharmaceutiques. Après une longue discussion amicale et très respectueuse, il m'accorde néanmoins, bien sûr d'une manière officieuse, quatre lits de médecine interne pure. Je suis heureux.

Mais, en même temps, la belle médecine, les beaux cas me manquent énormément. Les cas de pathologie lourde ne se recrutent guère dans ce type d'établissement. J'ai un emploi du temps plutôt décontracté. Je le complète en faisant plusieurs expérimentations cliniques. Les laboratoires pharmaceutiques demandent de faire des essais thérapeutiques avec des malades choisis et volontaires. Travail intéressant et certainement très utile.

À ce sujet j'ai eu un problème sérieux avec un laboratoire pharmaceutique qui préconisait son médicament dans le traitement de l'hyperuricémie. Le malade prenait 1cp/j et une fois par semaine, je dosais son acide urique sanguin. Les résultats étaient encourageants. Parallèlement, j'ai mis en place un deuxième lot de malades qui étaient prêts à suivre une cure de diurèse à l'eau hypominéralisée dont nous disposions naturellement. La divine surprise, les résultats du deuxième lot, la diurèse seule, étaient nettement meilleurs que ceux obtenus avec les médicaments. Dans un premier temps le représentant du laboratoire était absolument enthousiaste à la vue de leurs résultats. Il me félicita pour mon travail sérieux et très démonstratif. J'avais effectivement obtenu de très belles courbes, avec une décroissance de l'acide urique. Mais quand je lui ai soumis les résultats de mon étude personnelle et parallèle, les gens du laboratoire ont déchanté. C'est alors que j'ai vu et pu constater la force du lobby pharmaceutique. Sous huitaine, j'ai eu la visite du directeur régional exigeant mes résultats de cette expérimentation menée en parallèle. Il m'interdisait formellement leur publication et me menaçait de rupture de contrat et surtout il exigeait le remboursement des médicaments utilisés. Naturellement je n'ai pas cédé à ses exigences et je l'ai gentiment évincé. Échaudé par cette expérience, je n'ai jamais plus accepté de faire d'expérimentation clinique. Ma naïveté, ma crédulité ont été soumis à rude épreuve. Ce qui fait que devant tout nouveau médicament mis sur le marché, ma circonspection est grande. Avec le recul, après trente-trois ans de médecine pratique quotidienne je me pose encore la question si pour certains laboratoires, le côté marketing ne dépasse pas le côté bien être du malade ! Je ne suis guère étonné du « coup de balai » qu'un certain ministre de la santé a donné après étude du coefficient efficacité et rendement de certaines spécialités.

## Mon installation

C'est en mai 1973 que l'opportunité de m'installer en libéral se présente. Débute alors une courte période d'incertitude et d'interrogations. D'un côté la sécurité de l'emploi, la vie tranquille aux horaires fixes du fonctionnaire, des avantages matériels certains, de l'autre l'incertitude, des horaires élastiques, impossibles, la grande responsabilité mais une médecine plus globale, plus belle, plus gratifiante. Celle que je demandais, celle vers laquelle j'aspirais.

Je fais rapidement le grand saut dans le libéral. J'ouvre mon cabinet le 1er juillet 1973 à huit heures du matin. Le premier patient que je reçois est en fait un jeune couple qui vient en vue de leur certificat prénuptial. Je le ressens comme un signe du destin, un symbole de réussite et de prospérité. L'avenir sera fécond ! Naturellement c'est une consultation gratuite. Je me rappellerai toujours ces deux jeunes qui étaient fiers d'avoir été mes premiers « clients ». Ils avaient à l'évidence tiré les mêmes conclusions dans la symbolique de cet instant. Ils m'ont invité à l'apéritif :

« Docteur quelle coïncidence, cela s'arrose » m'avait dit le jeune homme.

Je refuse. Je les ai perdus de vue car dans la semaine ils ont quitté la région. Je pense souvent à eux. Que sont-ils devenus ?

Ce mois de juillet 1973 avait été terrible. J'avais signé un papier comme quoi j'assumerais encore le travail à l'établissement. Ce fut une course contre la montre. Si j'étais au cabinet, on me sollicitait à l'établissement et inversement. C'était l'horreur, d'autant plus que l'interne qui aurait dû me seconder, m'avait fait parvenir un arrêt de travail d'un mois en raison d'une fracture du poignet. Je désirais du mouvement et cherchais de l'animation, j'ai été servi !

Trente-trois années plus tard, c'est avec le même enthousiasme que je recommencerais mon parcours. Il n'y a que très peu de chose que je modifierais. J'aménagerais certes un créneau un peu plus large pour ma vie privée et familiale. La disponibilité, je la restreindrais, et encore, mon tempérament me le permettrait-il ?

Dès le début de mon exercice, je m'étais fixé une ligne de conduite, j'exigeais la transparence à tous les niveaux. Je rejetais l'approximatif et les incertitudes. Le malade, son bien-être, était au centre de mes préoccupations, tout le reste n'avait qu'un intérêt secondaire. Au début de mon activité, j'étais choqué, voire peiné par les exigences de certains d'entre eux qui pensaient, que jeune installé, j'exaucerais facilement leurs désirs. C'était notamment le cas des arrêts de travail plus ou moins litigieux et abusifs. Quand on sollicitait un tel arrêt, je posais souvent la question :

— Mais si vous étiez travailleur indépendant, si vous travailliez à votre compte demanderiez-vous cet arrêt ?

L'intéressé se trouvait dans l'embarras et était souvent gêné. Certains repartaient sans demander leur reste, sans d'ailleurs m'en vouloir. Quelques-uns revenaient et très souvent s'excusaient par la suite. D'autres claquaient la porte en exprimant leur désappointement, je ne les revoyais plus jamais. D'autres encore insistaient plus lourdement. Ils avaient droit à un examen complet de la tête aux pieds, le plus sérieux possible. S'il était négatif, je refusais l'arrêt sollicité, leur arguant que je n'avais pas d'élément significatif qui justifiait la chose. Quelques-uns auront apprécié ma démarche et deviendront des malades confiants et fidèles, d'autres m'ont, sournoisement et d'un air moqueur, fait comprendre qu'ils étaient surpris qu'un jeune installé montrait si peu d'intérêt à empocher le prix d'une consultation. Au moins les choses étaient claires. Ces tentatives auront duré trois semaines, jusqu'au moment où ma renommée avait été faite dans le club fermé des tricheurs et des abuseurs. Un de leur argument maintes fois entendu :

— Docteur, j'ai assez donné, j'ai assez travaillé pour le patron. À son tour de me payer huit à quinze jours de repos !

Dès le début, la situation était donc transparente et, rapidement je ne rencontrais plus qu'exceptionnellement ce type de problème.

En revanche je n'admettais jamais qu'un malade soit embêté par l'administration. Il m'était arrivé d'avoir des problèmes relationnels avec un médecin-conseil d'une caisse semi-privée. Je défendais bec et ongles les intérêts de mon protégé. C'est ainsi que j'ai répondu ironiquement au confrère contrôleur me demandant pourquoi j'avais prescrit un matelas anti escarre à une de mes grands-mères, grabataire. Pourtant, lors de la demande, j'avais fait un descriptif complet et explicite de l'état de cette dernière. Dans ma réponse, je lui signifiais :

« Il lui faut ce matelas pour deux raisons. La première pour mieux conserver ses bouteilles de Champagne, la deuxième pour qu'elle puisse affiner son Munster ! »

Je n'ai jamais eu de réponse mais le matelas fut accordé.

Une autre caisse de maladie avait refusé un transport en ambulance pour raison administrative. C'était un malade récemment amputé de sa jambe droite. Le chirurgien voulait le revoir au bout d'un mois de convalescence. Ce qui me parut être la moindre des choses et, ce d'autant plus, que la cicatrisation du moignon ne s'était pas faite. Le transport ne pouvait être envisageable qu'en "allongé". Après le refus, j'ai téléphoné à la caisse en demandant une visite auprès du médecin-conseil. Visite qui fut accordée, avec transport par ambulance, naturellement. Deuxième refus. J'ai alors demandé une expertise. Troisième refus. J'ai insisté et j'ai sollicité une contre-expertise, cette fois-ci la visite s'était faite à une centaine de kilomètres du domicile de mon malade, toujours en allongé. L'accord a enfin été donné. In fine, pour un remboursement 600 F, avec les contrôles, les expertises et la contre-expertise la caisse aura déboursé quatre fois plus ! Où se situe l'économie ? Le tout en raison d'une interprétation tatillonne d'un texte de loi empoussiéré datant d'il y a vingt ans. Où est le bon sens ?

J'ai donné cet exemple pour illustrer que, la rigueur, dans la gestion des intérêts des uns et des autres, de la caisse comme celui du malade, ne devait pas se faire avec des œillères. Que l'administration devait réagir selon l'esprit de la loi et non pas en cherchant les détails, les points sur les « i », source d'irritation, de malentendus et forcément d'impression d'injustice. Il me semble que cela est une simple question de bon sens.

D'une façon générale, je n'ai jamais rencontré de problème majeur avec la caisse primaire de mon secteur. Le relationnel était excellent, la compréhension réciproque et totale, la transparence certaine. Je ne peux que remercier ces confrères sympathiques et compétents toujours à l'écoute ainsi que le personnel administratif toujours disponible et avenant.

L'hydre du déficit de la sécurité sociale reste toujours bien vivante. Le trou ne sera jamais comblé sans une réforme structurelle et surtout sans un changement radical des mentalités. Pour le malade, il faut qu'il cesse de penser ou de dire « j'ai droit à…, j'ai cotisé donc vous me devez… » Que l'on mette un frein sérieux à l'assistanat tous azimuts et que les abus soient très sévèrement punis. Que les professionnels de la santé aient une conduite responsable car ils sont partie prenante dans le système. Que l'administration cesse de considérer le praticien comme un adversaire au lieu d'y voir un partenaire. Trop de suspicion nuit à la bonne marche de l'entreprise ! Il faut sauver cette institution qui pour le citoyen reste la meilleure couverture sociale que l'on puisse imaginer.

À un moment de mon activité, la faculté m'avait nommé maître de stage. Cette fonction pédagogique me plaisait énormément. Je recevais des jeunes étudiants de 6e année qui venaient passer quelques jours en ma compagnie pour voir, assister, observer comment était faite la vie d'un médecin généraliste. Tous, étaient enchantés de leur séjour. Si ce n'était pas pour le relationnel, les connaissances transmises ou le contact avec les malades, ce le fut certainement pour la bonne table que leur réservait mon épouse. Elle s'en faisait un point d'honneur. Ils étaient unanimes pour affirmer que la cuisine était meilleure qu'au restaurant universitaire ! Quelques-uns ont gardé le contact, d'autres sont devenus de véritables amis.

# CONCLUSION :

La médecine générale a entièrement rempli ma vie. Ce garçon hésitant, cherchant sa route dès sa prime enfance a, in fine, trouvé sa voie, même si des obstacles paraissant infranchissables en ont retardé l'aboutissement.

La médecine pratiquée avec conviction et passion m'a intellectuellement enrichi et étanché ma soif intarissable de la connaissance du monde. Elle m'a fait découvrir tout simplement la nature humaine, l'homme dans sa richesse et dans sa pauvreté.

Ces quelques chapitres m'ont permis de comprendre qu'avec une bonne dose de courage, une obstination certaine et, avec une montagne d'amour, l'homme peut avancer contre vents et marées. Que les obstacles sont faits à être contournés ou effacés. À certains moments, je pouvais certes connaître le découragement, le désarroi, la tâche me paraissant trop lourde. J'étais désemparé et me retrouvais dans le même état d'esprit qu'un général de Gaulle quelques jours avant son appel :

« Je m'apparaissais à moi-même, seul et démuni de tout, comme un homme au bord d'un océan qu'il prétendrait franchir à la nage ! »

Pourtant, quelque chose en moi me donna la force de poursuivre ma route, de me relever après la chute et d'aller toujours de l'avant.

Après avoir surmonté mon bégaiement et, apprivoisé ma dysorthographie, je ne dirais pas dominé ni totalement corrigé, la flamme intérieure brûla de plus en plus forte et me fit avancer sur le chemin de ma destinée.

Des années durant, j'ai essayé de courir après le temps, il s'est écoulé toujours trop vite. Tout autour de moi, c'était la même réponse quand une main demanderesse sollicitait une aide quelconque :

« Je regrette, je n'ai pas le temps ».

Aux aveugles, aux sourds, aux muets, ceux qui vivent dans leur bulle et sont coupés du monde ou qui n'ont jamais le temps à rien, je rappellerai simplement les paroles de Sénèque :

« Ce n'est pas que nous disposons de très peu de temps, c'est plutôt que nous en perdons beaucoup. »

Je pense, rien que d'avoir pris le temps de l'écoute, d'avoir entendu l'appel, le soupir, la demande de l'autre, j'ai rempli ma mission. Le temps, cet instant précieux, unique est devenu trésor dès le moment où j'ai pu le partager. Il est devenu

« Une flûte au cœur de laquelle le murmure des heures se change en musique » Cit. Ermite tibétain.

Et à partir de ce moment, je n'ai pas perdu mon temps.

Maintenant, ayant mis un point final à ma carrière médicale, que me reste-t-il comme temps à attendre le dernier, l'ultime événement, l'apothéose finale si joliment décrit par Paturh Rinpoché :

« Votre vie s'éloigne comme le soleil couchant. La mort approche comme les ombres du soir. »

Alors il ne s'agit pas d'être triste, d'angoisser, de trembler devant cette étape incontournable, inéluctable. Certes, nous pouvons nous interroger sur l'après, pleurer quand la douleur de la séparation nous étouffe. Ceci est d'autant plus vrai quand c'est l'Être cher, l'épouse qui disparaît et nous plonge dans la solitude de notre propre finitude. Il faut croire à la seule force vive, à la véritable essence, à l'Amour, dont Teilhard de Chardin dit :

« Nous maîtrisons déjà l'énergie du vent, des marées, du soleil. Mais le jour où l'homme saura dominer l'énergie de l'amour cela sera aussi important que l'a été la découverte du Feu. »

Lors des moments cruels, quand la peine est trop forte, qu'elle vous submerge, que tout paraît s'écrouler autour de vous, alors il faut s'accrocher à la Vie. Certes nous pouvons supplier avec un Baudelaire :

« Sois sage Ô ma douleur et tiens-toi plus tranquille, tu réclamais le soir ; il descend le voici… »

Merci à tous ceux qui m'auront fait confiance, je leur dois tout.

## TABLE DES MATIÈRES

À Monsieur Frédéric Reiss député-maire de Niederbronn-les-bains.

Qui m'a fait le grand honneur de préfacer mon manuscrit. Homme érudit, d'une grande rigueur intellectuelle, il assure avec fermeté la lourde et noble tâche de premier magistrat. Il a su, à travers de nombreux et heureux aménagements, donner une impulsion nouvelle, un cachet souriant et accueillant à notre cité balnéaire. L'empreinte de son passage restera indélébile. Qu'il reçoive ici le témoignage de ma profonde reconnaissance.

À Monsieur le Professeur Jean Marie VETTER

Malgré un emploi de temps très chargé, il m'a fait l'insigne honneur de m'encourager et de me soutenir dans mon travail. Après une longue, riche et éminente carrière universitaire il poursuit son action humaniste à travers une activité culturelle débordante. Président de plusieurs associations il œuvre au développement de l'Histoire, de la Philosophie des sciences de la vie et ne cesse de payer de sa personne. En cela il est en totale harmonie avec l'idée d'Albert Einstein qui disait « la valeur d'un homme tient dans sa capacité à donner et non dans sa capacité à recevoir ».

Qu'il veuille trouver ici l'expression de ma profonde admiration.

Mes remerciements s'adressent aussi aux correcteurs qui m'ont aidé à la rédaction de ce livre : Théophile Dellinger, Marie-Claire Burgun, Jean-Luc Weber.

Aux relecteurs : Marie-Jo Dan, Agnès Fest, Catherine et Guillaume Laugel, Marlène Schopfer.

Une mention particulière pour son soutien sans faille à l'abbé et écrivain Robert Fery.

Qu'ils veuillent bien accepter ma profonde gratitude.

Enfin, ma plus grande reconnaissance va à Fabien Hulot pour la création et la réalisation artistique de la couverture. Je lui souhaite beaucoup de réussite dans son métier d'illustrateur et de concepteur de bandes dessinées.

Imprimé en France
978-2-35216-676-4
Dépôt légal : 4$^{e}$ trimestre 2010